नवजागरण

देशी स्वच्छन्दतावाद और नयी काव्यधारा

कृष्णदत्त पालीवाल

वाणी प्रकाशन

वाणी प्रकाशन
4695, 21-ए, दरियागंज, नयी दिल्ली 110 002

शाखा
अशोक राजपथ, पटना 800 004

फ़ोन : +91 11 23273167 फ़ैक्स : +91 11 23275710

www.vaniprakashan.in
vaniprakashan@gmail.com
sales@vaniprakashan.in

NAVJAGRAN : DESHI SWACHCHHANDATAVAD AUR NAI KAVYADHARA
by Krishnadatta Paliwal

ISBN : 978-93-87889-31-6
Criticism

प्रथम संस्करण

मूल्य : ₹ 595

सिटी प्रेस, दिल्ली-110 095 में मुद्रित

वाणी प्रकाशन का लोगो मक़बूल फ़िदा हुसेन की कूची से

निवेदन

मेरे लिए निबन्ध लिखना रचनाओं से वैचारिक संवाद स्थापित करना भर नहीं है, उनकी पाठात्मकता में पैठकर रचना-चिन्ताओं, रचना की समस्याओं का नये सिरे से सामना करना है। रचना-कर्म में प्रवेश करने, उनका भाष्य करने का अर्थ है, उन पर युग सन्दर्भों में नये सिरे से विचार करना, उनको खोल-खंगालकर समझना-समझाना। अर्थ के एकत्व से हटकर टेक्स्ट या पाठ की बहुलार्थकता, अर्थ-व्यंजकता पर ध्यान केन्द्रित करना मेरा पाठक स्वभाव रहा है। इन लेखों में समय, समाज-संस्कृति और राजनीति से संवाद-विवाद का स्वर प्रमुख है। नवजागरण और देशी स्वच्छन्दतावाद के प्रकाश में रचना-कर्म की अन्तर्यात्रा करने का प्रयत्न संकल्प रूप में रहा है।

दरअसल, अपनी बात करने के लिए पाठकवादी आलोचना के प्रमुख आधारों को ग्रहण करने में मैंने संकोच नहीं किया है। फिर रचना के 'पाठ' की स्वायत्त हैसियत मुझे मान्य नहीं है जिस पर 'नयी-आलोचना' का पूरा केन्द्रवाद कायम था। फलतः किसी भी सांस्थानिक आलोचना के व्यूह से बाहर रहकर रचना-कर्म की व्याख्या और अर्थ-मीमांसा का अरमान प्रमुख रहा है। लेकिन यह बात भूलने के विरुद्ध रही है कि माखनलाल चतुर्वेदी का रचना-कर्म हो या रघुवीर सहाय का रचना-कर्म वस्तुतः प्रत्येक रचना भिन्न होती है। सच बात तो यह है कि भिन्नता या विभेद रचना की अन्तर्पाठात्मकता का जरूरी हिस्सा होता है। इसलिए रचनाओं के 'बन्द पाठ' से बचते हुए उनके नये अर्थ-सन्दर्भों की तलाश रही है। प्रत्येक पाठक एक भिन्न दृष्टिकोण से 'पाठ' को पढ़ता है और नये अर्थ का सर्जन करता है। इसलिए अर्थगत एकत्व और अद्वितीयत्व का लीला जाल कोरा झूठ है। रचनाओं को लेकर लिए गये निर्णय और आलोचनात्मक अभिवृत्तियाँ वस्तुतः बहुधरातलीय राजनीतिक-सामाजिक विचारधाराओं के माया-रूपक होते हैं। इसीलिए आलोचनात्मक दृष्टिकोण की निष्पक्षता सम्भव नहीं है।

नवजागरण की आन्तरिक प्रेरणा और लय रामनरेश त्रिपाठी, माखनलाल चतुर्वेदी, महादेवी वर्मा, अज्ञेय, सर्वेश्वर, रघुवीर सहाय, विजयदेव नारायण साही, राजकमल चौधरी, धूमिल के 'पाठ' में भिदी हुई है। समय-सन्दर्भों के दबाव से उनके टेक्स्ट

का भाष्य या डिस्कोर्स बदलता रहा है। इसलिए 'पाठ' की पढ़त में प्रायः 'मिसरीडिंग' की ओर बढ़ा हूँ। इस निबन्ध-संग्रह के निबन्धों की अन्तर्योजना पर ध्यान केन्द्रित करते हुए पुस्तक का नामकरण हिन्दी के यशस्वी कवि और विद्रोही चिन्तक सौमित्र मोहन ने किया है। उनका हृदय से साधुवाद करता हूँ।

अन्त में, रामस्वरूप चतुर्वेदी से लेकर रमेशचन्द्र शाह जैसे मित्रों के प्रति अपना आभार प्रकट करता हूँ।

नयी दिल्ली, 1 जनवरी, 2007 **कृष्णदत्त पालीवाल**

अनुक्रम

देशी स्वच्छन्दतावाद की सर्जनात्मकता का जादू : पंडित रामनरेश त्रिपाठी

आचार्य रामचन्द्र शुक्ल ने जब आधुनिक हिन्दी कविता के परिदृश्य में ठेठ देशीपन से सम्पन्न स्वच्छन्दतावाद को पूरे मनोयोग से खोजने की पहल की तब उनकी निगाह में दो नाम प्रमुख रूप से आए—पं. श्रीधर पाठक और पं. रामनरेश त्रिपाठी।

रामनरेश त्रिपाठी ने भारतीय स्वाधीनता-आन्दोलन के दौरान हिन्दी-कविता के द्विवेदी-युग एवं छायावादी-युग में रचना-कार्य शुरू किया था। उनकी रचनाएँ अपने समसामयिकों से हटकर थीं। उन्होंने कल्पना-प्रधान प्रबन्धकाव्यों के सृजन के द्वारा ऐतिहासिक-पौराणिक प्रबन्धात्मकता के ढाँचे को तोड़ा था। इतिहास-पुराण की लोक-प्रख्यात कथा से मुँह मोड़कर कल्पना से निर्मित कथा के भीतर भी समर्थ चरित्रों की सृष्टि, परिवेश की झंकार को काव्यात्मकता में निष्पन्न किया जा सकता है, इस तरह की काव्य शक्ति का उदाहरण प्रस्तुत किया था। उनका यह कार्य प्रबन्धकाव्य के परम्परागत ढाँचे को न केवल चुनौती के स्तर पर तोड़कर नयी दिशा का संकेत था, अपितु उसमें परम्परा को बदलने की भी सृजनात्मकता तैयारी थी। वे नवीन कल्पना से निर्मित काव्यों के द्वारा नवीन राष्ट्रीय और जनतांत्रिक चेतना फैलाना चाहते थे। इस नवीन जनतांत्रिक चेतना को उन्होंने एक ऐसे नवीन स्ट्रक्चर में बदल दिया जिसे किसी भी पुराने काव्य स्ट्रक्चर में सीधे-सीधे भरा ही नहीं जा सकता था।

अपने युग की रचनात्मक समस्याओं से जूझते हुए और अपने से पहले और समसामयिकों के रचना-संसार से गुजरते हुए उन्होंने अनुभव किया कि राष्ट्रीयता के विषय को नयी काव्य-वस्तु में निर्मित करने के लिए यह जरूरी है कि उसके लिए इतिहास के कथावृत्त में ही न चिपका जाए। ऐसी स्थिति और ऐसे नये सोच के कारण उन्होंने अपनी समस्याओं की काव्य-मुक्ति को अपनी कल्पना में खोजने का निश्चय किया। उनमें यही कल्पना स्वदेश-सेवा के लिए आत्मोत्सर्ग का आदर्श अपनाकर बढ़ती है।

पं. रामनरेश त्रिपाठी केवल कवि नहीं है, एक समर्थ आलोचक, कोशकार,

नाटककार, कथाकार, टीकाकार, अनुवादक और सम्पादक हैं। साथ ही साथ बाल साहित्य, स्त्री साहित्य तथा संस्मरण लेखक के रूप में भी अपनी प्रतिभा का प्रयोग करते हैं। समय पाते ही वे रामचरितमानस की टीका भी लिख सकते हैं और लगन से *कविता-कौमुदी* के पाँच भाग, *ग्रामगीत* का संकलन हिन्दुस्तानी कोश भी बना सकते हैं। इसलिए वे एक ऐसे सम्पूर्ण साहित्यिक हैं जिनके व्यक्तित्व की अखंडता पर विस्मय होता है।

'द्विवेदी मण्डल' के अधिकांश रचनाकार एक बँधी-बँधाई काव्य-लीक पर चलते रहे। इन द्विवेदी मण्डल की लीकों से रामनरेश त्रिपाठी ने समझौता नहीं किया। वे नूतन-पद्धति की स्वच्छन्द कल्पना राह पर आगे बढ़े। खड़ीबोली स्वयं में स्वच्छन्दतावादी दृष्टि का प्रतीक थी और यह दृष्टि ब्रजभाषा कविता की रूढ़ियों को चीरकर निकली थी। नयी युग-संवेदना का काव्यात्मक अभिव्यक्ति सामर्थ्य केवल खड़ीबोली में ही केन्द्रित हो रही थी। आ. शुक्ल का कथन इस पूरे सन्दर्भ पर एक सटीक टिप्पणी करता है—"बात यह थी कि खड़ीबोली का प्रचार-प्रसार बढ़ता दिखाई दिया था और काव्य के प्रवाह के लिए कुछ नयी-नयी भूमियाँ भी दिखाई देती थीं। देश-दशा, समाज-दशा, स्वदेश-प्रेम, आचरण सम्बन्धी उपदेश आदि ही तक नयी धारा की कविता न रहकर जीवन के कुछ और पन्थों की ओर भी बढ़ी। पर गहराई के साथ नहीं। त्याग, वीरता, उदारता, सहिष्णुता इत्यादि के अनेक पौराणिक और ऐतिहासिक प्रसंग पद्यबद्ध हुए, जिनके बीच-बीच में जन्मभूमि-प्रेम, स्वजाति-गौरव, आत्म-सम्मान की व्यंजना करने वाले जोशीले भाषण रखे गये। जीवन की गूढ़, मार्मिक या रमणीय परिस्थितियाँ झलकाने के लिए नूतन कथा-प्रसंगों की कल्पना या उद्भावना की प्रवृत्ति नहीं दिखाई पड़ी। केवल पं. रामनरेश त्रिपाठी ने कुछ ध्यान कल्पित प्रबन्ध की ओर दिया।" इस कथन से जाहिर है कि इस काल में पं. रामनरेश त्रिपाठी की कल्पित प्रबन्ध-योजना आ. शुक्ल को आश्वस्त करती है। उनका 'केवल पं. रामनरेश त्रिपाठी जी' कथन महत्त्वपूर्ण है—क्योंकि ज्यादातर कवियों ने नवीन-पथ के नाम पर पश्चिमी ढंग का स्वच्छन्दतावाद अपनाया। इसे अपनाने के भीतर रवीन्द्रनाथ की *गीतांजलि* का असर था और भारतीय स्वच्छन्दतावाद की परम्परा को समझ पाने की असमर्थता भी थी। छायावाद में प्रसाद की रोमांटिक भाव-भूमि पर पश्चिम की धमक कम है। ऐसे ही पं. रामनरेश त्रिपाठी की स्वच्छन्द भाव-धारा उनकी देशी काव्य-धारा के भीतर से फूटी थी। फलतः स्वाधीनता आन्दोलन के दिनों में भारतीय लोक-जागरण की जो धारा माखनलाल, मुकुटधर पांडेय, नवीन और दिनकर को सृजनात्मक की ताकत देती है—वही धारा पं. रामनरेश त्रिपाठी में कथ्य और रूप के नवीन प्रयोगों का अहसास भी कराती है।

आ. शुक्ल का यह कथन पीछे से निर्विवाद रूप में स्वीकार कर लिया गया है—"काव्य-क्षेत्र में जिस स्वाभाविक स्वच्छन्दता (रोमैंटिसिज्म) का आभास पं. श्रीधर

पाठक ने दिया था। उसके पथ पर चलने वाले द्वितीय उत्थान में त्रिपाठी जी ही दिखाई पड़े। *मिलन, पथिक* ओर *स्वप्न* नामक इन तीनों खंड-काव्यों में इनकी कल्पना ऐसे मर्म पथों पर चली है, जिस पर मनुष्य मात्र का हृदय स्वभावतः ढलता आया है। ऐतिहासिक या पौराणिक कथाओं के भीतर न बँधकर अपनी भावना को अनुकूल स्वच्छन्द संचरण के लिए कवि ने नूतन कथाओं की उद्‌भावना की है। कल्पित आख्यानों की ओर यह विशेष झुकाव स्वच्छन्द मार्ग की अभिलाषा भाषा में सूचित करता है। इन प्रबन्धों में नरजीवन जिन रूपों में ढालकर सामने लाया गया है, वे मनुष्य मात्र का मर्म स्पर्श करने वाले हैं तथा प्रकृति के स्वच्छन्द और रमणीय प्रसार के बीच अवस्थित होने के कारण शेष सृष्टि से विछिन्न प्रतीत नहीं होते।'' त्रिपाठी जी की काव्यात्मकता में हृदय की मर्मस्पर्शिता के कारण यह कविता मानव मात्र को अपनी रागात्मकता में कसती है।

ब्रजभाषा काव्य-परम्परा के रीतिकालीन सौन्दर्यबोध से पं.रामनरेश त्रिपाठी इस कदर मुक्त हैं कि उनकी रचनात्मक ऊर्जा को देखकर हैरानी होती है। खड़ीबोली काव्य-भाषा की रचनात्मकता का मनोहारी काव्यस्फोट उनमें सबेरे की धूप सा खिला मिलता है। श्रीधर पाठक की स्वच्छन्द प्रवृत्ति से युक्त खड़ीबोली में ब्रजभाषा के संस्कार बजते हैं, किन्तु रामनरेश त्रिपाठी में वे सभी अनुगूँजे गायब हो जाती हैं। कहना होगा कि खड़ीबोली की रचनात्मक सम्भावनाओं को त्रिपाठी जी के कृतित्व से भारी भरोसा मिल जाता है। देशी स्वच्छन्दतावाद की मूल प्रवृत्तियों का निर्धारण डॉ. रामस्वरूप चतुर्वेदी ने *हिन्दी साहित्य ओर संवेदना का विकास* में इस प्रकार किया है—''स्वच्छन्दतावाद की प्रमुख विशेषताओं में हैं—वन का महत्व, प्रकृति-पर्यवेक्षण, स्वच्छन्द भंगिमाओं में चित्रण और बैलेड या कला-गीत का प्रयोग, और काव्य-भाषा के रूप में खड़ीबोली की स्वीकृति। सबसे बड़ी बात यह है कि इस स्वच्छन्दतावादी काव्य-धारा के जीवन से लगाव की एक भूमिका तैयार की, जो आगे चलकर और गहरी हो जाती है।' (पृ. 111) त्रिपाठी जी ने कला-गीत के रूप का प्रयोग तो न किया, पर प्रेम की रमणीय व्यंजना नये ढंग से की। थोड़े बहुत हेर-फेर के साथ उनमें स्वच्छन्दतावादी काव्य की प्रवृत्तियों को पाया जा सकता है। विशेष बात यह है कि रामनरेश त्रिपाठी में जहाँ स्वच्छन्दतावाद का सहज उल्लास है, वहीं भाषा का अनुशासन भी पूरा है। श्रीधर पाठक तथा उनके अन्य सहयोगी कवियों में खड़ीबोली का प्रयोग व्याकरण की दृष्टि से दोषरहित न था, ब्रजभाषा का प्रभाव भी चला आता था। रामनरेश त्रिपाठी की भाषा पूरी तरह व्यवस्थित खड़ीबोली है, पर महावीरप्रसाद द्विवेदी जैसी इतिवृत्तात्मक नहीं। दोनों धाराओं के गुण उनके यहाँ एक साथ मिल जाते हैं।'

दरअसल पं. रामनरेश त्रिपाठी की रचनात्मकता छायावाद के लिए भूमि तैयार करती है। एक नयी जमीन को तोड़कर उसके ढेले फोड़ती है, इस ढंग से गुड़ाई करती

है कि रीतिवादी जड़ें पनप ही न सकें। इसलिए यह रचनात्मक स्रोत पुरानी कथात्मकता के पौराणिक-ऐतिहासिक इतिवृत्त प्रधान काव्य साँचे को निमर्मता से तोड़ती है और अपने ढंग से नये युग में नये काव्य रूपों के अनुकूल नया काव्य ढाँचा तैयार करती है—एक नया मॉडल रखती है—इस मॉडल में रूपविधायिनी कल्पना से नवजागरण के रंग भरती है। पूरी की पूरी काव्यानुभूति नवजागरण की आलोक-आभा से लबालब भर जाती है। ठीक निष्कर्ष यही है कि *मिलन, पथिक* तथा *स्वप्न* शीर्षक कवि के तीनों खंडकाव्यों में कथानक की कल्पनाजन्य सूक्ष्मता तत्कालीन प्रबन्धकाव्य के गठन में नये विकास की सूचक है। कथानक की यह सूक्ष्मता छायावादी प्रबन्ध *कामायनी* जैसी नहीं है, जहाँ मानव-जीवन की अनेक जटिल परिस्थितियों को संश्लिस्ट रूप में अंकित किया गया है। इन खंडकाव्यों के चरित्रों के वैशिष्ट्य का प्रभाव कुछ-कुछ लोक साहित्य की भाव-भूमि के निकट है। इस तरह सूक्ष्म कथ्यों और हल्के रंगों वाले चरित्रों के संयोग में रचनाएँ एक गोचारणी सादगी लिए हैं, और उस जन-जागरण के आरम्भिक युग के अनुकूल हैं। लोक जीवन की संवेदना ने इन काव्यों की पूरी बनावट को लोक अभिप्रायों से निर्धारित किया है। त्रिपाठी जी ने लोक अभिप्रायों के प्रयोग बराबर सभी कृतियों के किये हैं, जैसे—प्रेमी का पथिक वेश धारण करना, साधु के उपदेश से हृदय परिवर्तन होना, योगी की कुटी पर मृत समझी जाने वाली प्रिया से अचानक भेंट होना, स्त्रियों द्वारा कान्तासम्मित उपदेश—राग आदि। पर इन सभी लोक-अभिप्रायों की परिणति अन्त में देश-प्रेम में होती है। वास्तव में, देश प्रेम प्रधान लोकजागरण की जो धारा भारतेन्दु युग से प्रवाहित हुई थी, त्रिपाठी जी ने उसी का मनोयोगपूर्वक विस्तार किया।

बड़े-बड़े कवियों-रचनाकारों को आचार्य शुक्ल ने झकझोर कर रख दिया है, किन्तु देखा जाए तो वे ही आचार्य शुक्ल पं. रामनरेश त्रिपाठी पर बेहद मुग्ध रहे हैं। इस मुग्धता का कारण यह भी रहा है कि आचार्य शुक्ल के काव्य-प्रतिमानों पर यह कविता खरी उतरी है और इसमें रचनाकार की कल्पना-शक्ति एवं प्रकृति-सौन्दर्य दृष्टि की दिशा आचार्य शुक्ल की मनोभूमिका से मेल खाती रही है। आचार्य शुक्ल में श्रेष्ठ रचनाओं के अध्ययन-अभ्यास से एक ऐसी रसग्राही दृष्टि पैदा हो गयी थी कि वे काव्य-मर्म को ठीक से पकड़ने में चूकते न थे। अपनी काव्य मर्म-दृष्टि से उन्होंने कहा—"देशभक्ति का वह भाव उनके मुख्य पात्रों को जीवन के कई क्षेत्रों में सौन्दर्य प्रदान करता दिखाई पड़ता है—कर्म के क्षेत्र में भी, प्रेम के क्षेत्र में भी। ये पात्र कई तरफ से देखने में सुन्दर लगते हैं। देशभक्ति को रसात्मक रूप त्रिपाठी जी द्वारा ही प्राप्त हुआ—इसमें सन्देह नहीं।"

त्रिपाठी जी की स्वच्छन्द कल्पना में वास्तविकता का एक नायाब अनुभव रहता है। ये अनुभव उन्होंने देश भर के अटन-भ्रमण से पाये थे। काफी समय तक वे गोपाल नेवटिया के साथ राजस्थान में रहे और वहाँ तमाम तरह की पुस्तकों का अध्ययन

किया। वैष्णव भक्ति-परम्परा का जनजागरण उनके संस्कारों में गहराई से भिद गया था। यहीं 'हे प्रभो आनन्ददाता ज्ञान हमको दीजिए' जैसी लोक प्रसिद्ध प्रार्थना को लिखा। ज्ञान-भक्ति और कर्म के लिए त्रिपाठी जी का सूकर क्षेत्र राजस्थान ही बना। वे कलकत्ता में सेठों के साथ भी रहे और उनकी वृत्तियों को ठीक से पहचाना भी। राधाचरण गोस्वामी के सम्पर्क में भी रहे। मदनमोहन मालवीय जी से नवजागरण का मन्त्र पाया और भ्रमण का आनन्द भी। 'मालवीय जी के साथ बीस दिन' नाम से संस्मरण भी लिखे। काशी और प्रयाग की साहित्यिक गतिविधियों से जुड़े रहे। गाँधी जी के साथ दक्षिण भारत हिन्दी प्रचार-सभा में सेवा कार्य किया। अपने गाँव कोइरीपुर, जिला सुलतानपुर में खेती-बाड़ी भी की। पुत्र से अनबन हो जाने पर जेल भी गये। राहुल जी ने घुमक्कड़शास्त्र में जैसे व्यक्ति की बात उठायी थी वैसे ही व्यक्ति थे रामनरेश त्रिपाठी। घाट-घाट का पानी पिया था और इस देश की प्रकृति को अनेक रंगों से अपने हृदय में उतारा था। वे बड़ी से बड़ी रईसों की महफिल का भी स्वाद जानते थे और गरीब की सूखे चने की तबाही का अनुभव भी रखते थे। यायावर-वृत्ति ने उनके रचनाकार को भीतर-बाहर से समृद्ध किया। ग्राम-गीतों के संकलन के कार्य में वे घुटनों तक स्त्रियों के साथ पानी में खड़े रहे और अत्यन्त महत्त्वपूर्ण कार्य ग्राम-गीतों के रूप में किया। *मारवाड़ के मनोहर गीत* और *ग्राम गीत* संकलन उनकी लोक-निष्ठा के जीवित-जाग्रत प्रमाण हैं। *कविता-कौमुदी* के भागों में हिन्दी, उर्दू, बांग्ला आदि काव्य-धाराओं का विशेष सामग्री के साथ संकलन-सम्पादन किया। हिन्दी साहित्य से सम्बन्धित इतनी महत्त्वपूर्ण सामग्री का संकलन किया है कि आचार्य शुक्ल को *हिन्दी साहित्य का इतिहास* लिखते समय उससे सहायता मिली। आचार्य शुक्ल और त्रिपाठी जी दोनों की मनोभूमिका के गठन में तुलसीदास रहे हैं, दोनों को ही तुलसी ने भीतर से प्रकाश दिया। आ. शुक्ल ने *तुलसीदास* पुस्तक लिखकर तुलसी के प्रति अपने अनुराग को व्यक्त किया है त्रिपाठी जी ने *तुलसीदास और उनकी कविता* लिखकर अपने भावों का प्रकाशन किया।

लोक मन लोकोक्तियों में निवास करता है। उनका महत्त्व इतिहासकार, समाजशास्त्री, नीतिकार, कवि सभी के लिए होता है। यह एक ऐसी धरोहर है जिसका संग्रह होना ही चाहिए। इसी भाव-प्रेरणा से उन्होंने *घाघ भंडरी* पुस्तक बनाई। यह कार्य त्रिपाठी जी की मानसिकता को सामने लाता है कि कैसे वे लोक और लोकानुभूति से रचना और जीवन में एकाकार होते गये। तब लोग भोगी गयी अनुभूति, अनुभूति की ईमानदारी, अनुभूति की प्रामाणिकता का काव्य-प्रतिमान के रूप में नारा न लगाते थे। नारा लगाने की जरूरत भी शायद न थी, क्योंकि उस युग का रचनाकार पहले उस स्थिति को छककर जीता था तब, जब लिखने की विवशता आ जाती थी, तभी लिखता था। लिखना उसके लिए धन्धे-बाजी न था। वह तब लिखता था जब लिखे बिना रहा न जाता था। अनुभव रक्त को फोड़कर

निकलता था और इसीलिए वह रचना में एक ऐसा स्वाद देता था जिसकी तृप्ति का क्या कहना। ये रचनाकार मानकर चलते थे कि कमरे में बन्द साहित्य कोई साहित्य नहीं होता। साहित्य तो वही होता है, जो जीवन के खुले खेत में उगता है, अनुभवों की खाद से पलता है और धूप में तपकर अन्न-रस बनता है। इस दृष्टि से देखते हैं तो त्रिपाठी अपने अनुभव के रसायन से 'असली' का जायका देते हैं। 'पथिक' में दक्षिण-भारत का सौन्दर्य खिलखिलाता मिलता है तो 'स्वप्न' में उत्तराखंड और कश्मीर का सौन्दर्य। अनुभव-भरे मन में प्रकृति-सुन्दरी का ऐसा रूप-रंग समाया हुआ है कि काव्य-प्रतिभा प्रकृति के संश्लिष्ट चित्रण में पाठक की संवेदना को अभिभूत कर लेती है—

प्रतिक्षण नूतन वेश बनाकर रंग-बिरंग निराला
रवि के सम्मुख थिरक रही है नभ में वारिद बाला।
नीचे नील समुद्र मनोहर ऊपर नील गगन है
घन पर बैठ बीच में बिचरूं, यही चाहता मन है।

(पथिक)

यह कल्पना बिम्ब-निर्माण में इतनी आगे बढ़ी हुई है कि चित्र आँख के सामने उपस्थित हो जाता है—

सिन्धु विहंग-तरंग पंख फड़फड़ाकर प्रति क्षण में
है निमग्न निज भूमि अंड के सेवम में, रक्षण में।

(पथिक)

त्रिपाठी जी प्रकृति-सौन्दर्य में मानवीय स्वतन्त्रता का अर्थ खोजते हैं—वह अर्थ जिसे रीतिवाद ने सौन्दर्य-विलास में बदल दिया है उससे दूर खींचकर वे पुनः प्रकृति को अन्वेषित करते हैं। यह प्रकृति विराट्-पुरुष की उन्मुक्त छाया है—इसी छाया में आनन्द और लोक-मंगल के भाव खिलते हैं। नवजागरण की चेतना में यह प्रकृति दीन-दुखियों की शक्ति है। इसलिए प्रकृति से समग्र जीवन-शक्ति पाने के लिए यहाँ समर्पण ही समर्पण है। छायावाद के कवियों ने जिस रचनात्मक स्वतन्त्रता को प्रकृति के माध्यम से पाया उसकी गहरी अनुगूँज *स्वप्न* नामक प्रबन्धकाव्य में सुनाई देती है। *स्वप्न* की सृजन-प्रेरणा में एक ओर तो सुमन के माध्यम से नारी-जागरण का खिला स्वर है—दूसरी ओर युग-चुनौती से अर्जित संघर्ष की लय।

त्रिपाठी जी के रचना-कर्म में स्वच्छन्द कल्पना का रमणीय उपयोग एक गहरे अर्थ में पराधीनता की जड़ता को काटने वाले अस्त्र के रूप में प्रायः हुआ है। यह कल्पना न केवल मानवीय चेतना के उच्चतम शिखरों को छूने में समर्थ है बल्कि हमारे सुप्त प्रकृति के संस्कारों को जगाकर जन-मानस की उस गहरी अन्तःसलिला तक लोक-चित्त को ले जाने वाली है। देश की सर्जनात्मक आकांक्षाओं का एक रूप दरिद्र को उबारना भी था। गाँधी जी जिस दरिद्रनारायण के महाभाव

को लेकर चले थे, उसकी प्रखर चेतना इस रचना-कर्म में विद्यमान है। *पथिक* में गाँधी-विचार की ऐसी सर्जनात्मक परिणति मिलती है कि पूरा भाव-विधान उसी से हरा-भरा हुआ है।

आकांक्षाओं को त्रिपाठी जी लोक-चित्त के साथ जोड़कर प्रभावी बनाते हैं–

होते हम हृदय किसी के विरहाकुल जो,
होते हम आँसू किसी प्रेमी नयन के;
पूरे पतझड़ में बसन्त की बयार होते,
होते हम जो कहीं मनोरथ सुजन के;
दुःख दलितों में हम आशा की किरन होते,
होते पछतावा अविवेकियों के मन के;
मानते विधाता का बड़ा ही अहसान हम,
होते धन गाँठ जो कहीं भी दीन-जन के।

(मानसी)

कर्म और कर्म की उपनिषद्-गीता ध्वनि ने कवि के अन्तर्जगत की रचना की है–एक प्रकार की ऐसी भारतीयता जो अपने को भीतर से चीरकर हेरती है–भारतीय कवि की पुरानी शक्ति-साहस की रोशनी रही है। उन्हें ध्यान है कि–

सरके कपोल के उजाले में दिवस, रात,
केशों के अँधेरे में निकल भागी पास से;
संध्या बालपन की, युवापन और आधी रात
मैंने काट डाली क्षण-भंगुर विलास से;
श्वेत केश झलके प्रभात की किरन से तो,
आँखे खुलीं काल के कुटिल मन्द हास से;
मेरे करुणानिधि का आसन गरम होगा,
कौन जाने कब मेरे शीतल उसास से।

वक्रोक्ति-व्यंजना के विरोधाभासों से इस काव्य-भाषा ने द्विवेदी-युगीन काव्य भाषा के खुरदुरेपन को छीलकर उसकी नयी सूरत निकाल दी है। नयी से नयी अभिव्यंजना के लिए उनकी कल्पना के पास ताकत है। कल्पना हर विस्मय, हर कौतूहल को बिम्ब में बदलती चलती है–

एक दिन मोहन प्रभात ही पधारे, उन्हें
देख फूल उठे हाथ-पाँव उपवन के;
खोल-खोल द्वार फूल घर से निकल आये।
देख के लुटाये निज कोष सुवरन के;
वैसी छवि और कहीं ढूँढ़ने सुगन्ध उड़ी,
पायी न, लजा के रही बाहर भुवन के;

मारे अचरज के खुले थे सो खुले ही रहे,
तब से मुँदे न मुख चकित सुमन के।

हमारी सारी मिलावटों के बावजूद अभी तक मोहन-भाव की यह तरंग हमारी कवि-परम्परा बचा पायी है—यह छोटी बात नहीं है। संस्कृति के केन्द्र में कवि होता है—अर्थात् अर्थ उस वाक् का अनुसरण करता है, और उत्कट तादात्म्य के क्षणों में उसमें पूरा जीवन तरंगायित हो उठता है। स्वतन्त्रता की लड़ाई के दिनों में हमने जो अन्वेषण से आत्मबल संचित किया था उसे देश आगे रक्षित न रख सका और स्वतन्त्रता के बाद के साहित्य का बड़ा हिस्सा पश्चिमी-अनुवादी कल्पना में खप गया। लेकिन स्वाधीनता-आन्दोलन में जो शक्ति-प्रवाह फूटा था, उसका प्रमाण त्रिपाठी जी, माखनलाल, नवीन और दिनकर, प्रसाद और पन्त, निराला और केदार देते हैं। हम भारतीयों ने आत्मा से विश्व-दृष्टि पाई और प्रकृति की ऊर्जा से सरस्वती को पाया। इतिहास के कई संकटों से हमें हमारे दर्शन ने उबारा। यही दार्शनिक भाव-मुद्रा की आध्यात्मिकता गाँधी के चिन्तन में व्याप्त रही। यही चिन्तन गाँधी जी के प्रभाव से त्रिपाठी जी में झंकृत हुआ—अन्वेषण आत्मान्वेषण और आत्म-साक्षात्कार इसी के रूप हैं। यही अन्वेषण त्रिपाठी जी के कवि को परम्परा तथा दीन-दलितों तक ले जाता है—

मैं ढूँढ़ता तुझे था जब कुंज और वन में,
तू खोजता मुझे था तब दीन के वतन में;
तू आह बन किसी की मुझको पुकारता था
मैं था तुझे बुलाता संगीत में, भजन में
मेरे लिए खड़ा था दुखियों के द्वार पर तू
मैं बाट जोहता था तेरी किसी चमन में।

अन्तर्जगत का सत्य और बहिर्जगत का सत्य दोनों मिलकर इस काव्य-प्रेरणा में एक 'विजन' बनाते हैं—इसे द्विवेदी-युगीन काव्य-मुहावरे का 'मॉरल विजन' भी कहा जा सकता है, क्योंकि यह विजन तिलक और गाँधी दोनों के चिन्तन में मौजूद है और यह विजन तत्कालीन कवि-कल्पना को सर्जनात्मक उत्तेजना देता है। यही विजन 'दीन' और दीन-बन्धु' को एकाकार करता है। यही विजन सांस्कृतिक-चिन्तन के ताप से उफनता मिलता है—

तूने दिये अनेकों अवसर न मिल सका मैं
तू कर्म में मगन था मैं व्यस्त था कथन में।
हरिश्चन्द्र और ध्रुव ने कुछ और ही बताया
मैं तो समझ रहा था तेरा प्रताप धन में।
तेरा पता सिकन्दर को मैं समझ रहा था
पर तू बसा हुआ था फरहाद कोहकन में।

क्रीसस की 'हाय' में था करता विनोद तू ही
तू ही विहंस रहा था महमूद के विजन में।
प्रह्लाद जानता था तेरा सही ठिकाना
तू ही मचल रहा था मन्सूर के रुदन में।
आखिर चमक पड़ा था गाँधी की हड्डियों में
मैं तो समझ रहा था सुहराव पील तन में।

अलगाववाद-नस्लवाद-धर्मवाद-सम्प्रदायवाद की दीवारें भारतीय चिन्तन के इस सागर में गिर जाती हैं—जहाँ ईश्वर, प्रकृति और मानव एकाकार हो जाते हैं। त्रिपाठी जी के लिए भारतीयता का अर्थ है—मानव-मात्र के भीतर इसी विराट्-भाव का साक्षात्कार। यही विराट्-भाव कह सकता है—

तू रूप है किरन में, सौन्दर्य है सुमन में
तू प्राण है पवन में, विस्तार है गगन में।
तू ज्ञान हिन्दुओं में, ईमान मुस्लिमों में
विश्वास क्रिश्चियन में, तू सत्य है सुजन में।
हे दीनबन्धु ऐसी प्रतिभा प्रदान कर तू
देखूँ तुझे दृगों में, मन में तथा वचन में।
कठिनाइयों, दुखों का इतिहास ही सुयश है
मुझको समर्थ कर तू बस कष्ट के सहन में
दुख में न हार मानूँ, सुख में तुझे न भूलूँ
ऐसा प्रभाव भर दे, मेरे अधीर मन में।

ब्रिटिश साम्राज्यवाद के आर्थिक शोषण पर त्रिपाठी जी का ध्यान केन्द्रित रहा है। उस पूरी लूट-परम्परा से वे गहरे तक परिचित हैं जिसे भारत में अंग्रेजी राज ने कायम किया और यहाँ के उद्योग-धन्धों को चौपट करके कारीगरों-कलाकारों को बर्बाद कर दिया। भुखमरी का शिकार यह वर्ग मजबूरी में किसान-मजदूर बनता गया। लेकिन किसानों के काम में भी जी-तोड़ श्रम करके पाया क्या—तबाही अधनंगापन। इस पूरी स्थिति को काव्य-विषय में ढालने वाली संवेदना अधिकाधिक मानव-संघर्षों को चित्रित करने पर विवश होती गयी। उनकी कविता में आध्यात्मिक रस सूख गया और एक नये साधना के भाव से संघर्ष का रस पैदा हुआ। जन-संवेदना का जो तीव्र-विस्फोट इस समग्र रचनात्मकता में हुआ—उसकी रगड़ से खड़ीबोली में नयी चमकदार धार निकल पड़ी। इसी मनोभूमिका में कवि ने स्वतन्त्र अभिव्यक्ति की लयों-तुकों और अर्थ ध्वनियों का अन्वेषण किया। ठेठ मानवीय, निर्वैयक्तिक आवेगों की स्वच्छन्दगति से यह सर्जनात्मकता पटती गयी। कवि अपने युग-विषय को अधिक नजदीकी से देखने और रचने लगा। जो काव्य-विषय में ठीक से निकास न पा सका उसके लिए त्रिपाठी जी ने *सुभद्रा, पद्मावती, लक्ष्मी, जयन्त,*

प्रेम लोक जैसे उपन्यास-नाटक लिखे। *वीरांगना* और *वीरबाला* में नारी-जागरण का स्वर ऊँचा किया।

हिन्दी-उर्दू-हिन्दुस्तानी का यक्ष-प्रश्न राजनीतिक रंग पाकर तत्कालीन भारत में उठ खड़ा हुआ था। अंग्रेजों ने हिन्दी-उर्दू के नाम पर हिन्दू-मुस्लिम साम्प्रदायिकता को भड़काया। स्थिति को सही मोड़ देने के लिए गाँधी जी स्वयं आगे बढ़े। उनका साथ मदनमोहन मालवीय, पुरुषोत्तमदास टंडन, काका साहेब कालेलकर आदि ने डटकर दिया। गाँधी जी के विचारों से आन्दोलित त्रिपाठी जी ने इस क्षेत्र में संकल्पबद्ध होकर साथ दिया। वे भाषा की शुद्धता के हामी नहीं रहे—भाषा का हिन्दुस्तानी रूप उन्हें प्रिय रहा और इसी रूप की वकालत भी की। इस रूप की वकालत से जो चिन्तन उभरा उसे *हिन्दी मुहावरे, खड़ी बोली कविता का संक्षिप्त इतिहास, हिन्दी का संक्षिप्त इतिहास, हिन्दी-हिन्दुस्तानी, हिन्दुस्तानी कोश तथा उर्दू जबान का संक्षिप्त इतिहास* लिखकर प्रस्तुत किया। गाँधी जी की नीतियों को स्पष्ट करने के लिए एक सच्चे देशभक्त की भाँति उन्होंने *गाँधी जी कौन हैं, कौन जानता है, क्या होम रूल लोगों* जैसी पुस्तकें लिखीं। इन पुस्तकों में उनका गद्य उनके पद्य से कम रचनात्मक नहीं है। गद्य जैसे-जैसे विचारों की वयस्कता से इस युग में शक्ति पाता गया, वैसे-वैसे त्रिपाठी जी में विचार संवेदना और संस्कार दोनों स्तरों पर सक्रिय हुआ। उनका गद्य हो या पद्य कुछ भी पढ़िए, वह ऐसी उत्सुकता जगाता है कि उनकी सभी रचनाएँ पढ़ी जाएँ। त्रिपाठी जी का महत्व आज भी इस अर्थ में है कि वे हिन्दी गद्य-पद्य का मौलिक ढंग से रचनात्मक परिष्कार करते हैं और उसकी रचनात्मक ऊर्जा को इस ढंग से व्यक्त करते हैं कि आत्मीयता स्थापित हो सके।

त्रिपाठी जी के रचना-कर्म का महत्व इस बात को लेकर भी आँका जा सकता है कि उन्होंने गद्य-पद्य की उस तेजस्वी-परम्परा को बरकरार रखा जो भारतेन्दुयुग की मूल्यवान देन थी और जिसमें उस युग का 'रेनेसाँ' नये विषयों एवं कथन-भंगिमाओं के साथ उजागर हुआ था। भारतेन्दु जी खड़ी बोली को काव्य-भाषा चाहने पर भी न बना पाये थे, क्योंकि उन्हें जन समर्थन प्राप्त नहीं हुआ था। द्विवेदी-युग में खड़ीबोली को विरोध के बावजूद काव्य-भाषा के रूप में ग्रहण करने का व्यापक समर्थन मिला। इसी समर्थन ने श्रीधर पाठक, हरिऔध, मैथिलीशरण गुप्त और पं. रामनरेश त्रिपाठी जैसे रचनाकारों को हौसला दिया और इसी हौसले से खड़ीबोली को काव्य-भाषा के रूप में आदर मिला। फिर इसी काव्य-भाषा में लोक-तत्त्व की इतनी जबर्दस्त शक्ति जागी कि सोयी सर्जनात्मकता ने जगकर ताजगी पायी। त्रिपाठी जी में श्रीधर पाठक की काव्य-परम्परा का लोकतत्त्व वाला सर्जनात्मक रंग और सहयोग साफ दिखाई देता है। इसी सहयोग की मानसिकता ने ग्राम-गीतों की मूल्यवान धरोहर को नये सिरे से पहचानना पहचनवाना और संग्रहीत करना शुरू किया। हमारे ग्राम-साहित्य में आदिम मन के संस्कार सुरक्षित हैं—हमारे काव्य-अभिप्राय रक्षित हैं और जातीय-स्मृति

की यह कीमती धरोहर है। इसी प्रेरणा-भाव से उन्होंने *ग्राम-साहित्य* के भागों का संग्रह किया। भारत के सामाजिक-सांस्कृतिक इतिहास के जन-जीवन से सम्बन्धित पक्ष को यह साहित्य-राशि संजोये हुए है और आज इसमें इतिहास के अनुसन्धानों के लिए कीमती कच्चा माल है।

त्रिपाठी जी के रचना-स्वभाव का एक विशिष्ट रूप उनके द्वारा रचित और सम्पादित बाल-साहित्य, स्त्री साहित्य में देखा जा सकता है। ध्यातव्य है कि उस युग में बाल-साहित्य लिखने वाले लोग उंगलियों पर गिने जा सकते थे। बाल-साहित्य के महत्त्व को पहचानते हुए उन्होंने बाल कहानी के अठारह भाग प्रस्तुत किये। दो भागों को *'गुप-चुप कहानियाँ'* के रूप में दिया। *आदमी की कीमत, रूपा, भय बिन होय न प्रीति, बेल कुमारी, मौत की सुरंग की कहानी, बढ़िया-बुढ़िया किसे खाऊँ, फूलरानी, पकड़ पूँछ कटे की, तीन मेमन, तीन सुनहले बाल, चुड़ैलरानी, मोहन भोग, अशोक, चन्द्रगुप्त, महात्मा बुद्ध, रोबिनहुड, सिन्दबाद, कन्या-शिक्षावली* (पाँच भाग) *जादू की कहानियाँ, योग के आसन, आँखों देखी कहानियाँ* जैसी पुस्तकों को लिखा। उस साहित्य से हिन्दी बाल-साहित्य का सूखा भाग हरा हुआ। साथ ही इस बाल-साहित्य को इतना सर्जनात्मकता बनाया कि उसे देखकर आज आश्चर्य होता है। बच्चों के लिए *उद्योग, तथा घाघ और भण्डरी, मानस की सूक्तियाँ, पैसा परमेश्वर, बा और बापू, आधुनिक शिष्टाचार, आला रहस्य, इतना तो जानो देश का दुख अंग, रहीम, कौन जाता है, किसानों के काम की बातें, नमूने के गाँव,* आदि पुस्तकें लिख डालीं। पर आज दुर्भाग्य यह है कि उनके इस विशाल साहित्य को हमने भुला दिया है। खींसे निपोरती आधुनिकता के इस युग में जैसे इधर ध्यान देने का हमारे पास समय ही न बचा है।

आज टीकाकार त्रिपाठी जी पर हम ध्यान न भी दें तो भी उनका जीवनीकार, यात्रा-लेखक के रूप में किया गया कार्य हमारा ध्यान खींचता है। इस कार्य का ऐतिहासिक महत्त्व इसलिए भी है कि यह इन विधाओं के आरम्भ काल में लिखा गया है। नवीन गद्य विधाओं के प्रति हिन्दी गद्य में जो सर्जनात्मक उत्साह पैदा हुआ था उसका वह सच्चा नमूना है। हिन्दी के लिए जीवन अर्पित कर देने वाले प्रेरक पुरुष की जीवनी *सेठ जमनालाल बजाज* लिखी तथा *नेवटिया का जीवन चरित्र* लिखा। यात्रा संस्मरण के रूप में हिन्दी को दो महत्त्व की पुस्तकें दीं—*उत्तरी ध्रुव की भयानक यात्रा* (1928), *तीस दिन मालवीय जी के साथ* (1942)। इस यात्रा साहित्य की विशेषताएँ हैं सुघड़ता-सफाई और लालित्य तत्व। इस गद्य में तत्कालीन युग-जीवन का प्रवाह ज्यादा सीधा प्रवेश पाता है। इसलिए यह हमारी मानसिकता को उद्वेलित-आन्दोलित करता है। इस गद्य को देखकर यह विश्वास हो जाता है कि खड़ी बोली को बहुत कम समय में बहुत अधिक पचाना पड़ा है। समसामयिक विचार आन्दोलन के प्रकाश को पीकर तत्कालीन हिन्दी का कवि नये गद्य को सर्जना

के स्तर पर कैसे गढ़ रहा था इसका सही अनुमान इस गद्य को देखकर मिलता है। त्रिपाठी जी ने पद्य की परम्परा में ही काव्य और रूपात्मक परिवर्तन नहीं किये हैं बल्कि हिन्दी गद्य का रूपात्मक बदलाव उनमें आत्म-विश्वास से छलकता मिलता है। प्राचीन रूढ़ियों से साहित्य को मुक्त करते हुए नवीन सर्जनात्मकता के लिए मार्ग-निर्मिति कैसे होती है यह बात उनके रचनाकार से सीखने लायक है।

आज भी इस रचनाकार का विशाल साहित्य सच्चे मूल्यांकन की प्रतीक्षा कर रहा है। हिन्दी साहित्य के इतिहासकारों ने उनके कवि रूप की विशिष्टताओं पर तो विचार किया है, किन्तु उनके गद्य पर चर्चा नहीं की है। जब तक गद्य और पद्य को सम्पूर्णता में मिलाकर विचार न किया जाएगा, तब तक हम इस रहस्य से अनजान ही रहेंगे कि त्रिपाठी जी अखंड व्यक्तित्व के रचनाकार हैं और सत्याग्रह-युग की विविध लहरों से यह रचना-कर्म कितना सम्पन्न हुआ है। साहित्य का ठेठ लोक-तत्त्व उनके देशी स्वच्छन्दतावाद में कितना गाढ़ा होकर आया है और उसकी रंगत में भारतीयता कैसी निखरी है यह सब देखने की जरूरत है।

माखनलाल चतुर्वेदी और हिन्दी नवजागरण

माखनलाल चतुर्वेदी के रचनानुभव में सामाजिक-राजनीतिक संघर्ष का सीधा दखल है। इस दखल को भीतर-बाहर से देखने के बाद यह कहने की जरूरत महसूस की जा सकती है कि उनका रचना-कर्म सरल अर्थ में राजनीतिक कविता नहीं है, गहरे अर्थ में राजनीतिक कविता है, जो अपने अनुभव के समूचे प्रसार में सबसे अधिक हमारी संवेदना का स्पर्श करती है। फिर इस रचनानुभव को आधुनिक नवजागरण की एक क्रान्तिकारी चेतना का तार शक्ति देता है। नवजागरण की प्राण-शक्ति के प्रकाश में इस रचना-परिदृश्य की काव्यात्मक ऊर्जा या सर्जनात्मक चिन्ता अधिक प्रखर, वैविध्यमय और उत्तेजक संवेदनाघातों से परिपूर्ण जान पड़ेगी। कारण, यह रचना-कर्म रीतिवादी-संस्कारों के विरुद्ध एक लम्बी लड़ाई लड़ता है और तब तक लड़ता है, जब तक उन्हें ढंग से कुचलकर शक्तिहीन नहीं कर देता।

भारतीय स्वाधीनता आन्दोलन के दिनों की जीवन्त संवेदनशीलता एवं ग्रहण क्षमता माखनलाल के रचनानुभवों में एक अदम्य प्रेरणा से दीप्त हो उठती है। ठीक से देखा जाए तो कविता और राजनीति के सम्बन्ध का प्रश्न भी इस युग में नया नहीं है—हालाँकि परिस्थितियों के प्रभाव-दबाव से यह प्रश्न नये ढंग से उठ खड़ा हआ है। कुछ समय पूर्व भारतेन्दु तथा प्रेमघन के सृजन और विचारों से एक ऐसी लपट उठ चुकी थी कि उसकी ओर ध्यान जाना लाजिमी था और उसका महत्त्वपूर्ण सर्जनात्मक अभिव्यक्ति के रूप में व्यापकता से उजागर होना भी अनिवार्य था। माखनलाल से पूर्व के सम्पूर्ण आधुनिक लेखन में भारतीय जनता के जीवन को नियंत्रित करने वाली शक्ति के रूप में राजनीतिक सत्ता और उसके बहुमुखी प्रभावों और सम्बन्धों की अभिव्यक्ति इतने मुखर रूप में सामने आ चुकी थी कि उन प्रभावों और सम्बन्धों को परिभाषित करने की रचनात्मक विवशता से बचना कवि-कर्म से पलायन ही होता। साथ ही, स्वाधीनता संग्राम में आने वाली गति का ऐतिहासिक सन्दर्भ ही ऐसा था कि तीखापन रचनात्मक प्रतिभा को उकसाता था। साम्राज्यवादी-उपनिवेशवादी-पूँजीवादी शक्तियाँ एकजुट होकर भारतीय जनता का इस बेदर्दी से शोषण कर रही थीं कि चुप रह पाना असम्भव था। और माखनलाल संयोगवश क्रान्तिकारी गुटों से भी जुड़ गये थे। साथ ही तिलक, गणेशशंकर विद्यार्थी

तथा माधवराव सप्रे के दिशा-संकेत भी उनमें उमड़ रहे थे। ऐसी स्थिति के कारण इस जागरण-सुधार युग ने उनके रचनाकार-पत्रकार की ऐसी मानसिकता का निर्माण किया जो निजी सुख-दुख, आशा-निराशा, सफलता-असफलता की छोटी-परिधि से घिरा क्षुद्र, टुटपुंजिया, भाववादी-कलावादी सृजन में प्रवृत्त न हो सकती थी। वह ऐसा सृजन करना चाहते थे, जो आदमी को दासता के बन्धनों के विरुद्ध खड़ा होने का मन्त्र देता हो, उसे जगाता और उकसाता हो तथा युगीन वास्तविकता को अभिव्यक्ति देने में सच्चा हो। इसलिए, उस दौर के रचनाकार माखनलाल ने यथास्थितिवादी काव्यस्थिति के विरुद्ध छटपटाहट का अनुभव किया और बेचैनी से नया रास्ता बनाया। यह रास्ता उनकी कविता 'एक पुष्प की अभिलाषा' के रूप में देखा भी जा सकता है। रचनाकार इस कविता में रीतिवादी काव्य-प्रवृत्तियों पर प्रहार करते हुए कहता है कि वह सुरबाला के गहनों में नहीं गुँथना चाहता। उसकी अभिलाषा मातृभूमि के चरणों में शीश-फूल चढ़ाने की है।

दरअसल, यह अभिलाषा ही तत्कालीन भारतीय परिवेश में वन्देमातरम् की अर्थध्वनि का विस्तार थी। वन्देमातरम् नारा न था एक सांस्कृतिक-संवेदन और सामर्थ्य का गुण-गर्जन था। माखनलाल जी को याद है कि 1905 में बंगाल के शेर बाबू सुरेन्द्रनाथ बनर्जी ने गोखले की अध्यक्षता में होने वाले राष्ट्रीय सभा के अधिवेशन में कहा, "आप से प्रार्थना करता हूँ कि सभापति जी का अन्तिम भाषण होने के पश्चात आप एकदम चले न जाएँ। श्रीमती दत्त चौधरानी और कुछ स्त्रियाँ वन्देमातरम् गीत गाने वाली हैं।" इस गीत ने राष्ट्रीय आन्दोलन के मंचों पर प्रवेश किया और हर तरह की जोखिम झेलकर भी यह गीत गाया जाने लगा। ऐसी ही एक घटना सन् 1906 में सामने आयी। अप्रैल माह में बंगाल प्रान्तीय राजनीतिक परिषद् का जलसा हुआ। अध्यक्ष बैरिस्टर रसूल ने निर्भय होकर युवकों से कहा, "तरुण और पढ़े-लिखों ने जो यत्न किये, उन्हीं से बंगाल की स्वदेशी हलचल यशस्वी हुई। वे तरुण हलचल करते हुए देशभक्ति के उत्साह में 'वन्देमातरम्' जैसे देशभक्तिप्रद गीत गाते। इस कारण शासकों को गुस्सा आने लगा। मैं जानता हूँ ऐसे देशभक्तिपूर्ण गीत किसी भी देश में गुनाह नहीं माने जाते। किन्तु हमारे देश में तो शासकों का प्रत्येक शब्द कानून मानना होता है।' फिर इसी वर्ष भारतीय स्वाधीनता संग्राम के पितामह दादाभाई नौरोजी की अध्यक्षता में राष्ट्रीय महासभा की बैठक हुई। मदनमोहन मालवीय ने इस बैठक में कहा, "वन्देमातरम् का उच्चारण अत्यन्त निरुपद्रवी है। उसका अर्थ होता है स्वदेश भूमि की विजय हो अथवा मैं मातृभूमि की बन्दगी करता हूँ। उसमें घातक और राजद्रोही कुछ भी नहीं। लार्ड बेथम जब मरने लगे तब उनके मुख से दो वाक्य निकले—'स्वदेश और मेरे देश।' इसी पर *कर्मवीर* में माखनलाल ने लिखा, 'उसी बेथम का अंग्रेज लोग आदर करते हैं। लार्ड नेल्सन ने युद्ध के कठिन प्रसंग पर सैनिकों को अपना संदेश अपनी मातृभूमि के नाम पहुँचाया। अंग्रेजों का उसके

प्रति भी आदर है। शेक्सपीयर के साहित्य में जहाँ स्वदेश सम्बन्धी उद्‌गार आते हैं, उन्हें पढ़कर अंग्रेज आनन्दित हो उठता है। संसार के सभ्य साहित्य की यही अवस्था है। स्वदेश-भूमि वन्देमातरम् जैसे उल्लेख पर कोई ऐतराज नहीं करता। यही क्यों अपने स्वदेश पर प्रेम करने में यदि किसी में कमी दीखे, तो सर वाल्टर स्कॉट जैसे लेखक उसका धिक्कार करते हैं। ऐसी स्थिति में मेरी समझ में नहीं आता कि विशुद्ध लेखक वन्देमातरम् पर ऐतराज क्यों करें। महासभा की यह मीटिंग वन्देमातरम् से आरम्भ हुई और प्रत्येक वक्ता जब बोलने खड़ा हुआ तो 'वन्देमातरम्' शब्द से ही उसका स्वागत किया गया। इस अधिवेशन में वजनदार मुसलमानों की अच्छी तादाद थी। उन्होंने गीत को स्वीकार किया, वे गीत में उठकर खड़े हुए।'' जाहिर है कि माखनलाल इस वन्देमातरम् गीत में न हिन्दू-ध्वनि पाते थे, न मुसलमान ताल। यह शुद्ध देशभक्ति का गीत था ओर उन्हें बेहद पसन्द था। कहना न होगा कि इस गीत की मूल भावना ही उनके सृजन और चिन्तन की मूल भावभूमि बनती गयी।

इसी मातृभूमि पूजा से ओत-प्रोत मानसिकता में माखनलाल ने सुरेन्द्रनाथ बनर्जी की पुस्तक *'ए नेशन इन मेकिंग'* का एक अंश अनूदित करके *'कर्मवीर'* में छापा था। अनुवाद का वह अंश है—''लोक-सभा को बढ़ता मानकर उसे रोकने के लिए सरकार एक फरमान निकालने लगी। सरकारी उद्देश्य तो एक तरफ रह गया, फरमान से रोष-क्षोभ बढ़ा। संकट दूने हुए। ऐसे ही फरमानों में एक था 'वन्देमातरम्' के खिलाफ। उसे पूर्व बंगाल की सरकार ने प्रकाशित किया था। उस सरकारी पत्रक के अनुसार घर से बाहर सड़क पर 'वन्देमातरम्' की ध्वनि करना कानूनन दण्ड ठहराया गया। एक अंग्रेज भी मुझसे मिले थे। वे कहते थे कि 'वन्देमातरम्' के गीत में काली माता से कहा गया है कि तू भारतवासियों की पराधीनता का बदला अंग्रेजों से जरूर ले।'' इस गीत से जाहिर है कि अंग्रेज वन्देमातरम् की लोकध्वनि से काँप गये थे। इसी लोकध्वनि को पकड़ते हुए माखनलाल ने अपना सृजन-मन बनाया और काली माता माँ दुर्गा के भारत-भाव से तादात्म्य करते हुए जीवन की प्रेरणा के रूप में अपना पहला लेख लिखा—'शक्ति पूजा'। माखनलाल की सृजन-मानसिकता को समझने के लिए इस लेख का ऐतिहासिक महत्त्व है।

बंकिम बाबू का प्रभाव भी माखनलाल पर कम न था। बंकिम ने एक उपन्यास लिखा—*आनन्दमठ।* 'वन्देमातरम्' गीत इसी में है। पर यह गीत बंगाली मात्र न होकर पूरा हिन्दुस्तानी है—क्योंकि इसकी उदात्त शैली की क्लासिकल संवेदना में भारतीय देशाभिमान गूँज रहा है। इस गीत पर माखनलाल के विचार देखिए—''बंकिमचन्द्र ने जब इस गीत की रचना की, तब उन्हें कल्पना भी न होगी कि मातृभूमि की स्वदेशी हलचलों में उसका इतना उपयोग होगा। दाँते को भी कहाँ पता था कि इटली की एकता पर लिखा गया उसका गीत मैजिनी और गैरीबाल्डी की राजनीतिक क्रान्ति का साधन बन जाएगा। प्रतिभाशाली लोग अपनी कल्पनाओं को बिखेर जाते हैं।

लोक-हृदय अवसर पाकर उनके लिए अनुकूल भूमि बनाता है और समय पोषण करने लगता है। उसमें हलचल के मस्त हरियाले पौधे आते हैं और उन पर भावी पीढ़ी का अनिवर्चनीय कल्याण फलता है।'' यही अनिवर्चनीय कल्याणकारी केन्द्रीय चेतना 'एक भारतीय आत्मा' के स्वर में बोल उठती है। यह 'वन्देमातरम्' ध्वनि चिन्तक अरविन्द को मथती है। पूना का साप्ताहिक *मराठा* इस गीत का पूरा इतिहास छापता है और यह गीत विदेशों में कोलाहल पैदा करता है।

माखनलाल एक ओर तो मातृभूमि भावना से अभिभूत हैं तो दूसरी ओर हिन्दी-भाषा के स्वरूप-निर्धारण के लिए चिन्तित हैं। खड़ीबोली को नया रूप जनता की भावनाओं को ध्यान में रखकर ही दिया जा सकता है। इस क्षेत्र में वे काफी सक्रिय हैं। माखनलालजी न तो सावरकर की 'विषभरी साम्प्रदायिक नीति' का समर्थन करते हैं और न उनकी शुद्धतावादी संस्कृतनिष्ठ भाषानीति के कायल हैं। वे अपनी साहित्यिक भाषानीति को साफ करते हुए लिखते हैं, ''क्योंकि शब्दों की गढ़न का स्थान केवल साहित्यिकों को मुँह या उनकी कलम ही नहीं है, किन्तु उनकी गढ़न का स्थान जन-समाज की रोजमर्रा की जरूरत है और जनता में पहुँचाए जाने वाले साहित्य के निर्माण में, साहित्यिक निरंकुश शब्द सम्राट् बनकर अपने नियमों और शब्दों की हुकूमत लोगों पर नहीं चला सकता। उसे उपदेश के आसन से उतरकर व्यवहार की जमीन पर उतरना होता है। जहाँ वह जनता की भाषा में प्रयुक्त या व्यवहृत और रूढ़ शब्दों का उपयोग करने के लिए बाध्य है।...अतः भाषा शुद्धि के विषय में हमें ऐसे ही कदम उठाने चाहिए, जिससे भाषा यदि एक तरफ पुराने ग्रन्थों से बहुत दूर न चली जाए तो दूसरी ओर वह समाज के नित्य व्यवहार और उसकी समझ के लिए स्वप्नलोक की वस्तु न बनी रहे।'' (*कर्मवीर,* 23 अप्रैल, 1938) माखनलाल भाषानीति की इस कसौटी के उपदेशक न बनकर रचना-कर्म में उसके पालनकर्ता बनते हैं। बोलचाल की भाषा को प्रगतिवाद तथा नयी कविता के बहुत से कवि जोर देकर उठाते हैं—उसके बीज माखनलाल में मौजूद हैं। वे भाषा के आभिजात्य को तोड़कर उसे लोक-भाषा के नजदीक लाते हैं। उनके इस महत्त्वपूर्ण योगदान को ठीक से पहचानने की जरूरत है। अभी इसे ठीक से पहचाना नहीं गया है। माखनलाल भाषा की इस लोक-शक्ति के कारण ही परवर्ती कवियों में भवानीप्रसाद मिश्र, गिरिजाकुमार माथुर, मुक्तिबोध और दिनकर के लिए प्रेरणा पुरुष रहे हैं। भाषा की अनगढ़ता का सौन्दर्य माखनलाल में प्रथम बार खिला हुआ मिलता है। यह काव्य-भाषा अपनी सर्जना-शक्ति में न तो काव्य नियमों को मानती है, न किसी भी प्रकार की अतिरिक्त अलंकृति को प्रश्रय देती है। भाषा की अनगढ़ता में अनुभव की गहराइयों का सृजन होता है। पद्य और गद्य, दोनों में उनका कथन एक नयी शैली का आविष्कार करता चलता है। इस दृष्टि से *हिमकिरीटिनी, हिम-तरंगिनी* से लेकर *वेणु लो गूँजे धरा* जैसे काव्य-संग्रहों की काव्य-भाषा और *साहित्य देवता,*

अमीरी इरादे गरीब इरादे जैसे निबन्ध-संग्रहों के विचारों की भाषा को देखा जा सकता है, जिनमें भाषा की देशी मौलिकता का तेज उजागर हो उठता है। दिलचस्प बात यह है कि वे गद्य में भी कवि हैं और अर्थ के प्रति निरन्तर अन्वेषी। उनकी भाषा ठेठ प्रयोगों के साथ उर्दू को सहेजती चलती है। गद्य और पद्य में शब्द-प्रयोगों की यह मौलिकता एक ऐसी ताजगी को जन्म देती है, जिसका सौन्दर्य समय के साथ निखरता रहता है। माखनलाल की यही ताकत बाद में निराला, मुक्तिबोध और भवानीप्रसाद मिश्र में नया रंग-रूप लाती है। काव्य-भाषा के क्षेत्र में माखनलाल ने नयी कविता के महत्त्वपूर्ण कवियों को काफी दूर तक प्रभावित किया है और इस प्रभाव को ध्यान से खोजने और समझने की जरूरत है।

डॉ. रामविलास शर्मा ने एक महत्त्वपूर्ण तथ्य की ओर ध्यान दिलाते हुए लिखा है, "वे काव्य में खड़ीबोली को प्रतिष्ठित करने वाले साहित्यकारों में हैं। जिस समय उन्होंने लिखना आरम्भ किया था, उस समय खड़ीबोली-ब्रजभाषा विवाद जोरों पर था। अपनी प्रतिभा से उन्होंने सिद्ध किया कि आधुनिक हिन्दी में श्रेष्ठकाव्य रचा जा सकता है।" कहना न होगा कि खड़ीबोली से ही हिन्दी प्रदेशों में नवजागरण का प्रकाश फैला हैं। खड़ीबोली मात्र काव्य-भाषा ही न थी, वह नये भावबोध का नया संस्कार थी, जिसमें पुराना रीतिवाद टूट रहा था और लोकजागरण की ताकत बढ़ रही थी।

खड़ीबोली का साहित्य साक्षी है कि सामन्तवादी रीतिवाद और उसकी तमाम पिछड़ी प्रवृत्तियों के विरुद्ध मैथिलीशरण गुप्त और माखनलाल ने अपने-अपने ढंग से जो लड़ाई जीती है, उसका एक गौरवमय इतिहास है। राष्ट्रीय-सांस्कृतिक भावधारा की सर्जनात्मकता में सक्रिय इन दोनों कवियों को दो भिन्न परम्पराओं का प्रतिनिधि मानना चाहिए। माखनलाल के रचनाकर्म में जो उदात्त स्वर है वह छायावाद की सांस्कृतिक अस्मिता को नये भारतीय स्वच्छन्दतावाद में एक महत्त्वपूर्ण पहचान देता है। इसी पहचान की विशिष्टता के कारण देशी स्वच्छन्दतावाद से युक्त राष्ट्रीय सांस्कृतिक परम्परा की भावधारा और छायावादी सृजन की भावधारा को अलग करना गलत है। "एक राष्ट्रीय भावधारा वह है, जिसके प्रतिनिधि मैथिलीशरण गुप्त हैं। कुछ लोग इसे हिन्दी की एकमात्र राष्ट्रीय काव्यधारा मानते हैं। इस धारा का ऐतिहासिक महत्त्व है। जनसाधारण में उसकी भूमिका अविस्मरणीय है। किन्तु यह काव्यधारा उन युवकों को अधिक प्रेरणा नहीं दे सकी, जो ब्रिटिश साम्राज्यवाद से उग्र संघर्ष करने के पक्ष में थे, जो राष्ट्रीय नेतृत्व के ढुलमुलपन से असन्तुष्ट थे। इन लोगों को दूसरी काव्यधारा से प्रेरणा मिली, जिसके प्रतिनिधि माखनलाल जी हैं।" इस दूसरी धारा पर तिलक और *गीता* के कर्मवाद की आन्तरिक पुकार का असर है और यह धारा क्रान्ति, तप, त्याग-बलिदान को लेकर सामने आती है। इस क्रान्तिधारा ने एक तरुण पीढ़ी को आत्मविश्वास दिया है और यही तरुण पीढ़ी

उनके क्रान्तिकारी काव्य को गुनगुनाती हुई ब्रिटिश साम्राज्यवाद के हर जोर-जुल्म को झेलकर भी रुकने का नाम नहीं लेती है। माखनलाल इसी धारा को स्वर देते हुए कहते रहे हैं कि–

सिर पर प्रलय, नेत्र में मस्ती
मुट्ठी में मनचाही
लक्ष्यमात्र मेरा प्रियतम है।
मैं हूँ एक सिपाही।

इसी क्रान्तिज्वाला की पुकार में 'मरण-त्यौहार', 'कैदी और कोकिला', 'जवानी', 'सिपाही', 'हिमकिरीटिनी' 'विद्रोही', 'पुष्प की अभिलाषा' आदि न जाने कितनी ही कविताएँ लिखीं और एक नया ऐतिहासिक सन्दर्भ रच डाला गया। सन् 1921 में वे सक्रिय रूप से स्वाधीनता आन्दोलन में कूदे और जेल गये। विलासपुर, मध्यप्रदेश की जेल से 'कोकिल बोलो तो' का स्वर फूट पड़ा। क्रान्ति का यह प्रत्यक्ष ऐतिहासिक स्वर है। ब्रिटिश अत्याचारों के खिलाफ क्रान्ति यात्रा का दस्तावेज-प्रत्यक्ष और निर्भय–

क्या देख न सकती जंजीरों का पहना?
हथकड़ियाँ क्यों? यह ब्रिटिश राज्य का गहना।
कोल्हू का चर्रक चूँ? जीवन की तान
मिट्टी पर अँगुलियों से लिक्खे गान?
हूँ मोट खींचता लगा पेट पर जूआ
खाली करता हूँ ब्रिटिश अकड़ का कूँआ।

देश के युवकों की तरुणाई क्रान्ति के लिए मचल रही थी–'जवानी' को नया कुरुक्षेत्र चाहिए था। इस जवानी के लिए धरती तरबूज थी, जिसे फाँककर युवक स्वतन्त्रता रानी को प्रसन्न करना चाहता था–

वह कली के गर्भ से फल रूप में अरमान आया
देख लो मीठा इरादा, किस तरह, सिर तान आया
डालियों ने भूमि पर लटका दिये फल, देख आली,
मस्तकों को दे रही संकेत कैसे, वृक्ष डाली।
फल दिये? या सिर दिये? तरु की कहानी–
गूँथकर युग को बताती चल जवानी।

'पर्वत की अभिलाषा' कविता तरुण-पीढ़ी के भावों की आकुल अभिव्यक्ति बनकर फूट-फूट पड़ी है। आत्म-बलिदान की युग-आकांक्षा ही मानों कह उठी थी–

तू चाहे मुझको हरि, सोने का मढ़ा सुमेरु बनाना मत
तू चाहे मेरी गोद खोदकर मणि-माणिक प्रकटाना मत
तू मिट जाने पर भी मुझमें ज्वालाएँ बरसाना मत,
लावण्य लाड़िली बनदेवी का लीला-क्षेत्र बनाना मत,

जगती तल का मल धोने को भू हरी-भरी कर देने को
गंगा-यमुनाएँ बहा सकूँ यह देना, देर लगाना मत।

बड़ी बात यह है कि वे अतीत के गौरव गान में गर्क नहीं हैं। उनके सामने वर्तमान की चिन्ताएँ और चुनौतियाँ हैं। उन्हीं के भीतर से प्रश्नाकुलताएँ बोलती हैं–

क्यों पड़ी परतन्त्रता की बेड़ियाँ?
दासता की हाथ हथकड़ियाँ पड़ीं
न्याय के मुँह बन्द फाँसी के लिए
कण्ठ पर जंजीर की लाड़ियाँ पड़ीं।

पूरा सत्याग्रह जिस अपराजेय संकल्प को कर्म में परिभाषित करना चाहता था–उसी ने कहा–

महलों पर कुटियों को बारो
पकवानों पर दूध-दही
राजपथों पर कुंजें बारो
मंचों पर गोलोक मही
छीनूँगी निधि नहीं किसी
सौभागिनी, पुण्य प्रमोदा की
लाल वारना नहीं कहीं भी
गोद गरीब यशोदा की।

इस कविता के भावनायक हैं–कृष्ण। वे अनेक कर्म-छवियों में उभरते मिलते हैं। वास्तव में, संघर्षशील, अन्यायी के विरुद्ध खड़ा होने वाला कृष्ण ही माखनलाल के अवचेतन का आद्यबिम्ब है–पूरी जातीय स्मृति इसी के आसपास घूमती है। जीवन के काले नाग को यही कृष्ण नाथना चाहता है। यह कृष्ण-भाव कभी तिलक की विचारधारा में उन्हें मिलता है, कभी गणेशशंकर विद्यार्थी की दृढ़ता में और कभी गांधी जी के सत्याग्रह-युग की हलचल में। कृष्ण को वे कभी-कभार तो राधा, मुरली, यमुना, कुंज आदि सभी के साथ बुलाते हैं–

(1) *उपनिषदों का अमर काव्य*
राधा से खेल रहा, बच्चा है,
यह असत्य कितना कच्चा है।

(2) *नष्ट होने दो सखे, संहार के सौ काम*
वेणु लो गूँजे धरा, मेरे सलोने श्याम।

(3) *मोहन के स्वर, मोहन के व्रत, मोहन का वृन्दावन जागे,*
सिद्धि दासियाँ पीछे-पीछे, चले समर्पण आगे-आगे।

श्यामसुन्दर रूप के साथ हिमालय का मुकुट हर पल उनकी दृष्टि में रहता है। माँ दुर्गा भारतभूमि हिमालय का मुकुट पहनती है–सिन्धु-इरावती वैभव घट हैं–नर्मदा कमरबन्द है–गंगा-यमुना हृदयहार हैं–कृष्णा-कावेरी प्रेमधार हैं।

हो मुकुट हिमालय पहनाता, सागर जिसके पद धुलवाता,
यह बँधा बेड़ियों में मन्दिर, मस्जिद, गुरुद्वारा मेरा है।

कवि की रूपविधायिनी कल्पना में रूपकों के शत-शत कमल खिलते हैं। पूरी वैष्णव परम्परा, सन्त-जागरण की लोक चेतना इसमें एकाग्र होकर रचपच जाती है। राम और कृष्ण, भाव और रूप, प्रेम और सौन्दर्य, शब्द और अर्थ–शिव-पार्वती से अभिन्न हैं। लोक-लयों और तुकों की यह काव्यश्री मणि-माला है, पर कला का उद्देश्य है–मानव का उत्कर्ष।

गीता के गायक ने चुप छलिया का वेश लिया
यादों की नीली बगिया में हँसते देख लिया।

कला और कल्पना वही प्रेय है जो जीवन के श्रेय को समझती है–

सिर पर पाग, आग हाथों में, रख पानी का घड़ा
जवानी, देख कि प्रियतम खड़ा
श्रम तेरे मन्दिर का एक पुजारी कितना बड़ा?
सरयू उसे राम कहती है, यमुना घनश्याम कहती है
ग्रामीणों की टोली पागल इसको राम-राम कहती है
कला, कल्पना से कह इस पर बन्दनवारें चढ़ा।

कला का यह दुर्गा-भाव ही श्रम-श्रमिक और धरती का सौन्दर्य है। माखनलाल जी का मत है कि "दुर्गा जमीन, झाड़ियों, नदियों, सरोवरों, टीलों, टेकड़ियों, खेतों, खलिहानों यानी राष्ट्र को सिंहासन बनाती है। संस्कृति के गहने पहनती है, उथल-पुथल का राजदण्ड धारण करती है, मुकुट को ठुकराकर किसी जाति के संकल्पों का, गरीबों के बगीचे में उगे हुए फूलों का हार अपने जूड़े में बाँधती है और समस्त राष्ट्र के निवासियों की आत्मा का वस्त्र पहनकर क्रियाशीलता के साथ बैठ जाती है।' उन्होंने दुर्गा की नवीन व्याख्या के साथ-साथ अन्य बहुत से नये देवताओं की नवजागरणवादी अवधारणा प्रस्तुत की है। कृष्ण यहाँ गणतन्त्र के प्रतीक बन सकते हैं और राम जन-अनुशासन की शक्ति। यथा–

क्षुधित फण पर क्रुधित मणि की नृत्य का गणतन्त्र
सर्जना के तन्त्र ले, मधुर अर्चना के मन्त्र
आज कोई विश्व दैत्य तुमको चुनौती दे
औ, महाभारत न हो पाये सखे सुकुमार?
बलवती अक्षौहिणियाँ विश्वनाश करें
'शस्त्र मैं लूँगा नहीं की कर सको हुँकार।
किन्तु प्रण की प्राण की बाजी लगे उस दिन
हो कि इस भू भार पर ही जिस किसी का बार।

जिन्दा कौमों के लिए आत्म-बलिदान का एक ही मार्ग है–स्वदेश प्रेम। यह स्वदेश

प्रेम ही स्वाभिमान की जड़ है और जीवन के रागों को तल्लीनता से सुनने की तैयारी। इसी तैयारी की मनोभूमिका को कवि प्रकृति से पाता है। संगीत की राग-रागिनियों की लय में खोजता है—

भैरवी का समय है यह गीत पंछी गा रहे हैं
भानु का आना सितारे डूबकर समझा रहे हैं।

वे प्रकृति के कवि नहीं हैं, पर प्रकृति वैभव की उन्मुक्तता को उन्होंने अपने जन्मकाल से ही या इतिहास-भूगोल से पाया था। जीवन का नर्मदा तेज इस कविता की आभा है। इस सर्जना के प्रेरणा स्रोतों पर नयी कविता के कवि गिरिजाकुमार माथुर ने लिखा है, "विंध्य प्रान्तर के लाल पठारों का प्रशस्त धीरज, पथरीली धरती का स्थैर्य, दुर्धर्ष चट्टानों का प्रतिध्वनित विद्रोह स्वर, सनसनाते जंगलों का उद्दाम संगीत, बीहड़ मैदानों का बलिदानी अस्वीकार, मालवे की धरा गन्ध का सलोनापन, चंचल, बलखाती नदियों की मिठास, कमल और कुँई से आच्छादित तालाबों की निर्मलता, निमाड़ के खेतों की ताजगी, पाताल-पानी-सी गहनता और संगमरमर के पहाड़ों से धार धारा झरती नर्मदा की भाव-भीनी अभंगता—यह सब यदि साथ मिलकर देह धारण कर लें तो एक अनूठे व्यक्तित्व की रूपरेखा बन जाएगी। और यह व्यक्तित्व माखनलाल जी का होगा। वह केवल-प्रकेवल, अकेले ही ऐसे व्यक्ति हैं। क्रान्ति में समिधा बनकर निरन्तर अपने को होम करने पीढ़ियों पर छाप डालकर भी युग के पार्श्व में चलते रहे।" झूठे आत्म-प्रचार से दूर वे त्याग में निमग्न रहे। यह सन्त-भाव, कबीराई मुद्रा का नया संस्करण लगता है। सब कुछ देश पर न्यौछावर करके भी जो मलिन नहीं होता, जो हर अन्याय के खिलाफ सीना तानकर खड़ा होता है, जो न जेल से डरता है, न बन्दूक से, न घनघोर गर्जन में गिरने वाली बिजलियों से। ब्रिटिश सरकार की किसी भी यातना से मात नहीं खाता है। युग-आन्दोलन की प्रत्येक धड़कन को सुन-समझकर जो गाँधी जी के साथ बीहड़ पथों पर चलता है। समुद्र में जब तूफान उठा हो, तब भी अडिग रहता है। वह नाम राष्ट्रीय-सांस्कृतिक धारा की हिन्दी कविता में माखनलालजी का ही है। गुलाम देश में यह क्रान्ति द्रष्टा रचनाकार मुक्ति के सपने देखता था। युग की अन्तर्ध्वनि को सुनने की शक्ति भर उनमें न थी—उस अन्तर्ध्वनि के नाद को जन-जन तक पहुँचाने का साहस भी था। इसी मनोभूमिका के कारण उन्होंने राष्ट्रीयता को विश्व-दृष्टि के समक्ष नया अर्थ दिया—उसे आभिजात्यवाद के तिलिस्म से छुड़ाकर जनसाधारण की वस्तु बनाया। विशेष बात यह कि इस ढंग से वस्तु बनाया कि जीवन-सौन्दर्य का रूप-रंग नवीन व्यंजनाओं के साथ जनता के हृदय में आसन जमा सका। छायावादी शैली का मूर्त-विधान माखनलाल में नये उपमानों, प्रतीकों के साथ इस ढंग से पैदा हुआ कि उसमें अस्पष्टता, कुहरिलता, अमूर्तता, वायवीपन नहीं आया जैसा कि अन्य छायावादी रचनाकारों में मिलता है। माखनलाल का छायावाद प्रकृत रहस्य भावना से तरंगित

जनजागरण का छायावाद है, जिसकी वस्तुनिष्ठता को न भूलना चाहिए। कारण, जागरण की चेतना चिड़िया बनकर इस काव्यात्मकता में बोलती मिलती है—

भूमि से नभ तक हृदय की एक चिड़िया डोलती है
और वाणी के बिना ही लाख बातें बोलती है!
तारकों से जूझती-सी
इन्द्र धनु से खीझती-सी
और श्याम पुतलियों से
श्याम नभ से खीझती सी
सूझ से कुछ होड़ लेती
थकन से कि मरोड़ लेती,
पुतलियों में ज्वार
जग पर छवि सुधा से डोलती है।
भूमि से नभ तक हृदय की एक चिड़िया डोलती है।

यदि इन काव्य पँक्तियों का विश्लेषण किया जाए तो कवि का रचना-स्वभाव स्पष्ट होने लगता है। हम पाते हैं कि नवजागरण के सांस्कृतिक जातीय इतिहास की बलिष्ठ भावना माखनलाल में मौजूद है। काव्यभाषा को खोलने तथा छन्द के बन्धन को कठोर अनुशासन से मुक्त करने का ऐसा प्रयास केवल निराला जी में मिलता है। इस स्थिति के कारण कहना चाहिए कि माखनलाल ने निराला के लिए काव्य भूमि तैयार करने का कार्य किया है। इस कार्य का महत्त्व अभी समझा नहीं गया है, कारण अभी माखनलाल का महत्त्व ही समझना शेष है। माखनलाल लोक-संवेदना और लोकभाषा, लोक लय और लोकगीतों की संस्कारगत गहराइयों में जाने के सहज अभ्यासी हैं। यानी कि लोकसंवेदना और लोकभाषा की सर्जनात्मकता में जो विश्वास खड़ीबोली के आरम्भिक दिनों में इस कवि में मिलते हैं, वह न केवल उनके समर्थ कवि होने की बुनियादी पहचान हैं, बल्कि सर्जनात्मक अनुभूति की घनता को भीतर तक तपाकर रचने का उत्साह भी हैं। जीवन की किसान-संवेदना के प्रति वे इस कदर समर्पित हैं कि किसानों का कजरी राग उनकी बोली में गूँजता रहता है। यह राग अर्थ को उन्मुक्त करता है और ऐन्द्रिय संवेदना को ताजगी देता है। एक नवजात ऊर्जा ही आसमान में उड़ती चिड़िया है, जो खुली युग चेतना की पहचान है। उदाहरण के लिए वर्षा गीत देखिए—

बदरिया थम-थमकर झर री,
सागर पर मत झरे अभागिन
गागर को भर री।
एक-एक दो-दो बूँदों में
बँधा सिन्धु का मेला

सहस-सहस बन बिहंस उठा है
यह बूँदों का रेला
तू खोने से नहीं बावरी,
पानी से डर री।

इस गीत की अन्तर्योजना की भाव-तरंग लोकगीत की है। गीत का पूरा रूप-मन्त्र लोक लय की मिठास से भिदा हुआ है। आंचलिकता ने इसे एक खास लय दी है। संवेदना की ताजगी से कवि-मन मौन मुखर और संवेदनशील है। कहना न होगा कि इस तरह के प्रयोगों ने इधर की नयी कविता को प्रभावित किया है एवं दिशा-दृष्टि का दान भी दिया है। माखनलाल की इस काव्य-पुकार को मुक्तिबोध, गिरिजाकुमार माथुर, प्रभाकर माचवे, शिवमंगलसिंह सुमन, भवानीप्रसाद मिश्र आदि में साफ सुना जा सकता है। इन सभी कवियों को माखनलाल ने *कर्मवीर* में छापा और संरक्षण दिया। इस इतिहास को समझते ही माखनलाल तथा नयी कविता से उनका गहन सम्बन्ध-सूत्र उजागर हो उठेगा। इस सम्ब्रन्ध-सूत्र को ठीक से समझने-पकड़ने की जरूरत है; क्योंकि इस परम्परा से कटते ही सारा गणित गलत हो जाता है। निराला तथा नयी कविता का सम्बन्ध-सूत्र तो समझाया गया है पर माखनलाल और नयी कविता सम्बन्ध अभी अनदेखा उपेक्षित किन्हीं समर्थ हाथों से उद्धार की राह देख रहा है। माखनलाल तथा निराला की मानसिकता में जो समानताएँ हैं असल में उन्हें टटोलकर पाने की अपेक्षा है। इस कार्य को करते ही इस क्रान्तिकारी चिन्तन-परम्परा का पूरा समाजशास्त्र, इतिहास, भूगोल सामने आ जाएगा। वास्तव में, माखनलाल के रचना-कर्म को समझने के अभी तक कोई गम्भीर यत्न ही नहीं हुए हैं। नतीजा यह हुआ कि वे कोने में पड़ गये हैं। इस जन्म शताब्दी वर्ष पर न केवल उनके समग्र रचनाकर्म पर पुनर्विचार करने की जरूरत है, जरूरत यह भी है कि उनकी प्रासंगिकता को ठीक से आँका जाए। पर इधर उनके प्रति एक खास किस्म की उदासी विराजमान है। एक-दो सतही भाषण उछालकर शताब्दी वर्ष की रस्म पूरी की जा रही है। इस तरह की रस्म डराने वाली है, क्योंकि किसी भी कवि को भुलाने का उसके कृतित्व की गुणवत्ता अर्थवत्ता को ठुकराने का यह सबसे खतरनाक तरीका है। मानव मुक्ति एक ऐसा मूल्य है जिसे पीढ़ियाँ प्राण देकर प्राप्त करती हैं और इसी मानव-मुक्ति के लिए माखनलाल का सम्पूर्ण रचना-कर्म समर्पित है। इस रचना-कर्म की उपेक्षा का अर्थ है, अपनी साहित्यिक बंजरता को बढ़ाना।

माखनलालजी को अनुभव से ज्ञात है कि यदि साहित्य में युग-परिवर्तन की हिलोर उठाना है तो परम्परा के मूल प्रवाह को समझना होगा। परम्परा को ठीक से समझकर, उसकी रूढ़ियों को तोड़कर ही क्रान्तिकारी साहित्य रचा जा सकता है। परम्परा का अर्थ है—इतिहास, संस्कृति, दर्शन, समाज, धर्म प्रवाह को समझना और उसके शक्तिशाली तत्वों को गतिशील बनाना। फिर स्वाधीनता आन्दोलन के दौरान

तो देश को अपनी परम्परा से साधारणीकरण करने की आन्तरिक विवशता महसूस हुई थी और परम्परा ने ही हमारी अभेदता को प्रकट किया। इस दौरान हिन्दू, मुसलमान, सिक्ख, पठान से मिलकर हिन्दी जाति गठित-संगठित हुई। इतिहास तथा सांस्कृतिक-सामाजिक आधार पर निर्मित यह भारतीय अस्मिता अपने विचारों से नस्लवाद का खंडन करती थी। बंगला और मराठी लेखकों के अध्ययन से माखनलाल को यह ज्ञान हो गया था कि भारतीय जाति हजार झगड़ों के बावजूद सांस्कृतिक रूप से अविभाजित रही है। मध्यकालीन भारत का भक्ति-आन्दोलन इस सच को और प्रामाणिक रूप से रखता था। फिर स्वाधीनता के युद्ध में इस देश ने बार-बार अपनी सांस्कृतिक-साहित्यिक परम्पराओं को स्मरण किया। आधुनिक हिन्दी साहित्य और विशेषकर द्विवेदी-युगीन साहित्य पर जिन दो ग्रन्थों का प्रभाव पड़ा, वे रामायण और महाभारत हैं। इन दोनों का प्रभाव इतना गहरा होता गया कि यह पूरा युग ही इनके आदर्शों के आस-पास घूमता रहा। कालिदास और भवभूति का आविष्कार भी इसी युग-परिवेश में हुआ। इसी युग में नेमिषारण्य की पुराण कथा परम्परा और भारतीय सन्त-परम्परा के साहित्य पर विशेष रूप से ध्यान केन्द्रित हुआ। भारतीय जनता की पीड़ा को सन्तों ने ज्ञानभक्ति के नवजागरण से लोक-भाषा में वाणी दी। इसी जागरण परम्परा की धरोहर को हिन्दी में आचार्य महावीरप्रसाद द्विवेदी *सरस्वती* के लेखों से लाते हैं और माखनलाल चतुर्वेदी *प्रभा* पत्रिका के अपने लेखों से दर्शाते हैं। *प्रभा* ने माखनलाल के सामाजिक-सांस्कृतिक विचारों की सर्जनात्मकता को जनमानस तक पहुँचाया। विशेष बात यह थी, *प्रभा* राजनीतिक विचारधारा की कर्म बाँसुरी थी। दो वर्ष तक *प्रभा* के बारह अंक निकले, जिनमें नया जागरण बारहमासा बनकर मौजूद है। एक स्वस्थ वैष्णववाद इस चिन्तन की धुरी थी और इसे माखनलाल ने अपने जीवन-संघर्षों से कमाया भी था। पर यह वैष्णववाद उस विद्रोह का साथी था, जिसे तरुण पीढ़ी जी रही थी। इसलिए माखनलाल का वैष्णववाद एक दहकती आग है—वह ठण्डा सन्त-भजन नहीं है।

माखनलाल को वैष्णववाद की यह विद्रोही परम्परा *गीता* के कृष्ण में मिली थी। इसे परमहंस और विवेकानन्द के अध्ययन मनन ने खौलाया था और गाँधी ने भीतर तक उतरकर न छूटने वाला रंग दिया था। इन सभी के संश्लिष्ट प्रभाव से उनका वैष्णव रस चिन्तन देशभक्ति रस में ढलकर निर्माण और विद्रोह का रसायन बना है। पत्नी के देहान्त के बाद तो माखनलाल राजनीति और साहित्य के चिर सखा हो गये। सन् 1915 की पोलिटिकल कॉन्फ्रेन्स (नागपुर) हुई तो वे उसमें गये और स्वदेशी पर जोरदार भाषण दिया। वे मुग्ध करने वाले वक्ता थे—सरस्वती उन्हें गोद में लेकर चलती थी। इस भाषण ने माधवराव सप्रे, नरेश अप्पा जी द्रविड़ जैसे विद्वानों को मोह लिया। इसी विद्रोह भावना की देशभक्ति ने उनसे 'कृष्णार्जुन युद्ध' नाटक लिखवा लिया। यह नाटक इतना प्रसिद्ध हुआ कि देशभर में इसके सैकड़ों

मंचन हुए, और यह माखनलाल की प्रथम साहित्यिक कृति है जिसमें नारद के चरित्र से युग के राजनीतिक विचार फूटे थे।

मैथिलीशरण गुप्त का रीतिवाद-विरोधी अभियान प्रबलता से फैल रहा था और इसके प्रति माखनलाल में पर्याप्त ललक थी। अचानक सन् 1916 ई. में कांग्रेस का लखनऊ अधिवेशन हुआ। इस शिविर में जाने पर वे बालकृष्ण शर्मा 'नवीन' के सम्पर्क में आये। यहीं उनका परिचय मैथिलीशरण गुप्त से हुआ और गणेशशंकर विद्यार्थी को पाया। परवर्ती कालों में गणेशशंकर विद्यार्थी की तेजस्विता उनके गद्य में प्रस्फुटित हुई और गुप्तजी की सांस्कृतिक बोध-वृत्ति कविता में प्रतिफलित। माखनलाल ब्रजभाषा को छोड़कर खड़ीबोली के कुरुक्षेत्र में आये और पीछे न हटे। गुप्त जी से इतने प्रभावित हुए कि 'पुष्पांजलि' शीर्षक से उन पर कविता ही लिख डाली। यथा–

वागीश्वरी सुत जानकर-वात्सल्ययुत रहती जहाँ
है भव्य भारत भारती भागीरथी बहती जहाँ
अभिराम शोभाधाम धीवर राम के जो भक्त हैं
श्री मैथिली पद चरण में भी गुप्त ही अनुरक्त हैं
उन पर, सदन, तन, मन तथा जीवन सभी कुछ दान है।
उस सरसता की मूर्ति को अगणित अशेष प्रणाम है।

रौलट एक्ट ने देश की छाती में नया घाव किया तो माखनलाल का एक पत्र रचनाकार संकल्प में चट्टान हो गया। जनता की चेतना को जाग्रत करने के लिए एक पत्र निकालने की आवाज उठ रही थी। फिर साम्राज्यवाद विरोधी नीतियों का पत्र निकालना तलवार की धार पर चलना था। अपने प्रेरक गुरु माधवराव सप्रे के आदेश पर माखनलाल ने *कर्मवीर* निकाला। 'तैयारी में कितना समय लगा, यह तो इसी बात से मालूम हो जाएगा कि 1919 ई. की जुलाई या अगस्त में मैंने *कर्मवीर* का डिक्लेरेशन किया और सब साधनों को एकत्रित करते हुए जबलपुर से 1920 की 11 जनवरी को कर्मवीर हिन्दी साप्ताहिक निकल भी गया। मराठी में *केसरी* हिन्दी में *सरस्वती* और *प्रताप* के साथ *कर्मवीर* का इतिहास जुड़ता है। माखनलाल ने हिन्दी पत्रकारिता को गौरव दिया और सच्चे पत्रकार का एक मानदण्ड भी प्रस्तुत किया। पत्र पर कर्मवीर गाँधी की विचारधारा की छाप थी, जिसे माखनलाल ने पूरे मन से अपना लिया था।

निर्धनता ने माखनलाल को समझदार बनाया और साम्राज्यवादी शोषण के प्रति सतर्क-प्रबुद्ध। 'किसान का सवाल' लेख में शोषण-अन्याय का प्रश्न उठाते हुए कहा, ''भारत का किसान इतना जूट पैदा करता है जो संसार भर को पूरता है। कपास को पैदा करने में भारत का नम्बर संसार भर में दूसरा है। तिल्ली, अलसी, मूँगफली और तिलहन भी भारत इतना उत्पन्न करता है कि वह अपनी माँग पूरी

करके संसार के बाजारों को पाट देता है। और टैक्स देने में? वहाँ भी भारत का किसान कमी नहीं करता। यदि देश में 100 रुपये टैक्स वसूल किया जाता है तो उसका 90 रुपये किसानों से वसूल होता है। किन्तु इसके पश्चात भी भारत के किसान की हालत क्या है? भारत का भाग्य-विधाता, भारत में महान धन उपजाने वाला, भारत में सबसे बड़ी तादाद रखने वाला किसान दुर्दशा से पीड़ित, अकाल का मारा हुआ, कर्ज में दबा हुआ है। इन 74.5 फीसदी किसानों की यह हालत है कि इनमें से 50 को दोनों जून पेट भर अनाज नसीब नहीं होता'' (*कर्मवीर*, 5 सितम्बर, 1925)। इन विचारों को पढ़कर भारतेन्दु, प्रेमघन, महावीरप्रसाद द्विवेदी ने भारत की निर्धनता का जो वर्णन किया है, उधर सहसा ध्यान जाता है। माखनलाल की चिन्तन-भूमि भारतेन्दु युग के रचनाकारों के कितने नजदीक है यह जानकर विस्मय होता है। शोषण-अन्याय की जिस स्थिति को भारतेन्दु बखानते हैं उसी का बखान माखनलाल में जोर पकड़ता है। स्टेट कौंसिल, लेजिस्लेटिव असेंबली में किसानों का प्रतिनिधित्व तक नहीं। हालत यह कि ''किसान नामधारी कुछ धनिक भेड़िये वहाँ जरूर भीड़ मचाये हुए हैं किन्तु वे किसानी और किसान शब्द से उतने ही अपरिचित हैं जितना कामी तप से, अत्याचारी इन्साफ से और भारत के किसान सुख और अधिकार से अपरिचित हैं। इतना ही नहीं, जब डिस्ट्रिक बोर्ड जैसी स्थानीय संस्था का सवाल आता है तब भी किसान को उन संस्थाओं से प्लेग के रोगी की तरह दूर रखा जाता था, किसान के शरीर पर चिन्दयाँ लटकती हैं अथवा वह अधनंगा रह कर ही अपने दिनों को गुजारता है'' *(कर्मवीर-वही)*। जो समस्या प्रेमचन्द को मथती थी उसी ने माखनलाल को बेचैन कर दिया था।

उनका पूरा सृजन-संघर्ष किसान-संवेदना की पीड़ा से व्याकुल है। यही व्याकुलता कविता है और यही व्याकुलता गद्य। फलतः उनके स्रष्टा और दृष्टा मन में कोई पार्थक्य नहीं है। 'जन' ही उनके सृजन का नायक है। इसे 'लघु-मानव' नहीं कहा जा सकता, क्योंकि लघुमानव-सिद्धान्त के सत्यानाशी अर्थ माखनलाल में कहीं नहीं है। यह 'जन' वह किसान है जिसके श्रम-शोषण ने उसे विपन्न बना दिया है। माखनलाल सोचते थे कि इस किसान को जगाना ही जन-जागरण का सच्च पर्याय होगा। जब तक यह किसान नहीं जागता—शोषणकारी राक्षसों का दमन सम्भव न होगा। ''उसे नहीं मालूम कि धनिक जब तक जिन्दा है, राज्य जब तक कायम है, ये सारी कौंसिले जब तक हैं, वह अनाज उपजाता और मालगुजारी देता है। जिस दिन वह इनकार कर देगा उस दिन समस्त संसार में महाप्रलय मच जाएगा। ज्ञान के ठेकेदार स्कूल फिसल पड़ेंगे, कॉलेज नष्ट हो जाएँगे और विश्वविद्यालय धूल में मिल जाएँगे। उसे नहीं मालूम कि जिस दिन उसका खून चूसने को न होगा, उस दिन देश में उजाला, यह चहल पहल, यह कोलाहल न होगा। फौज और पुलिस, वजीर और वाइसराय सब कुछ किसान की गाढ़ी कमायी के खेल हैं। बात इतनी

है कि किसान इस बात को जानता नहीं।'' किसान की गरीबी का कारण कलियुग और तकदीर नहीं है—शोषण के साँप की जीभें हैं।

इस सम्पन्न देश की ग्रामीण व्यवस्था का अंग्रेजी राज्य ने किस कदर सत्यानाश किया है इस बात को माखनलाल 'गरीब अन्नदाता' नामक निबन्ध में आँकड़ों से समझाते हुए लिखते हैं, ''अब नाई, चमार, और बढ़ई, सबका सामान विलायत से आने लगा तब तुम्हारे गाँव के लुहार क्या करते? वे थोड़े दिन भूखों मरे, तुम्हें कोसते रहे। फिर लाचार होकर—अपने भट्ट, धौंकनी, हथौड़े और अपनी कारीगरी के हाथ और अकल को नमस्कार करके हल पकड़कर किसान बन गये।'' भारतीय किसान की दुर्दशा का; दुर्दशा के कारणों का जैसा वर्णन आचार्य महावीरप्रसाद द्विवेदी ने अपनी पुस्तक *सम्पत्तिशास्त्र तथा सरस्वती* के लेखों में किया है—लगभग वैसा ही चित्र माखनलाल *कर्मवीर* के लेखों में पेश करते रहे हैं।

माखनलाल ने जेल काटी, चक्की पीसी पर स्वतन्त्रता रानी को बुलाना न छोड़ा। *हिमकिरीटिनी, हिमतंरगिनी, माता* कविताओं में यही मनोभूमिका काव्यात्मक विस्फोट पाती है। दरअसल उनकी रचना का मर्म उनके गद्य में छिपा मिलता है। माखनलाल का गद्य समझे बिना उनका पद्य समझा ही नहीं जा सकता या कहिए उनके पद्य के सभी अन्तः-सूत्र उनके गद्य में खोजे जा सकते हैं। *साहित्य देवता* तथा *अमीर इरादे गरीब इरादे* के निबन्ध तथा *कर्मवीर, प्रभा* के अनेक लेख उनकी मानसिकता की बनावट को स्पष्ट करते हैं। उदाहरणार्थ उनके निबन्ध 'अपराधी कौन?' से 'कैदी और कोकिला' कविता को ज्यादा गहराई से समझा जा सकता है। निबन्ध का एक अंश लीजिए, ''जेल का कैदी इस शब्द में आप कैदी की पूरी व्याख्या नहीं पा सकते। जेल में एक राजनीतिक नाम का जन्तु होता है। गुलाम देशों में उसकी तादाद अधिक होती है, क्योंकि आत्माभिमान की हुँकार, स्वदेश-प्रेम का बलिदान और स्वदेश की वस्तुओं, व्यक्तियों और व्यवस्थाओं के लिए उथल-पुथल मचाना भी अपराध है। वह चोर नहीं होता, डाकू नहीं होता, निर्दय नहीं होता, नीतिभ्रष्ट नहीं होता, चरित्रहीन नहीं होता, वह देश-सेवा की लगन का दीवाना होता है।'' कहना न होगा कि जेल का कैदी एक भारतीय आत्मा का प्रतिव्यक्ति ही है। निबन्ध में कहा गया है, चोर-बदमाश न्यायालय तक जा सकता है, पर राजनीतिक कैदी के लिए न्यायालय का यह दरवाजा भी फिरंगी शासन ने बन्द कर दिया है। माखनलाल फासिस्ट नियमावली के कैसे विरोधी होते गये और मानव अधिकारों की लड़ाई में कैसे मशाल लेकर बढ़े यह इतिहास जानकर ही उनकी कविता को 'जाना' जा सकता है।

माखनलालजी प्रकाश से ज्यादा अन्धकार में रमते हैं। अन्धकार उन्हें शक्ति देता है, अन्धकार में ही विश्वमाता सृजन-साधनारत रहती है—प्रकाश उसकी चिर-समाधि को तोड़ता है। 'अन्धकार की देन' में लिखते हैं, ''मैं कैसे कहूँ, अँधेरे

ने मुझे कितना दिया है? लगता है जैसे उजाले ने मुझसे लिया ही लिया है—मानो दिया कुछ नहीं है।''

अपनी सम्पूर्ण मनोभूमिका में माखनलाल क्लासिकल-संवेदना के तत्त्वों से निर्मित कवि और चिन्तक हैं—पर 'आर्टिस्ट' नहीं हैं। कम से कम उस अर्थ-सन्दर्भ में तो 'आर्टिस्ट' नहीं ही हैं, जिस अर्थ में इस शब्द का प्रयोग पश्चिम की साहित्य-समीक्षा में होता है। राजनीतिक एवं सांस्कृतिक, इतिहास और दर्शन का रसायन उनकी कविता की खाद है। अपनी परम्परा को डटकर दुहने के कारण वे ऐतिहासिक अनुभूति की सच्चाई के भीतर उगे रचनाकार हैं। आजादी के बाद का डगमगाता, दिशाहीन, भारत भी उनकी दृष्टि में समाया हुआ है और स्वाधीनता की लड़ाई लड़ने वाला भारत भी। *बीजुरी काजर आँज रही तथा वेणु लो गुँजें धरा* जैसे काव्य-संग्रह उस मोहभंग की पीड़ा से भरे पड़े हैं—जिसका तीखा अहसास मुक्तिबोध की कविता में मिलता है। वे जानते थे और कहते थे, ''हम ऐसे हैं ही कहाँ, जो यथार्थ-अयथार्थ से, साहित्य में पिण्ड छुड़ा सके? 'स्वगत' से ओझल कोई चीज हुई नहीं और जगत में ओझल हमने मानी नहीं। अब वह दिन दूर नहीं, जब हमारी सूझहीनता को हम अपनी सबसे बड़े मौलिकता कहने लगेंगे?'' उन्हें 'भावों की अंग्रेजी जूठन' को देखकर नये साहित्य से तकलीफ हुई है—क्योंकि नया-सृजन 'साधना पूर्ण मौलिकता' की राह से भटककर दीन हो गया है।

समर्थ रचनाकार, चिन्तक, इतिहासकार नहीं होता। पर वह इतिहास को बनाता है। उन्हें ध्यान था कि ''व्यास हों, वाल्मीकि हों, होमर हों, अरस्तू या शेक्सपीयर हों, बर्नार्ड शॉ हों—किसी ने इतिहास नहीं लिखा, कोई इतिहासकार नहीं था। हम उनके पात्रों को पूजने भले ही लगें, किन्तु उन्होंने निर्माण के दोनों तन्तुओं से काम लिया है। उन्होंने 'व्यक्ति ऐसा है' को भी लिखा और उसमें 'व्यक्ति ऐसा होना चाहिए' और 'व्यक्ति ऐसा हो सकता है' को भी मिला दिया। सच तो यह है कि अपने स्वप्न के मानव को मिलाये बिना किसी कलाकार की मानव-प्रतिमा, चाहे वह नायक की हो या प्रतिनायक की हो या खलनायक की, परिपूर्ण नहीं होती। इतिहास के प्रभाव में रचनाकार युग-पुकार को छन्द बना देता है, पृथ्वी का सत्य उसे प्रेरणा देता है। साथ ही, इतिहास के भीतर से फूटी राष्ट्रीयता राष्ट्र को ताकत देती है। राष्ट्र की धमनियों में जब वह खून बनकर दौड़ती है तो अन्याय-अपमान की शक्तियों को चकनाचूर कर देती है। अपने समस्त सृजन की कुंजी देते हुए उन्होंने 'राष्ट्रीयता सूझ का वैभव' शीर्षक लेख में कहा है, ''कोई भी राष्ट्रीय काव्य उच्चतर सांस्कृतिक मूल्यों के अभाव में बीते हुए समय की लाश भर रह जाएगा। राष्ट्र, मनुष्य (मनुष्य मात्र) और संस्कृति की त्रिवेणी का संगम है राष्ट्रीयता। यह बात मुझे याद रही है और इसी बात ने भारी दुःखों में भी मुझे कमजोर होने से बचाया है।''

सृजन-संघर्ष की आग में दहकता रचनाकार : माखनलाल चतुर्वेदी

भारतीय स्वाधीनता आन्दोलन के द्वन्द्वों-संघर्षों तनावों के भीतर से एक अदम्य राजनीति मिश्रित हिन्दुस्तानी लय की काव्यात्मक-अनुभूति का सर्जनात्मक विस्फोट होता है, जिससे रचना का पूरा कथ्य एक क्रान्तिधारा के प्रभावी चिन्तन में बदल जाता है और जिसका एक मात्र उद्देश्य रह जाता है—मानव के सर्वोच्च मूल्य—मुक्ति या मानव-मुक्ति—के लिए हर स्तर पर संघर्ष एवं उसके लघु-महत् में अटूट आस्था। परिवेश की रगड़ से निष्पन्न यही क्रान्तिकारी मुद्रा तत्कालीन राजनीति के अनुभवों को गलाकर एक रचनात्मक अनुभूति के साथ माखनलाल चतुर्वेदी के रचनानुभवों, ज्ञान-संवेदनों, भाव-तरंगों में एकाकार होकर नयी-से-नयी अर्थ ध्वनियों को लेकर धड़कती है। एक ओर तो यह धड़कन या भारतीय क्रान्ति-चिन्तन की आन्तरिक लय भारतेन्दु बाबू की उस भक्ति-प्रेममूलक देशानुराग से पगी वैष्णवता का छन्द थी, जिसमें अध्यात्म, धर्म, दर्शन, इतिहास, राजनीति, सृजन के आँवे में तपकर शक्ति का रसायन बन जाती थी और दूसरी ओर यही जीवन परम्परा 'हरिश्चन्द्र नगद दमाद अभिमानी के' भावभूमि से देशाभिमान, संस्कृति गुमान की धरोहर पर नाज की अदा से जन-मंगल प्रेरणा का खमीर उठाती थी। इस वैष्णव-चिन्तन की परम्परा के दो अलग-अलग रंग थे। एक तरह की रंग-परम्परा की वैष्णव ताकत मैथिलीशरण गुप्त के उदारतावाद में घनता की कमी के कारण छितरा जाती है और प्रवाह न पाकर बूँद-बूँद रिसती है। दूसरी तरह की रंग-परम्परा मरण को त्यौहार मानकर बढ़ती है और वैष्णव परम्परा के भीतर से ही हलचल के साथ उफनती है तथा जिसमें तरुण भारत के मन का बलिष्ठ अंश भीतरी-बाहरी कोलाहल, उत्साह, धैर्य, यथार्थ और आदर्श, दर्शन और कविता केन्द्रीभूत होकर दुर्निवार शक्ति-प्रवाह के रूप में फूट-फट पड़ता है, जिससे मन्त्र-कीर्त्तन नहीं किया जा सकता, जिसकी प्रखर गति का अनुभव भर किया जा सकता है। कहना पड़ता है इस दूसरी धारा के प्रतिनिधि रचनाकार हैं—माखनलाल चतुर्वेदी। इस रचनाकार ने क्रान्तिधारा को गति देने के लिए 'एक भारत', 'एक भारतीय आत्मा', 'श्री गोपाल', 'एक भारत सेवक' आदि न जाने कितने नामों से प्राणों को जोखिम

में डालकर लिखा और जिनके त्याग-तप की आन्तरिक महिमा से अभिभूत भारतीय जन-मानस ने उन्हें 'एक भारतीय आत्मा' के नाम से अपना लिया है।

भारतीय स्वाधीनता-आन्दोलन के भीतर इतने नदी-नाले, निर्झर प्रपात एक साथ सक्रिय थे कि उनकी गति तरंगों, आवर्तों, घूर्णावर्तों को, जिनमें पहाड़ों को हथेली पर उठाने का संकल्प था—अन्दाज कर पाना कठिन पड़ता है। आज उस युग की लय और कल्पना ही थिरकन पैदा करने को काफी कुछ देती है। शक्ति-प्रवाह के इस अदम्य सांस्कृतिक-नैतिक संवेदन स्रोत सन्तों के ज्ञान-भक्ति कर्म-सौन्दर्य के रसायन के भीतर से उबलकर फूटे थे। फिर जब कभी किसी भी देश में स्वाधीनता के लिए सामूहिक संघर्ष होता है तब उसमें उसके इतिहास में संचित नैतिक-सांस्कृतिक संवेदना का शक्तिपरक आधार दृढ़ता से उभरता है। स्वातन्त्र्य या मुक्ति-भावना न केवल हमारी पूरी परम्परा की चुनौती थी बल्कि उसके कर्म-प्रतीकों को हिलाकर भी जगा रही थी। भारतीय राजनीति में यह दादाभाई नौरोजी, लोकमान्य और गाँधी का युग था। इसलिए इस परिवेश में स्वतन्त्रता की कोई भी माँग हमारी नैतिक-सांस्कृतिक संवेदना के भाव-जगत को तृप्ति एवं स्फूर्ति दोनों प्रदान करती है। इसी अनुभव की आन्तरिक लय हमारी कल्पना को आवेग-सर्जित, मूर्त, सम्पन्न और संश्लिष्ट भाव-व्यापारों से जोड़ देती है। इसलिए इस क्रान्ति में हिस्सेदारी करने वाले क्रान्तिकारी अपने स्वभाव में कवि दिखाई देते हैं। फिर माखनलाल जैसे संवेदनशील चिन्तनशील मानस के रचनाकार तो और सच्चे कवि दिखाई देते हैं, जिनके माध्यम से युग अपनी पूरी व्यथा-कथा का उमड़ता-घुमड़ता इतिहास भूगोल रचना चाहता है। इस इतिहास-भूगोल में मनुष्य को उसके परिवेश के केन्द्र में रखकर फिर से परिभाषित करना पड़ता है। कहना न होगा कि माखनलाल का रचना स्वभाव ही ऐसा है कि वे अपने रचनाकर्म में 'मनुष्य' को उसकी पूरी ऐतिहासिक शक्तियों के साथ परिभाषित करते हैं। साथ ही, यह भी ध्यातव्य है कि माखनलाल की रचना-प्रक्रिया और रचना-अभिप्रायों में भावनाओं, धारणाओं, आदर्शों, प्रणालियों, व्यवहारों में जो मनोभूमिका गतिवान रही है—वह हर स्तर पर कीमती से कीमती रीतिवाद-कलावाद को न केवल चुनौती देती है, बल्कि इन सत्यानाशी प्रवृत्तियों की जड़ों को खोदकर उनमें बार-बार मट्ठा डालना भी नहीं भूलती है। संकल्पबद्ध मनोभूमिका की इसी केन्द्रीयता के कारण ही माखनलाल का रचना-कर्म हमारी सांस्कृतिक-राजनीतिक-अस्मिता की पहचान बन जाता है। इस पहचान के भीतर से एक ऐसा आदमी उभरता है, जिसने मुक्ति-मूल्य के लिए साम्राज्यवादी-उपनिवेशवादी शक्तियों के सामने घुटने टेकना जाना ही नहीं, जिसने शेरों के मुँह में हाथ डालकर उनके दाँत गिनने-उखाड़ने में ही अपने पौरुष की विजय मानी है। माखनलाल के रचना-कर्म का समस्त विभावन व्यापार इसी विद्युत तरंग से जुड़ा है जिसके भावचक्र में नटवर का नृत्य चल रहा है और जिसमें तरुण पीढ़ी माँ आद्याशक्ति या भारतभूमि के चरणों पर फूल भाव से चढ़ने की प्रार्थना

करती है। 'पुष्प की अभिलाषा' मात्र राष्ट्रीय-भावधारा की अभिव्यक्ति ही नहीं है जैसा कि साहित्य के आलोचक लम्बे समय से राष्ट्रीय सांस्कृतिक काव्य-धारा के अन्तर्गत समझाते रहे हैं। बल्कि देखा जाए तो यह कविता सच्चे अर्थों में प्रचलित विकृत रीतिवादी-परिपाटी के खिलाफ एक नयी क्रान्ति का भाव-कोष रचती है—

चाह नहीं मैं सुरबाला के गहनों में गूँथा जाऊँ,
चाह नहीं प्रेमी माला में बिंध प्यारी को ललचाऊँ,
चाह नहीं सम्राटों के शव पर हे हरि डाला जाऊँ,
चाह नहीं देवों के सिर पर चढ़ूँ, भाग्य पर इतराऊँ,
मुझे तोड़ लेना वन माली उस पथ में देना तुम फेंक,
मातृभूमि पर शीश चढ़ाने, जिस पथ जावें वीर अनेक ॥

यह पूरी कविता परम्परागत रीतिवाद के प्रधान प्रतीकों पर प्रहार करती है और नवजागरण की प्रत्यंचा पर मातृभूमि वन्दना की लोकानुभूति का शक्ति बाण चढ़ाये मिलती है। इस नवजागरण की काव्यानुभूति में बंकिम का वह 'वन्दे मातरम्' गीत भी ध्वनित है जिसने भारत में फिरंगी शासन का दिल हिला दिया था और दादाभाई नौरोजी, तिलक, गणेशशंकर विद्यार्थी तथा माधवराव सप्रे का वह क्रान्तिमूलक वैचारिक आधार भी मौजूद है जो तरुणों से आजादी रानी के लिए सिर देने का आह्वान कर रहा था। फिर यह काफी दिलचस्प बात है कि माखनलाल की रचना-यात्रा में माली से निर्मित क्यारियों के फूल नहीं हैं—वनखंडों की घाटियों, खंडहरों में उगे वे प्रकृत भाव के फूल हैं, जिनकी रंग-बिरंगी नैसर्गिकता में किसी बनावटीपन का हस्तक्षेप नहीं है। एकदम यह फूलों का संसार उन्मुक्त प्रकृति के हृदय-दान का स्वच्छन्द विस्फोट है। बियाबान, सुनसान जंगलों, वनों, खंडहरों में खिले फूल ही मानो भारत की दुर्गा को पसन्द है। पूरा भारत अनेक काव्य-रूपों में यहाँ दुर्गा भाव से विद्यमान रहता है किन्तु दुर्गा भाव के ये काव्यरूपक कहीं भी आलंकारिक और चामत्कारिक कला भाव के रूप में नहीं हैं। 'पर्वत की अभिलाषा' कविता मानो उनकी पीढ़ी की बलिदान भावना का दस्तावेज है, जिसमें प्रार्थना की मुद्रा का एक नया तेवर है—

तू चाहे मुझको हरि, सोने का मढ़ा सुमेरु बनाना मत,
तू चाहे मेरी गोद खोदकर मणि-माणिक प्रकटाना मत,
तू मिट जाने पर भी मुझमें से ज्वालाएँ बरसाना मत,
लावण्य लाड़िली व-देवी का लीला-क्षेत्र बनाना मत,
जगती तल का मल धोने को
भू हरि-भरी कर देने को
गंगा-यमुनाएँ बहा सकूँ
यह देना, देर लगाना मत।

इस कविता का केन्द्रीय भाव है—जगती तल का मल धोने की आकांक्षा। यह मल

सृजन-निर्माण की नयी प्रेरणाएँ या गंगा-यमुनाएँ ही बहा सकती हैं अर्थात् नवीन जन उत्साह की जलधारा। जनजागरण की इसी लोकानुभूति के लिए माखनलाल अन्याय विरोधी प्रतीक कृष्ण को चुनते हैं। इसी युग में मैथिलीशरण गुप्त की प्रधान प्रेरणा है—राम और इसी युग में माखनलाल की प्रधान प्रेरणा कृष्ण बनकर निखरती है। भारतीय दर्शन के इस तत्त्ववाद से माखनलाल परिचित हैं कि राम अंशावतार हैं और कृष्ण पूर्णावतार। कृष्ण के हाथ में कोई अस्त्र नहीं है—बाँसुरी है। लेकिन जब कभी वे चाहते हैं बाँसुरी के स्थान पर सुदर्शन चक्र को बुला लेते हैं। कृष्ण अनेक भावों के संश्लिष्ट प्रतीक हैं—उनका पूरा जीवन अन्याय के विरोध में डटा है। माखनलाल की क्रान्तिकारी वैष्णव-भावना का आर्किटाइपल इमेज है 'वेणु लो गूँजे धरा मेरे सलोने स्याम'। इस कृष्णभाव में बंगाल परम्परा का तन्मयता वाला भक्ति चैतन्यता का भाव नहीं है, न जयदेव के *गीतगोविन्द* या विद्यापति के कृष्ण की परम्परा है। बल्कि इसमें मराठी सन्तों या नामदेव-तुकाराम की क्रान्ति भाव धारा का तेज है जो युद्ध-भाव की भूमि पर पोषित है। मध्य प्रदेश खंडवा ने माखनलाल को मराठी-संस्कारों से संवलित किया। इसलिए उनके काव्यगुरु आचार्य महावीरप्रसाद द्विवेदी न बन सकते थे, मराठी के माधवराव सप्रे ही काव्यगुरु की भावभूमि में विराजमान हो सकते थे। तिलक के *मराठा* और *हिन्द केसरी* की प्रेरक ज्वाला ही *प्रभा* और *कर्मवीर* का मस्तक-तिलक बन सकती थी। *कर्मवीर* का कर्मनायक महात्मा गाँधी हैं, पर कर्मभूमि की दृष्टि से वे गाँधी विचारों के कुरुक्षेत्र में खड़े होकर समस्त ब्रिटिश साम्राज्यवाद को चुनौती देते हैं। इतिहास की सर्पकुण्डली में आकुलि-किरात से घिरा—पर निर्भय अकेला मनु-श्रद्धा पुत्र मानव। यही मानव इतिहास रथ का अभय सारथी है जिसकी जय यात्रा से पराधीनता का अन्धकार हाहाकार करता हुआ खड़ा होता है। 'हृदय' शीर्षक लम्बी कविता में यही मानव मौजूद है—

धीर सा गम्भीर सा यह है खड़ा,
धीर होकर यों अड़ा मैदान में।
देखता हूँ मैं जिसे तन दान में,
जनदान में सानन्द-जीवनदान में

यही 'मानव' इतिहास की प्रश्नाकुलताओं, चिन्ताओं, पीड़ाओं की नाभि को टटोलकर पूछता है—

क्यों पड़ी परतन्त्रता की बेड़ियाँ?
दासता की हाथ हथकड़ियाँ पड़ीं।
न्याय का मुँह बन्द 'फाँसी' के लिए
कण्ठ पर जंजीर को लड़ियाँ पड़ीं।

यह मानव सत्याग्रह-युग का वह मनुष्य है, जो दासता के हर बन्धन को वैचारिक संकल्पना की आग से जला देना चाहता है। प्रसाद जी के शब्दों में यही काव्य

में आत्मा की संकल्पनात्मक अनुभूमि का आलोक स्वर है—उसी से श्रेयमयी प्रेय ज्ञानधारा कह रही है—

महलों पर कुटियों को वारो
पकवानों पर दूध-दही
राजपथों पर कुंजें वारो
मंचों पर गोलोक मही
छीनूँगी निधि नहीं किसी
सौभागिनि, पुण्य प्रमोदा की
लाल, वारना नहीं कहीं भी
गोद गरीब यशोदा की।

इसी मानव की हड्डियों में हमारी परम्परा के पुरखे बोलते हैं और ऐतिहासिक अनुभूतियों के लवण से फूटी आधुनिकता एक नया स्वाद उठता है।

साहित्यिक आलोचना के मठाधीश आलोचक आज कितनी ही बुलन्द आवाज में कहें कि आधुनिक कविता के कबीर नागार्जुन हैं, पर उनका यह मत उस पूरे काव्य के इतिहासबोध की उपेक्षा करता है—जिसमें नागार्जुन बहुत पीछे डरे-सहमे नजर आते हैं और क्रान्ति के नाम पर सत्ता में खप जाते हैं। हथकड़ियाँ देखकर जिनकी घिग्घी बँध जाती है और जो अपने संकल्पों को कपूर-सा उड़ा देते हैं। इसलिए आधुनिक कविता के कबीर आज नागार्जुन नहीं हो सकते हैं। मैं समझता हूँ कि आधुनिक कविता में यदि किसी को सच्चे अर्थों में कबीर कहना ही हो तो यह नाम केवल माखनलाल चतुर्वेदी को शोभा देता है। एक विशिष्ट अर्थ में कबीराई अन्दाज निराला, मुक्तिबोध और साहीजी के सृजन-चिन्तन में भी बजता है। माखनलाल को कबीर-परम्परा का सच्चा वाहक मानना इसलिए भी उचित है कि वे 'जो घर फूँके आपनो चले हमारे साथ' की अर्थ-ध्वनि का सर्जनात्मक विस्तार हैं। हर लाभ, हर मोह से ऊपर रहे माखनलाल। ब्रिटिश साम्राज्यवाद की क्रूर मार के आगे कभी न झुके—पस्ती नहीं मानी। जेल में चक्की पीसी—रस्सा खींचा, क्या-क्या नहीं सहा इस कवि योद्धा ने। ब्रिटिश साम्राज्यवाद के विरोध की हिन्दी में सैकड़ों कविताएँ लिखी गयी हैं किन्तु जिस काव्य-मुहावरे की आन्तरिक-दीप्ति से भरी कविता विलासपुर, मध्यप्रदेश की जेल के भीतर 1921-22 में 'एक भारतीय आत्मा' ने 'कैदी और कोकिला' नाम से लिखी है वैसी कविता या उस प्रखर-काव्यानुभूति की सीधी कविता उस युग में दूसरी नहीं लिखी गयी। भूलना न चाहिए कि इसी कविता की प्रेरणा ने सुभद्रा कुमारी चौहान से 'झाँसी की रानी' लिखवायी और इसी भाव-भूमि की प्रेरणा ने दिनकर, नवीन जी, भवानीप्रसाद मिश्र, प्रभाकर माचवे, गिरिजाकुमार माथुर, मुक्तिबोध और अज्ञेय को भीतर तक सींचकर हरा-भरा किया। नयी कविता की काव्य-संवेदना और काव्य-भाषा की तोड़-फोड़ के भीतर बोलचाल की लय-गति पर

माखनलाल के रचना-कर्म का भारी असर है। सन् 1905 ई. में माखनलाल ने लिखना शुरू किया था और सन् 1910 ई. में ब्रजभाषा को छोड़कर खड़ीबोली के क्षेत्र में आये थे। खड़ीबोली को उन्होंने भीतर-बाहर से रचनात्मक बनाया। उसकी अनगढ़ता में से रचना-शक्ति को खींचकर बहाल किया। डॉ. रामविलास शर्मा ने लिखा है, "माखनलाल जी का यह युगान्तकारी महत्त्व है कि उन्होंने उग्र राष्ट्रीय-चेतना के साथ अपने काव्य में सूक्ष्म-सौन्दर्य-बोध, आत्म-विभोर गेयता और मोहक चित्रमयता को स्थान दिया। वह काव्य में खड़ीबोली को प्रतिष्ठित करने वाले साहित्यकारों में हैं। जिस समय उन्होंने लिखना आरम्भ किया था—उस समय खड़ीबोली ब्रजभाषा का विवाद जोरों पर था। अपनी प्रतिभा से उन्होंने सिद्ध किया कि आधुनिक हिन्दी में श्रेष्ठ काव्य रचा जा सकता है।" इस श्रेष्ठ काव्य ने राष्ट्रीय सांस्कृतिक काव्य-परम्परा को नया अर्थ-सन्दर्भ दिया और वक्रताओं की तेज धार से पुरानी विषय-वस्तु को छील डाला—उपमान-लय बदल दिये। आरम्भिक छायावादी सृजन के लिए परती भूमि तोड़ी और राष्ट्रीयता को उच्चवर्ग की सम्पत्ति न रहने दिया। आज यह बात भूलने की नहीं कि उन्होंने अपने साहित्य के दायित्व से राष्ट्रीयता को जनसाधारण की वस्तु बना दिया। 'कैदी और कोकिला' कविता में विषय को वस्तु बनाने का जो मौलिक क्रम शुरू किया है, उसका एक अलग ही इतिहास है। हिन्दी-साहित्य-समीक्षा और इतिहास में माखनलाल के इस कार्य को अभी पहचाना नहीं गया हैं, किन्तु इसे पहचानना होगा। इस कार्य की ठीक-ठीक पहचान के बिना हम आधुनिक हिन्दी कविता का जो भी नया इतिहास लिखेंगे—वह अधूरा रह जाएगा। माखनलाल अपने युग के अन्धकार से लड़ते हैं—प्रकाश उन्हें प्रिय है। वह शक्ति देता है—मुक्तिबोध की भाँति ही वे अन्धकार में रचते-देखते हैं। 'कैदी और कोकिला' कविता में देखिए—

जीने को देते नहीं पेट भर खाना
मरने भी देते नहीं—तड़प रह जाना!
जीवन पर अब दिन रात कड़ा पहरा है
शासन है—तम का प्रभाव गहरा है!
हिमकर निराश कर गया, रात भी काली,
इस समय कालिमामयी जगी क्यूँ आली?
क्यूँ हूँक पड़ी? वेदना बोझ वाली-सी कोकिल! बोलो तो?
क्यों लुटा तुमुल-वैभव की रखवाली सी कोकिल! बोलो तो?

काले लोहे के दरवाजे बजते हैं, बूट बजते हैं—अँधेरे के मन्त्र फूटते हैं, अर्द्ध-रात्रि की चीखें आती हैं, हृदय के घावों में ठहरी टीस उठती है, अन्धकार में किरणों का खेल होता है, ब्रह्माण्ड कँपाने वाली उदण्ड वायु चलती है, अंग्रेजी सर्वनाश पर कोई रोता है, काली हथकड़ियों पर समय का पहरेदार सिर पटकता है—पर

हूँ मोट-खींचता लगा पेट-पर जूआ
खाली करता हूँ ब्रिटिश अकड़ का कूँआ
हर कीमत पर अन्धकार को चीरना है—
काली तू, रजनी भी काली
शासन की करनी भी काली
काली लहर, कल्पना काली
मेरी काल-कोठरी काली
टोपी काली, कमली काली
मेरी लौह-शृंखला काली
पहरे की हुंकृति की काली
तिस पर है गाली! ऐ आली!
इस काले संकट-सागर पर मरने को मदमाती—
कोकिल बोला तो

इस अन्धकार में हरियाली ताली बजा रही है—जवानी मतवाली हो रही है, विषमता को ध्वस्त करने वाली रणभेरी बज उठी है, मोहन के व्रत का आसव प्राणों में भरकर स्वप्नों में स्मृतियों की श्वासें चल रही हैं, निद्रित लाशों में क्रान्ति की शव-साधना प्रबल हो गयी है। एक अजीब नशा है—अन्धकार उसे पीकर मतवाला है। युग की वेदना ने उद्दाम ओज का वरदान पा लिया है—कारण

तेरा पहरेदार, विंध्य का दक्षिण उत्तर,
तेरी ही गर्जना नर्मदा का कोमल-स्वर,
तेरी जीवित साँस आज तुलसी की भाषा
तेरा पौरुष सतत अमर-जीवन की भाषा।
जाग-जाग उठ तपी
तुझे जग का आमन्त्रण

इस नवजागरण की काव्यात्मकता में वेद-पुराण, उपनिषद, गीता-रामायण, व्यास-कालिदास खिंचे चले आते हैं। यह परम्परा कहती चलती है कि 'मत दबा समय की चट्टानों के नीचे।' परिवेश को कविता कैसे बनाया जाता है—काव्य-वस्तु में रच-पच कर वह कैसा रंग लेती है—यह माखनलाल से सीखने लायक बात है। कुण्डली मारे समय के साँप पर युग का कृष्ण किस निर्भयता से बाँसुरी बजाता है। सांस्कृतिक-मनोभूमिका की भारतीय आन्तरिक लय का यह काव्य-संसार अनमोल कोश रचता है। तरुणाई के मरण-ज्वाल की प्रेरणा सन् 1915 से लेकर 1947 ई. तक के भारत को *हिमकिरीटिनी, हितंरगिनी, माता* जैसे काव्य-संग्रहों तथा *कृष्णार्जुन युद्ध* जैसे नाटक तथा साहित्य-देवता के विचारों से तरंगाकुल कर देती है। यह काव्य न तो भारत-भारती की तरह इतिवृत्तात्मक है, न उपदेशात्मक है। एकदम प्रगीतात्मक,

मुक्त अनुभूति का उच्चार-संचार। जो कह सकता है—

मसल कर अपने
इरादों सी उठाकर
दो हथेली हैं कि
पृथ्वी गोल कर दें।

इस नवजागरण के स्वर में पूरा एशिया बोलता है। स्वच्छन्दतावादी काव्य का यह सबसे चमकीला सूरज है—

दंग करती सी मृदंग बजे, कि वंशी रन्ध्र बोलें
नृत्य मग्ना एशिया की गोपियाँ, स्वच्छन्द डोलें,
अमिल मधु आकर्षणों का ज्वाल मधुवंशी बजाये,
स्वर भरे कश्मीर उसमें, भैरवी नेपाल गाये,
मोह ले मन को हमारे नेह का गांधार प्रहरी,
और लंका से हमारी सिन्धु-सी हो प्रीत गहरी
आज-ब्रह्मा के स्वरों में एशिया के द्वार-हर्षित,
मित्र के उल्लास हर्षित, शत्रु के संहार हर्षित।

जब कविता को राजनीति की अनुभूति के खमीर से सर्जनात्मक शक्ति मिलती है तब यह जीवन की वास्तविक तरंगों की निष्पत्ति हो जाती है। राजनीति के साथ सम्पूर्ण लगाव को यह कविता व्यक्ति के स्तर से ऊपर उठकर निर्वैयक्तिक स्तरों पर ले जाती है। 'एक भारतीय आत्मा' का सृजनकाल भारतीय राजनीति में बड़े उथल-पुथल का ऐतिहासिक दौर था। पूरा एशिया मुक्ति-संग्राम में कूद पड़ा था। भारतीय स्वाधीनता की लड़ाई सभी वर्गों, समुदायों को खींच रही थी। इस स्थिति में सजग-संवेदनशील रचनाकार के लिए चुप बैठना सम्भव न था। कहीं रौलट एक्ट का घाव बनता था—कहीं जलियाँवाला हत्याकाण्ड पुकारता था। फलतः क्रान्तिकारी चेतना के माखनलाल ने राजनीति से कई स्तरों और रूपों से नाता जोड़ा तथा सक्रिय राजनीति में भी कूदे। इस गतिविधि से भी उनके रचनाकार का अनुभव-संसार सम्पन्न हुआ—उसे परिवेश ने नये भाव-बोध की रचना के लिए विवश किया। यहाँ कविता में राजनीति परिस्थितियों, संघर्षों के तीखे-अनुभव रूप में, मानवीय संवेदनाओं की करुणा के रूप में, समय-समाज को परिभाषित करने के रूप में उपस्थित मिलती है। ऐसी स्थिति में इस राजनीतिक-अनुभूति की कविता को रद्दी समझना, आवेग सर्जित-भाव-आस्फालन की कविता कहकर हेय सिद्ध करना सही नहीं है। क्योंकि इस समय में यह परिवेश की सर्जनात्मकता का ईमानदार तकाजा था या युग की आग का सर्जनात्मक-वैचारिक फैलाव था। फिर यह कविता परिवेश पर भावात्मक टिप्पणी मात्र नहीं है—इसमें युग का खंड-खंड यथार्थ संश्लिष्ट होकर व्यक्त होता है। इसी कोण से माखनलाल का सक्रिय (कांग्रेस) कार्यकर्त्ता होना—उनके कवि-कर्म का

भटकाव नहीं है और न इसे हीनतर कोटि के सृजन की भूमिका मानना सही होगा। आधुनिक हिन्दी-साहित्य के इतिहास के इस पूरे दौर में माखनलाल के उपेक्षित रह जाने का एक प्रधान कारण यह भी है कि उनकी कविता उग्र राष्ट्रीय-सांस्कृतिक भावनाओं पर केन्द्रित थी। और बृहत्तर जीवन के प्रश्नों, चिन्ताओं, पीड़ाओं को व्यक्त करने के लिए भी जरूरी था कि कवि आत्म-केन्द्रित व्यक्तिवादी गहन गुफाओं से निकलकर जीवन से सीधे मुठभेड़ करे। इसी मुठभेड़ का यथार्थ रूप था—

क्या जले बारूद?
हिम के प्राण पाए।
क्या मिला? जो प्रलय
के सपने न भाए।
धरा?—यह तरबूज
है दो फाँक कर दे
चढ़ा दे स्वातंत्र्य-प्रभु पर अमर-पानी।
विश्व माने—तू जवानी है जवानी।

इस सृजन-साधना में जीवन-दृष्टि का हाशिया साफ है—

विश्व है असि का?—
नहीं संकल्प का है
हर प्रलय का कोण
काया-कल्प का है
फूल गिरते, शूल सिर
ऊँचा किये हैं
रसों के अभिमान को
नीरस किये हैं
खून हो जाए न तेरा देख, पानी
मरण का त्यौहार, जीवन की जवानी।

यहाँ लोक-भाषा के साथ लोक-मुहावरों में लोक-संवेदना ने लोकभूमि पर दृढ़ता से पैर टेके हैं। कवि की इसी लोक-शक्ति को पहचानकर केदारनाथ अग्रवाल जैसे प्रगतिवादी कवि ने लिखा है, "सबसे बड़ी विशेषता उनकी रचनाओं में यह है कि वे साँचे में ढाली नहीं जाती और न तराशी जाती हैं। वे अपने सहज स्वभाव से सितार के तार-सी बजने लगती हैं। बजाने वाला सामने नहीं आता और न कविताओं को आरोपित करता है। मेरी समझ में जो यह सहज स्वाभाविकता का गुण है, वही सच्ची कविता का लक्षण है। इस गुण को चतुर्वेदी जी अपने व्यक्तित्व से दबाते नहीं, उनका अपना कलाकार उसे नचाता नहीं—न उसको संकटग्रस्त स्थिति में डालता है।" जाहिर है कि माखनलाल के काव्य के पीछे कला चलती है—कहीं भी कला ने काव्य का

गला न दबा पाया है। रूपवादी-भाववादी-सौन्दर्यवादी कला के तो वे वैसे भी कभी कायल न रहे। उनके कवि स्वभाव में लोक-जीवन के आदिम-संस्कार अंगड़ाई लेते हैं और इसी स्थान पर या ऐसे ही स्थलों पर वे लयों-तुकों का आविष्कार लोकगीतों की शैली में कर डालते हैं।

माता, हिमकिरीटिनी, हिमतरंगिनी जैसे काव्य-संग्रहों में सन् 1915 ई. से 1940 तक की रचनाएँ संग्रहीत हैं। *युगचरण* और *समर्पण* जैसे काव्य-संग्रहों की कविताओं में 1940 से 1947 तक की मनोभूमिका है। स्वाधीनता के बाद *वेणु लो गूँजे धरा, बीजुरी काजर आँज रही* जैसे काव्य-संग्रह आये हैं। इधर कवि-टोन में भारी बदलाव भी आया है और मोह भंग की ध्वनियाँ हैं। *कृष्णार्जुन* नाटक की पुकार का मानों इधर ट्रेजेडी भरा अन्त है। देखा जाए तो *साहित्य देवता, अमीर इरादे-गरीब इरादे, समय के पाँव* और *चिन्तक की लाचारी* जैसे निबन्धों के संग्रहों में उनकी कवि-मानसिकता का ही विस्तार है। माखनलाल के गद्य में शंकर-पार्वती की काव्यात्मक नाटकीयता का उठान है। यहाँ भी काव्य है—जिसके भीतर 'हृदय को देता है बिजली के झटके' वाली बात है। माखनलाल की अन्तर्मानसिकता काव्यात्मकता, युग-संस्कृति, दर्शन, विचार बोध आदि को समझने के लिए यह गद्य समझना अनिवार्य है। इस गद्य में उनके काव्य के सभी 'क्लू' मिल जाते हैं। रचनादृष्टि का पूरा नवजागरण युग यहाँ कोलाहल कर रहा है। हिन्दी साहित्य और समीक्षा का दुर्भाग्य यह है कि माखनलाल के गद्य-पद्य को आमने-सामने रखते हुए उन्हें समग्रता में समझा ही नहीं गया है। वे आज भी किसी रामविलास शर्मा की प्रतीक्षा कर रहे हैं और पता नहीं यह प्रतीक्षा उन्हें कब तक करनी पड़ेगी। क्योंकि इस जन्म शताब्दी वर्ष पर उनके ऊपर उनके माध्यम से उनके पूरे युग पर गम्भीर बहसें होनी चाहिए, पर बहस तो दूर उन्हें नये चिन्तन जल से नहलाना-धुलाना या उनके ऊपर जमी हुई धूल तक झाड़ने का कार्य झंझट में पड़ा है। हम अपनी साहित्यिक-सांस्कृतिक विरासत के मूल्यवान व्यक्तियों के प्रति कितने उदासीन हैं—इस स्थिति का पता माखनलाल चतुर्वेदी की यह जन्म शताब्दी देती है। और तो और, मध्य प्रदेश का कवि-चिन्तक और पत्रकार मानकर तो मानो उन्हें एक नयी शूली पर चढ़ा दिया गया है। साहित्य के इस आधुनिक भीष्म-पितामह के भाग्य में बाणों की शय्या देकर हम चैन से हिन्दी को खा-पी रहे हैं। आचार्य रामचन्द्र शुक्ल के शब्दों में कहें तो 'हम धन्य हैं—हमें धिक्कार है।'

ध्यान से देखा जाए तो बहुत कम ऐसे रचनाकार होते हैं, जो अपने से पीछे की पीढ़ी को प्रेरणा देते हैं। माखनलाल के सृजन की अर्थवत्ता-प्रासंगिकता यही है कि नयी कविता के समर्थक कवियों में चाहे वे मुक्तिबोध हों या अज्ञेय, गिरिजा कुमार माथुर हों या भवानीप्रसाद मिश्र, प्रभाकर माचवे हों या रामविलास शर्मा इन सभी के लिए प्रेरणागुरु रहे हैं। अज्ञेय जी ने कृतज्ञता के साथ लिखा है, "माखनलाल केवल कृतिकार कवि नहीं, एक कृतीकवि थे, क्योंकि उनकी स्नेह छाया में और भी कई

कवि प्रतिभाएँ पनपीं। अपनी रचना से बाहर या परे ऐसा प्रभाव भारतेन्दु हरिश्चन्द्र का भी रहा और महावीरप्रसाद द्विवेदी का भी। इस लड़ी में जोड़ने के लिए और नाम आसानी से नहीं मिलेंगे। पर इन तीन नामों में भी प्रत्येक का वैशिष्ट्य है।" भारतेन्दु सखाभाव की मित्र-मण्डली की प्रेरणा थे और आचार्य द्विवेदी गुरु-शिष्य परम्परा की कड़ी पर 'एक भारतीय आत्मा' इस दृष्टि से भी अद्वितीय हैं। माखनलाल जी ने स्नेह और वात्सल्य के अमृत से ही सींचकर नयी पौध को बढ़ाया और फूलने-फलने का अवसर दिया। युवतर प्रतिभायें 'बराबर' न होकर भी कभी उनके निकट 'छोटी' नहीं हुईं। स्नेह का सम्बन्ध एक साथ ही दोनों भावों का निर्वाह करता रहा। हिन्दी साहित्य क्षेत्र में इतने लोग पंडित माखनलाल चतुर्वेदी को 'दादा' कहकर अपने को स्नेहसिक्त और गौरव-मण्डित अनुभव करते रहे और कुछ अभी भी उन्हें इसी रूप में स्मरण करते हैं, यह कृती कवि के कवित्व और व्यक्तित्व दोनों के सामर्थ्य की माप है। मैंने आरम्भ में जिस बढ़ते हुए अप्रत्यक्ष परिचय की बात कही, वह इन्हीं परवर्ती प्रतिभाओं के माध्यम से पाया हुआ परिचय है। इसी तरह बीत जाने पर भी कवि-परम्परा में बड़ा होता है।' परम्परा से न जुड़ा होता तो उसमें कर्म और त्याग का एकात्म कैसे स्थापित हो पाता—

सिर पर प्रलय, नेत्र में मस्ती
मुट्ठी में मन चाही
लक्ष्यमात्र मेरा प्रियतम है।
मैं हूँ एक सिपाही।

लोकमान्य तिलक, गणेशशंकर विद्यार्थी, महात्मा गाँधी, मदनमोहन मालवीय जमुनालाल बजाज आदि के सम्पर्क से उनमें यह सिपाही-भाव निरन्तर गहरा और व्यापक होता गया। स्वाभिमान में अन्य के स्व को भी रक्षित रखने की भावना ने उन्हें नस्लवाद-अलगाववाद की ओर आकृष्ट नहीं किया। वीरत्व की उदात्तता का यही भाव सम्पूर्ण एशिया की पराधीनता के खिलाफ विद्रोह का स्वर अपनाता है—

आज यमुना के स्वरों में वेणु बोली
एशिया की गोपियों ने वेणि खोली।

पार्वती और राधा, दुर्गा और काली इस काव्य के ऐसे प्रतीक हैं जिनमें नारी जागरण का शंखनाद मिलता है। स्वाधीनता संग्राम की पृष्ठभूमि में इन प्रतीकों का अर्थ क्रान्तिकारी धारा के तेजस्वी रूप को सामने लाता है। यथा—

तुम कैसे प्रलयंकर शंकर, जो
मैं रहूँ न दुर्गा, काली?

इसी दुर्गा की प्रकृति ने कवि की मनोभूमिका को तय किया है। हिमालय और शिव, शूल और फूल इसी दुर्गा की आरती उतार रहे हैं। इनकी प्रकृति सौन्दर्य-दृष्टि में नवजागरण का रंग इतने गहरे भिद गया है कि छायावाद के कवियों में वे प्रसाद,

निराला और पन्त जी के काफी नजदीक दिखाई देने लगते हैं, पर ज्यादा दिमागी मेल निराला से है—दोनों ही 'जागो-जागो' का प्राण सन्देश दे रहे हैं।

कभी संयोगवश भारत का इतिहासकार और समाजशास्त्री स्वाधीनता आन्दोलन की शक्ति-सम्भावनाओं-सीमाओं को समझने के लिए इस काव्य की अन्तर्यात्रा करेगा तो उसे इस युग की अपराजेय संकल्प-भावना और विराट नाटकीयता का दर्शन होगा। एक विशाल युग-भूमि पर तरुणों को तरुणाई के जो चित्र इस कवि ने आँके हैं, उनमें हमारे स्वाधीनता आन्दोलन का यौवन साफ दिखाई देता है। पर अभी तो—

1. *मुझे भूलने में सुख पाती, जग की काली स्याही*
   साधो, दूर कठिन सौदा है—मैं हूँ एक सिपाही।
2. *बोल अरे सेनापति मेरे मन की घुण्डी खोल*
   जल-थल-नभ हिल-डुल जाने दे तू किंचित मत डोल
   दे हथियार या मत दे तू पर तू कर हुँकार
   ज्ञानों को मन अज्ञानों को तू इस बार पुकार
   धीरज रोग, प्रतीक्षा, चिन्ता, सपने बने तबाही
   कह तैयार? द्वार खुलने दे मैं हूँ एक सिपाही।

इस सर्जनात्मकता से फूटी शान्ति के अहसास से ही मानना पड़ता है कि सत्याग्रह-युग वास्तव में शक्ति-काव्य का युग था, क्योंकि लोक-हृदय इस रस-भूमि से आप्लावित रहा। बलिदान और रोमांस के शत-शत बिम्ब अपनी नवीनता से पूरे दृश्य को उजला कर देते हैं। अध्यात्म और भक्ति, उपदेश और आदर्श का दर्शन समय की वास्तविकता से पलायन करना जानता तक नहीं है—कल्पना में यथार्थ के बिम्ब कौंधते हैं। शहीद यतीन्द्रनाथ दास के बलिदान पर रची गयी कविता-'मरण त्यौहार' एक जीवित इतिहास की सुलगती स्मृति है।

दरअसल, माखनलाल अपने प्रवेश से आधुनिक कविता का पूरा फार्म या टेकनीक बदल देते हैं। नया काव्य अपने साथ नया रूप लाता है, उसे अलग से लाना नहीं पड़ता। काव्यानुभूति की बनावट में ही ऐसा जादू होता है कि वह रूप के अभिन्नत्व में प्रकट होती है। ऊपर से उनके कथन में सपाटबयानी, विवरण का आभास होता है, पर गहराई में वक्रोक्ति और व्यंजना ने अर्थ-सामंजस्य की निष्पत्ति की है। तुकों, लयों, आवृत्तियों की इतनी मौलिक प्रयोग निपुणता है कि जन संस्कृति का जनजागरण फूल-सा खिला दिखाई दे सकता है। वे एकलय खोजकर रच सकते हैं—'बूढ़ों की क्या बात, युगों की तरुणाई के दिन आये हैं।' प्राणों में ऐसा संगीत बजता है कि सूर की संगीतलय और कबीर की ललक का फक्कड़पन एक हो जाता है। पूरा देश उनके लिए कृष्ण है—श्याम रंग में रंगा हृदय हरियाली पर रीझा हुआ है। विंध्य, मालवा और नर्मदा ने इसे सींचा है। नर्मदा में परशुराम के तप का जल बहता है और यही जल इस सर्जना की प्रेरणा शक्ति है। यह जल कहता रहा है—

द्वार बलि का खोल चल भूडोल कर दे
एक हिमगिरि एक सिर का मोल कर दे।

इसी जल से उठे बादल उनकी कल्पना के आकाश में दिखाई देते हैं। इन बादलों को निराला ने इसी रंग में पहचाना है और केदारनाथ अग्रवाल ने भी–'जन गरजे-घन गरजे' से। माखनलाल में हर घटना के साथ घन गरजते हैं, हिमालय बोलता है। यह सब एक साथ इतिहास से एक प्रश्न पूछते हैं–

क्यों पड़ी परतन्त्रता की बेड़ियाँ?
दासता की हाथ हथकड़ियाँ पड़ीं
न्याय के मुँह बन्द, फाँसी के लिए
कण्ठ पर जंजीर की लड़ियाँ पड़ीं?

देश की सामयिक निर्धनता, दुर्दशा पर माखनलाल का ध्यान जाता है। अंग्रेजी राज्य ने भारत में जो लूट की थी, उस पर इस चिन्तक कवि ने सैकड़ों निबन्ध लिखे हैं। किसानों की दयनीय दशा पर उनके निबन्ध आँख खोलते हैं कि कैसे फिरंगी सरकार ने अन्नदाता को अन्न के लिए तबाह कर दिया। कैसे जनता टैक्स, अकाल और जमींदारी के कारनामों से उजड़ गयी। कपास, नील, जूट की खेती का माल फिरंगी अपने देश ढोकर ले गया और वहाँ की औद्योगिक क्रान्ति में हमारा धन खपाया गया। 'किसान का सवाल' लेख का एक विचार देखिए, 'किसान के शरीर पर चिन्दिया लटकती हैं अथवा वह अधनंगा रहकर ही अपने दिनों को गुजारता है। (*कर्मवीर*, 5 सितम्बर 1925)।' 'गरीब अन्नदाता' लेख में अंग्रेजी तन्त्र के द्वारा उजाड़ का वर्णन है कि कैसे फिरंगी सरकार ने यहाँ की ग्राम-व्यवस्था को तोड़ा और कैसे शिल्पकारों, कलाकारों के व्यवसाय नष्ट किये। कलाकारों की बेकारी ने उन्हें किसानी पर विवश किया। इस स्थिति के कारणों का विश्लेषण करते हुए लिखा है, 'अब नाई, चमार और बढ़ई, जुलाहा सबका सामान विलायत से आने लगा। तब तुम्हारे गाँव के लुहार क्या करते? वे थोड़े दिन भूखों मरे, तुम्हें कोसते रहे। फिर लाचार होकर अपने भट्टी, धौंकनी, हथौड़े और अपनी कारीगरी के हाथ और अकल को नमस्कार करके, हल पकड़कर किसान बन गये। अब बर्मिंघम और बिस्टल के लोहे के औजार खरीदकर तुमने समझा कि तुम सुधर गये (*कर्मवीर* 12 नवम्बर 1925)।

देश के आर्थिक तन्त्र को फिरंगी सरकार ने कैसे नष्ट किया, उसका हवाला चतुर्वेदी जी एक अर्थशास्त्री की भाँति देते हैं, 'तुम एक सेर रुई का दाम 1 रु. लेकर जो रुई विदेश को भेजते हो, वहाँ उस रुई के कम-से-कम दो धोती जोड़े बनते हैं–जिन्हें तुम दस रु. में खरीदते हो। इसका मतलब यह हुआ कि एक की रुई दस में खरीदी। जानते हो, यह 9 रु. कहाँ चला गया? यह विलायती कपड़े के जुलाहों की मजदूरी और विलायती व्यापारी के मस्त मुनाफे में चला गया (*कर्मवीर* 12 सितम्बर 1925)।' कर्मवीर में 'वे विदेशी लूट के खिलाफ लगातार लिखते हैं,

कभी 'धूमकेतु का पुनरोदय' कभी 'हिन्दुस्तान की साम्पतिक लूट' जैसे निबन्ध। ब्रिटिश साम्राज्यवाद के दानव की शक्ति के कारणों पर निगाह जाती है तो कहते हैं, 'औद्योगिक क्रान्ति के आरम्भ के समय इंगलैंड निर्धन देश था—परन्तु आज वह सर्वश्रेष्ठ धनी और बलवान देश बन गया है।' सम्पत्ति की लूट के लिए भारत ऐसा उपनिवेश बना कि उसे चूस लिया गया। खेलों-पर्वों-त्यौहारों, सम्मेलनों, उद्घाटन भाषणों के रूप में चतुर्वेदी जी ने अनेक निबन्ध लिखे हैं—पर इन सभी में अंग्रेजी राज्य द्वारा मचाई गयी तबाही के चित्र प्रस्तुत करना वे कहीं नहीं भूलते। हिन्दी-उर्दू समस्या हो या साहित्य और साहित्यकार पर चिन्तन हो—बराबर इस पूरे देश की पीड़ा उन्हें कचोटती है। फलतः उनके मन का भारतीय सन्त बेचैन रहता है। गद्य हो या पद्य यह लोक-चिन्ता की आकुलता ही उनके चिन्तन की केन्द्रीय धुरी रही है। इस दृष्टि से 'एक भारतीय आत्मा' नाम उन्हें शोभा देता है। भारतीयता की पुनः-पुनः व्याख्या हो तो वे करुणा का बीज-मात्र प्रधानता से रखे हुए दिखाई देते हैं। निश्चय ही यह लोक-मंगल की साधनावस्था का चिन्तन है।

सच बात तो यह है कि अभी हमने माखनलाल जी के कृतित्व की न तो कीमत पहचानी है और न उन्हें 'सम्पूर्ण लगाव' के रचनाकार के रूप में विश्लेषित, विवेचित ही किया हैं। उनके सर्जन की अर्थवत्ता और मूल्यवत्ता को नये सिरे से अन्वेषित-आविष्कृत करने का अर्थ होगा अपनी सांस्कृतिक-सामाजिक परम्परा के लोक जागरणवादी रूप को पहचानना। भारतीय आस्थावान मानव का जो बिम्ब इस सृजन-चिन्तन से बनता है, वह अपने सौन्दर्यबोध में न केवल मौलिक है, बल्कि एक अटूट आत्मविश्वास से छलकता हुआ भी है। इस सृजन-संघर्ष का स्वभाव ऐसा है कि वह छोटे-छोटे घेरे तोड़कर मानव-अस्तित्व की विशाल चुनौतियों को झेलने का भरोसा देता है। पर यह कविता और गद्य जितना सरल-साफ दिखाई देता है उसका विश्लेषण-मूल्यांकन उतना ही कठिन है। क्योंकि हर तरह के रीतिवादी तिलिस्म को तोड़ता-छोड़ता यह रचनाकार शब्द में अर्थ की नयी अनुगूँजें पैदा करता है। यह रचना आज भी स्नेह से बुलाकर कह रही है—

दीनबन्धु की कृपा बन्धु
जीवित हैं हम हरियाले हैं,
भूले-भटके कभी गुजरना
हम वे ही फलवाले हैं।

किसान, स्वाधीनता और माखनलाल चतुर्वेदी

आज माखनलाल चतुर्वेदी (1889-1968 ई.) के मानवीय सरोकारों पर गहराई से विचार करना जरूरी हो गया है। कारण, इधर के भाववादी-आदर्शवादी आलोचकों ने अपने विचारों से (अतिरंजित विचारों से) उनके चिन्तन पर पर्दा डालने के लिए एक इन्द्रजाल फैलाया है। यह इन्द्रजाल उन्हें रहस्यवाद-छायावाद की आध्यात्मिक चादर में लपेटने की तैयारी दिखाई देता है। कहा गया है कि उनका बहुत-सा रचनाकर्म रहस्यवादी है और समझ में नहीं आता। इधर उनके चिन्तन को लेकर ऐसे मिथक गढ़ लिए गये हैं जो सभी ओर से आदर्शवादी और रोमांटिक आवरण डाल देते हैं और इस प्रकार उनके क्रान्तिकारी चिन्तन के मूल्यांकन को धुँधला तथा अधूरे रूप में पेश करते हैं। इन छद्म मूल्यांकन-मिथकों ने ऐसी भ्रान्तियों को जन्म दिया है, जो माखनलाल के चिन्तन-सन्दर्भ को आधुनिक परिदृश्य से काट देते हैं। यह बड़ी विचित्र बात है कि माखनलाल ने तिलक, गणेशशंकर विद्यार्थी, माधवराव सप्रे, यतीन्द्रनाथ दास, बिस्मिल आदि से जो वैचारिक भूमि प्राप्त की है उसको ठीक से प्रस्तुत करना तो दूर, उस पर दृष्टि तक नहीं डाली जाती।

भारतीय मुक्ति-संग्राम के दिनों में माखनलाल का सम्पूर्ण कृतित्व साम्राज्यवाद के विरोध में खड़ा होता है। रीतिवाद को ललकारकर वे नये सामाजिक-आर्थिक जन-सम्बन्धों पर सोचने को बाध्य करते हैं। भारतेन्दु, बालकृष्ण भट्ट, महावीरप्रसाद द्विवेदी का चिन्तन-प्रवाह उनमें गति पाता है और वे किसान-मजदूर-गाँव की दयनीय स्थिति के बुनियादी कारणों पर विचार करते दिखाई देते हैं। उन्हें 1917 ई. की बोल्शेविक क्रान्ति से दिशा मिलती है। बाबूराम वर्मा की पुस्तक *साम्यवाद* की *कर्मवीर* अखबार में 16 जून, 1920 की समीक्षा में माखनलाल लिखते हैं, "भारतवर्ष में हिन्दी समाचार-पत्र पढ़ने वालों में से शायद ही कोई ऐसे होंगे जो बोल्शेविज्म और बोल्शेविक के नाम से परिचित न हों। परन्तु बोल्शेविज्म वास्तव में क्या है, उसकी उत्पत्ति किस प्रकार हुई, उसने संसार में कैसे-कैसे उलट-फेर कर दिये हैं, क्या भारतवर्ष की भी जलवायु उसके अंकुरों के लिए अनुकूल है या नहीं—बातों को जानने की आवश्यकता इस समय बहुत बड़ी है।" आवश्यकता बड़ी इसलिए है कि यह जनता को शोषण-अन्याय के खिलाफ एकजुट होकर खड़ा करने की विचार-दृष्टि है। इस

विचार-दृष्टि से अपनी सहमति व्यक्त करते हुए लिखा, "साम्यवाद का अभिप्राय यह है कि सब मनुष्य एक समान हैं, सबको अपनी उन्नति करने का समान अवसर दिया जावे, सम्पत्ति पर किसी व्यक्ति विशेष का अधिकार न रहे, पूँजीदारी की हानिकारक प्रथा तोड़ दी जावे, जमीन पर समाज का अधिकार होवे, प्रत्येक मनुष्य अपनी शक्ति और योग्यता के अनुकूल कार्य करे और अपनी आवश्यकता की पूर्ति के लिए यथेष्ट सामगी प्राप्त करे, इत्यादि।" जाहिर है कि समाजवादी चिन्तन का नया आलोक चतुर्वेदी जी को भीतर से भाने लगा था। इस कथन के प्रमाण हैं उनके ये वाक्य, "इन विचारों की उत्पत्ति यूरोप में गत 19 वीं शताब्दी में हुई और ये विचार लोगों को इतने पसन्द आ रहे हैं कि सारे संसार में इनका प्रचार द्रुत-पद से हो रहा है। इस अपूर्व प्रचार का मुख्य कारण सभ्य देशों में औद्योगिक उन्नति के कारण उत्पन्न हुई आर्थिक विषमता ही है, जिसके कारण धनी मनुष्य कुछ श्रम न करके भी अधिकाधिक धनी होते जाते हैं और बेचारे श्रमजीवी एड़ी और चोटी का पसीना एक करके भी भर पेट अन्न और शरीर ढाँकने को यथेष्ट वस्त्र नहीं पाते। साम्यवाद इस विषमता को दूर करने का अमोघ शस्त्र माना गया है और अनेक सभ्य देशों में इसका अवलम्बन किया जा रहा है और बहुत सफलता के साथ।" इस विचारधारा ने फैलते ही पूँजीवादी और उपनिवेशवादियों के दिलों की धड़कन तीव्र कर दी थी और मुनाफाखोरों पर विपत्ति के काले बादल मँडराने लगे थे। वे लिखते हैं, "साम्यवाद ने अपने जीवन के थोड़े-से समय के भीतर ही पूँजीदारों का आसन हिला दिया है और अब पूँजीदार समझने लगे हैं कि उनकी धींगा-धींगी देर तक नहीं चल सकती। श्रमजीवी भी यह अनुभव करने लगे हैं कि संघ-शक्ति का क्या प्रभाव है। इस साम्यवाद ने भिन्न-भिन्न देशों में भिन्न-भिन्न रूप धारण किये हैं, यद्यपि सब जगह सिद्धान्त एक ही है।" रूस के बोल्शेविक लोगों का आतंक सारे संसार पर फैल रहा था। इस चिन्तन के फैलने का कारण था—त्रुटिपूर्ण सामाजिक संगठन। "पाश्चात्य देशों में साम्यवाद के सिद्धान्तों का प्रसार जो इतनी शीघ्रता से हो रहा है, उसके प्रधान कारण बड़े देशों का त्रुटिपूर्ण सामाजिक संगठन, औद्योगिक उन्नति और संसार के प्रति वहाँ के निवासियों की परम आसक्ति है। यद्यपि भारतवर्ष में श्रमजीवियों की दशा बहुत हीन और शोचनीय है तथापि यहाँ का सामाजिक संगठन पाश्चात्य देशों के सामाजिक संगठन से भिन्न है।" हमारी धर्मभीरुता और शान्तिप्रियता ने जिस कायरतावाद, पलायनवाद को प्रश्रय दिया था माखनलाल उसके समर्थक न थे। उनके विचारों की मूल प्रेरणा साम्राज्य विरोधी है।

भारत में फिरंगी सरकार सबसे बड़े जमींदार का जामा पहनकर खड़ी हो गयी और जनता के धन-माल का शोषण शुरू हुआ। फलतः भारत ने हर क्षेत्र में तबाही-भुखमरी भोगी। भुखमरी से किसान तड़पकर मरने लगे। टैक्स ने जनता को हर तरफ से दबोच लिया। भारतीय व्यापार और उद्योगों के विनाश की चर्चा भारतेन्दु

एवं भारतेन्दु-युग के रचनाकारों ने व्यापक पैमाने पर की है। यह बात खुलकर कही गयी है कि अंग्रेज व्यापारियों ने कैसे इस देश के कच्चे माल की लूट मचायी है। 26 जनवरी, 1874 की *कविवचन सुधा में* भारतेन्दु ने लिखा है, "क्या यह खेद की बात नहीं है कि हमको कला-कौशल से विमुख रखा और आप स्वतः व्यापारी बनकर सब देश भर का धन और धान्य अपने देश में ले गये।" अंग्रेजी माल से भारत के बाजार पट गये और भारत के कारीगर, बढ़ई, लुहार भूखों मरने लगे। भारतीय कारीगरों का यह भिखारीकरण भारतेन्दु को यह कहने के लिए विवश करता है, "कपड़ा बनाने वाले, खेती करने वाले, सूत निकालने वाले आदि सब भीख माँगते हैं और जो निरुद्यम हैं—उनको तो अन्न की भ्रान्ति है" (9 मार्च, 1874), इसी बात को 'गरीब अन्नदाता' शीर्षक *कर्मवीर* 12 दिसम्बर 1925 ई. के लेख में माखनलाल ने उठाते हुए कहा, "हम अपने किसान भाई से कहना चाहते हैं कि बाबा, तेरी तकदीर के फोड़ने वाले का तुझे पता नहीं है। और न तुझे इस बात का पता है कि सारा कलियुग हिन्दुस्तान पर और वह भी तेरी खेती पर ही कैसे टूट पड़ा। कलियुग और तकदीर को दोष न देकर आओ, इसका कारण जानने की कोशिश करें।"

माखनलाल ने किसानों की दुर्दशा का जो चित्रण किया है, धन की लूट का हिसाब लगाया है वह महावीरप्रसाद द्विवेदी की पुस्तक *सम्पत्तिशास्त्र* के आँकड़ों से मेल खाता है। सम्पत्तिशास्त्र में महावीरप्रसाद द्विवेदी ने लिखा है, "जिधर आप देखेंगे उधर ही आँख को दरिद्र-देवता का अभिनय किसी न किसी रूप में अवश्य ही दीख पड़ेगा। परन्तु इस दुर्दमनीय दारिद्रय को देखकर भी कितने आदमी ऐसे हैं जिनको उसका कारण जानने की उत्कण्ठा होती है? यथेष्ट भोजन वस्त्र न मिलने से करोड़ों आदमी जो अनेक प्रकार के कष्ट पा रहे हैं उनका दूर किया जाना क्या किसी तरह सम्भव नहीं? गली-कूचों में, सब कहीं, धनाभाव के कारण कारुणिक क्रन्दन सुनाई पड़ता है, उसके बन्द करने का क्या कोई इलाज नहीं?" आ. द्विवेदी के इन विचारों के केन्द्र में है—भारत की क्रन्दन करती जनता की निर्धनता। इस निर्धनता का कारण है भारत के धन का विदेश गमन। 'गरीब अन्नदाता' लेख में चतुर्वेदी जी ने लिखा है, "इस देश में पहले किसानी करने वाले निरे किसान नहीं थे। जिस तरह आजकल तुम वर्षा न होने पर, बोनी हो जाने पर, कटनी के पश्चात या अधिक बरसात होने पर चुपचाप हाथ पर हाथ धरे बैठे रहते हो, यह हालत डेढ़ सौ वर्ष पहले तुम्हारी न थी। न किसानी पर जीने वालों की ही हालत ऐसी थी कि तुम केवल गेहूँ, चावल या कपास अधिक पैदा करो। फिर, गये साल की बचत जेवर, अनाज और सामान के रूप में इतनी पड़ी रहती थी कि अगर तुम्हारे खेत में उपज न हो और इन्द्र तुम्हारे साथ युद्ध कर बैठे तो तुम अपने बचतरूपी गोवर्धन के सहारे अपनी रक्षा कर सकते थे। किन्तु जिन विद्वानों ने बचत का हिसाब लगाया है, वे कहते हैं कि हिन्दुस्तान के हर आदमी के पीछे जमा रकम का हिसाब आजकल

14 रुपया पड़ता है। इंगलैंड की जमा रकम का हर आदमी के पीछे क्या हिसाब पड़ता है, आज जानते हैं? वहाँ हर आदमी के पास की जमा रकम रुपयों में 4,500 के लगभग है। और अमेरिका की तो बात ही न पूछो। हिन्दुस्तान के पश्चात् भारी खेती वाला देश अमेरिका है। और वहाँ के हर पाँच आदमी के पीछे आजकल एक मोटरकार है। और तुम्हारे देश में हर तीन आदमी के पीछे एक आदमी अन्न-अन्न पुकारता और भूखों मरता है। तुम्हारी भूख अमेरिका की मोटरों को भी मात करती है।" यहाँ भुखमरी और अकाल है और विलायत में खुशहाली है। इस खुशहाली का कारण है भारत की लूट। कारीगरी-कामगारों को परम्परागत कलाकारी को अंग्रेजों ने सुनियोजित ढंग से नष्ट किया। अपना माल भारत में बेचने के लिए यहाँ का पूरा अर्थतन्त्र अंग्रेजों ने चौपट कर डाला।

"जरा सोचो! पहले तुम्हारे गाँव और नजदीक के शहर का लुहार किसानी करता था, परन्तु वही लोहा गलाता था, और लोहे सम्बन्धी कीले-बिरंजी से लगाकर सब जरूरत पूरी करता था। नाई की कैंची, छुरा, कटनी; बढ़ई की गुनिया, रन्दा, आरी और वसूला; जुलाहे की गछली और राँछ; चमार की रांपी, मोडन और बकिया, सब तुम्हारे गाँव का लुहार बनाता था। उसकी स्त्री धौंकनी धौंकती और उसके छोटे बच्चे तक छोटे-मोटे काम करते। एक भाई घन लगाता, एक भट्टी पर बैठता, एक पानी चढ़ाकर चमक देता, एक बाजार में चीज बेचने जाता। तब अधिक लुहारों की जरूरत होती। वे एक तो अपनी कमाई पेट भर खाते थे, दूसरे किसान बनकर किसानों की कमाई में हिस्सा नहीं बाँटते थे। अब जब नाई, चमार और बढ़ई, जुलाहा सबका सामान विलायत से आने लगा, तब तुम्हारे गाँव के लुहार क्या करते? थोड़े दिन भूखों मरे, तुम्हें कोसते रहे। फिर लाचार होकर अपने भट्टी, धौंकनी, हथौड़े और कारीगरी के हाथ और अकल को नमस्कार करके, हल पकड़कर किसान बन गये। बर्मिंघम और ब्रिस्टल के लोहे के औजार खरीदकर तुमने समझा कि तुम सुधर गये।"

भारतीय गाँवों की आत्मनिर्भरता, खाली समय का सदुपयोग सब कुछ फिरंगी ने भुलाया। हमें ऐसा बनाया कि उनके ऊपर हम आधारित हो जाएँ, हमारा अपने बूते से काम न चले। चतुर्वेदी जी लिखते हैं, "तुम्हारे घर में चरखा चलता था। कोई भी घर उससे खाली न था। केवल बुनाई के दामों पर तुम कपड़ा पाते थे और हर गाँव के 50-60 जुलाहों के परिवार केवल बुनाई का काम करते थे। उनकी बुनाई की खूबी यह थी कि वे जो मलमल बनाते, उसको हरी दूब पर बिछा देने पर मालूम न होता कि कोई कपड़ा बिछा है। हिन्दुस्तानी जुलाहों की बनाई हुई मलमल, साटन और रेशमी चीजों के लिए लन्दन और रूस की बीवियाँ तड़पतीं, किन्तु भारत के बाहर जाने वाले कपड़े पर जोर का टैक्स लगा और मैनचेस्टर तथा लंकाशायर का विलायती कपड़ा हिन्दुस्तानी बाजारों में आने लगा। तुम खरीदने दौड़े।" इस दौड़

ने घरों में काम करने वाली हमारी माताओं-बहनों को बेकार कर दिया। लाचार होकर वे केवल खेती की कमाई से गुजारा करने लगीं। इसी खेती की कमाई से उन्हें कपड़ा खरीदकर पहनना पड़ा। समाज की इस हालत का बयान वे इस प्रकार करते हैं, "चरखे टूट गये, गाँव के सभी जुलाहे और उनके बाल-बच्चे लाचार होकर किसान तथा किसानी पर जीवन बिताने वाले मजदूर बनकर तुम्हें गरीब बनाने वाले हो गये। जो विधवाएँ चरखे को पति के समान सहारा देने वाला समझती थीं, उनमें से कुछ वर्ष भर बेकार रहने और मजदूर होकर किसानी में हिस्सा बाँटने लगीं और तुम्हारे रंग-बिरंगे कपड़ों के शौक के कारण कुछ बहनें और बेटियाँ वेश्या बनकर तुम्हें आशीर्वाद देती हुई अपना और तुम्हारा दोनों का मुँह काला कर गयीं। इस तरह तुम्हारे रंगसाज, बढ़ई तथा छोटी-छोटी कला-कौशल की चीजें बनाने वालों की हालत हो गयी। जब तुम विलायती चीजें खरीदकर ला रहे थे, तब तुम्हें पता न था कि तुम अपने लिए मौत खरीद कर ला रहे हो। किसानी पर जीने वालों की तादाद बढ़ा रहे हो।" विलायती माल ने भारतीय कारीगरों-कलाकारों को भूखों मरने पर विवश किया। उनका परम्परागत पेशा नष्ट कर दिया। भुखमरी के शिकार कारीगर कलाकार आदि किसानी करने लगे। उस किसानी पर जिसमें कृषि उत्पादन की नयी पद्धतियाँ नहीं विकसित की गयी थीं—गुजारा सम्भव न था। कृषि के क्षेत्र में अंग्रेजों ने जो नया सामन्तवाद स्थापित किया था, उसने किसान-मजदूर को उसके मूल भूमि अधिकारों से वंचित कर उसे पीस डाला।

किसानों से मनमाना लगान जबरन वसूल किया। हर नये काम के लिए सुधार का बहाना लेकर टैक्स ठोंक दिया। किसान शोषण के इस इतिहास को माखनलाल की भाँति ही आचार्य महावीरप्रसाद द्विवेदी ने *सम्पत्तिशास्त्र* में उठाते हुए लिखा, "यदि मालगुजारी ज्यादा नहीं तो क्या कारण है जो हजारों-लाखों कृषकों के बैल-बधिये बिक जाते हैं और लाखों एकड़ जमीन नीलाम हो जाती है? आप देहात में जाकर देखिए 100-50 किसानों में कहीं एक आध मिलेगा जिसे रोटी, कपड़े की तकलीफ न हो (पृ. 136)।" और जब कभी अकाल पड़ता था या अतिवृष्टि से फसल नष्ट हो जाती थी तो हजारों किसानों में हाहाकार मच जाता था। वे दाने-दाने को तरस जाते थे। इसका कारण चतुर्वेदी जी ने खोजते हुए लिखा है "और इतने बेकारों का पालन बिना कलाओं से धन उपजाये, अकेली खेती दूर कैसे कर सके? इसके पश्चात् तुम्हारा उपजाया हुआ अनाज देश के बाहर भेज दिया जाता है। तुम एक सेर रुई का दाम 1 रुपया लेकर जो रुई विदेश को भेजते हो, वहाँ उस रुई के कम से कम दो धोती के जोड़े बनते हैं, जिन्हें तुम 10 रुपये में खरीदते हो। इसका मतलब यह हुआ कि तुमने अपनी एक रुपये की रुई दस रुपयों में खरीदी। जानते हो यह 9 रुपया कहाँ चला गया? यह विलायती कपड़ के जुलाहों की मजदूरी और विलायती व्यापारी के मस्त मुनाफे में चला गया।" भारतीय किसानों की अज्ञानता

और अशिक्षा का फिरंगी सरकार कैसे फायदा उठा रही थी—यह चतुर्वेदी जी की चिन्ता का मूल विषय था। किसान-मजदूर के नवजागरण की मशाल को जलाने के लिए लिखना पड़ा, "इसलिए कि वह अज्ञानी है, पढ़ा-लिखा नहीं है? उसे यह पता नहीं कि उसकी कमाई का आधा हिस्सा सरकारी खजाने में चला जाता है, उसकी जमीन ने जीवन में खाद का नाम नहीं जाना, उसका साहूकार उसे चूस रहा है, उससे अपनी उपज पर बार-बार टैक्स लिया जाता, उसकी चीजों पर रेल का महसूल, उसे हानि पहुँचाने वाले ढंग से लगा हुआ है। उसे ऐसे समय लगान देना तथा साहूकार को पटाना पड़ता है, जबकि बाजार भाव खूब सस्ता हो। महँगे बाजार-भाव के दिनों तक वह ठहर नहीं सकता, उसकी खेती की सिंचाई, पशुओं की चराई आदि का इन्तजाम नहीं। इधर उसे गरीब और नगण्य समझकर, उसे नादान समझकर, उसके राजनीतिक अधिकारों को भी लोग हड़प लेते हैं और वह नहीं समझता कि उसके नाश का क्या कारण है।"

जाहिर है कि भारत में अंग्रेजों के शोषण का प्रधान स्रोत किसान था—उसका कच्चा माल था। अपने माल को बेचकर अंग्रेज कम मुनाफा कमाता था—किसानों का माल उनसे छीनकर भारी मुनाफा। फसल खराब हो जाने पर लगान कड़ाई से वसूला जाता था और न दे पाने पर कुर्की। क्या करे, किसान को महाजन से उधार लेना पड़ता था और वसूली में सारी न्याय व्यवस्था, सरकार जमींदार और महाजन का साथ देती थी। इसी स्थिति ने भयंकर सूदखोरी को बढ़ावा दिया। सूदखोर महाजनों का एक वर्ग ही अंगेजों ने तैयार कर डाला। इसी महाजनी-सभ्यता से प्रेमचन्द, माखनलाल, महावीरप्रसाद द्विवेदी आदि संघर्ष करते दिखाई देते हैं। 5 सितम्बर, 1925 के *कर्मवीर* में माखनलाल ने लेख लिखा, 'किसान का सवाल'। इस लेख में वे कहते हैं, "हमारी यह इच्छा नहीं कि किसानों के बड़प्पन के झूठे गीत गाकर, उनका मन प्रसन्न करें या उन्हें तिनके के समान कमजोर समझकर, यह महान तत्त्व भूल जाएँ कि हजारों तिनकों के मेल से एक ऐसा रस्सा तैयार हो सकता है, जो एक मदान्ध और बलवान हाथी को बाँध सके।" यह 'मदान्ध और बलवान हाथी' था अंग्रेज जिसे वे संगठित किसान-शक्ति से सबक सिखाना चाहते थे। यही कारण है कि वे लिखते हैं, "किसानों का सवाल देश की एक विकट समस्या है। देश में सैकड़ों पीछे 71 किसान रहते हैं और 29 दूसरे धन्धे के लोग। मध्यप्रदेश में तो यह संख्या और भी बढ़ी हुई है। यहाँ सौ आदमी पीछे साढ़े चौहत्तर प्रतिशत किसान हैं और साढ़े पच्चीस प्रतिशत दूसरे धन्धे के लोग; यानि भारतवर्ष में आज हर चार आदमी पीछे तीन किसान हैं। भारत के किसान इतना जूट पैदा करते हैं जो संसार भर को पूरता है। कपास पैदा करने में भारत का नम्बर संसार भर में दूसरा है। तिल्ली, अलसी, मूँगफली और तिलहन भी भारत इतना उत्पन्न करता है कि वह अपनी माँग पूरी करके संसार के बाजारों को पाट देता है। और टैक्स देने में? वहाँ

भी भारत का किसान कमी नहीं करता। यदि देश में 100 रु. टैक्स वसूल किया जाता है तो उसका 90 रु. किसानों से वसूल होता है। किन्तु इसके बाद भी भारत के किसान की हालत क्या है? भारत का भाग्य विधाता, भारत में महान धन उपजाने वाला, भारत में सबसे बड़ी तादाद रखने वाला किसान दुर्दशा से पीड़ित, अकाल का मारा, कर्ज से दबा हुआ है।" कहना न होगा कि अपने साहित्यिक जीवन में होश सम्भालते ही माखनलाल चतुर्वेदी ने आर्थिक-राजनीतिक समस्याओं पर ध्यान केन्द्रित किया। किसान संगठन में उनकी गहरी दिलचस्पी थी। किसान-मजदूर संगठन की बात आ. द्विवेदी *सरस्वती* पत्रिका में बार-बार उठाते थे और उठाने वालों के लेख छापते थे–जैसे 4 अगस्त, 1954 की *सरस्वती* में 'भारतीय किसानों के उद्धार का उपाय' ईश्वरदास मारवाड़ी का लेख, सन् 1907 ई. मई में माधवराव सप्रे का लेख 'हड़ताल', जून 1914 में जनार्दन भट्ट का लेख 'हमारे गरीब किसान और मजदूर' और स्वयं आ. द्विवेदी का 1924 में प्रकाशित लेख।

रूस की समाजवादी क्रान्ति का प्रभाव भी भारतीय बुद्धिजीवियों, सम्पादकों, रचनाकारों क्रान्तिकारियों पर पड़ने लगा था। आचार्य म.प्र. द्विवेदी ने 1924 ई. में लिखा है, "उधर रूस को देखिए, वह बहुत बड़ा देश है। कई वर्ष पहले वहाँ के जार नामधारी राजेश्वर का आतंक वहीं नहीं, भूमण्डल के अन्यान्य देशों पर भी छाया हुआ था। उन्हीं सर्वशक्तिमान सत्ताधीश की सत्ता ही का नहीं, उनके वंश तक का नामोनिशान मिटाकर, रूस के किसान और सैनिक अब स्वयं ही वहाँ का शासन कर रहे हैं। यह सारी करामात संगठन की है।" (लेखांजलि, पृ. 168-169)। देश-विदेश की जनजागृति को देखते हुए माखनलाल चाहते थे कि भारत के किसान संगठित होकर साम्राज्यवादी-उपनिवेशवादियों से मोर्चा लें और उन्हें खदेड़ दें। संगठित शक्ति से किसान-मजदूर वर्ग ही साम्राज्यवाद की नींव उखाड़ सकता है। लेकिन छल-बल से फिरंगी सरकार ने किसान को शासन-व्यवस्था से दूर कर रखा है। "आप राज्यसभा (स्टेट कौंसिल) पर दृष्टि डालें, बड़ी धारासभा (लेजिस्लेटिव असेम्बली) को देखें, इतना ही क्यों, आप प्रान्तीय कौंसिलों पर दृष्टि दौड़ावें, आपको वहाँ किसी भी किसान के दर्शन न होंगे। 'किसान' नामधारी कुछ धनिक भेड़िये वहाँ जरूर भीड़ मचाये हुए हैं, किन्तु वे किसानी और किसान शब्द से उतने ही अपरिचित हैं जितना कामी तप से, अत्याचारी इन्साफ से और भारत के किसान सुख और अधिकार से अपरिचित हैं। इतना ही नहीं जब डिस्ट्रिक्ट बोर्ड जैसी स्थानीय संस्था का सवाल आता है, तब भी किसान को उन संस्थाओं से प्लेग के रोगी की तरह दूर रखा जाता है।" हर तरह और हर तरफ के शोषण से किसान दरिद्रता से भर गया है। दरिद्रता ऐसी है कि "किसान के शरीर पर चिंदिया लटकती हैं अथवा वह अधनंगा रहकर ही अपने दिनों को गुजारता है। व्यापारी और शहर के सफेदपोश लोगों के यहाँ नित्य ही त्यौहार है, किन्तु किसान के घर में त्यौहारों पर भी मीठा खाना नसीब नहीं होता। न्यायालय

में रिश्वत देने के लिए, पुलिस चौकी पर हथकड़ियों में बन्द, अफसरों के सम्मुख बेगार देने और जूतियाँ खाने के लिए और अगर फसल में कुछ पैदा हो गया, तो साहूकारों के द्वारा लूटे जाने के लिए आप सदैव किसान नामक प्राणी को हाजिर पाइएगा।'' किसान शक्तिहीन इसलिए है कि उसे अपनी शक्ति का पता नहीं है।

शक्ति-संगठन के अभाव में उसे लूटा जा रहा है। ''इसलिए कि उसे पता नहीं कि संसार में जन्म लेकर आने के बाद उसका काम संकट उठाना और कुत्ते-बिल्लियों की तरह जीवन बिताना और अनाज पैदा करके संसार के राक्षसों का पोषण करना ही नहीं है। उसे नहीं मालूम कि धनिक तब तक जिन्दा है, राज्य तब तक कायम है, ये सभी कोशिशें तब तक हैं जब तक वह अनाज उपजाता और मालगुजारी देता है। जिस दिन वह इनकार कर देगा उस दिन समस्त संसार में महाप्रलय मच जाएगा। उसे नहीं मालूम संसार का ज्ञान, संसार की ताकत, संसार के अधिकार उससे किसने छीनकर रखे हैं और क्यों छीनकर रखे हैं। वह नहीं जानता कि जिस दिन अज्ञान इनकार कर उठेगा, उस दिन ज्ञान के ठेकेदार स्कूल फिसल पड़ेंगे, कॉलेज नष्ट हो जाएँगे और विश्वविद्यालय धूल में मिल जाएँगे। उसे नहीं मालूम कि जिस दिन उसका खून चूसने के लिए न होगा उस दिन देश में उजाला और यह चहल-पहल, यह कोलाहल न होगा। फौज और पुलिस, वजीर और वाइसराय, सब कुछ किसान के गाढ़ी कमाई के खेल हैं। बात इतनी ही है कि किसान इस बात को जानता नहीं।'' किसान इस बात को जाने और अधिकारों के लिए आन्दोलन करे, यह हार्दिक इच्छा माखनलाल में रही है। इसी इच्छा से उन्होंने कहा, ''यदि वह जाने देश की सम्पत्ति, देश के सारे अधिकार—सारे देश के समस्त सुखों का हकदार वह है, उसे अपने पतन के कारणों का पता हो और उसे अपने ऊँचे उठाने के कारणों का ज्ञान हो जाए तो निस्संदेह किसान कर्म-पथ में लग सकता है। किन्तु आज तक उसे अँधेरे में रखा गया है।' निर्धनता के कारण वह शिक्षा नहीं पा सकता। ''हम शिक्षा नहीं चाहते, संसार का कोई ऐशो आराम और भी नहीं चाहते। हम केवल भरपेट अन्न चाहते हैं और मनुष्यों में हमारी गिनती चाहते हैं।...शिक्षा की आवश्यकता है। हम भी समझते हैं, पर खाली पेट तो शिक्षा नहीं भर सकेगी। शिक्षा के लिए जो समय चाहिए, उस समय हम कठिन परिश्रम से थके रहते हैं इसलिए उच्चादर्श का अनुभव करने वाले महात्माओ हम आपको प्रणाम करते हैं। आपको धन्यवाद देते हैं और हमारे पास केवल आँसू हैं उससे आपके चरण धोते हैं, पर हमारी पुकार किसी ने न सुनी। रास्ता ऊँचाई पर साफ हो रहा है, नीचे तक आने में सदियों की देर है। हमें कल को खाने को नहीं, हम कैसे सदियों का धीरज धरें (हम जनसाधारण हैं—एक झोपड़ी वाला—*कर्मवीर* 14 फरवरी, 1920)।' यहाँ पर झोपड़ी वाला, और कोई नहीं माखनलाल जी ही हैं। शूलों पर चलकर उन्होनें पत्रकारिता की थी और अनेक छद्म नामों से जन-कल्याण के लिए लिखा है।

भारतीय बुद्धिजीवियों को किसान की समस्याओं को लेकर झकझोरना वे अपना कर्त्तव्य समझते थे। युग उनकी लेखनी पर बैठकर लिखवाता था कि–"जब इन्द्रदेव जल नहीं बरसाते, तब हम ही पहले मरते हैं और जबकि भरपूर अन्न होता है तब भी हम भूखों मरते हैं क्योंकि अनाज व्यापारी ले जाता है। परन्तु दुख के भागी हम हैं और सुख के भागी पढ़े लिखे भाई आप लोग। आप बड़ी-बड़ी पुस्तकें बनाते, वक्तृत्व देते और द्रव्य भी उपार्जन करते, साथ-साथ धन्य माने जाते हैं। और हम? हम नाम नहीं चाहते, यश नहीं चाहते, केवल चाहते हैं मुट्ठी भर अन्न। वह भी हमें बड़ी यातना से मिलता है (वही)।" माखनलाल चतुर्वेदी के गद्य की मूल भूमि वही है जिसकी अगुआई भारतेन्दु और जिसका विस्तार आचार्य महावीरप्रसाद द्विवेदी, प्रेमचन्द और निराला में मिलता है। कविता में छायावाद मुक्ति और स्वाधीनता, सुधार और जागरण के जिस भाव-बोध और कलात्मक दक्षता से दीप्ति उत्पन्न करता है–उसकी भी भूमि यही है। गद्य और पद्य दोनों का साम्राज्यवाद विरोधी अखाड़ा माखनलाल का सृजन कर्म है। प्रथम विश्वयुद्ध के बाद विश्व में जो नवीन विश्वदृष्टि का मानववाद जन्मा था–उसके प्रतिनिधि भी माखनलाल थे।

कर्मवीर का गद्य साम्राज्यवाद विरोधी चेतना का ऐतिहासिक तेज सामने लाता है। 17 जनवरी, 1920 में जबलपुर से जन आकांक्षा की पूर्ति के लिए *कर्मवीर* निकला। माधवराव सप्रे और पंडित विष्णुदत्त जैसे कर्मठ व्यक्तियों का उसे आशीर्वाद प्राप्त था। सन् 1921 ई. में माखनलाल को राजद्रोह के अपराध में गिरफ्तार किया गया और पत्र निकलना थमा। 4 अप्रैल, 1925 से यह पत्र पुनः निकला खंडवा, मध्यप्रदेश से और 11 जुलाई सन् 1959 को उनके सम्पादकत्व में *कर्मवीर* का अन्तिम अंक निकला। इसी बीच हिन्दी साहित्य के कई साहित्यिक आन्दोलन उठे, बढ़े और इतिहास बन गये। *कर्मवीर* राजनीतिक जागरण का लक्ष्य लेकर चला था, "राजनीति में हमारा विश्वास है कि देश के अभ्युत्थान और संगठन के लिए हमें स्वयं अपनी ही संस्थाएँ निर्माण करनी पड़ेंगी। इस दिशा में हम किसी दल विशेष के समर्थक नहीं, किन्तु एक कभी न झुकने वाली राष्ट्रीयता के समर्थक होंगे, फिर वह चाहे दायें दीख पड़े या बायें, उसके दर्शन हों।" देश की नयी पीढ़ी उपनिवेशवादी शासन को उखाड़ फेंके यही तमन्ना लेकर वह चले थे–और युग-परिवर्तन तथा स्वाधीनता का बीज-भाव इसी में निहित था। फिरंगी क्रूरता का हाल यह था कि वह फाँसी लगाने का बहाना खोजती थी। "एक ओर दंडाज्ञा और फाँसी, कानून और व्यवस्था के नाम पर होती है और दूसरी ओर शत्रुओं से बदला भंजाने और देश को क्रूरताओं से मुक्त करने लिए? देश के शासन की जिम्मेदारी और इतिहास का बोध अपनी पीठ पर रखने वाला हाकिम सतोगुण और रहम को अपने से कोसों दूर रखता है, तब उमड़े हुए तरुण से कौन उम्मीद करे कि उसकी जबान कलम और सबसे ज्यादा, उसकी भुजा उसके काबू में रहे (*कर्मवरी,* 9 मई 1925)।" 'धूमकेतु का पुनरोदय' लेख

यह भी कहता है कि सरकारी दमन चक्र ने युवकों को भड़काया। यहाँ वे खुदीराम, कन्हाई लाल, मदनलाल की फाँसी को याद करते हैं। गाँधी के सतोगुण का बखान करते हुए सराहते हैं। गोपीनाथ साहा को जब फाँसी हुई—तरुणों में मातृभूमि प्रेम जागा। सरकार ने गाँधी को 'डेढ़ दमड़ी का लँगोटी वाला ज्ञानहीन सन्त कहा'—पर जनता ने गाँधी का साथ बराबर दिया।

खूब सोच-समझकर माखनलाल जी ने एक लेख लिखा, 'हिन्दुस्तान की साम्पतिक लूट'। लूट का दर्शन यूरोप ने पैदा किया—"पीटर दि ग्रेट ने जिस नीति पर जोर दिया है वही नीति यूरोप के देशों को हिन्दुस्तान पर अधिकार जमाने की ओर प्रवृत्त करती रही है। डच, पोर्चुगीज और फ्रेंच लोगों को हटा इंगलैंड ने अपना व्यवसाय हिन्दुस्तान पर जमाया है। नेपोलियन के साथ युद्ध से लेकर महायुद्ध के पश्चात राष्ट्रसंघ के संगठन और अंग्रेजों के जर्मनी सन्धि तक सभी अवसरों पर इंगलैंड का पर-राष्ट्रीय विभाग हिन्दुस्तान की ताक लगाये काम करता रहा है।" उन्हें इंगलैंड तथा भारत के इतिहास में दो विचित्र बातें दिखाई देती हैं—औद्योगिक क्रान्ति के आरम्भ के समय इंगलैंड निर्धन देश था, परन्तु आज वह सर्वश्रेष्ठ धनी और बलवान देश बन गया है। उसके मुकाबले में हिन्दुस्तान की हालत क्या है? वह आरम्भ में अमीर था, परन्तु आज गरीब है। हिन्दुस्तान को छल-बल से अधीन करने के बाद इंगलैंड ने तीन बातों की ओर विशेष रूप से ध्यान दिया—

(1) हिन्दुस्तान के आसपास के देश जैसे कि—ब्रह्मदेश, मलाया, स्याम, मैसोपोटेमिया, अरब आदि पर चढ़ाई की।

(2) इंगलैंड से हिन्दुस्तान आने वाले जल मार्ग पर जो दो मार्के के स्थान पड़ते हैं, उन सब पर अधिकार जमाया।

(3) हिन्दुस्तान तक आने वाले खुश्क के रास्ते पर पड़ने वाले देशों को या तो जीता या अपने अधीन कर लिया। इंगलैंड ने तय कर दिया है कि इस सोने की चिड़िया को हाथ से न जाने दें। "इतना ही नहीं, वरन् हिन्दुस्तान के जन और धन के बल पर इंगलैंड एशिया की स्वतन्त्र शक्तियों से, जापान आदि से लोहा लेना चाहता है और अपना प्रभुत्व समस्त एशिया पर जमाना चाहता है।" और अकेले भारत में इंगलैंड की बड़ी आबादी मजे से पल रही है। साथ ही वह भारत से राजनीतिक एवं फौजी, नैतिक, बौद्धिक लाभ भी उठाता है। अंग्रेज जानता है कि "हिन्दुस्तान में खदानों, वनस्पतियों और पौधों के रूप में असीम कच्चा माल भरा पड़ा है। संसार में हिन्दुस्तान के सिवा किसी देश में सन पैदा नहीं होता" (*माखनलाल चतुर्वेदी रचनावली*, भाग 10, पृ. 22)। इंगलैंड में जो औद्योगिक क्रान्ति हिन्दुस्तानी धन से हो रही थी उसे लेकर कहते हैं—"परन्तु अंग्रेजी उद्योग धन्धों को जिन्दा करने के लिए इंगलैंड के लिए आवश्यक है कि हिन्दुस्तान के कच्चे माल पर अपना नियंत्रण चलाये और साथ-साथ शासन सत्ता भी अपने हाथ में रखे, जिससे

हिन्दुस्तान का बाजार अकेले उसी के हाथ में रहे और पक्का माल बना सके।" भारतेन्दु ने–'सरबस लिए जात अंगरेज' तथा 'धन विदेश चलि जात' की जो बात उठायी थी माखनलाल उसी की यहाँ व्याख्या करते दिखाई देते हैं। दादाभाई नौरोजी ने *पावर्टी एण्ड ब्रिटिश अनरूल इन इण्डिया* (1906) पुस्तक में अंग्रेजी लूट का जो वर्णन किया है–उसकी धमक भी माखनलाल के विचारों में मिलती है। पर देखने की बात यह है कि रजनी पामदत्त ने *इण्डिया टुडे* (1940 ई.) में जो अंग्रेजी लूट की बात उठायी है उससे काफी पहले ही माखनलाल यह सब बातें उठा चुके हैं। यहाँ हिन्दी का रचनाकार, पत्रकार विचारों के क्षेत्र में आगे है इतिहासकार पीछे चल रहा है। माखनलाल आँकड़ों के बाद कहते हैं–"हिन्दुस्तान के नोटों की सुवर्ण निधि सारा का सारा, बैंक ऑफ इंगलैंड में रखा जाता है। इंगलैंड में सोने का पाउण्ड चलता है। हिन्दुस्तान का सर्राफ बाजार इंगलैंड के हाथ में है, इसलिए चाँदी के रुपयों की सोने के साथ कीमत ठहराने में इंगलैंड बहुत बड़ा मुनाफा हिन्दुस्तान से कमाता है। उद्योग-धंधों और व्यापार-वाणिज्य से कमाये जाने वाले मुनाफे की इन बातों में सिविल या फौजी नौकरों की तनख्वाह में खर्च होने वाली हिन्दुस्तानी भूमि-कर की आमदनी शामिल नहीं है। इन नौकरों की वजह से हिन्दुस्तान की सम्पत्ति इंगलैंड की ओर अत्यधिक परिमाण में खिंचती जाती है।" हालत यह है कि साम्पतिक लूट के लिए हिन्दुस्तान एक नमूनादार उपनिवेश है। रेल, फौज सबका खर्च भारत के कन्धे पर है। सैनिकों-अफसरों की पेन्शनों का खर्च इंगलैंड में भारत से जाता है। भारत गरीब होकर असहाय बनता जा रहा है और यहाँ के लोगों की आयु कम हो रही है। आयरलैण्ड तथा भारत दोनों का अंग्रेजों ने नाश कर रखा है।

'हिन्दुस्तान के अयोग्य ब्रिटिश शासक' (*कर्मवीर*, 20 जून, 1925) लेख में वे फिरंगी शासक की धूर्तता, नीचता और मक्कारी का भण्डाफोड़ करते दिखाई देते हैं। अंग्रेज भक्तों को कोसते हुए लिखा–"विदेशी शासकों का राजनीति और कूटनीति का यह किस्सा भारत के लोगों को मालूम है, परन्तु जिस तरह सदा बदबू की खराबी नहीं मालूम होती, उसी तरह गुलामों के घेरे के बाहर न झाँकने वालों को ब्रिटिश सत्ता के कुटिल प्रहारों का ज्ञान नहीं होता। उनकी संवेदनाशक्ति पथरा जाती है और वे बुराई को बुराई कहने की शक्ति भी खो बैठते हैं।" माखनलाल ने क्रान्तिकारियों का साथ दिया और संघर्ष में कभी पीछे नहीं रहे। जो क्रान्तिकारी लुकाछिपी के साथ स्वाधीनता संघर्ष करते थे, उन पर भी उन्हें गर्व था। चतुर्वेदी जी ने लिखा, "अतः उस समय का क्रान्तिवाद यदि भारतीय पराधीनता के प्रति विद्रोह था और लुक-छिपकर जिन्दगी बिताना उनकी लाचारी थी तो सुधारवाद और गद्यात्मकता के आदर्श उपदेशप्रद ऊँचे उठकर बोलने के दिनों में भाषा और कथन की मल्लविद्या सीखने की अपेक्षा भावों की जगदीश्वरी के आँगन में आँसुओं और अनुभूतियों के पंख लगाकर माधुर्य को न छूटने देने के लिए नगण्य कहलाकर भी विद्रोह करने के लिए

युग के माधुर्य की तबीयत मचल-मचल उठती थी।" (1958/4/196)।' जगदीश्वरी की पराधीनता के प्रति बगावत क्रान्तिवाद है और रूढ़ियों के प्रति कथ्य और रूप के क्षेत्र में विद्रोह छायावाद। एक सामान्य तत्व दोनों में मौजूद है—विद्रोह। माखनलाल के काव्य का छायावाद इस विद्रोह का झण्डा उठाए हुए है। उनके बाद यही झण्डा निराला जी, प्रसाद जी तेजी से थामे दिखाई देते हैं। व्रिदोही क्रान्तिकारी परम्परा भी माखनलाल को परम्परा से मिली थी। बालकृष्ण भट्ट का *हिन्दी-प्रदीप,* प्रेमघन जी का पत्र *आनन्द कादम्बिनी* उसकी ध्वजा के प्रथम दर्शन थे। गणेशशंकर विद्यार्थी *प्रताप* में क्रान्तिकारियों के साथ थे और भगतसिंह को अपना सहयोगी बनाया भी था। *प्रताप* ने बिस्मिल की आत्मकथा के अंश छापे थे। इधर माखनलाल का क्रान्तिकारी मन भी इस परिवेश से पुष्ट हो रहा था। माखनलाल ने अपने क्रान्तिकारी जीवन के बारे में साफ लिखा है—"1905 ई. से मैं क्रान्तिकारी था और उस समय तक रहा, जब हिन्दू यूनिवर्सिटी की पुण्यशिला रखने के लिए गाँधी जी वहाँ पर आये और कितने ही राजा वगैरा वहाँ आये थे। पुण्यशिला किसने रखी, मुझे याद नहीं, परन्तु गाँधी जी का भाषण हुआ था कि 'तुम मुझे पिस्तौल दो, मैं तुम्हें स्वराज्य दूँगा।' मेरे साथ ग्यारह बंगालियों ने अपनी पिस्तौलें दे दी थीं।" (*माखनलाल चतुर्वेदी रचनावली,* भाग 11, पृ. 86-87)।' स्वाधीनता-स्वराज्य के लिए ही माखनलाल जी गाँधी के साथ रहे पर अपना विद्रोही रूप कभी मलिन न होने दिया। उन्होंने हमेशा कहा—"जीवन की नाव खोलने दो। जग की उत्ताल तरंगों पर।"

दिलचस्प बात यह है कि उनके अपने पारिवारिक परिवेश के वैष्णव-संस्कार उनकी क्रान्तिकारिता में बाधक नहीं बने। उन्होनें एक ही चुना—कृष्ण। कृष्ण का *गीता-कर्म* दर्शन उनके स्वभाव से मेल खाता था। कृष्ण वैसे भी वैष्णवों की क्रान्तिगीता के सम्पूर्ण पर्याय हैं। प्रेम या युद्ध वे दोनों ही क्षेत्रों में विरोधी हैं। फिर गणेशशंकर विद्यार्थी, माधवराव सप्रे दोनों के प्रभाव से भी उनके कृष्ण-भाव में परिवर्तन हुआ। माधवराव सप्रे का शिष्य माखनलाल चतुर्वेदी क्रान्तिकारी-धारा को नया प्रवाह दे, यह उन्हें शोभा देता था। आर्थिक-राजनीतिक नीतियों का वह शिष्य विश्लेषण-मूल्यांकन करे यह स्वाभाविक बात थी। ध्यातव्य है कि 'एक भारतीय आत्मा' की रचना में राजनीतिक-आर्थिक चेतना बड़ी प्रखर है। इस चेतना ने उनकी सर्जनात्मकता को न केवल नयी टोन दी है, बल्कि काव्यात्मकता को भीतर से तपाकर पकाया है। सच है यह परिपक्व चेतना की प्रबुद्ध राजनीतिक सर्जनात्मकता का तेज लेकर लिखी गयी साहित्यिक इबारत है। परम्परा इसमें अपने को रचती है और स्वाधीनता खौलाकर अपने को रंग देती है।

यूरोप जो रणक्षेत्र एशिया में बना रहा था, उसकी जानकारी माखनलाल चतुर्वेदी 'यूरुप का नवीन रणक्षेत्र : एशिया' नामक लेख में देते हैं। निबन्ध का आरम्भ इस प्रकार हुआ है—"भारतवर्ष एशिया महाद्वीप में है, अतः एशिया में जो महान हलचलें

हो रही हैं, उनके बुरे और भले परिणामों को भोगने वाले हम भी हैं और होंगे। अतः हमें देखना चाहिए कि एशिया में क्या हो रहा है। और यूरुपियन राजनीति साँप की गति से, इस समय क्या-क्या खेल खेल रही है। यह सच है कि एशिया के निवासी अब शान्ति से न रह सकेंगे (10/62-63)।" कारण राजनीतिक धुरियों में अंग्रेज परिवर्तन कर रहे थे ताकि वे एशिया को उजाड़ते रहें, उसे दासता से मुक्ति न पाने दें। "चिनगारियाँ दीख रही हैं, और लपटें किस समय किस देश से उठ पड़ें इसका भरोसा नहीं। इस समय दृष्टि खींचने के लिए पहला सवाल है—मोसल का सवाल। एशिया कोचक, इराक यानि मैसोपोटामिया और सीरिया। इन तीनों से मिला हुआ तुर्क राज्य था। अब महायुद्ध के पश्चात् इराक और सीरिया इन दोनों प्रदेशों को ब्रिटिश सरकार ने अपने पिट्ठू अमीर फैजल और मुहम्मद अली को राजा बना दिया है और राज्य अपने अधिकार में ले लिया है।" जगह-जगह एशिया में अंग्रेजों ने अपने पिट्ठू पैदा किये और इन्हें अपना अस्त्र बनाया। मोसल जिला गरीब था, पर सामरिक दृष्टि से उसका महत्त्व अंग्रेज खूब समझते थे। "उस जंगल में ऐसी फौज रह सकती है, जिससे न इराक पर कभी टर्की चढ़ाई कर सकता है, न उत्तर से रूस ही की चढ़ाई की अंग्रेज सरकार को अत्यधिक चिन्ता रह जाती है। इधर, मोसल के जिले की दीवार ही टर्की की प्राणरक्षा है। यदि उसके पास यह जंगली इलाका न रहे तो यह अंगोरा की राजधानी और कुस्तुन्तुनिया के महत्त्व के बन्दर के रहते हुए भी न जाने किस दिन अंग्रेजी राज्य में शामिल हो जाएगा।" टर्की पर अंग्रेजी आँख लगी थी और पूरा एशिया इस चाल को देख रहा था। एशिया के गरीब लोग जब तबाही भोग रहे थे तब भी अंग्रेजों से सुविधा प्राप्त धनिकों का एक मक्कार वर्ग उनकी सुरक्षा सुव्यवस्था की तारीफ करता घूमता था। जोर-जबरदस्ती से अंग्रेज अपने पक्ष के निर्णय कराते थे। इसका उदाहरण है—"इधर इराक की राजसभा ने भी एक प्रस्ताव किया है कि 'हम पर अभी अंग्रेजों की कृपा कुछ वर्षों ऐसी ही रहनी चाहिए और हमारा देश उन्हीं के नायकत्व में रहना चाहिए।' किन्तु इंगलैंड के मजदूर दल के अखबारों से पता चला है कि उक्त प्रस्ताव को पास कराते समय इराक की सभा पर अंग्रेजी फौज का पहरा था।" बड़ी धूर्तता से ईसाई राष्ट्रों ने एक नयी चाल चलकर गुमराह किया। अंग्रेजी बर्बरता ईसाइयों को भी मौका पड़ने पर न छोड़ती थी—"सच तो यह है कि महायुद्ध के समय जर्मनी और रूस दोनों ईसाई देश ही थे, परन्तु अंग्रेजी दिमागों और गोलियों ने कभी ईसाई मत का पालन कर, उन पर रहम नहीं किया। ईसाई आयरलैण्ड को भी गुलामी में सड़ाया गया और उसके निवासी शूली पर लटकाये गये।" अंग्रेजी चरित्र की इस पाशविकता, बर्बरता और बे-मुरव्वतपन को माखनलाल सही-सही राजनीतिक-सन्दर्भों से समझते-समझाते हैं। अंग्रेजों की इस चरित्रहीनता से उन्हें भय लगने लगा था कि वे भारत सहित एशिया को हर तरह से तबाह करने पर आमादा हैं।

कुछ न हुआ तो अंग्रेजों ने एक जाति को दूसरी जाति से कटवाकर—अपना उल्लू सीधा किया। चतुर्वेदी जी ने लिखा है—"राजनीति में भी जब लोग और उपायों से अपना स्वार्थ साधन होते नहीं देखते तब जातियों-जातियों के बैर भाव उकसाकर अपना स्वार्थ साधन किया करते हैं। संसार की जब जातियाँ इस जातिगत वैमनस्य के कौवे को अपना कान ले जाने वाला समझकर उसके पीछे मूखर्तापूर्वक दौड़ती हैं। इस समय टर्की, भारत और चीन को देखिए। इराक पार्लियामेन्ट का अंग्रेजों की सहायता का प्रस्ताव और ईसाइयों के संकट की अपील। अंग्रेज ने 'फूट डालो ओर राज करो' की नीति का सहारा लेकर एशिया को रौंद डाला। भारत में आपस की फूट और हिन्दू-मुसलमान सरकारी अधिकारियों का धर्माभिमान के आडम्बर से दोनों जातियों में फूट डालना और अब चीन से भी खबर आयी है कि वहाँ के राजनीतिक नेता भी आपस की लड़ाई पर तुले हैं।"

भारत के राजे-महाराजे अंग्रेजों को खुश करने के लिए विलायत का चक्कर काट उठे थे। इस राजनीति के पक्ष को उजागर करते हुए चतुर्वेदी जी ने लिखा है—"किन्तु अब यूरुप हमारे देश के राजाओं-महाराजाओं का नाटकघर बन रहा है। विदेशों में जाने पर ब्रिटिश साम्राज्यवादी हमारे देशी नरेशों का कीर्तिगान करते हैं, क्योंकि वे जानते हैं कि संकट के समय हिन्दुस्तान को कुचलने के लिए यदि कोई ताकत काम आ सकती है तो वह देशी नरेशों की ही है। इधर देशी नरेश सोचते हैं कि हमारी डोरी अंग्रेजी राज्य के हाथ में है, यदि वह खुश है तो फिर हमें किसी की क्या परवा? नतीजा यह है कि महाराजा गण खूब साज-सामान के साथ विलायतों में सैर-सपाटे लगाते हैं और राज्य के अधिकारी मूक प्रजा से राज्य कर वसूल लिया करते हैं।" हर तरह का सैर-सपाटा जनता के खर्च से ही होता है और भारतीय जनता कराह रही है, पर उसकी परवाह महाराजाओं को नहीं है। आयरलैण्ड तथा भारत के अत्याचारों पर ध्यान देकर चतुर्वेदी जी ने लिखा है—"आयरलैण्ड की सारी जमीन अपने कब्जे में लेकर उसके अंग्रेज जमींदार इंगलैंड में रहते थे और उनके अधिकारी आयरिश किसानों से अपनी मालगुजारी वसूल करते थे। इस व्यवस्था के खिलाफ आयरलैण्ड के किसानों ने गदर किया। इन सदा विलायत में रहने वाले और जायदाद से गैरहाजिर ब्रिटिश जमींदार की तरह भारत के महाराजा भी विलायतों में घूमा करते हैं और उनके अधिकारी प्रजा से राज्य-कर चूसा करते हैं और यह संग्रहीत धन महाराजाओं के चैन उड़ाने में खर्च होता है। यदि भारतीय किसान भी आयरलैण्ड का अनुकरण करें तो कैसा हो।" भारत के किसान को चतुर्वेदी जी क्रान्ति करते देखना चाहते थे। किसान-आन्दोलन की शक्ति को वे निर्माण में लगाने के लिए बेचैन थे। यदि ऐसा न होता तो वे आयरलैण्ड का उदाहरण न देते और न यह कहते—"दीखने में यह प्रश्न डर बना है, किन्तु वह महत्त्व का है। और यदि भारतीय नरेशों ने अपने व्यवहारों को न बदला तो स्वयं ब्रिटिश राज्यकर्तागण भी

उनके सिंहासनों को हिलाने से बचाने में असमर्थ होंगे। कहाँ तो गाँधी से सीखकर अमल में लाई हुई देश के गरीबों की सादगी और उसके खिलाफ राजाओं के ये भोग-विलास यह भयावह अन्तरक्रान्ति को सीधा आमन्त्रण है।" इतना ही नहीं, चतुर्वेदी जी ने पटियाला नरेश का नाम लेकर भी कहा, "पटियाला नरेश सौ मोटरों का जुलूस निकालते, चाँदी के महलों में रहते और खरीदने में धन बर्बाद करते हैं। क्या प्रजा की गाढ़ी कमाई का यही पुण्य उपयोग है।"

कर्म और विचारधारात्मक संघर्ष के आधार पर विश्वभर की राजनीति पर विचार करना चतुर्वेदी जी का सहज स्वभाव रहा है। अपने आसपास की राजनीति के प्रति वे कितने सतर्क थे, इसका प्रमाण उनका लेख 'श्रमोपासक रशिया और धनोपासक इंगलैंड' (26 जून, 1926 ई.) देता है। इस लेख में वे तुलना के आधार पर इस निष्कर्ष पर पहुँचते हैं कि "रशिया या ब्रिटेन का सम्बन्ध पुराने जमाने से दुश्मनी या सन्देह युक्त मित्रता का चला आया है। जब से इंगलैंड ने हिन्दुस्तान पर आधिपत्य जमाया है, तब से सन्देह युक्त मित्रता के स्थान में दुश्मनी का सम्बन्ध ही इन दो राष्ट्रों में रहा है। रशिया के साथ ब्रिटेन ने व्यापारी सन्धि कर ली है, उसकी उसकी सरकार को मान लिया है, परन्तु ब्रिटेन और रशिया के दिल की सफाई कभी नहीं हुई।" ब्रिटेन को बराबर भय रहता था कि रूस अपनी शक्तियों के विस्तार से एशिया पर अपना प्रभाव न बढ़ा ले। "हिन्दुस्तान की उत्तरी सीमा के अफगानों और अन्य मुसलमानों को अपने अधीन बनाकर अगर रशियन स्टीम रोलर हिन्दुस्तान सीमा पर आ जाए तो ब्रिटेन का साम्राज्य नष्ट हो जाए, ब्रिटेन की क्रीड़ा-भूमि उद्ध्वस्त हो जाए, संसार की एक शक्ति कहलाने वाले ब्रिटिश टापू का अस्तित्व केवल अटलांटिक महासागर में ही रह जाए। जारशाही के बाद रूस की सरकार का जो नीतिगत आधार है, उससे रशिया सन्तुष्ट है—"सोवियत के प्रबन्ध से रशिया के मजदूर, रशिया के कारीगर, रशिया के व्यापारी, रशिया के किसान, रशिया के स्त्री-पुरुष, रशिया के बाल-बच्चे सभी सन्तुष्ट हैं।"

ब्रिटिश का अस्तित्व ही शोषण पर टिका है। साम्राज्यवादी ब्रिटेन का अस्तित्व उसके उपनिवेशों, दलित देशों और उनके साथ किये जाने वाले प्रचण्ड व्यापार पर अवलम्बित है। स्वभावतः ब्रिटिश शासन पर विशेष रूप से दिखाई देता है।" उधर रूस का शासन गरीबों का राज है। "रशिया और ब्रिटेन की शासन प्रणाली स्वभावतः परस्पर विरोधी हैं। इसी वजह से रशियन सोवियत की बदनामी का अथक प्रयत्न ब्रिटिश सत्ता करती है। सोवियत सरकार की स्थापना के समय ही ब्रिटिश राजनीति विशारद रशिया की शासन संस्था के विषय में तरह-तरह की खबरें इस देश में फैलाते रहे हैं।" कारण ब्रिटिश साम्राज्यवादी कभी नहीं चाहते थे कि भारत का रूस की ओर झुकाव बढ़े; भारत के निवासी रूस के समाजवाद को समझें। भारतीय जनता को गुमराह करने के लिए ब्रिटेन ने झूठी अफवाहों का सहारा लिया। वे जानते थे

कि "रशिया देश हिन्दुस्तान के निकट है, अतएव हिन्दुस्तान के लोगों में रशिया के नवीन कार्यों और समाजरहित साधन प्रयोगों के विषय में तिरस्कार भाव पैदा करने वाली खबर प्रायः फैलायी जाती है।"

माखनलाल चतुर्वेदी का रूस की समाजवादी नीति में गहरी आस्था का भाव मिलता है। उनका दिमाग खुला था और वे नये जन-कल्याणकारी विचारों का स्वागत करने के लिए तैयार रहते थे। तिलक और गाँधी उनके विचार के दो प्रवाह हैं, पर मूल अतःसूत्र एक ही है जनता की मुक्ति-भावना, साम्राज्यवादी शक्तियों को देश से खदेड़कर स्वाधीनता की प्राप्ति। रूस के लिए उन्होंने लिखा है–

"रशियन सरकार गरीबों की सहायक है। वह अपने ही नहीं, अपने देश के बाहर के गरीबों, श्रमजीवियों, हलाल का खाने वालों की समर्थक है।" रशिया को जैसा जन-सन्तोष राज स्थापित करना था, वैसा ही सपना वे भी इस देश के लिए देख रहे थे। इसी दृष्टि के कारण वे चमकती नीतियों वाले अमेरिका के पूँजीवाद का साथ कभी नहीं दे सके। अमेरिकी भौतिकवाद और हिंसावाद भी माखनलाल को भयभीत करता था। यदि ऐसा न होता तो वे ये न कहते–"धन के चरमसीमा पर पहुँच जाने के कारण अमेरिका में भौतिकवाद अत्यधिक प्रभावशाली हो गया है। अमेरिका के नगर व्यभिचार, अनाचार, खून और डकैतियों के अड्डे बनते जा रहे हैं।" उस समय *संडे क्रानिकल अखबार* में छपी खबर का हवाला देते हुए कहा, "खून, कत्ल, लूट, घूस और अत्याचार शिकागो का दैनिक जीवन हो गया है। संसार का सबसे पतित नगर शिकागो है।"

रूस तथा अमेरिका की तुलना करने पर चतुर्वेदी जी ने पाया था, "पर शिकागो के नये प्रयोगों की तुलना रशियन राजधानी मास्को के साथ करने से महतान्तर दिखाई देता है। शिकागो धनोन्माद का बाह्यदर्शन है तो मास्को श्रमजीवी सन्तोष का आन्तरिक प्रकट रूप है। एक में पतन की ओर अग्रसर होने वाली शारीरिक आवश्यकताओं का निवारण करने की धनोन्मादी लालसा है तो दूसरे में उनके सन्तुष्ट करने का संयमशील प्रयत्न है। एक में भौतिकता सर्वोपरि है तो दूसरे में आत्मिकता संलग्न भौतिकता है।" इन दोनों देशों के संघर्ष लक्ष्य भी उन्हें दिखाई देते थे कि एक दिन महायुद्ध होगा–अमेरिका का धनसत्तावाद और रशिया का जनसत्तावाद किसी न किसी दिन वहाँ खून की नदियाँ बहाएगा। अपने हितों की रक्षा के लिए इंगलैंड निश्चय ही अमेरिकी पूँजीपतियों का साथ देगा और रशियन सामाजिक सत्तावाद उनसे अलग पड़ जाएगा। उपनिवेशों पर जीवित रहने वाले ग्रेट ब्रिटेन का अमेरिका से मिले रहना अनिवार्य है। रूस अपनी नीति से संसार भर में किसान-मजदूर आन्दोलन को तेज करना चाहता है। वह ट्रेड यूनियनों को धन देकर प्रोत्साहित भी करता है ताकि किसान-मजदूर संघ शक्ति के साथ पूँजीपतियों से अधिकार की लड़ाई लड़ सकें। चतुर्वेदी जी ने लिखा–"रशियन समाजवाद से इंगलैंड की दुश्मनी का उदाहरण हाल

में ही संसार के सम्मुख आया है। गत मास की इंगलैंड की हड़ताल में रशियन ट्रेड यूनियन संस्थाओं ने कोई लाख पौंड की सहायता अंग्रेज हड़तालियों के बाल-बच्चों को पहुँचाई थी। ब्रिटेन ने इसे अंग्रेज हड़तालियों को भड़काने का प्रयत्न कहा और रशियन सरकार को इसके लिए जिम्मेदार बताया। रशियन सोवियत ने जवाब दिया कि 'सोवियत सरकार श्रमजीवियों और किसानों की प्रतिनिधि स्वरूपा है, इसीलिए वह रशिया के ट्रेड यूनियनों (मजदूर संघों) को बाहर के देशों में धन भेजने और बाहर के मजदूर संघों को सहायता देने से नहीं रोक सकती।' इस जवाब से इंगलैंड के राजनीतिज्ञ अति क्रोधायमान हो गये। और रूस से सम्बन्धों के विच्छेद की चर्चा ब्रिटेन की पार्लियामेन्ट में जोर पकड़ने लगी। इंगलैंड के विदेशमन्त्री मिस्टर चर्चिल ने 19 जून, 1936 को अलेकजैंड्रा पैलेस में भाषण देते हुए कहा—'ये रशियन वोल्शेवी बदमाश अपने देश को नष्ट कर अब हमें नष्ट करने चले हैं। पर यहाँ उनकी दाल न गलेगी।' ब्रिटेन के स्वामी बार-बार कहते गये कि रूस ने संसार से ब्रिटेन की ऐतिहासिक महत्ता को मिटाने का संकल्प-सा कर लिया है। किन्तु मजदूर नेता टैमसे मैकडोनल्ड ने जवाबी तौर पर कहा कि ब्रिटिश सरकार की नीति, नीचतापूर्ण तिरस्करणीय प्रतिरोध की नीति है।" इस पूरी स्थिति-परिस्थिति की गहराई से विचार करने के बाद माखनलाल ने लिखा—"रशिया के श्रमजीवियों ने आपस में चन्दा करके संसार के इतिहास में सर्वप्रथम इतनी बड़ी रकम अपने व्यवसायियों की सहायता के लिए भेजी थी, परन्तु पूँजीपति ब्रिटेन ने उसे रशिया की बदमाशी समझा। इंगलैंड का यह धनसत्तावादी स्वरूप इंगलैंड के श्रमजीवियों को क्या असहनीय न होगा।"

लार्ड इरविन, लार्ड आलीकर, बर्कनहेट, विन्टर लिटन कम्पनी, करेंसी कमीशन की शोषक-नीति पर चतुर्वेदी जी ने करारी सम्पादकीय टिप्पणियाँ लिखी हैं—"झगड़े की जड़ में जैसे लेखों में फिरंगी शासन की काली करतूतों का भण्डाफोड़ किया है कि कैसे गन्दी राजनीति चलाकर वे दाढ़ी और चोटी को एक नहीं होने देते हैं।" अंग्रेज ने भारत में ऐसी साम्प्रदायिकता को बोया है जो स्वराज्य के लिए जहर का काम करती है। हमारे आपस में सिर फोड़ने के लिए लार्ड बरकन हेड रात-दिन चालें चलते रहे और ग्रियर्सन हमारे भाषावादी भेदों से अलगाववाद पैदा करने के लिए भारत भेजे गये। गणेशशंकर विद्यार्थी और लाला लाजपतराय को सन्देश देते हुए उन्होंने लिखा—"कौंसिलों और उनके उद्योगियों में देश निवास नहीं करता। वह देहातों में, झोपड़ियों में निवास करता है, जहाँ तक न श्री गणेश जी का प्रस्ताव पहुँच पाता है, और न लाला लाजपतराय जी का और उनके साथियों की पुकार (कांग्रेस चुनाव से दूर रहे)।' पूरा देश साम्प्रदायिकता का जहर पी रहा है और कौंसिलें जनता का गला काटने पर अमादा हैं। 'जागो भाई' लेख में वे किसानों को जगाते हुए उनकी हालत का बयान करते हैं—"इस देश में अधिक तादाद किसानों और किसानी पर जीने तथा व्यापारियों के कारखानों को चलाने वाले मजदूरों की है, उन्हें पता नहीं

कि देश में क्या हो रहा है। किसानों की दशा से भिन्न मालगुजारों की दशा नहीं। ...भारतीय किसान का इन सुखों का सोचना भी गुनाह है, उस बेचारे के पास दो जून की रोटियाँ नहीं पहुँचती। उसके कीचड़ मिट्टी से सने हुए शरीर को वर्षा का पानी धोता है। और उसके शरीर पर वस्त्रों की जगह उसका चमड़ा है, जो सर्दी, गर्मी और बरसात की मारों से काफी मोटा हो गया है। देश की सरकार उसकी मूर्खता का, उसकी नींद का फायदा विदेशी सत्ता को दृढ़ करने में उठाती है और देश के पढ़े-लिखे कानून पेशा और कृषिज्ञान, और कृषि कर्महीन उसकी मूर्खता पर तरस खाकर, उसके गुमाश्ता बनकर। यह सब इसलिए हो रहा है क्योंकि वह जागृत नहीं हैं।" फिरंगी सरकार कहती थी कि इस देश की गरीबी का कारण यहाँ के जनता की काहिली है। परम्परागत रिवाजों की जकड़ है, अपरिवर्तनशील दृष्टि है। माखनलाल ने इन बातों का विरोध करते हुए लिखा—"क्या हम अदब से पूछ सकते हैं कि इन कारणों में से कौन से कारण को प्रान्तीय सरकारें हटा सकती हैं। देश का केवल नौकर निर्माण करने वाली (शिक्षा प्रणाली) तथा देश के करोड़ों किसानों और मजदूरों पर तालीम न पहुँचने का जिम्मेदार कौन? देश के किसानों और करदाताओं के लिए हुए रुपयों की कुंजी किसके हाथ है? उद्योगों का नाश किसने किया? और आज जो यह कमीशन कायम किया है—क्या इसका उद्देश्य भारत के उद्योगों को जिन्दा रहने देना है? क्या देश भर का ध्यान खेती की तरफ खींचने का उद्देश्य (1) खेती पर जीने वालों की तादाद बढ़ना, (2) उद्योगों की तरफ से लोगों की मनोवृत्ति फेरकर गोरे रोजगारियों की चीजें बिकने के लिए बाजार खाली करना, (3) भारत को कच्चे माल पर जीने वाला और कच्चे माल को खरीददार विदेशों और इंगलैंड का सर्वथा गुलाम बनाना, (4) विलायती लोहे के कारखाने वालों तथा पूँजीपतियों के लिए मैदान साफ करना, और (5) उद्योग और राज्य सदैव साथ रहते हैं, इस कल्पना के अनुसार भारत को सर्वथा उद्योगहीन अर्थात राज-शक्तिहीन बनाना नहीं है? फिर इस उद्योगहीनता का इलाज प्रान्तीय सरकारें कैसे कर सकती हैं?" (*कर्मवीर* 4 सितम्बर, 1926) हर तरफ से सर्वनाश का जाल फैलाकर भी सरकार कहती है और हिम्मत से कहती है कि "बढ़ई, लुहार, रंगसाज, लखेरे, कुसेरे, तू मेरे और सब प्रकार के रोजगारों से खाली देश निकम्मा और बेकार होकर, अनेक वर्षों से बेकारों के नाम पर रो रहा है। देश बेकार रहने पर विवश किया गया है। और जब उसमें बेकार रहकर भूखों मरने की आदत जबर्दस्ती ठूँसी जा चुकी है, तब उसकी सुस्ती पर तानाकशी की जाती है।" माखनलाल सरकार की निर्दयी तानाकाशी का जवाब देने के लिए ही जैसे जन्मे थे। उन्होंने फिरंगी लूट का आँकड़ों से हिन्दी गद्य में चित्रण किया है।

उनका राजनीतिक-आर्थिक विचारों से भरा यह गद्य तत्कालीन भारत का अन्तःइतिहास है। यह गद्य, साहित्य से ज्यादा इतिहास, अर्थशास्त्र, समाजशास्त्र,

राजनीतिशास्त्र के भारतीय विद्वानों के लिए अद्भुत जानकारी का स्रोत है। भारत के किसान-मजदूर, गाँव और खेत इसमें धड़क रहे हैं। वह चिन्तन फड़कता मिलता है जो पराधीन भारत में जवान हो रहा था और जिसकी देशभक्ति, स्वाधीनता 'मातृभूमि पर शीश चढ़ाने' की उद्घोषणा बन रही थी।

माखनलाल चतुर्वेदी के काव्य को समझने के लिए उनके गद्य-चिन्तन को समझना निहायत जरूरी है, किन्तु इस दिशा में प्रायः उपेक्षा बरती गयी है। उन्हें 'कांग्रेसी कवि' कहकर छुट्टी ले ली गयी है। बहुत आगे बढ़ें तो उन्हें राष्ट्रीय काव्य-धारा में सराहकर चलता कर दिया गया है। उनके कार्यों-विचारों से अनभिज्ञता का नतीजा यह हुआ कि हमनें उन्हें साम्राज्यवाद-विरोधी रचनाकार के रूप में जानने-समझने का यत्न तक नहीं किया। जो विश्व-दृष्टि भारतेन्दु, महावीरप्रसाद द्विवेदी के साथ प्रगतिशील कवियों में उदित हुई है—माखनलाल उसी का विस्तार हैं। माखनलाल जी की चिन्तन-परम्परा निराला, केदारनाथ अग्रवाल, शमशेर, मुक्तिबोध, सर्वेश्वर की सर्जनात्मकता में पनपती-खिलती है। संक्षेप में, माखनलाल पर सही सन्दर्भों में सोचने और कार्य करने की जरूरत है। उनके वैष्णववाद में साम्यवाद ने मिलकर क्या शक्ल पायी है—इस पर सोचा तक नहीं गया हैं। आधुनिक हिन्दी-साहित्य की लोकजागरण परम्परा के माखनलाल—'तीर्थराज' ही सिद्ध होंगे—ऐसा मेरा विश्वास है। *कर्मवीर* की कलम का यह कबीर आज हमारा जीवित स्वाभिमान है।

इतिहास में माखनलाल की उपेक्षा का दर्द

यह कैसी विडम्बना है कि आधुनिक हिन्दी साहित्य के इतिहास ग्रन्थों में माखनलाल चतुर्वेदी जैसे शक्तिशाली रचनाकार को उचित स्थान नहीं दिया गया है। इस घटना से यह तथ्य तो उजागर होता ही है कि हिन्दी साहित्य का इतिहास लेखन कितना अधूरा और अपर्याप्त है। हिन्दी साहित्य लेखन की शुरुआत के लिए जो साँचे और ढाँचे निर्मित किये गये थे—उनमें यदि कोई रचनाकार ठीक से फिट नहीं हो पाता तो उसे एक-दो पंक्तियों में चलता किया जाता रहा है। उन पर अलग से गम्भीर विचार-विश्लेषण की जरूरत तक महसूस नहीं की गयी। नतीजा यह हुआ कि अपनी मौलिकता तथा परिवेशगत सजगता, बृहत्तर सामाजिकता के कारण जिन रचनाकारों की केन्द्रीय स्थिति होनी चाहिए थी, वे किनारे पर जा पड़े। माखनलाल चतुर्वेदी जैसे समर्थ रचनाकार की इतिहास ग्रन्थों में उपेक्षा हमारी इतिहास-लेखन दृष्टि की अपूर्णता का सटीक उदाहरण है। आजादी के बाद हिन्दी साहित्य का इतिहास लिखने वाले व्यक्तियों के लिए प्रगतिवाद, प्रयोगवाद, नयी कविता आदि नये आन्दोलनों को समझाने की जल्दबाजी तो रही है, पर इतना धैर्य नहीं रहा है कि स्वाधीनता-संग्राम की जुझारू चेतना से मुखरित रचनाकारों का युग-सन्दर्भों के साथ, राजनीतिक-सामाजिक स्थितियों के साथ मूल्यांकन कर सकें। ऐसी दुखद स्थिति के कारण ऐसे इतिहासकार 'घर के रहे न घाट के' वाली कहावत चरितार्थ करते दिखाई देते हैं।

ध्यान देने की बात है कि माखनलाल चतुर्वेदी एक व्यक्ति का नाम नहीं है—एक पूरी परम्परा का नाम है। उस देशी स्वच्छन्दतापरक परम्परा का नाम है जिसने अपनी ठेठ देशीयता से लोकजागरण की अविच्छिन्न परम्परा को ऊबड़-खाबड़ पथों पर भी नया प्रवाह दिया है। यह परम्परा ब्रिटिश साम्राज्यवादी घने जंगलों को उखाड़ती दहाड़ती अबाध गति से आगे बढ़ती है। यह परम्परा मानो स्पष्ट करती है कि जो रचनाकार अपने समय और समाज की आत्मीय धड़कन को जितनी गहराई से सुनता और रचता है, उसका रचनाकर्म उतना ही बड़ा होता है, क्योंकि वह मनुष्य के जीवन को निखारकर सामने लाता है। युग-चुनौतियों से उसका सौन्दर्यबोध विकसित होता है और उसके अनुभवों की धरती पर जीवन यथार्थ के रक्त-कमल खिलते हैं। ऐसा रचनाकार व्यक्तिवाद की प्रवृत्तियों का पुंज नहीं होता है—वह समूह मानव

होता है जो न तो रोटी के लालच में बिकता है, न कठिनाइयों के आगे झुकता है। समय के राजदरबार का वह दरबारी नहीं होता है, क्योंकि वह समय की सच्चाई को, स्थिति-परिस्थिति की चुनौती को रचना में लाल लोहे-सा पीटकर आकार दे रहा होता है। माखनलाल चतुर्वेदी समय की परती जमीन को तोड़कर उसमें जागरण के क्रान्ति बीज बोने वाले ऐसे ही रचनाकार और पत्रकार हैं।

उन्होंने सन् 1909 के आसपास उस समय कलम उठायी थी—जब भारतीय जन मानस रूढ़िवाद और रीतिवाद के दलदल से बाहर निकलने के लिए जी-तोड़ संघर्ष कर रहा था। अंग्रेजों की लूट से जनता में हाहाकार मचा हुआ था और आर्थिक तबाही से भारत देश फिर से नयी क्रान्ति की तैयारी कर रहा था। फलतः माखनलाल के कवि ने रीतिवाद से बगावत करते हुए अपना संकल्प स्पष्ट किया कि वह सुरबालाओं के गहनों में स्थान पाने की इच्छा नहीं रखता है। उसकी इच्छा प्रेमिका के जूड़े के फूल बनकर या सम्राट की आरती में जाने की नहीं है। उसकी तो एक ही तमन्ना है कि वह मातृभूमि के चरणों में फूल-सा समर्पित हो सके, इच्छा का यही फूल अँधेरे में चीखता था। यह फूल अपने रक्त के रंग से शूलों को झुकाता था और काल कोठरी की यातना से न डरता था। देश के लिए क्रान्तिकारियों की टोली के साथ वे मध्य प्रदेश की विलासपुर की जेल के बन्द रहे। जेल की चक्की पीसी, संडास की नरक भरी कोठरी में दम न घुटने दी और साहस से अमर कविता लिखी—'कैदी और कोकिला'। हिन्दी प्रदेशों के स्वाधीनता संग्राम में यह पहली कविता थी जो ब्रिटिश साम्राज्यवाद के खिलाफ इतनी सीधी-साफ भाषा में लिखी गयी थी। क्रान्ति विद्रोह के टोन की जो कविताएँ निराला, दिनकर, गुप्त जी ने लिखी हैं—वे सभी माखनलाल की इस अमर कविता के बाद ही आयी हैं। आज कहा जाना चाहिए कि हिन्दी कवियों के रुके कण्ठ को माखनलाल ने खोला है। कायरतावाद, निराशावाद, और अकर्मण्यतावाद को इसी एक कविता से उन्होंने पहली बार पछाड़ा है। कविता में कहा गया था—'मैं जोर मारता लगा पेट पर जूआ/खाली करता हूँ ब्रिटिश अकड़ का कुँआ।' हिन्दुस्तान का यौवन ब्रिटिश अकड़ को झेलकर मुक्ति-पथ पर बढ़ रहा था—यह कविता उसी ऐतिहासिक दस्तावेज की याद है।

आज यह संघर्ष समझने की जरूरत है कि कितनी ताकत से कवि-कर्म को माखनलाल जनसमाज के केन्द्र में लाये। विपत्तियों के उपनिवेशवादी ओले बरसते रहे, पर उफ तक न की। तड़प से उठती बिजलियों से आँखें मिलायीं और कवि शब्द की इज्जत पर दाग न लगने दिया। शुरू में ही वे दादाभाई नौरोजी की स्वराज भावना और लोकमान्य तिलक की गरम दल की विचारधारा के सम्पर्क में रहे। *केसरी* के सम्पादक माधवराव सप्रे इस क्षेत्र में उनके प्रेरणा गुरु रहे। उन्होंने "सिर पर पाग आग हाथों में/धर पानी का घड़ा/जवानी देख कि प्रियतम खड़ा" का उद्घोष किया। यही तमन्ना उन्हें क्रान्तिकारी गणेशशंकर विद्यार्थी के पास खींच

ले गयी और वे दोनों अभिन्न मित्र हो गये। गणेशशंकर विद्यार्थी के पत्र *प्रभा* और *प्रताप* में क्रान्तिकारी लेख, कविताएँ लिखीं और विद्यार्थी जी के जेल चले जाने पर इन दोनों पत्रों का उन्होंने निर्भयता से सम्पादन भी किया। हिन्दी पत्रकारिता के गौरवपूर्ण इतिहास का यह एक अमर अध्याय है। इसी अध्याय की कार्यशाला *कर्मवीर* पत्र बना, जिसे वे हर विपत्ति झेलकर भी निकालते रहे। अपने समय के तमाम दीवाने क्रान्तिकारियों की उन्होंने संगति की और हमेशा गाया कि सोने का महल नहीं चाहता—गरीब की जिन्दगी में आस्था बनना चाहता हूँ। उनकी कविताएँ बनारसीदास चतुर्वेदी द्वारा सम्पादित पत्र *विशाल भारत* में धड़ल्ले से निकलती रहीं। व्यस्त राजनीतिक जीवन में सैकड़ों कविताएँ छपवाने पर भी इन्हें इतना समय न मिल सका कि इन सभी को एकत्र कर 'काव्य-संवाद' छपवा लें। छपाकर वाहवाही लूटें—यह उन्हें पसन्द न था।

माखनलाल के समय में बगावत-विद्रोह की कविता लिखना सरल न था—तलवार की धार पर चलना था। फिर यह कविता नये तरह के काव्यात्मक आतंकवाद का प्रतीक थी। जिसे लिखने पर जेल-लाठी कवि के लिए सुनिश्चित थी। पर माखनलाल की लेखनी से युग अपना इतिहास लिखना चाहता था—तत्कालीन राजनीति अपनी व्यथा-कथा कहना चाहती थी। इसी अर्थ में उनकी पूरी काव्य-यात्रा राजनीतिक कविता है और लेख राजनीतिक विचारधारा के गर्म कड़ाहे। आज जो लोग कविता में राजनीति के नाम से नाक-भौं सिकोड़ते हैं—उन्हें याद रखना चाहिए कि सच्ची और खरी कविता राजनीति के सन्दर्भ से बच नहीं सकती है। बचती फिरती है तो वह सार्थक कविता नहीं होती है और रिझाऊ रस कन्द बनकर नष्ट हो जाती है। कविता को राजनीति के आगे चलने वाली मशाल बनाना जरूरी होता है। यह सबक हमें माखनलाल से आज पढ़ने की जरूरत है, गुनने की जरूरत है। तभी कवि कह सकता है कि माखनलाल की भाँति—"धरा यह तरबूज है दो फाँक कर दे/चढ़ा दे स्वातंत्र्य प्रभु पर अमर पानी/विश्व कह दे तू जवानी है जवानी।"

राजनीतिक कविता लिखना कितना कठिन रहा होगा—आज हिन्दी साहित्य के इतिहासकारों को यह तथ्य नोट करने की जरूरत है। आ. रामचन्द्र शुक्ल *हिन्दी साहित्य का इतिहास* में माखनलाल पर ठीक से विचार इसलिए न कर पाये थे कि उनकी कविताओं का एक संग्रह तक उपलब्ध न था—उनकी अधिकांश रचनाएँ पत्र-पत्रिकाओं में बिखरी पड़ी थीं और अनेक छद्म-नामों से बिखरी पड़ी थीं। इन छद्म-नामों से लिखना और जनता तक अपनी बात पहुँचाना माखनलाल के कवि की विवशता थी। पर थी अपराजेय संकल्पशक्ति से उपजी ललकार की युग-ध्वनि। काव्यात्मक-संवेदना के अनुभव-समूह जब कवि के रक्त में घुलकर कविता को रंग देते हैं, तब उनकी छवि 'बीजुरी काजर आँज रही' बन जाती है और स्वरलय कहती है—'वेणु लो गूँजे धरा मेरे सलोने स्याम'। *गीता* के कर्मयोगी कृष्ण उनकी कविता

के बहुप्रयुक्त प्रतीक हैं। इस एक प्रतीक में ही मानो इस कवि का पूरा वैचारिक समुद्र लहराता है। विंध्याचल और नर्मदा का तप-बल बोलता है। कहना न होगा कि कृष्ण की कर्मयोगी परम्परा इस कवि को धरोहर रूप में जन्म के साथ मिली थी। नामकरण संस्कार में इस कवि को नाम प्राप्त हुआ—मोहनलाल। जन्म राशि थी सिंह। फिर मोहनलाल के स्थान पर नाम रखा गया—माखनलाल। शुरू की कविताएँ माखनलाल नाम से लिखी मिलती हैं। इसी कवि-कर्म में अचानक एक घटना घटित हुई। *सुबोध-सिन्धु* के हिन्दी संस्करण में उन्होंने सन् 1912 ई. में एक लेख लिखा—'शक्ति-पूजा'। इस लेख को लेकर उन पर पुलिस ने राजद्रोह का मुकदमा चलाया। पर कलम रुकने का नाम न लेती थी। उन्होंने तब 'श्री गोपाल', 'भारत सन्तान', 'भारतीय', 'एक भारतीय', 'कुछ नहीं', 'पशुपति', 'सुधारप्रिय' 'नीतिप्रेमी', 'एक नवयुवक' 'एक निर्धन विद्यार्थी', 'एक विद्यार्थी', 'एक भारतीय प्रजा!' 'नीतिप्रेमी', 'तरुण भारत', 'एक भारतवासी', 'श्रीयुत नवनीयता', 'श्री विश्व व्याप्त', 'श्री चंचरीक', 'श्री शंकर', 'एक श.श.', 'एक बनमाली', 'वनवासी', 'एक भारतीय आत्मा' आदि न जाने कितने नामों से लिखा। इस नामावली को लेकर व्यथा से माखनलाल ने लिखा है कि 'आज हिन्दी वाले कहते हैं कि माखनलाल को उपनाम रखने की क्या आवश्यकता थी, पर वे क्या जानें? रखना मेरी विवशता थी, मजबूरी थी।' यह मजबूरी थी—पुलिस के प्राणाघातक हमलों से जीवन-रक्षा। समय बीतने पर उन्होंने एक नाम अपना लिया—'एक भारतीय आत्मा'। आज यही नाम उनके समस्त सर्जना-कर्म का पर्याय बनकर विद्यमान है। अभी हिन्दी में माखनलाल पर शोध-पूर्ण कार्य इस ढंग से कतई नहीं हुआ है कि वह इस रचनाकार के बहुआयामी व्यक्तित्व को ठीक ढंग से उजागर कर सके। हम अभी भी उनके चिन्तन के गूदे से अपरिचित हैं—मात्र छिलका देखकर खुश होते रहे हैं। माखनलाल पर इतिहास, राजनीतिशास्त्र, समाजशास्त्र आदि की दृष्टि से अनुसन्धान कार्य होना चाहिए। यदि यह कार्य हुआ तो यह पचास वर्ष तक लगातार लिखने वाला रचनाकार हिन्दी साहित्य की नवीन प्रवृत्तियों की दिशाओं में बहुत कुछ नया जोड़ेगा। मात्र इतना कहना काफी नहीं है कि आधुनिक राष्ट्रीय-सांस्कृतिक कविता में माखनलाल एक सशक्त हस्ताक्षर हैं। आचार्य शुक्ल के योग्य शिष्य पं. कृष्णशंकर शुक्ल *आधुनिक हिन्दी साहित्य का इतिहास* में माखनलाल का सही मूल्यांकन न कर पाये। कृष्णशंकर जी ने लिखा—'ये मध्य प्रदेश के एक प्रमुख राष्ट्रीय कार्यकर्ता हैं। खंडवा का प्रसिद्ध पत्र *कर्मवीर* इन्हीं के सम्पादकत्व में निकलता है। ये राष्ट्रीय कवि हैं। इनकी रचनाएँ देश-प्रेम के भावों से युक्त रहती हैं। इन्हें अपने ग्रहीत विषय की सच्ची लगन है। अतः इनकी रचनाओं में एक सभ्यता तथा निष्कपटता दृष्टिगोचर होती है। इनकी रचनाएँ कल्पना के व्यायाम का फल नहीं हैं, उनका अस्तित्व जीवन की कठोर अनुभूति पर निर्भर रहता है (पृ. 367)।'

माखनलाल को 'राष्ट्रीय कवि' कहकर छुट्टी। यह भी न ध्यान दिलाया कि इस कवि का राष्ट्रवाद पश्चिमी राष्ट्रवाद का पर्याय नहीं है। पश्चिमी राष्ट्रवाद कैसे एक सीमा पर संकुचित अर्थ गह लेता है और उसमें नस्लवाद-अलगाववाद जैसी सत्यानाशी अर्थ-ध्वनि ही शेष रह जाती है। माखनलाल का राष्ट्रवाद किसी भी अर्थ में पश्चिमी राष्ट्रवाद नहीं है। इसका अर्थ है भारतीय जनता का दासता से मुक्तिवाद। हिन्दी के यदि एक भी साहित्येतिहास लेखक ने *हिम-तरंगिनी, हिमकिरीटिनी* आदि उनके काव्य-संग्रहों को पढ़कर लिखा होता तो उनकी बात में यह चलताऊपन न आता। और कोढ़ में खाज यह भी मिलती है कि उनकी कविताओं को वेदान्त-भक्ति, रहस्य-भावना, छायावाद आदि से जोड़े बिना भी उस्तादों को चैन नहीं है। अभी हाल ही में प्रकाशित *हिन्दी साहित्य और संवेदना का इतिहास* में नये साहित्य के प्रसिद्ध आलोचक रामस्वरूप चतुर्वेदी ने पं. कृष्णशंकर शुक्ल के विचारों को ही दुहरा दिया है। नये ढंग से माखनलाल पर विचार न किया। केवल प्रसंगवश इतना कहा है कि—'भारतेन्दु के बाद हिन्दी कविता की ये कई धाराएँ हमारे सामने आती हैं—परम्परित ब्रज-भाषा की काव्य-धारा, अनुशासन की धारा और स्वच्छन्दतावादी काव्य धारा। स्वच्छन्दतावादी और अनुशासन-धाराओं में जो राष्ट्रीय चेतना विकसित हो रही थी, वह अधिक प्रबल रूप में कुछ कवियों के व्यक्तित्व में प्रवाहित होती दिखती है। इस वर्ग के कवियों में माखनलाल चतुर्वेदी का नाम प्रमुख है (पृ. 122)।' माखनलाल के 'काव्य-चरित्र' की क्रान्तिकारी परम्परा को स्पष्ट किये बिना उन्हें अनुशासन धारा और स्वच्छन्दतावादी धारा में 'प्रमुख' कहकर खपा देना खटकता है। हमारे दिलों में दर्द इस बात को लेकर उठता है कि क्या हिन्दी साहित्य के इतिहास का लेखन आज भी इस स्थिति में नहीं आ पाया है कि वह माखनलाल की सर्जनात्मकता में व्यक्त क्रान्ति परम्परा को समझकर उन्हें इतिहास में सही स्थान दे सके। भारतेन्दु की ओज जागरण-परम्परा की सर्वोच्च ध्वजा का नाम माखनलाल है—वह क्यों नहीं कह पाते? माखनलाल का सही मूल्यांकन न हो पाने का ही नतीजा है कि उनकी कविताएँ बच्चों को तो स्कूल में पढ़ाई जाती हैं, पर उन्हें विश्वविद्यालयों की उच्च कक्षाओं में प्रायः नहीं घुसने दिया जाता है। जहाँ छायावाद के चारों कवि ऊँची कुर्सी पर बैठाये जाते हैं, वहाँ माखनलाल को जमीन पर बैठने का आसन तक नहीं दिया जाता है। समय आ गया है, हमें अपनी इस भूल को माफी के साथ सुधारना चाहिए।

माखनलाल कविता को आभिजात्यवादी तिलिस्म तोड़कर लोक-भूमि पर लाते हैं और उसे लोक-चिन्ताओं से जोड़ने के साथ बोलचाल की भाषा में उतारते हैं। हिन्दी में खड़ीबोली को प्रथम बार बोलचाल की लय में माखनलाल ही ढालते हैं। बोलचाल की भाषा के लहजे को, अदा को, भाव की तलब को काव्य-भाषा में सृजन-शक्ति से लाने की ताकत का इतिहास जब खोजा जाएगा, तब माखनलाल का

नाम अग्र पंक्ति में पाया जाएगा। बोलचाल की जो लय पीछे से भवानीप्रसाद मिश्र, केदारनाथ, मुक्तिबोध और धूमिल में जीवन्तता का अहसास कराती है—उस परम्परा में माखनलाल ही धड़कते हैं। कविता ही नहीं, निबन्ध के क्षेत्र में भी माखनलाल पर पुनर्विचार करने की जरूरत है।

निष्कर्ष यह है कि माखनलाल के समस्त साहित्यिक योगदान पर पुनर्विचार की आवश्यकता का अनुभव करने का समय आ गया है।

महादेवी वर्मा : कीर का प्रिय आज पिंजर खोल दो

महादेवी वर्मा के विषय में कुछ भी लिखना मुझे सदैव कठिन जान पड़ा है। जैसा उनका काव्य है वैसे काव्य के प्रति भी कोई प्रवृत्तिगत गहरा लगाव कभी नहीं रहा। व्यक्तिगत रूप से उनसे मिला, परिचय रहा। कुछ समय साथ रहकर भी उनसे साहित्य और आधुनिक हिन्दी साहित्य पर काफी लम्बी-चौड़ी बातचीत की। बहस करना उनका स्वभाव नहीं रहा। वे अपनी बात को एक शालीन संकोच से कहने की आदी रही हैं। पर अपनी बात पर दृढ़ता से जमे रहना उनसे सीखने लायक बात है। उनके व्यक्तित्व और कृतित्व के प्रति मेरा आकर्षण बढ़ता ही इसलिए गया है कि उन जैसी विनयशील और मेधाविनी नारी मुझे दूसरी देखने को नहीं मिली। मेधा के साथ ऐसा शील कहाँ प्राप्त है। बच्चों और युवकों से बातचीत करने में उनकी आत्मीयता याद रखने की वस्तु है।

छायावाद और रहस्यवाद की कवयित्री के रूप में उनकी विशेष प्रसिद्धि रही है। छायावाद जब जयशंकर प्रसाद, सुमित्रानन्दन पन्त और सूर्यकान्त त्रिपाठी निराला में अपना काव्य-मुहावरा प्रौढ़ कर चुका था—तब उनका प्रवेश हुआ। फलतः उन्होंने इन तीनों कवियों के काव्य-प्रयोगों की शक्ति को पहचाना भी ग्रहण भी किया। एक समय महादेवी के सृजन में ऐसा भी आया कि सम्पूर्ण छायावादी शैली का सौन्दर्य-संस्कार, भाव-शब्द-चित्र, लय और छन्द का मुहावरा उनमें सिद्ध होता दिखाई दिया। लेकिन उसी ने उन मुहावरों को निचोड़ कर बासी और रूढ़ भी किया। इतना रूढ़ कि उसमें कोई आकर्षण ही शेष नहीं रहा। व्यक्तिवादी और रूमानी दृष्टिकोण से उन्होंने नारी-वेदना की त्रासदी को अकेले झेला। भारतीय नारी का दमन और संत्रास, आत्म-मन्थन और आत्म-रहस्य, आध्यात्मिकता और पूजा, करुणा और समर्पण, पीड़ा और सतीत्व, साधना और सेवा की सांस्कृतिक-धार्मिक धुरियाँ उनमें रवाँ होती चली गयीं। अध्यात्म और रहस्य, प्रतीक और वेदना का परदा इस ढंग से झिलमिलाता गया कि वे अमूर्त, अस्पष्ट और जटिल बोध की ओर बढ़ती गयीं। नारी-सृजन के इस रहस्यजाल में लिपटकर वे न मीरा बन सकीं न अंडाल, न तरुदत्त, न सरोजिनी नायडू, न अमृता प्रीतम, न अमृता शेरगिल और न सुभद्राकुमारी चौहान की तरह मूर्त, ठोस और जीवन सम्पन्न। उनका काव्य रहस्य, रोमांच, राग सम्मोहन और

'प्रियवाद' के चक्कर में यथार्थवाद का विरोधी बनकर उभरा। समकालीन संघर्षों, तनावों, द्वन्द्वों को वे रौंदकर न लिख सकीं। पलायन, अध्यात्म के आदर्शीकरण में धुँधलका फैलाकर ही वे उदित हुई। पद्य में घोर अन्तर्मुखी महादेवी गद्य में सामाजिक चिन्ताओं और चेतनाओं से मुखरित रहीं। परिणामतः उनका गद्य एकदम टटका, जीवन-स्पन्दन की धड़कन मिलता है।

सन् 1907 ई.—फर्रुखाबाद, उत्तर प्रदेश में जन्मी महादेवी का बचपन मध्यवर्गीय आदर्शवादी धार्मिक परिवार में बीता है। उत्तर प्रदेश की सामन्तीय और उपनिवेशवादी संस्कृति का एक कायस्थ परिवार उनके बचपन का पोषक बना। इन परिवारों का धार्मिक-सांस्कृतिक परिवेश ऐसा था जहाँ नारी को या तो अबला माना जाता था या भोग्या। कभी-कभार उसे 'देवी' का आसन भी दे दिया जाता था। परिवार में लम्बी प्रतीक्षा के बाद वे जन्मीं तो स्वागत हुआ। सामान्य घरों की दुत्कार नहीं मिली। दुलारी बेटी का नाम रखा गया 'महादेवी'। पढ़ने में शुरू से ही विलक्षण, माँ की वैष्णव कहानियों को याद रखने में माहिर, लड़कों जैसे खेल खेलने, वस्त्र पहनने का शौक, पूजा और गायन के संस्कार की सम्पन्नता में जीवन चला। इन्दौर में पढ़ाई शुरू की और फिर प्रयाग आ गयीं और आजीवन प्रयाग की होकर ही रहीं। भारतीय परिवारों में प्रचलित बाल-विवाह प्रथा की दर्दनाक 'हाय' महादेवी पर पड़ी। नौ वर्ष की उम्र (1916) में विवाह कर दिया गया। विवाह से ही उन्हें भारतीय समाज की क्रूरता और बर्बरता का भयावह साक्षात्कार हुआ। रूढ़िवादी पति-परिवार ठसक की ठोंक में रूठ गया। वे विवाहिता होकर भी अविवाहिता कन्या रह गयीं। इस व्यथा ने प्राणों में हूक और ज्वाला फूँक दी। सन् 1920 ई. में तेरह वर्ष की इस सुकुमार किशोरी ने सौ छन्दों का एक करुण खंडकाव्य लिखा। किशोर मुग्ध सपनों पर सतीत्व का पहरा बैठ गया। सत्रह वर्ष की उम्र (1924) में मैट्रिक पास कर जब वे कॉलेज में गयीं तब उनका कवि *नीहार* की रचनाएँ करने लगा। इक्कीस वर्ष तक की रचनाएँ *नीहार* में हैं और *रश्मि* में चौबीस वर्ष (1928-31) की युवती की आकांक्षाएँ उमड़-घुमड़कर आ रही हैं। हालाँकि महादेवी का कवि-कण्ठ ब्रजभाषा काव्य की समस्यापूर्ति परम्परा से फूटा था और खड़ीबोली की ओर आने पर मैथिलीशरण गुप्त उनकी काव्य-प्रेरणा में गुँथे रहे। राजनीति में गाँधी और काव्य में रवीन्द्रनाथ उनके ऊपर जादू किये रहे। वेद, पुराण, उपनिषद, दर्शन, धर्म, पुरातत्व आदि का अध्ययन संस्कृत छात्रा के रूप में किया। लेकिन इंटर, बी.ए. के दौरान जो जीवन-संघर्ष चला—उसने उन्हें वेदान्ती रहस्यवाद और दार्शनिक अध्यात्मवाद की ओर पटक कर ही चैन लिया।

नीहार तथा *रश्मि* के काव्य-लोक में 'प्रिय' की पुकार गूँजती है—यही पुकार देव, नाविक, अतिथि, गायक, चितेरे अनेक सम्बोधन खोज लेती है। युवती का हृदय-कमल यहाँ जलते दीपक और मुरझाते फूल हो उठा है। एक शिक्षित युवती की आत्म-संघर्षमूलक मानसिकता कोई 'पथ' खोज रही है। बचपन के भक्ति और धर्म

के संस्कार, माँ का दुलार और दूध धुला कन्या मन, बुद्धिजीवी पिता की आत्मसम्मानी बेटी और ससुराल का धिक्कार सब एकाएक मिलकर उनके मनोनैतिक, सांस्कृतिक, सामाजिक नारी मन की आदिमता को धकियाने लगे। दमित यौवन की अनुभूतियाँ आँधी-तूफान झेलने लगीं। यातना-वेदना और व्यथा में उनका अतीत स्वप्नों, आदिम बिम्बो, स्मृतियों में खोने लगा। अस्पष्टता और अमूर्तता, अध्यात्म और रहस्य की ओर जाने में ही उन्होंने अपनी खैर समझी और वे उधर मुड़ गयीं। एक बार वे बौद्ध-दर्शन के रंग की भिक्षुणी भी बनना चाह रही थीं, पर नहीं बनीं। शायद इसे उन्होंने पलायन माना। संघर्ष के लिए संकल्प किया और आत्मनिर्भर होने का प्रण। नतीजा यह हुआ कि छब्बीस वर्ष की उम्र में ही एम.ए. संस्कृत (1934) कर 'प्रयाग महिला विद्यापीठ' की प्रधानाचार्य बन गयीं। दायित्व का बुढ़ापा ओढ़ लिया और यौवन के देवता से नमस्कार करके लेखनी उठा ली। विवाहोत्तर झंझावात, प्रलय, भय और अभिमान, आत्म-यातना और आत्मालोचन ने कविता में आँसू और दुःख की ओट ली। एकाकिनी और उन्मादिनी नारी का रहस्यलोक करुणा के प्रतीकों से पट गया। आत्मोद्धार की बौद्धिक भूमिका ने बाल-विवाह कभी स्वीकार नहीं किया। वे 'विद्रोह' की भूमिका में आत्म-पीड़न, रति का क्रीड़ा-भाव भोगने लगीं। अब 'पथ' ही उस रहस्यमय 'प्रिय' की ओर मुड़ गया और रहस्यवाद की शरण ही सुख की साँस बन गयी। इधर रोमांटिक आन्दोलन ने 'नारी' को मानवी के रूप में प्रतिष्ठित किया तथा नये सामाजिक सम्बन्धों से भी परिभाषित। इस स्थिति का सहारा पाकर नारी-मन प्रेम और मुक्ति के आसमान में उड़ने लगा। सपने ही सपने, कल्पना और फैंटेसी, अतृप्ति और नारी-रहस्य जाल महादेवी की कविता में भर गया। दुःख ने भी आध्यात्मिक चादर ओढ़ ली और लोकोत्तर आलम्बन 'प्रिय' और 'वह' चेतना में कौंधने लगा। कसकते काम-देवता ने हाड़ फोड़कर फूट निकलने की ताकत से झकझोरा। फलतः उन्हें सामाजिक आत्मसम्मान की रक्षा के लिए गुप्त आत्म-स्वीकृतियाँ करनी पड़ीं। रचनाएँ वेदनावाद, पलायनवाद, आत्म-रतिवाद, प्रतीकवाद, आत्म-पीड़नवाद, रहस्यवाद का लीला-भाव-दर्शन बनने को विवश होती गयीं। रूमानी दृष्टि और प्रिय लालसा की ललक से लहकता रहस्यवाद अरूप संकेतों, प्रतीकों, व्यंजना बाणों में आत्माभिव्यंजन कर उठा। इसमें *आत्म-पलायन, आत्म-निर्वासन और आत्म-अपरिचय* के अभिशाप ने *नीरजा* (1934), *सान्ध्यगीत* (1936), *दीपशिखा* (1942) जैसे काव्य-संग्रहों को जन्म दिया। *यामा* चार संग्रहों को चित्रबद्ध करती आयी। छायावाद बनाम स्वच्छन्दतावाद के साम्राज्यवाद विरोधी, सामन्तवाद निन्दक नवजागरण ने मध्ययुगीन संस्कारों से जकड़ी नारी को नया सोच, नया मुक्ति-पथ दिया था—जिसका महादेवी ने अपनी नारी अस्मिता के लिए वरदान मानकर उपयोग किया। पर महादेवी को सामाजिक-राजनीतिक हाशिया नहीं मिल पाया—वैयक्तिक वेदना का कसकवाद ही पल्ले पड़ा है। इसलिए स्मृतियों, स्वप्नों,

अतीत घुमड़न के संसार में आँसू का, करुणा का अमरलोक झिलमिलाने लगता है। महादेवी के अतीत का आघात वर्तमान में असीम, अनन्त, अज्ञात, सूक्ष्म की अमूर्त धारणों में खप जाता है। प्रगीतों में आदर्शीकरण और आध्यात्मिकीकरण का ध्रुवीकरण दृढ़ होता जाता है। विरहिणी-अनुरागिनी बनकर वे दीप जलाती हैं, शशि दर्पण में श्रृंगार करती हैं, तड़प में रैन बिता देती है और अधिकांश प्रकृति-बिम्बों की खंड-खंड चेतना में रंगकर व्यक्त होती हैं। प्रकृति भी उन्हें तन्मयता नहीं देती—बिछे हुए शूलों ने फूलों को मसल जो डाला है। वे प्रेम की राधा कम सूफी प्रेम-दर्शन की दीवानी अधिक दिखाई देती हैं। इसीलिए उन्मुक्त प्रकृति प्रेम-व्यापार सामाजिक यथार्थ की जटिलता के कारण धुँधले पड़ते गये हैं। उनकी नारी में उमा-भाव, अनसूइया-भाव का सती दर्शन बीज भाव बन गया है और वे कुँआरी कन्या की पवित्रता-उज्ज्वलता धारण कर लेती हैं।

ध्यान देने की बात यह भी है कि महादेवी सामान्य रहस्यवादी से ज्यादा रहस्यमय और छायावाद से ज्यादा छायामय रूप धारण करती रही हैं। उनकी *दीपशिखा, सान्ध्यगीत* आदि की भूमिकाएँ इसी स्थिति के लिए सुरक्षा कवच बनकर सामने आती हैं। गीत भी अमूर्त्त आकाश के नीचे लोकगीतों की धरती पर पल कर बड़े होते हैं। अभाव है पर वे अभाव को स्वीकार करने में जिद्दी रूप धारण कर लेती हैं। नतीजा साफ है कि प्रकृत अनुभूतियों से वे विच्छिन्न होती जाती हैं और रहस्यवाद हृदय की ठोस वास्तविकता बनने में असमर्थ हो जाता है। जीवनानुभवों की वास्तविकता से पलायन करने के कारण उनका काव्य-संसार नंगे यथार्थ के विरुद्ध खड़ा हो जाता है। आत्मार्पण, आत्म-निवेदन की अनुभूतियों के आन्तरिक पीड़ा की विवश आग सुलगती रहती है। 'प्रिय' भी सपनों में ही आता है—जीवन में नहीं आता। नारी अवचेतन के आद्य-बिम्ब मोती-से चमकते हैं, पर उनका सौन्दर्य सोचने की वस्तु ही अधिक है। आदिम भारतीय नारी मन का आर्केटाइप, अभिनव सतीत्व और बौद्धिक संस्कार की अकड़ में तनकर खड़ा हो जाता है। मन्दिर के देवता को भक्ति का समर्पण नहीं मिलता है—आँख मिचौनी का क्रीड़ा-भाव ही परोस दिया जाता है। नारी का छटपटाता अर्द्धनारीश्वरत्व प्रिय-प्रिया के खेल में छद्म रूपान्तरण पा लेता है।

चित्रों में काव्य-दिशाएँ कुछ नये संकेत देती हैं। *दीपशिखा* के चित्र सचेष्ट भावांकन में एकरंगी हैं। नीले-सफेद से उनका काम चल जाता है। प्रायः उनके भाव-चित्र जल-रंगों से निर्मित हुए हैं। अधिकांश में नारी छवियाँ हैं, जिनमें आँखें बन्द या अधखुली हैं। दीपक, कमल, केशों के चित्र आरती मुद्रा में हैं। हालाँकि आकृतियों के फलक बड़े हैं, अधर पतले और नाक नुकीली गर्वीली है। मुख-मुद्रा आसक्तिहीन भाव-दशा में है। नारी शरीर की आकृतियों को वस्त्रों से इस कदर ढक दिया गया है कि केवल मुख, हाथ और चरण ही दिखाई देते हैं। नितम्ब, कटि, जँघाएँ, स्तन आदि की रेखाएँ वर्जना की लक्ष्मण रेखाओं से घिरकर मौन ढकी पड़ी

रही हैं। मुख कई बार सीपी से खुले हैं, पर वस्त्रों के घुमाव मन की गाँठें खुलने ही नहीं देते। अमृता शेरगिल के रोमांटिक सौन्दर्यबोध से यह सौन्दर्यबोध एकदम अलग है। बन्धनों की वर्जनाओं में जकड़ी नारी आकृतियों में न गोपिका भाव का खुलापन है, न करुण बनी सीता की तप प्रतीक्षा। दीप, कमल और पति की त्रयी सुहागिनी-अभिसारिका के गोपन में खो जाती हैं। वेदना का अन्तर्मुखी दार्शनिक चिन्तन उनके प्राणों का पीछा करता है और रोमांटिक आत्म बलिदानी की छवि धारण कर लेती हैं। व्यक्तित्व का नैसर्गिक लीलाकमल खिल नहीं पाता। प्रलय, झंझावात से दीप की लौ बुझने से बचाने में ही उनकी शक्ति लगी रहती है। फलतः वे 'कवि' कम 'कलाकार' अधिक दिखती हैं। उन्हें हर समय याद रहता है कि वे आधुनिक बौद्धिक, संस्कारवान नारी हैं। यह याद ही उनके सृजन की सीमा और शक्ति बन जाती है। प्रसाद, पन्त, निराला के सृजन में छिटका छायावादी शब्द-सौन्दर्य महादेवी में आकर एकत्रित हो जाता है। बौद्धिक अनुभूति में यह ताकत आ जाती है कि वे रात का अन्धकार, सागर की दहाड़ और दीप की लौ की जलन को आत्म-विश्वास की मुस्कान के साथ झेल सकें। निराला जी की इस धर्म-बहन में उनका प्रयोग-विद्रोह नहीं आया, पर हर विद्रोह को सहने-झेलने की अपार ताकत तो अनवरत मिलती है। यह उनकी 'देवी' का 'महादेवी' भाव है।

महादेवी का गद्य उनके पद्य से एकदम विपरीत सामाजिकता धारण करता है। *स्मृति की रेखाएँ, अतीत के चलचित्र* और *शृंखला की कड़ियाँ* जैसे रेखाचित्रों में दीन-दुखियों की व्यथा-कथा है। 'भक्तिन', 'वह चीनी भाई' और 'जंग बहादुर की कथा' में जीवन का गाढ़ापन है। यहाँ भीतरी और बाहरी संसार का रोचक रिश्ता है। चमत्कार और अस्पष्टता को चीरती सामाजिक व्यथा पर व्यंग्य है। फैला हुआ लोक-हृदय हर आँख का आँसू पोंछना चाहता है। यह सब क्यों हैं? यह प्रश्न अपने सिंहासन से पुकारता मिलता है। *पथ के साथी* में साहित्यिक संस्मरण हैं और महादेवी का निजी जीवन भी। इस गद्य में उनका वह सामाजिक जीवन-व्यक्तित्व मुखर होकर बोला है, जो उनकी कविता में वर्जित है। प्रसाद, पन्त और निराला के गद्य-पद्य का अन्तर्जगत एक-सा है, पर महादेवी का पद्य और गद्य अपने अन्तर्जगत की दो अलग धुरियाँ बनाते हैं और दोनों कभी भी एक-दूसरे के न सामने पड़ते हैं, न आड़े आते हैं। गद्य में उनकी मानव-करुणा ठोस और मूर्त आलम्बनों से व्यक्त है, पर पद्य में उनका आलम्बन अरूप, अज्ञात, रहस्यमय है। उनके गद्य का यथार्थ न अपनी संवेदनात्मक ताजगी खोता है, न विचारों का पैनापन। पर उनकी कविता लगातार स्वादहीन, बासीपन से भरती जाती है। हिन्दी में श्रेष्ठ गद्य लेखन के लिए महादेवी का योगदान चिरस्मरणीय है। यहाँ ठोस सामाजिक-सांस्कृतिक अनुभव में अनुभूति से कमाया गया साधारणीकरण है।

महादेवी ने प्रगीत शिल्प को माँजकर, आँजकर चमका दिया है। सामग्री

उनके पास सीमित है, पर उसे सजाने की कला में हर बार नवीनता है। प्रसाद की अनुभूतिगत राग-शक्ति, निराला की विद्रोही प्राण-शक्ति, पन्त की स्वर-लय माला का प्रयोग संयम न होने से महादेवी की प्रगीत-कला में जीवन की ताप से निखरी कला कम आश्वस्त करती है। जीवन के सीधे संवेदन स्रोतों से विच्छिन्न कवयित्री 'अति साहित्यिक' हैं, जिससे इस कविता में जीवन-जगत् की दहकती भट्टी और चुनौतियों की ललकार से उपजा प्रकाश नहीं आ सका है। छायावाद का काव्य-मुहावरा महादेवी में आकर अपनी शक्ति खो देता है, पर वे उसे नहीं छोड़ पातीं। प्रगतिवाद, प्रयोगवाद, नयी कविता के नये काव्य-आन्दोलन से उन्हें सरोकार नहीं महसूस हुआ, न कोई भीतरी बदलाव का धक्का ही लगा दिखाई देता है। वे तो उंगलियों की ओट से दीप की "लौ" सम्भाले ही अनथक भाव से चलती रही हैं। विश्वास के हिमालय से निकली यह काव्य-धारा विराट सागर की ओर ही उमड़कर प्रवाहित रही है। इस प्रवाह में वेदना है, पर निराशा नहीं है। वेदना की घनता ने प्रगीत को इतना अन्वेषित-विशेषीकृत किया है कि वह 'क्लासिकल' ढाँचा पा गया। लय, गति, छन्द, उपमान, बिम्ब की संवेदना इस कदर तराशी गयी है कि उसका हिन्दी कविता में दूसरा मुकाबला नहीं मिलता है।

आधुनिक भारतीय नारी की बौद्धिक मनीषा ने सांस्कृतिक-बोध का उजलापन पाया है। जिसे धो-धोकर निखारा और सँवारा है, उसकी बेहतर मिसाल महादेवी के सृजन से कोई दूसरी नहीं है। प्रसाद, पन्त और निराला की त्रयी में वे महाश्वेता-सरस्वती बनकर फूली-फली हैं। भारतीय नारी की आधुनिक अस्मिता, पवित्रता, दृढ़ता और आत्म-सम्मान भावना का यह सृजन ऐतिहासिक दस्तावेज है।

महादेवी वर्मा : दीपक और कमल की अन्तर्यात्रा

मैं अपनी बात कुछ जिज्ञासाओं से शुरू करता हूँ—क्या महादेवी में भारतीय नारीत्व की सांस्कृतिक मनोभूमिका सर्जनात्मकता में सक्रिय है? और यदि सक्रिय है तो उनके व्यक्ति और सामूहिक मानस में आर्केटाइपल बिम्ब किस ढंग से उभरते हैं? इन बिम्बों का पूरा सामाजिक-सांस्कृतिक हाशिया क्या है और वह कैसे खुलता है? कवयित्री महादेवी वर्मा की प्रकृत नारी-भावना बार-बार 'नारी रहस्य' (फीमेल मिस्टीक) में अपनी क्या पहचान खोजती है या बना पाती है? ये बहुत सारी जिज्ञासाएँ उनके काव्य-सृजन की मनोभूमिका से जुड़ी हैं और शव-परीक्षा जैसी चुनौतीपूर्ण लगती हैं। महादेवी वर्मा की सृजन-मनोभूमिका को खोजने का यह कार्य उस बृहत्तर मानस-संरचना की खोज होगा, जो उनकी कल्पना को अनजाने ही संघटित करती है।

जो लोग रचना में निहित मानव-तथ्यों को इस बुनियादी विचार में देखते हैं कि मानव-तथ्य किसी व्यक्ति या सामूहिक विषयों की अनुक्रिया होते हैं। ये अनुक्रियाएँ उस विषय की इच्छाओं-आकांक्षाओं के अनुकूल रूप में ढलने को आतुर रहती हैं। वे एक तरंग के रूप में उठती हैं और गति का इतिहास छोड़ जाती हैं। इस बात में यह तथ्य निहित है कि सारा आचरण मानव-मनोभूमिका का एक अर्थपूर्ण स्वभाव होता है—जो हमेशा प्रत्यक्ष नहीं होता। किन्तु जिसे तार्किक सम्भावनाओं से खोजना पड़ता है।

सरलता या कठिनता का मूल बिन्दु महादेवी के काव्य-सृजन को लेकर यह भी है कि उनका सारा काव्य-व्यवहार विषय लगने वाली परिस्थिति को परिवर्धित करने की दिशा में गतिशील रहता है। काव्य की अन्तर्वस्तु और उस अन्तर्वस्तु से जुड़ी चेतना (सम्भाव्य चेतना ही, यथार्थ चेतना नहीं) बीसवीं शताब्दी के हिन्दी-प्रदेशों के तीसरे दशक के मानस को रचनात्मक अभिव्यक्ति देती है। इसलिए इस मानस की व्याख्या अपेक्षित है और व्याख्या उस वैयक्तिक या सामूहिक विषय की खोज है, जिसे लिए कृति को नियंत्रित रखने वाला मानसिक संघटन—'प्रतीकों के मॉडल' निर्मित करता है। रचनाकार के लिए रचना वैयक्तिक कार्य या फंक्शन नहीं है। वह एक सामाजिक-सांस्कृतिक फंक्शन का अनिवार्य रूप या कर्म है। फिर महादेवी कविता में 'अकेली' नहीं होती हैं। उनके साथ 'प्रिय' होता है या कोई तूफान-बवंडर

आदि–कोई 'दूसरा' होता अवश्य है। और इस दूसरे से वे विचार में बँधकर भी खुली रहती हैं–मुक्त रहती हैं। यहाँ मुक्त आकाश के नीचे सभी की मुक्ति-आकांक्षा से भरा एक मुक्त आलोक दीप जलता है। यह दीप जलता भर नहीं है, तूफान सिर से गुजार देता है और अँधेरी रात का सजग प्रहरी दिखाई देता है–युग के तमस या अन्धकार (दानव वृत्तियों) से लड़ता दीप। यह दीप 'भीतर' भी प्रकाश करता है–भरता है और 'बाहर' तो आलोकित कर ही रहा है। फिर दीप 'व्यक्तिबद्ध आकांक्षा' की पूर्ति नहीं है–बृहत्तर सामाजिकता का युग-चेतना का दीप (प्रतिनिधि) है। यह दीप्त-प्रदीप्त होकर युग के घने अवसाद-निराशा-अपराजेय विवशता को गला देना चाहता है–'दीप मेरे जल अचंचल, घुल अकंपित' की यही 'काव्य-टोन' है और यह 'टोन' अपनी उमंग-तरंग की भाव-शक्ति से आश्वस्त करती है। इसमें निराशा नहीं है। उस अर्थ में तो बिल्कुल नहीं है, जिस अर्थ में बहुत से हिन्दी आलोचक उन्हें निराशावाद-दुखवाद-वेदनावाद की कवयित्री कहते रहे हैं। वास्तव में, इन आलोचकों ने महादेवी के अन्तर्मन में झाँकने की कोशिश ही नहीं की है। केवल सरलीकरणों के समीकरण बैठाये हैं। नतीजा यह हुआ कि महादेवी के काव्य-विषय-सन्दर्भ में आज भी हम 'समझदार' नहीं हैं। उनके विषय में छायावाद तक के समझदार आलोचक बेहद बेसमझी का व्यवहार करते नजर आते हैं।

खूब सोच-समझकर महादेवी ने अपनी केन्द्रीय संवेदना को व्यक्त करने के लिए एक मिथक और प्रतीक चुना है–'दीप'। यह दीप जयशंकर प्रसाद के शब्दों में कहें तो 'संकल्पात्मक-अनुभूति' का बोध-बिम्ब है। इस प्रतीक 'दीप' में भारतीय नारी का 'समग्र व्यक्तित्व' अर्थ-ध्वनि की झंकार करता है–स्नेह भरकर जलना, जीवन को करुण-दीप्त करना, आत्म-दान करना। यह 'दीप' ही 'नारी व्यक्तित्व' में सीता है–राधा है–अनसुइया है–सावित्री है। भारतीय नारी (चिति) साइके के आन्तरिक-संगति की लय का मिथक है। परम्परा में यह नारी-मन धरती-पुत्री के रूप में उपजता है सीता बनकर सब 'झेलता' है। प्रेम के लीला कमल में काम और क्रीड़ा का 'राधा-भाव' बनकर झिलमिलाता है। 'अनसुइया' रूप में 'पवित्रता' में ढलता है किसी भी इन्द्र-चन्द्रमा के छलने से बचता है–'गौतम-पत्नी' बनकर भी 'अपवित्र' नहीं होता। यह जीवन की सम्पूर्ण व्यथा को मारने के लिए आद्या-शक्ति है, दुर्गा है–द्रौपदी है–पार्वती है। महादेवी में यह 'दीप' कालिदासीय-लय पकड़ता है तो 'उस भाव' से मंडित हो जाता है और कामायनी के श्रद्धा रूप में आनन्दलोक की ओर बढ़ता है–"इच्छा-क्रिया-ज्ञान के त्रिक् को सोखकर 'यह मन्दिर का दीप इसे नीरव जलने दो', बन जाता है। और बढ़ें तो यह रति और प्रीति के सौन्दर्य-दर्शन को छलका देता है। यह 'दीप' सूफी-प्रेम का मन्सूर है जो 'अहलक' कहकर मरता है और मरकर भी जी जाता है–और कबीर की तरह कह रहा है–'हम न मरहिं मरि है संसारा–हमको मिला जियावन हारा।' उस चेतना का इस दीप में स्नेह (तेल)

है—जो अद्वैत चिन्तन-परम्परा का प्रकाश है। इसी दीप की आकांक्षा है—"झंझा है दिग्भ्रान्त रात्रि की मूर्च्छा गहरी। आज पुजारी बने विश्व का यह लघु प्रहरी।" यह विश्व का 'लघु प्रहरी' उस सामाजिक विश्व-दृष्टि की चेतना का शक्ति-बिम्ब है, जो पूँजीवादी साम्राज्यवादियों के काले अन्धकार को नष्ट करने के लिए कमर कसे हुए है। जाने क्यों लोग कहते हैं कि महादेवी में 'यथार्थवाद' नहीं है—पलायनवाद है। उन्हें भीतर से टटोलकर सोचना पड़ेगा कि युग का यथार्थवाद ही तो यहाँ 'दीप' नहीं है। क्योंकि दीप 'झंझावातों' से टकराना चाहता है—उन्हें मिटाना चाहता है—संघर्ष में जीतना चाहता ह। कहना न होगा कि 'दीप' उस ऐतिहासिक अनुभूति का मूर्त रूप भी है जो 'पराजय बोध' से पश्चिमी मन की भाँति न तो पीड़ित है, न मुरझाया हुआ है। महादेवी के युग को देखें, जो राजनीति में गाँधी-मन का वह शक्ति-बोध है, जो साम्रा यवादियों के बड़े-से-बड़े तूफान में पराजित नहीं होता है। यही गाँधी-मन महादेवी ने 'दीप' में पाया है। तो यहाँ कहाँ है वह 'पलायन', 'निराशा', जिसकी हम चर्चा करते थकते नहीं हैं।

महादेवी की मनोभूमिका रूढ़िवाद-विरोधी है। इनमें 'दीप' के भीतर अपराजेय-मानव-मन का संकल्प रहा है। यहाँ कहीं भी 'दीपशिखा-सी देह 'बाला' रीतिवादी अलंकृतभाव नहीं हैं। हाँ, उनका स्वर कबीर की 'दीवट बाती' भावना से मिलता है। नभ की दीपावली के त्यौहार महादेवी में जब तक मनाये जाते हैं—इन में भी साम्राज्यवादी दैत्यों द्वारा फैलाये गये अन्धकार से लड़ने की प्रतिज्ञाबद्ध उमंग है। दीपक, तारे, सूर्य-चन्द्रमा सभी प्रकाश के प्रतीक मुट्ठी बाँधे संकल्पों के रूप हैं। दीपावली उत्साह का त्यौहार है—प्रकाश की परम्परा है और परम्परा ही देश के आत्म-दर्शन का मूल स्रोत होती है। जिस लोक-जीवन के नियामक नायक गाँधी थे उसमें त्याग का धैर्यवान साहस है—उसमें चिनगारियों का एक मेला है। यही मेला मैथिलीशरण गुप्त और माखनलाल चतुर्वेदी में चल रहा है और माखनलाल 'आने दे मुझ पर मेघों की घोर घटा घिर आने दे' की शक्ति दिखाते हैं। बच्चन में 'है अँधेरी रात पर दीपक जलाना कब मना है' काव्य-पंक्ति में जो भाव-स्फोट है, वह भी युग-मन के खुलेपन की निर्भयता का संकेत है। यही दीप-भाव 'सूने मन मन्दिर में रख दिया' विस्तृत शक्ति समेटने की तैयारी है और यही अपनी चरम परिणति 'आशंका के दीप अँधेरे' की काव्यात्मक संवेदना की अदम्यता में पाता है। अच्छी तरह उलट-पलट कर देख लीजिए कि 'दीप' आधुनिक काल में शुरू से ही रीतिवादी-कलावादी अन्धकार से जूझ रहा है—जिसकी प्रखर काव्यात्मक-ज्ञानात्मक परिणति मुक्तिबोध में होती है। पर महादेवी का प्रदेय यहाँ है—वह यह कि भारतेन्दु-मैथिलीशरण, माखनलाल, नवीन और दिनकर के 'दीपक' को वे बुझने नहीं देती हैं—"अँगुलियों की ओट में सुकुमार सब सपने बचा लूँ/सब बुझे दीपक जला दूँ।" ओट में सुकुमार सपने बचाने का बिम्ब। जो जाति अपने सुकुमार सपने बचाती नहीं है, बचाने का प्रयास नहीं करती

है, वह बर्बरता की ओर चली जाती है और उसके कलात्मक-सौन्दर्य स्रोत पतले पड़ते जाते हैं। किन्तु महादेवी तो एक-एक आँख का सपना बचाना चाहती हैं—उनकी सामाजिकता-सामूहिकता का यह भाव-विश्व इसी प्रभाव की पुष्टि है। महादेवी सपने देखती हैं—सपने देखना जरूरी है—बिना सपने देखे कौन बढ़ पाया है—क्योंकि सपने को साकार करने के लिए शक्ति-संघर्ष करना पड़ता है—यही संघर्ष जीवन की गति को बदलता है, इतिहास रथ को हाँकता है। फिर महादेवी में यह स्वप्न देखना यथार्थ का विरोधी नहीं है। यथार्थ का विरोधी उन्हें लग सकता है, जो युग के यथार्थवाद को द्वन्द्वात्मक विकास-प्रक्रिया में समझने-समझाने में असफल रहते हैं। ऐसे ही आलोचक महादेवी को यथार्थवाद विरोधी कवयित्री कहते रहते हैं, क्योंकि उनकी यथार्थवादी परिभाषा में मार्क्सवाद का खुलापन गायब रहता है और रहता है मात्र संकुचित दायरे के बन्द यथार्थवाद का रूप। हिन्दी-कविता की बीसवीं शताब्दी के तीसरे दशक का सामाजिक-सांस्कृतिक इतिहास जिसमें 'संकल्प जल' रहा है, महादेवी का यथार्थवाद है। इनके काव्य-बिम्बों-सौन्दर्य-प्रतीकों में वह सांस्कृतिक जागरण का प्रकाश झिलमिलाता मिलता है—जो प्रिय-पथ से लेकर अग्निपथ तक की अनेक अन्तर्यात्राएँ करता है। *नीहार* काव्य संकलन में छोटे दीप हैं—वन फूल हैं। *नीरजा* काव्य-संग्रह में 'दीप-कमल' खिल गये हैं। *सांध्यगीत* काव्य-संग्रह में 'शलभ-दीप' का बलिदान-भाव आ जाता है और *दीपशिखा* काव्य-संग्रह में प्रलय-ज्वाला, मृत्यु-आँधी को झेलकर भी जलता है। अब 'दीप' का नया परिवेश है जिसमें राजनीतिक आन्दोलनों, सांस्कृतिक विद्रोहों और सामाजिक संघर्षों का सघनीकरण-यथार्थीकरण है। एक ओर मलय, मारुत, वात, समीर, दीप है और दूसरी ओर प्रलय, झंझा, आँधी-अंगारे हैं। शलभ के झुलसे पंख हैं और दीपक का आलोक है। युग की भावात्मक यथार्थता के बीच नारी-ज्योति जल रही है, दुर्गा-संघर्ष पल रहा है। वेदना 'गल' गयी है, चेतना जल कर स्वर्ण बन गयी है, अर्थात् चेतना का स्वर्ण सात्विकीकरण-कैथार्सिस की ओर चल पड़ा है। उनमें 'नयनों में दीपक से जलते, पलकों में निर्झरिणी मचली' की अवस्था भी यही है। और यही यथार्थ भाव उठता है 'धूप-सा तन दीप-सी मैं'—जिसमें 'हुए शूल अक्षत मुझे धूलि चन्दन' का भाव भर जाता है। कारण, महादेवी की 'चिति' एवं 'चेतना' में मनोसामाजिक कारण प्रखर हो गये हैं और व्यथा का अन्तिम छन्द गाया जा चुका है।

कितनी ही बहस कीजिए यह निष्कर्ष सहज ही निकलता है कि महादेवी के कवि के पास एक अत्यन्त संवेदनशील वेदन-तन्त्र है। और यह अपनी मूल प्रतिज्ञा में मानव-मुक्ति की आकांक्षा से प्रेरित है। क्षितिज तोड़कर उस पार साफ-साफ देखने की तड़प इसी आकांक्षा की अनुगूँज है। यही तड़प उनके कवि की सृजन-शक्ति को चुनौती देती है और अनुभूति को दर्शन में, दर्शन को अनुभूति में घुलाकर 'अद्वैत' स्थापित करने को आतुर रहती हैं। पर अवचेतन के अराजक विस्फोट

रहस्यमय नारी-चिति के प्रतीक रचने को व्याकुल रहते हैं और महादेवी उनकी गिरफ्त में आ जाती हैं। किन्तु सांस्कृतिक नवजागरण का आधुनिक भाव-बोध यहाँ इतना प्रबल पड़ जाता है कि उनकी सौन्दर्याभिरुचि को शास्त्र-सम्मत लीकों में नहीं जकड़ पाता। वे मानव की स्वतन्त्रता को सृजनात्मकता में खोजने का यत्न करती हैं, किन्तु निर्वैयक्तिक शास्त्रीयता का बोझ कला को न तो जन-चरित्री रहने देता है—न कला-चरित्री। महादेवी जब कभी गहरी दार्शनिकता की ओर झुक जाती हैं—उनका काव्यत्व शिथिल पड़ जाता है—उनके पास प्रसाद और निराला और पीछे जाएँ तो जायसी-तुलसी-कबीर वाली दार्शनिक आँच नहीं है, जो उनके कवि को लगाार गर्म रखती है और दर्शन को सृजनात्मक कल्पना में ढालकर जीवन के केन्द्र में प्रतिष्ठित कर देती है। प्रसाद का कवि भारतीय सांस्कृतिक-चेतना के बोध के बीच में सामूहिक भाव शक्ति के साथ वास करता है, पर महादेवी का कवि ऐसा नहीं कर पाता। हाँ, स्वाधीनता-आन्दोलन के दिनों में हमने जो आत्मबल विकसित किया था और जो कह सकता था—'पन्थ होने दो अपरिचित प्राण रहने दो अकेला' वाली भूमिका के लक्षण प्रकट होने लगते हैं। उनकी सृजनात्मक कल्पना में औद्योगिक क्रान्ति की झेल-झटक से उपजी वह ब्लेकीय या ऑडेनीय परिणति हो पाती जो पश्चिम में येट्सीय आत्मविश्वास बन जाती है। यहाँ हमारा औपनिषदिक आत्म-चिन्तन और दूसरा ही स्रोत खोजता है—यह स्रोत प्रकृति-दर्शन की ओर मोड़ता है। हमारी जातीय जिजीविषा हर संकट से उबारकर नये स्वप्न देखती है—किन्तु हमारी छिन्न-भिन्न आर्थिक दुरावस्था ऊपर से धक्का देकर मारती है। किसान संवेदना को घायल करती हमारी बौद्धिकता की छुरी इतनी तेज होती रही है कि हम अभिजात्य से नीचे उतरकर लोक-चित्त की ओर साहस करके ही आ पाते हैं। इसी अर्थ में वाल्मीकि-तुलसीदास दोनों ही हमसे छूटते-छूटते बचते हैं। अंग्रेजी राज्य में नयी जमींदारी से मार करने वाली भूमि से किसानों के स्वत्वाधिकार को वंचित करने वाली एक ऐसी व्यवस्था कर दी गयी कि सामूहिक-अस्तित्व की प्राणशक्ति ही निचुड़ गयी। इस निचोड़ ने भारतीय मानस की शक्ति को खंड-खंड कर दिया और जिजीविषा के मूल पर ही नश्तर चलाया। इसलिए एक परोपजीवी, अपनी निजी सांस्कृतिक सम्पन्नता से विच्छिन्न एक वर्ग भारत में जन्मा, जिसने हमारी सृजनात्मक कल्पना को ही अभिशप्त कर डाला। यह अभिशाप भी हिन्दी प्रदेशों को ही सबसे अधिक झेलना पड़ा—इसीलिए, पराधीनता से मुक्ति पाने की छटपटाहट भी इस प्रदेश में सबसे पहले दिखाई दी। इसी जमीन को मध्ययुगीन संस्कृति के बीज बचाने पड़े और इतिहास के आर्थिक-सामाजिक अघातों को पचाने-झेलने की शक्ति भी विकसित करनी पड़ी। भारतेन्दु-प्रसाद-निराला इस आघात को सीधे झेलते हैं महादेवी उसे ऐतिहासिक अनिवार्यता की सतह पर झेलती हैं। इसीलिए उनकी कविता में पराधीनता से मुक्ति की छटपटाहट यही कह पाती है—'कीर का प्रिय आज पिंजर खोल दो'। आत्मा का बेचैन सुग्गा महादेवी

की पराधीनता का अनुभव तथ्य प्रस्तुत कर देता है। अवरुद्ध आत्माभिव्यक्ति के स्रोत खुलने को आकुल-व्याकुल हो जाते हैं और छायावाद की अन्तर्धारा उमड़कर निकल पड़ती है...प्रगीतों में इसे निकास मिलता है। पुराना प्रबन्ध-तन्त्र टूटकर बह जाता है और प्रणय-तन्त्र पनपता है। प्रगीत-तन्त्र की इस तकनीक को महादेवी नया संस्करण-नया निखार देती हैं। इतना उजला निखार कि उस पर एक दाग-धब्बा नहीं रहता।

पूर्व और पश्चिम के बीच सही टक्कर नहीं हो पायी कि हमने समन्वय का राग अलापना अपना धर्म बना लिया। इस समन्वय-भावना ने गुड़-गोबर को मिलाकर एक कर दिया। कामधेनु के दूध में बकरी का दूध मिला दिया और यह 'मिलावट' हमारी आदत में ही जड़ जमा गयी। इससे हमारा मौलिक चिन्तन, तत्त्व-दृष्टि दिशाहीन हो गयी। हमारे लिए न पूर्व पूर्व रहा, न पश्चिम पश्चिम। हम तो दोनों की मिलावट में गर्क हो गये। इसका प्रभाव सृजनात्मक कल्पना पर पड़ा और पूरा छायावाद पश्चिमी स्वच्छन्दतावाद की अनुकरण मूलक-कला में आ. रामचन्द्र शुक्ल को धँसता नजर आया। इसी स्थिति में उन्हें छायावाद-रहस्यवाद के विरोध में खड़ा किया। किन्तु महादेवी के आने तक छायावाद का मुहावरा नयापन खोने लगा था—उनके लिए एक प्रकार से यह अच्छा ही हुआ। पश्चिम का स्वच्छन्दतावाद महादेवी की मनोभूमिका में न भिद सका। उनका स्वच्छन्दतावाद भारतीय स्रोत से खिंचकर ही आया और उसने देशी मौलिकता की तेज सृजन छाप छोड़ी है। उनके भारतीय नारी-मन ने पूजा-अर्चना-अध्यात्म-रहस्य को बौद्धिकता से अपनी शर्तो पर ग्रहण किया और कहा—'मेरे गीत अध्यात्म के अमूर्त आकाश के नीचे लोक-गीतों की धरती पर पले हैं।' इनमें अण्डाल और मीरा के भाव ने नयी अर्थापत्ति पायी और पराधीनता के चंगुल से छूटने की चाह उत्पन्न की। यहाँ नारी अब पुरुष के कन्धे का सहारा लेकर नहीं चलती है, न ही वह मध्यकालीन विरहिणी बनकर असहाय तड़पती है वरन्, उसकी एक अलग स्वावलम्बी पहचान बनती है। वह अकेले ही तूफानों से जूझने में समर्थ हो जाती है, विपत्तियों से टकराकर शक्ति पाती है और कह सकती है "दूसरी होगी कहानी/शून्य में जिसके मिटे स्वर/धूल में खोई निशानी/दृढ़व्रती निर्माण उन्मद/यह अमरता नापते पद/बाँध देंगे अंक संस्कृति में तिमिर से शून्य बेला/पन्थ होने दो अपरिचित प्राण रहने दो अकेला।"

उत्तर छायावाद की कविता में सर्जनात्मक कल्पना का जो पुनः विस्फोट हुआ—उसमें 'तीर पर कैसे रुकूँ मैं आज लहरों में निमन्त्रण' वाला बच्चन-बोध प्रबल हुआ। युग-लहरों का यह निमन्त्रण बच्चन, भगवतीचरण वर्मा, दिनकर, माखनलाल चतुर्वेदी, नवीनजी, शिवमंगल सिंह 'सुमन' आदि ही नहीं सुनते हैं, महादेवी भी सुनती हैं—पाती हैं। यहाँ यह विद्रोह-भाव भी सिर उठाता है कि सबसे समन्वय कर लेने की हमारी जो आदत पड़ गयी है, उसे बदलना होगा। यह स्वाभाविक ही था कि गाँधी-सुभाष

चिन्तन से हम कर्म के नये सबक लेते। गाँधी के कर्म-सिद्धान्त से प्रेरित कल्पना भारतीय मानस को पुनः रचती है—उसकी सलवटें निकालती है। महादेवी में इसी आशा-उल्लास का प्रगीति स्वर फूटता है—यही व्यथा का सवेरा है—"हँस देता जब प्रात सुनहरे अंचल में बिखरा रोली/लहरों की थिरकन पर जब मचली पड़ती किरनें भोली/तब कलियाँ चुपचाप उठाकर पल्लव के घूँघट सुकुमार/झलकाती आँखों से कहती हैं—कितना मादक है संसार।" महादेवी की यही 'मादकता' बच्चन में *मधुकलश* बनती देखी जा सकती है। यह 'मादकता' मानव के 'श्रेष्ठ' से उसे जोड़ देती है। अब छायावादी कल्पना के अप्सरा-लोक ध्वस्त हो रहे हैं—और मानव-केन्द्रित-चेतना उभार पा रही है। 'लघु' और 'महत्', यथार्थ और आदर्श को समन्वित करने वाली दृष्टि में दरार पड़ जाती है—महादेवी की कविता इसका सबूत है। यह समझ इसलिए जरूरी है कि यदि हमारा मतभेद प्रसाद या पन्तजी से है तो उसका नजला महादेवी पर नहीं झड़ना चाहिए। मैं यह बात जोर देकर इसलिए भी कहना चाहता हूँ कि यह नजला अक्सर महादेवी पर बड़ी नासमझी से झाड़ा गया है और उन्हें 'यथार्थ' की समझ से काटने की साजिश की गयी है, हमले किये गये हैं।

बहस केवल इस बात पर हो सकती है कि महादेवी की मनोभूमि की अनुभूति क्या है? अनुभूति की प्रकृति क्या है? महादेवी वर्मा अपने सृजन-दीप को छायावाद और उत्तर छायावाद के चौराहे पर लेकर खड़ी हैं। छायावाद का विघटन दृश्य उनकी आँखों के सामने है। पन्त की ऐन्द्रिय संवेदना का विघटन हो गया है, निराला की सृजन-शक्ति छायावाद को छोड़कर आगे बढ़ रही है—प्रसाद दर्शन को मथ रहे हैं। छायावाद की सभी विशेषताएँ महादेवी के सृजन में धमाचौकड़ी मचा रही हैं और अन्ततः अभ्यास-जड़ लीकों में रूढ़ हो रही हैं। उनके पास एक ओर छायावादी अभिव्यक्तियों की स्मृति-धरोहर है और दूसरी ओर नये जीवन-स्पन्दन की आन्तरिक लहर। जीवन-स्पन्दन की यह लहर उनके गद्य में कौंधी है पद्य में गहरे मन्थन के कारण भीतर-ही-भीतर बनकर टूट रही है—प्रच्छन्न है। यह मन्थन, महादेवी के गीतों की प्राण-लय को नवीन जीवन-संगीत से रंग देता है। इन गीतों का वास्तविक योगदान 'लय' गति में है जिसे 'विशेषीकृति' छवि मिल जाती है। पुरानी गीत की 'लय' से महादेवी की कविता विच्छिन्न हो रही है—नयी प्रयोगशीलता का सृजन-कर्म नयी लय निर्मित कर उठता है। जिस लय-कोण से महादेवी गीत रचती हैं उस कोण से न प्रसाद जी रचते हैं न निराला। जाहिर है कि नवीन काव्यात्मकता की भीतरी ताकत ने महादेवी के गीत संवेदन-तन्त्र को बदल दिया है, जिसमें लय-नाद की नवीन झंकार उठ रही है। स्वर-संगीत की जो पहचान पन्त जी को है, उससे भी आगे बढ़कर बल्कि स्वर को और सूक्ष्मता से काटकर महादेवी की काव्य-सम्भावनाएँ अंकुरित होती हैं। उषा का अन्तःसंगीत वेद-ध्वनि कर उठता है, कलियाँ घूँघट खोलकर विश्व देख उठती हैं, पीले फूलों पर सुकुमार तितली के नवकुमार झूम उठते

हैं, अजान पल्लवों में मर्मर का मधु संगीत-स्रोत फूट पड़ता है। महादेवी के प्रगीतों का अर्थ-सन्दर्भ प्रकृति-लय की तन्मयता में विभोर ऋषि का ऋचागीत बन जाता है, जिसकी थिरकन से सृष्टि और स्रष्टा दोनों तदाकार हो गये हैं। अब हालत यह है कि भीतर-बाहर का आलोक सागर युग-मन की 'उमंग' का बिम्ब बन गया है। आप इसे प्रसाद-निराला के बाद का सरलीकरण कहकर नहीं टाल सकते। इसके सूत्र बच्चन, दिनकर, अंचल आदि में अन्वेषित करने पड़ेंगे। महादेवी या बच्चन में बौद्धिक गम्भीरता की कमी नहीं है—बल्कि युग-मन इनमें खुल रहा है। कवि-मन काल का अति भ्रमण कर रहा है—पूरा देश 'स्वाधीनता' की ओर 'उन्मुखता' दिखा रहा है। यही देश का अनुभव 'दीप' में चिनगारियाँ उठा रहा है। इसी से जलने को 'जानने' की अनुभूति सामने आ रही है और यह कहती आ रही है कि 'इसे तिमिर का शून्य गलाने को गलने दो'। फिर बच्चन, दिनकर और महादेवी में अनुभूति के रंग एक से नहीं हैं—यह स्तर-भेद अनुभूति-भेद से ही उपजा है। महादेवी की प्रगीत-अनुभूति उन पुराने साँचों को तोड़ देती है, अपर्याप्त सिद्ध कर देती है, क्योंकि नये युग यथार्थ का, उसकी ललकार-पुकार का दबाव बढ़ गया है—अब सामाजिक अनुभूति मनोभूमि में फिरकी-सी चक्कर खा रही है। इसीलिए चितेरे से 'सागर आँकने' की महादेवी विनय कर उठती हैं और उसमें उछलती मछली आँकने का आग्रह बढ़ जाता है। अनुभूति विस्तार से आती है और सागर की ओर जाती है। इसमें 'मोती' ढलते ही तब हैं, जब महादेवी का प्राण पपीहा स्वाति-नक्षत्र का जल पी लेता है, 'प्राणपिक पिय नाम रे कह' का अर्थ ही है प्राणों की सामाजिकता का विस्तार, दर्द का आत्म-उन्मोचन, आत्म-संघर्ष, सहने की मानसिक मनोभूमिका में आने की शक्ति बटोरने का यत्न। छायावाद का 'मेटाफिजिक्स' महादेवी में बन-बनकर मिटता-घुलता है। अब महादेवी की काव्य-संवेदना रहस्यात्मक 'भावुकता' से बिखरती नहीं है, अनुभूतियों के जीवन-संग्राम से जूझकर वह 'वैचारिकता' विकसित कर लेती हैं जिसमें 'लहर' पहाड़ को हथेली पर उठाने की शक्ति पाती देखी जा सकती है। तूफान से जूझते 'दीपक' का यही सम्भव अर्थ हो सकता है। स्वाधीनता-आन्दोलन की अदम्य चेतना के साथ यह काव्य-संवेदना इतनी घनिष्ठ है कि उनके शब्द उस आवेग से चौकन्ने हो गये हैं—और 'थिरकती आ वसन्त रजनी' की स्वागत मुद्रा बन रहे हैं। महादेवी में शब्द और संवेदना का यह तादात्म्य 'समझने लायक चीज' है—सरलीकरण कहकर टालने की बात नहीं है। युग के मनोभाव की भाँति महादेवी 'सहने' की स्थिति में नहीं हैं—'मुठभेड़' करने की स्थिति में हैं—भाव की भक्ति में तपस्या की ताकत फूट रही है। युग के भावों की शब्दों में एकाग्रता है—रूमानी रहस्यवादी सरलीकरण नहीं। इनके गद्य की सामाजिक लय उनके गीत की लय में बदल जाती है—'नीर भरी दुःख की बदली' बरसकर धरती की हरियाली में हंस पड़ी है।

उत्तर-छायावाद में आते ही महादेवी का 'अन्तर्जगत' और 'अनुभव' दूरी की दीवार को गिरा देता है। अब अनुभव में वह युग उतर आया है, जो लहरों का निमन्त्रण सुनता है। ऐसी कला महादेवी में विकसित हो जाती है जो समस्त छायावाद को अपने भीतर भरकर फेंटती है। यहाँ न आँसू का हाहाकार है न निराला का झुंझलाता जगत है। यहाँ तो जलने की पीड़ा का स्वाद है—शब्दों की अमूर्तता में मूर्त चित्रविधान का ताँता लग उठा है—"मैं लगाती चल रही नित मोतियों की हाट और चिनगारियों का एक मेला।" यही चिनगारियों का मेला सामूहिक मन की ध्वनि-व्यंजना है। युगबाला अब अभावों-अतृप्तियों को झेलकर प्रौढ़ा हो गयी है—अब मन का मौन भीतन-ही-भीतर घुलने में विश्वास खो चुका है, वह बाहर झाँक उठा है। छायावाद का खमीर उठ रहा है और छायावाद की समस्त शब्दावली संवेदना की तीक्ष्ण नोक पर बिंध गयी हैं—दीपक, कलियाँ, शलभ, मधुप, मलय, पलकें, अलकें, मधु, उच्छवास, बदली, बादल, मेघ, कलियाँ, भौरें, आँसू, मोती, क्षितिज, स्वप्न, स्पर्श, पुलक, क्रन्दन, लहर, सागर, मछली सभी यहाँ छनकर आ गये हैं। उनका रचनाकार मन पूरे छायावाद को छानकर, धोकर रख देता है, उसकी सूरत निकाल देता है। शब्द बार-बार दुहराये जाते हैं, पर अर्थ-व्यंजना हर बार नयी होती जाती है। अब हालत यह है कि रचनाशील मन चन्द्रस्पर्श को मचल रहा है—वाह रे तिरिया हठ तू नया रंग लायी है, 'शशि को छूने मचली-सी/लहरों का कर-कर चुम्बन।' यहाँ प्रसाद जी की 'उठ री उठ री लघु लोल लहर' का नया नमूना मिलने लगता है। महादेवी में कला-सृजन के क्षण की कलात्मक पकड़ बहुत है। भारतीय नारी मन की कलात्मक परोस और सफाई का संयम-धैर्य बहुत है, हर चीज करीने से सजायी गयी है, फूहड़ता नहीं है। चतुर नारी जैसे जिसे रचती है उसे खूब-खूब माँजती-सँवारती है। इसे 'कृत्रिमता' न समझना चाहिए, न रीतिवादी अलंकरण। क्योंकि इसमें भीतर का नारी लावण्य बाहर दमक उठा है। महादेवी ने जैसे सघन अनुभूति अन्वित आन्तरिक लय विन्यास और सामंजस्य भरे प्रगीत लिखे हैं वैसे—कलात्मक प्रगीत उनके आस-पास कोई नहीं लिख पाया। उनकी खूबी यह है कि उन्होंने गीत को अनुभूति और अभिव्यक्ति दोनों स्तरों पर तराशा है। किन्तु तराश और माँज की एकाग्रता शिल्प में ज्यादा है, शब्द, बिम्ब, प्रतीक, छन्द, लय—सभी कुछ फूल की रंगीनी की तरह खिला है। प्रसाद, निराला और पन्त में काव्य-भाषा को सिरजने का, उसे अर्थान्वेषित करने का फंक्शन ज्यादा है। महादेवी उस सृजित को अपनी गीत-लय में पुनः रचती हैं। इसलिए उन्हें वह भाषा-संघर्ष नहीं करना पड़ा है, जिसके लिए प्रसाद, निराला और पन्त जूझते रहे हैं। वास्तव में छायावादी भाव-जगत् की समस्त विलक्षणता को महादेवी 'अभ्यास' में ढालकर निचोड़ देती हैं। उनकी भाषा में सृजनात्मक सम्भावनाएँ कम हैं—'लीक' ज्यादा हैं। इसलिए इस भाषा का उपयोग आगे के कवि नहीं कर पाये। अज्ञेय को प्रसाद की ओर 'हेरना' पड़ा है और मुक्तिबोध को निराला की ओर, भवानीप्रसाद

मिश्र को पन्त की ओर। कोई भी नया कवि महादेवी की ओर नहीं देखता है, जबकि बच्चन की ओर लपकता है। बच्चन जी छायावाद की अति साहित्यिक काव्यात्मकता के तिलिस्म को तोड़कर बोल-चाल की ओर मोड़ देते हैं। भवानीप्रसाद मिश्र भाषा की 'कठिनता' को रौंदकर 'सहजता' में लाते हैं और मन की बात सीधी-सादी भाषा में कहते हैं। भाषा की मुक्ति बच्चन, भवानी प्रसाद आदि के हाथों से होती है।

यह कहना ज्यादती होगी कि महादेवी की कविता जीवन से उत्पन्न नहीं है, वह साहित्य के भीतर से नहीं उपजती है। जबकि उनका गद्य जीवन से उपजता है—सामाजिक ललकार से जीवन्तता पाता है। इसलिए गद्य में ताजगी है—पद्य में बासीपन। दरअसल, महादेवी छायावाद की तीन प्रतिभाओं के बीच दब गयीं। दब इसलिए गयीं कि उनके पास प्रसाद जी का सांस्कृतिक-दार्शनिक चिन्तन नहीं है, पन्त का सूक्ष्म सौन्दर्य-बोध नहीं है, निराला की प्रयोग-बहुल महाप्राण गतिधार नहीं है, नाटकीय मोड़ नहीं है। यह विवशता ही है कि महादेवी 'कविता' को केवल 'गीत' में और वह भी छोटे-छोटे गीतों में बाँध देती हैं। कभी लम्बी कविता को लिखने का उन्हें साहस नहीं होता। यह बात ऐसे भी कह सकते हैं कि भाव-बदली उमड़ती हैं और बरसकर चली जाती है, पर इस भाव-संवेदना की नैतिक मूल्यों की भिति बड़ी दृढ़ है—उतनी ही गहरी है जितना गहरा है भारतीय नारी का मन। फिर यह भाव-बोध इतना संस्कारी है कि बाहर की हवा चौखट से टकराकर लौट जाती है। संस्कारों की यह भारतीयता 'अनुभव करने की' चीज है, कहने की नहीं। महादेवी तकलीफों में पिघलकर पसर नहीं जाती हैं, और ठोस हो जाती हैं। पुरानी नारी पिघलकर इतनी सूक्ष्म हो जाती थी कि उसकी ठोस मूर्ति बनाना कठिन पड़ता था। रीतिकाल की नारी तो काम-खिलौना मात्र रह गयी थी, जिसे आधुनिक कवियों ने काम-कीचड़ से निकाला और व्यक्तित्व दिया। मैथिलीशरण गुप्त में यह नारी चुनौती झेलती है और छायावाद की नारी चेतना शक्ति का पर्याय हो जाती है। आधुनिक सांस्कृतिक नवजागरण की चेतना से जिस नारी का व्यक्तित्व निर्मित होता है, उसी की सीधी अभिव्यक्ति महादेवी में होती है। बड़ी-से-बड़ी चोट खाकर महादेवी जमीन नहीं पकड़तीं—शक्ति बटोरती हैं, संघर्ष करती हैं और दुर्गा-शक्ति सामने लाती हैं। रहस्यानुभूति में परम्परागत प्रलय सम्बन्ध स्वीकार नहीं करती हैं। इस प्रणय-भावना के सौन्दर्य मापदण्ड एकदम बदले हुए हैं—प्रेम की अपनी शर्तें हैं और महादेवी में यह प्रेम शर्त एकदम नयी है। यह शर्त है नारी समानता। यह नारी ऐसी शक्ति का स्रोत है कि पुरुष उसे 'रहस्य' से मंडित कर देता है। महादेवी का प्रणय-भाव पुरुष की संस्कारबद्ध वासना के भूत को उतार देता है। यहाँ मध्यकालीन 'रमणी भाव' गायब हो गया है और उसका स्थान उस नारी ने ले लिया है जो तूफान को झेलकर अडिग रहती है। नयी शिक्षा ने उसे नया ज्ञान-बोध दिया है और वह पुरुष की पराधीनता से मुक्त होने का संकल्प किये बैठी है, बन्धन मुक्ति की दिशा

खोज रही है। नारी के प्रति दृष्टिकोण में भारी परिवर्तन द्विवेदी-युग ही ले आया था। रीतिकालीन पुरुष के दृष्टिकोण से वह काफी दूर हट गया था—नारी-सुधार आन्दोलनों ने उसकी दृष्टि बदल दी थी। इसका प्रथम प्रमाण रामनरेश त्रिपाठी के *पथिक* खंडकाव्य में मिलता है—यहाँ नारी पुरुष की प्रेरणा है। महादेवी का संस्कारी नारी-मन न तो प्रसाद के नारी-मन की उद्दाम काम-भावना कहा जा सकता है, न निराला का काम झंझावात वहन कर सकता है, न पन्त जी का भोला बालिका भय झेल पाता है। इसलिए महादेवी प्रतीकों में अन्तर्मुखी हो जाती हैं और प्रणय-कथा कह नहीं पाती हैं। केवल व्यथा का इतिहास ही लिख सकती हैं। 'करुणानिधि को भाता है तम के परदे में आना' का यही रहस्य भाव है। नारी का अनसुइया मिथक महादेवी में प्रायः सक्रिय रहता है जो हर कीमत पर अपनी 'पवित्रता' अक्षय रखना चाहता है। इसीलिए 'प्रिय' 'वह सपना बन-बन आता' है और 'उँगलियों की याद छोड़ जाता है' याद में 'तरल मोती भरे हैं' पर मजाल है कि संकल्प टूट जाए। 'प्रिय' को पहचानती हैं—न पहचानतीं तो किसलिए 'पावस नयन में प्राण में चातक बसाती'? इस प्रकार प्रणय-भावना को वे प्रचलित-अप्रचलित प्रतीकों-बिम्बों से व्यक्त करती हैं।

यह ठीक है कि महादेवी के गीतों में प्रसाद, पन्त, निराला जैसा वैविध्य नहीं है, एक ही दिशा में तराशी गयी कला है, पर इस कला में नवजागरण की ज्योति है। उनका एक गीत उदाहरण रूप में देखा जा सकता है, 'मैं नीर भरी दुःख की बदली'। बदली का यह प्रतीक नया अर्थसन्दर्भ रखता है, क्योंकि बदली में 'नीर भरा है' और 'नीर' जीवन की समस्त सम्भावनाओं का अर्थ-संकेत है। यह 'बदली' व्यथा का भार नहीं है—इसमें 'सुख की सिहरन हो अन्त खिली' से स्पष्ट है कि जगत को सुख दान करने के लिए उमड़ी है—एक बृहत्तर समाज को सुखी करने की अन्तःप्रेरणा का रूप है। निराला के 'बादल' से इसका भाव मिलता है, जबकि पन्त जी के 'बादल' से यह अर्थ-सन्दर्भ में दूर पड़ जाती है। महादेवी ने 'सुधि मेरे आगम की जग' में संकेतित-प्रतीकित कर 'बदली' को निराला के 'बादल राग' की चेतना से अर्थ-सम्पन्न किया है। वस्तुतः यह 'बदली' उस मनःस्थिति के राग का विस्तार या सौन्दर्य प्रतीक है, जो मानव की नश्वरता के साथ कर्म-सौन्दर्य की शोभा रखती है। आ. हजारीप्रसाद द्विवेदी ने *अशोक के फूल* में कहा है कि 'स्वर्गीय वस्तुएँ धरती से मिले बिना मनोहर नहीं होती।' ठीक यही भाव-बिम्ब इस 'बदली' में समाहित है। नश्वरता में मिटने के साथ परिवर्तन और विकास का भाव है—यह परिवर्तन-भाव देवतावाद के जड़तावाद को स्वीकार नहीं करता। महादेवी 'देवता' के लिए नहीं ललकती हैं, 'मानव' के लिए आगे बढ़ती हैं। यही मानवीय संस्कृति की मानववादी चेतना का संकेत है। वे मानव की नश्वरता को मानती हैं, क्योंकि नश्वरता रूप-परिवर्तन से गतिशील है। उन्होंने साफ कहा है, 'अमरता है जीवन का ह्रास', वे 'अमरों का लोक' नहीं चाहतीं, 'मिटने का अधिकार' माँगती हैं। मानव की

गरिमा, मानव की कर्मठता, मानव की अदम्य प्राणशक्ति ही महादेवी को पसन्द है। यही उनके जीवन दर्शन की मानववादी चेतना का व्यापक नवजागरणवादी चेतना से सीधा रिश्ता है। कहना न होगा कि महादेवी के चिन्तन के केन्द्र में 'मानव' और मानववाद है। मानवीय नश्वरता को महादेवी ही नहीं, पूरा छायावाद आत्मसात किये रहा है और यही इस शक्ति काव्य का सौन्दर्य-बोध है। महादेवी में 'मुक्ति की चेतना' का निमन्त्रण स्वर प्रबल है, करुणा का मानव जल है और 'उल्लास' भाव का अखिल जगत है। इसीलिए महादेवी की काव्य-चेतना पलायनवाद, निराशावाद से एकदम दूर है, यहाँ पलायनवादी विचारधारा का प्रतिवाद है। महादेवी ने सर्वात्मवाद, उपनिषद्-चिन्तन-बौद्ध विचार धारा से गहरा रिश्ता जगह-जगह अपनी गीत चेतना में अभिव्यक्त किया है। यहाँ उनके चिन्तन का मूल स्रोत साधनावस्था वाली चिन्तन-धारा की करुणा है, वेदना है। करुणा—मानव करुणा और वेदना अर्थात पीड़ा सहने की शक्ति ही मानव के व्यक्तित्व को निखारती है, यही जीवन-संघर्ष 'अन्धकार' को काटता है, मानव विरोधी शक्तियों से टकराता है और उन्हें पराजित करता है। सामान्य दुख की उन्हें कभी परवाह नहीं रही, पर प्रकृति वैभव के साथ विलास की इच्छा सक्रिय रही है। उनकी सृजनात्मकता में वैचारिकता और प्रश्नाकुलता लगातार रही है कि 'तेरा वैभव देखूँ या/जीवन का क्रन्दन देखूँ।' जीवन का क्रन्दन वही सुन सकता है जो जीवन को सहलाने की शक्ति रखता है। जिसका हृदय-विश्व का हृदय हो सकता है और जो सच्चे सन्दर्भों में 'हृदय की मुक्तावस्था' को समझता है। इस दृष्टि से लोक पीड़ा का अनुभव ही लोक-चिन्ता का पर्याय है। मूलतः महादेवी के काव्य की मनोभूमिका भारतीय लोक-मंगल की चिन्तनधारा से निर्मित होती है तथा नवजागरण की चेतना से संस्कारित और उजली होती जाती है।

डॉ. रामविलास शर्मा ने अपने एक लेख में महादेवी वर्मा को 'उषा और उल्लास की कवयित्री' कहा है। डॉ. शर्मा का यह मत काफी ठोस चिन्तन का नतीजा इस दृष्टि से है कि उन्होंने महादेवी की मनोभूमिका को ठीक-ठीक समझा है। उनका कहना है कि "आशा और उल्लास वाला यह उनका एक पक्ष है, उनके काव्य की समग्रता इस एक पक्ष में नहीं सिमट जाती। किन्तु वह एक महत्त्वपूर्ण पक्ष है जो आलोचकों की दृष्टि से बहुधा ओझल रहता है। और इसलिए उस पर बल देना आवश्यक है। महादेवी जी का साहित्य आधुनिक काल में नारी जागरण से घनिष्ठ रूप में सम्बद्ध है, और उनकी करुणा व्यक्तिपरक अथवा आत्मगत ही नहीं है। यह बहिर्मुखी समाजपरक है" (*विराम चिह्न*, पृ. 226)।

आये दिन महादेवी वर्मा के काव्य-सृजन को लेकर यह बहस होती रही है कि उनके काव्य की सामाजिक प्रासंगिकता क्या है? सामाजिक संघर्ष में वह किसकी ओर रहती हैं? क्योंकि साहित्य रचना में रचनाकार का दृष्टिकोण ही प्रमुख चीज होता है। जहाँ तक अपनी अनुभूतियों और भावनाओं के प्रति सच्चे होने का सवाल

है महादेवी प्रसाद और निराला जी से कम सच्ची नहीं हैं। उनकी अनुभूति किसी भी विकृत वासना से रंच मात्र भी मलिन नहीं होती। और न वे किसी साम्राज्यवादी, साम्प्रदायिकतावादी, पलायनवादी, कलावादी से समझौता कर सकती हैं। उनकी विद्रोही नारी मनोभूमिका में समझौतावादी अवसरवाद है ही नहीं। अनुभूतिवादी कलावाद छायावाद ने नहीं अपनाया—उसने नवजागरण दृष्टि को भाव-विचार की गरिमा एवं ऊँचाई दी। इतनी ऊँचाई कि उसके बाद का साहित्य छायावादी विचार स्तर और कलात्मक सौन्दर्य की तुलना में निम्न स्तर का ही रहा। यद्यपि इस परवर्ती काव्य ने युग-चेतना को काफी खरे ढंग से अभिव्यक्त किया और उसकी उपलब्धियाँ भी नगण्य नहीं हैं, किन्तु छायावाद से यदि उसकी तुलना की जाये तो वह उतना वजनदार नहीं सिद्ध होता। ध्यान देने की बात है कि छायावाद को रीतिवाद से सीधे टकराना पड़ा—नयी राहों की ब्रजभाषा से हटकर खड़ीबोली में खोज करनी पड़ी। सभी तरह के काव्य-रूपों प्रयोगों, छन्द के नये आविष्कारों, काव्य-भाषा की नवीन अर्थ-शक्तियों के द्वार खोलने पड़े। नये प्रयोगों ने कविताओं और गीतों को नये स्तर पर विकसित, सम्पादित एवं संशोधित किया। प्रसाद, निराला, पन्त ने गीत को भावान्विति के आकार में तो ढाल दिया, पर तराश महादेवी के द्वारा ही वह पा सका। कोई भी छायावादी कवि ऐसा नहीं है जो जन-जीवन की समस्याओं से न जुड़ा हो। डॉ. रामविलास शर्मा ने ठीक कहा है कि 'यह निश्चय है कि छायावादी काव्य के मूल्यवान रिक्थ को आत्मसात किये बिना कोई भी आधुनिक कवि अपने आधुनिकता बोध के बल पर उल्लेखनीय सफलता प्राप्त नहीं कर सकता।' महादेवी के काव्य की प्रासंगिकता यही है कि वे परवर्ती कवियों को अपनी वैचारिक मुक्तता से आकृष्ट करती हैं। उनका नारी मन या जातीय व्यक्तित्व इतना संघर्षशील और शक्तिमय है कि नयी नारी के अनेक सपने उसमें साकार होते प्रतीत होते हैं।

महादेवी ने मध्ययुगीन सामन्तवाद के घेरे में नारी को मुक्त करने की आकांक्षा पाल रखी है। उपनिवेशवादी आत्मप्रदर्शनों से भरी संस्कृति उनके विचारों को स्वीकार्य नहीं है। महादेवी की सांस्कृतिक मनोभूमिका में स्वामी दयानन्द, विवेकानन्द और गाँधी जी के विचार-आन्दोलन रहे हैं। सरोजिनी नायडू, अमृता शेरगिल, तरुदत्त, सुभद्रा कुमारी चौहान, कस्तूरबा गाँधी जैसी सांस्कृतिक-बोध से जगमग नारियाँ हैं—जो अपनी 'अस्मिता' के लिए संघर्ष करती रही हैं। एक घटना यह भी घटित होती है कि रोमांटिक आन्दोलन नारी को 'मानवीय' के रूप में प्रतिष्ठित कर देता है। अब वह 'देवि, माँ, सहचरी प्राण' के नये सम्बन्धों में उभरती है। नारी-मन अब मुक्ति और प्रेम के नये सपने बुन उठता है। नवीन वैचारिक परिवेश से नारी-मन का नया सौन्दर्य-जगत विकसित होता है, वह अब 'कीर का प्रिय आज पिंजर खोल दो' की प्रार्थना मुद्रा में आ जाता है—व्यापक जन-जीवन और जनान्दोलनों में सक्रिय हिस्सेदारी करना चाहता है। प्रसाद जी नाटकों में ऐसी नारियाँ ला रहे थे

जो देशभक्ति में प्राण देने को गौरव समझती हैं और राजनीति की आग में जलने को संकल्पबद्ध हैं। जाहिर है कि प्रसाद जी में युग के नारी जागरण का ही खास ढंग से उन्मीलन है। इसी परिवेश ने महादेवी की नारी साइके को आत्म-सम्मान, आत्म-अभिव्यंजना और उदात्त वैचारिकता की जमीन की ओर प्रवृत्त कर दिया है। धीरे-धीरे वे 'प्रिय' और 'पन्थ' दोनों को पहचान लेती हैं—'जो न प्रिय पहचान पाती/ किसलिए पावक नयन में प्राण में चातक बसाती' वाली बात ठीक है। किन्तु 'प्रिय' अकड़ वाला है—सदियों से नारी को सताने वाले पुरुष का प्रतीक है। उसके सामने महादेवी की 'प्रेयसी' प्रेम के लिए न समर्पण करती है, न गिड़गिड़ाती है, 'उनसे कैसे छोटा है मेरा यह भिक्षुक जीवन' में यही बराबरी की समस्या है—पुरुष की गैर बराबरी इस नारी मन को पीड़ित करती है। अतः महादेवी की कविता नारी के प्रति सामन्तीय सम्बन्धों और आधुनिक विचारों का 'जीवन समर' लड़ती है। देखा जाये तो यह जीवन-समर निराला जी की 'सरोजस्मृति' के 'स्वार्थ समर' से कम महत्त्वपूर्ण नहीं है। *नीरजा* और *दीपशिखा* में चेतना का दीप द्वन्द्व से घिरा है पर उनके सघन आलोक में छितरायापन नहीं है। यही वह समय है जब हिन्दी के बहुत से अपरिपक्व आलोचकों ने महादेवी के काव्य की फ्रायडीय व्याख्याएँ कीं और हर तरह से लांछित, अपमानित किया। लेकिन इस अपमान को जीतने के लिए महादेवी ने अनसुइया भाव-यज्ञ किया और आत्मवेदना, आत्मयातना को आत्म-चैतन्य के प्रकाश से गलाकर दम लिया। आत्मविश्वास से कविता के प्रतीक झिलमिला उठे या कविता में दीवाली के दिये जल पड़े। विडम्बना यह भी रही है कि महादेवी के समसामयिक कवि और रचनाकार तक उन्हें ठीक से न तो समझ सके, न समझा सके। नारी के प्रति पुरुष का यही पिछड़ा दृष्टिकोण डॉ. रामकुमार वर्मा में यह कहते मिलता है कि "महादेवी के काव्य-विकास और चिन्तन की दिशा में यह आकस्मिक परिवर्तन कहाँ से उत्पन्न हो गया और क्यों" (*महादेवी संस्मरण ग्रन्थ,* पृ. 36)। यह परिवर्तन सहज है। इसे 'आकस्मिक परिवर्तन' कहना गलत होगा। यह भी कहा गया कि "महादेवी के कुछ गीतों में विशृंखल बिम्ब मिलते हैं। इस विशृंखलता का एक कारण यह है कि इनके बिम्ब नादात्मक सूक्ष्मताओं के गोचर प्रत्यक्षीकरण से अधिक उन अतृप्त इच्छाओं का सम्मूर्तन करते हैं—जिन्हें कवयित्री सरेआम प्रकट नहीं करना चाहतीं" (*आधुनिक हिन्दी काव्य धारा, 1964*)। डॉ. नगेन्द्र से लेकर कुमार विमल तक की एक पीढ़ी महादेवी के काव्य-सृजन को अतृप्तियों का ढेर ही मानती रही है। इन आलोचकों का रीतिवादी बोध इससे अधिक सोच भी क्या सकता था। परिणाम यह हुआ कि लम्बे समय तक फ्रायडीय पतंगों में बाँधकर महादेवी उड़ायी जाती रहीं। उनके काव्य-सृजन पर सांस्कृतिक जागरण के हाशिये में सोचने की बात उठायी तक न गयी।

अब इस सांस्कृतिक जागरण के हाशिये को उठाने का समय है; हमें चूकना

नहीं चाहिए। वह अन्याय दूर किया जाना चाहिए जो महादेवी के साथ होता रहा है। आखिरकार हर जुल्म का अन्त होता है। महादेवी नारी हैं, रहस्यात्मक नारी हैं, 'प्रिय' को पुकारती-हेरती नारी हैं इसलिए पुरुष आलोचक कुछ भी अनाप-शनाप कहते जाएँ—यह छूट अब नहीं मिल सकती। क्योंकि सृजन न नारी होता है, न पुरुष, वह सृजन होता है, परिवेश की पुकार होता है। काल की डाल पर खिला कला का सामाजिक-सांस्कृतिक कमल होता है। उसकी सुगन्ध को स्वस्थ नाक ही सूँघ सकती और उसके रंग को सही आँख ही देखकर सराह सकती है। बीमार इन्द्रियों वाले, मैले मन वाले उसे सराह नहीं सकते। इन्हीं मैले मन वालों ने महादेवी के काव्य-चिन्तन की दिशा-दृष्टि को गलत ढंग से सोचने की आदत डलवायी है। इन्हें समझ में ही नहीं आया है कि 'कौन पुरुष की नारी झमाझम पानी भरै' का अर्थ क्या है और क्यों है। ये बेचारे कबीर तक को न समझे थे, महादेवी को क्या समझेंगे। अयोध्यासिंह उपाध्याय हरिऔध ने नारी जागरण को समझा था *प्रियप्रवास* में और कबीर को भी सम्पादित किया था। इन्हीं हरिऔध से महादेवी ने अपने प्रथम काव्य-संकलन की भूमिका लिखवायीं। हरिऔध को महादेवी वर्मा के काव्य-संग्रह की 'भूमिका' लिखना शोभा देता है। हिन्दी-आलोचना में महादेवी के साथ एक ट्रेजेडी यह भी रही कि उनके सृजन से नन्ददुलारे वाजपेयी, नगेन्द्र और गंगाप्रसाद पांडेय जुड़े, प्रकाशचन्द्रगुप्त, डॉ. रामविलास शर्मा नहीं जुड़े। जबकि डॉ. रामविलास शर्मा महादेवी के जागरणवादी काव्य की सांस्कृतिक मनोभूमिका को सबसे बेहतर समझते हैं। बेहतर न समझते होते तो उन्हें छायावादी काव्य के 'मूल्यवान रिक्थ' पर इतना गर्व न होता। वे यह न कहते कि 'महादेवी के समर्थकों और मित्रों को यह भ्रम रहा है कि मैं उनका विरोधी हूँ (*विराम चिह्न,* पृ. 225)।' डॉ. शर्मा के प्रिय कवि हैं निराला और निराला जी की धर्म बहन हैं—महादेवी। निराला और महादेवी में अन्तर्मानसिकता की गहरी समानता यह है कि दोनों ही मानव-करुणा के रचनाकार हैं और दोनों ही वेदान्त की भूमि से प्रेरणा पाते हैं/; दोनों ही परिस्थितियों से जूझते हैं—और कभी घुटने नहीं टेकते हैं। दोनों ही अटूट संकल्पशक्ति के सृजन दूत हैं। दोनों ने भारी लोकापवाद झेले हैं और उनका डटकर मुकाबला किया है। दोनों ही रीतिवाद से लड़े हैं और दोनों ने ही साम्राज्यवादी शक्तियों से लोहा लिया है। दोनों ने संस्कृति की शव-साधना की है और उसमें प्राण फूँककर उसका मुँह वर्तमान की ओर कर दिया है। इसलिए दोनों में समानता के अनेक बिन्दु हैं, जिन पर हमारा ध्यान जाना चाहिए। निराला पुरुष अक्खड़ता से बात कह देते हैं, पर महादेवी नारी शालीनता नहीं छोड़ती। निराला तट तोड़ते-बहाते हैं महादेवी तल को सम्भाले रखती हैं। यही कारण है कि महादेवी विवाह के पश्चात की प्रलय, झंझा, मेघ, अमा आदि के भयानक बिम्बों को झेलती हैं और उभरकर 'नाविक' और 'प्रिय' के युगल को मिला देती हैं। वे एक ऐसे 'प्रिय' और पति का निर्माण करती हैं जो उनके नारी

आत्म-सम्मान को बचा सके। इच्छाओं की दिवास्वप्न पूर्ति कर सके और कोई पवित्र नारी के आत्मसम्मान को नष्ट न कर सके। इसलिए वे प्रिय या आलम्बन को रहस्यवाद के लोक में स्थापित कर देती हैं। 'प्रिय' का यह रहस्यवाद उनके लिए एक आत्मरक्षा कवच है और कुछ नहीं। अतीत की सुधियों, स्मृतियों, स्वप्नों की धारा उनके दीपक, सूर्य, चन्द्र, दर्पण आदि के प्रतीकों को अर्थभ्रान्तियों का शिकार बना देती है। पर नारी के साथ दीपक, मोती, सीप, कमल हैं जो उसकी लौकिक शक्ति को धुँधलाने, कुम्लाहने नहीं देता है। महादेवी आधुनिक नारी की अभिशप्त नियति और त्रासदी को अकेले भोगती हैं। नारी-शक्ति का यह एक अलग इतिहास है और इसी इतिहास की साहसपूर्ण अन्तर्यात्रा है उनका गद्य। इसी नारी-शक्ति का बहिर्गमन कविता में महादेवी नारी को सुहागभरी प्रिया रूप में रखती हैं, पवित्रता के जल से धोती रहती हैं। अब उनका सीता-मन तपस्या में मधुर-मधुर दीपक-सा जल रहा है। 1907 ई. में जन्मी महादेवी का 1916 में विवाह हो गया—एक अबोध बालिका ने बाल-विवाह का त्रास भोगा। *नीहार* की भोली लड़की *रश्मि* की कमल-सी किशोरी बन गयी—आजन्म कुँवारी नारी। चोटों से शक्ति खींचती बौद्धिक नारी—"मेरी आहें सोती हैं/इन ओठों की चोटों में/मेरा सर्वस्व छिपा है/इन दीवानी चोटों में" और चोट पीड़ा का आलम यह है कि "है पीड़ा की सीमा यह/दुख का चिरसुख हो जाना।" प्रयत्न ही सुख है, प्राप्ति सुख नहीं है। महादेवी के काव्य के साथ नासमझी का व्यवहार करने वाले उन्हें 'यथार्थ के विरुद्ध क्षयग्रस्त दुखवादी रूमानी दृष्टि और अरूप प्रियतम की लालसा का रहस्यवाद अध्यात्मपरक दुखवाद', कह देते हैं। इन आलोचकों का विचार है कि 'प्राकृत अनुभूति को छोड़कर परोक्ष अनुभूति' में वे गर्क रहती हैं। सच यह है कि महादेवी का रहस्यवाद एक कुँवारी नारी का रक्षा-कवच है जो सामाजिक रूढ़ियों-सामन्ती संस्कारों से जूझकर जीने के लिए है। छायावादी-सांस्कृतिक नवजागरण का स्वच्छन्दतावाद महादेवी में नारी मुक्ति की खोज है—*सांध्यगीत* (1936) और *दीपशिखा* (1942) का स्वर आत्मविश्वास से भर जाता है। एक प्रकार से यह युग-मन के विश्वास का सृजनात्मक विस्फोट है, करुणा की दार्शनिकता का विस्तार है। वेदना, करुणा और आँसू तीनों मिलकर एक दुर्दमनीय नारी शक्ति में रूपान्तरित हो जाते हैं। सभी बिम्ब-प्रतीक प्रकृति के भीतर से आलोक-भाव भरकर आते हैं—इनमें न निराशा हे, न आत्म-निर्वासन, न यथार्थ से पलायन। वे 'आँगन' में स्मृति का दीप जलाती हैं, शशि के दर्पण में मुख देखती हैं। धरती और आकाश का मिलन नयी आकांक्षाओं की पूर्ति है—तृप्ति का अनुभव। आद्य-बिम्ब दीप अब जल उठा है। एक बृहतर सामाजिकता इसके प्रकाश में गति भर उठी है।

महादेवी की नारी रहस्यमयता में 'अध्यात्म' को समझना भी लाजिमी है। यह 'अध्यात्म' रहस्य का पर्याय नहीं है—यह भौतिक अमूर्तन है—भीतर की गहराई में झाँकने की नारी चतुराई। महादेवी की तुलना क्रिस्टिना रोसेटी और एमिली डिकिंसन से

की जाती रही है, किन्तु इस तुलना का कोई औचित्य नहीं है, यह व्यर्थ की खींचतान है। कारण–महादेवी की भारतीय नारी 'चिति' का उनसे कोई मेल नहीं है। महादेवी गाँधी और रवीन्द्रनाथ से काफी सीखती हैं–और महादेवी जैसी कवयित्री देशी-विदेशी भाषा में खोजने पर भी नहीं है। कविता की सभी देवियों–रचनाकार नारियों में वे अकेली महादेवी हैं–सृजन की दुर्गा-शक्ति से संवलित और एकाकी भी। महादेवी का नारी-मन न *कामायनी* की श्रद्धा-इड़ा है, न निराला की रत्नावली का मन। न वह गोदान की मालती का मन है, न जैनेन्द्र की सुनीता या मृणाल का मन। न आप उसमें अज्ञेय की रेखा और शशि को पा सकते हैं। क्योंकि यह नारी-मन अपने को छूने नहीं देता–पुरुष की पकड़ में नहीं आता। फिर उनका 'अध्यात्म' अनुभवगम्य है वर्णनगम्य नहीं है। उनकी रहस्यानुभूति भी काव्यानुभूतियों में ढलकर आयी है, एकीकृत है। उसका सीधा सम्बन्ध शैवों, नाथों-सिद्धों-सन्तों-सूफियों से नहीं बैठता। यदि बैठता है तो वेदान्त से और वह भी खींच-खाँचकर। उनका नारी-प्रेम वयस्क प्रेम है। मादक और तन्द्रिल नहीं है–वही उर्ध्व और दिवास्वप्न वाला 'स्मृति' में रचा-बना आदिम-प्रेम-राग। जिसमें पुरुष-भय है, स्पर्श से वह सीधे-सीधे बचता है। महादेवी की प्रेमानुभूति बौद्धिकता से बलिष्ठ नारी का प्रेम है, किशोरी का उन्मत्त विलास वह नहीं बनना चाहता। ऐसी उसमें कोई चाह भी कहीं नहीं हैं। उसमें वैदिक उषा के प्रेम की छाया है, परम्परा है, संस्कार है जिसे उन्होंने और संस्कारित कर लिया है। यह प्रेम नारी के बन्दी-मन को मुक्त करने का आदिम दीपक है। भारतीय अद्वैत-चिन्तन से जो अनुभूति प्रसाद, पन्त, निराला और अज्ञेय में उपजती है, वह अनुभूति प्रभावों के बावजूद यहाँ नहीं है। इस अनुभूति में आनन्द की अन्तर्यात्रा है, जो शूलों और फूलों पर समान भाव से पग रखकर चल सकती है। अनुभूति की उठान सीधी न होकर उर्ध्व और वक्र है। उसमें रूप-रंगों की ऐसी रेखाएँ चमकती हैं, जैसी रायकृष्णदास, नन्दलाल वसु और अवनीन्द्रनाथ ठाकुर के चित्रों में दिखाई देती हैं। यही थोड़े से चित्र घूम-फिर उनके पूरे काव्य-संसार में फैल जाते हैं और काव्य-बिम्ब और काव्य-प्रतीकों में झिलमिलाते हैं। इन चित्रों में सामंजस्य की लय इतनी सघन है कि बिखराव खोजने से नहीं मिल पाता। चित्रों में निरालाजी वाला आवेग नहीं है, कमल पंखुरियों की रेशमी चिकनाहट है। आवेग की तेजी न होने से गीतों में लम्बे छन्द नहीं हैं, छोटे छन्द है। लोक-लय के शान्तभाव में जलते जलदीप की भाँति उनका रूप है, पर अनुभव-संवेदन इन छोटे गीतों में अच्छी तरह निचुड़ नहीं पाता। केवल अनुभूति से तरल-लय पाकर शब्द-संगीत बजता है, जिसके प्रवाह में संस्कृति का कमल खिला मिलता है। इस गीत-संसार की भीतरी गाँठें खोल पाना कठिन है, क्योंकि काव्य-भाषा में समसामयिक चिन्तन की रगड़ और कर्मक्रिया की भटकन नहीं है। भाषा की सतह पर कोई हलचल है न गहराई में कोई कम्पन–सब कुछ भीतर-ही-भीतर बैठता जाता है–एक अतलकुण्ड से उठकर उसी में बैठती

भाषा है। जायसी और तुलसी के सांगरूपक इस काव्य-भाषा में जगह-जगह हैं, पर मन्दगति भर हैं, सीधे प्रभाव नहीं हैं।

महादेवी की कवि-मनीषा का विकास भारतीय सांस्कृतिक परम्परा के दृढ़ चिन्तनात्मक आधार को लेकर हुआ। इस बात का संकेत उन्होंने अपनी काव्य-भूमिकाओं में दिया भी है। *दीपशिखा* तथा *सन्धिनी* की भूमिकाओं में अपने अतीत के सृजनात्मक स्रोतों की चर्चा बार-बार वे करती हैं। इन भूमिकाओं में वे बहुत सी बातें गुप्त रखती हैं, कभी-कभार तो कहीं और भटका भी देती हैं, पर कुछ ऐसे संकेत-सूत्र या क्लू भी देती हैं जिनसे उनकी मनोभूमिका को समझने में थोड़ी-सी मदद मिलती है। महादेवी 'परिवेश' के प्रति आत्म-सजग रही हैं और घोषित तौर पर मानती रही हैं कि 'काव्य-संवेदना की कथा' है। बुद्धि के आलोक में संवेदनों का सम्प्रेषण है', मानव के सृजन-कर्म में कवि-कर्म सर्वाधिक रहस्यमय कौतूहलमय कर्म है। इसमें अन्तःकरण को संगठित करने वाले अवयव—एक साथ सामंजस्यपूर्ण स्थिति में कार्य करते हैं। साथ ही, काव्य के मूल में चिन्तन से अधिक अनुभूति और विज्ञान से अधिक संस्कृति की प्रेरणा बलवती होती है। भाषा का सम्बन्ध संस्कृति से है—संस्कृति-जीवन के मूल्यवान की भाषा में अभिव्यक्ति है। भाषा की प्रवृत्ति परिवर्तनशील, लयवती होती है एवं कविता की पूर्णता पूर्व रागों-संस्कारों के निखार में है। महादेवी, 'अनुभूति' के जिस सांस्कृतिक-स्रोत की बात करती हैं—उसमें वैदिक ऋचाएँ, उपनिषद, संस्कृत के महाकाव्य, बौद्धदर्शन, थेर-थरी गाथाएँ, सूर, तुलसी, मीरा, कबीर का सृजन, रवीन्द्रनाथ के काव्य-उद्गार आदि आते हैं। वैष्णव परिवार का चिन्तन और भक्ति-संस्कार का मेल आता है। कायस्थ परिवार में जन्मी कवयित्री को एक ओर तो गजल की परम्परा मिली, दूसरी ओर विद्यापति, सूर, मीरा की भक्ति-भजन परम्परा। इन दोनों परम्पराओं ने मिलकर उनके गीति-संस्कार को लोक-गीत और कला-गीत की चेतना की ओर प्रवृत्त किया। उनके मन पर मैथिलीशरण गुप्त, प्रसाद, निराला, पन्त के खड़ीबोली काव्य-प्रयोग भी जमते गये। ऐसा भी हुआ कि गद्य के विकास ने उनकी चेतना को झकझोरा और नवीन विचारों के इतिहास से परिचित होती गयीं। इनके मन को चित्रकला, हिमालय, समुद्र और गाँधी की अहिंसा ने भी छुआ और नारी जागरण के आन्दोलनों ने भी। पर मार्क्स उनकी चेतना में प्रवेश नहीं कर सके। फलतः वे भारतीय क्लासिक परम्परा के संस्कार में ही अपनी काव्य-मुक्ति खोजती रहीं। जीवन में रवीन्द्र से प्रभावित होकर शिक्षा संस्थान खोला संगीत-समिति बना डाली, गरीबों को शिक्षा देने गंगा पार के गाँवों में गयीं, तीर्थों का भ्रमण किया, साहित्यकार संसद स्थापित किया, बंगाल के अकाल पीड़ितों की सहायता की ओर अपने 'पथ के साथी' रचनाकारों को सम्मान श्रद्धा-भक्ति अर्जित की। इस प्रकार एक संस्कारी व्यक्तित्व उनका बनता गया। लेकिन वे नारी चेतना के ऐतिहासिक बोझ से इतना दबती गयीं कि खुल न सकीं। भीतर-ही-भीतर मथती

रहीं—कर्म और भाषा में इसी अन्तर्मुखता ने दरार डाल दी है। 'लिखती हूँ कुछ, कुछ लिख जाती' की स्थिति से कभी उबर न सकीं। अपने ऊपर एक ऐसी रहस्य कुहेलिका डालती गयीं कि उनका काव्य-रहस्य पहेली अधिक बनता गया, सहज काव्य कम हो पाया। आज भी यह काव्य-पहेली सुलझी कहाँ है? सुलझी होती तो यह काव्य रहस्यवाद का झुनझुना बनकर न रह गया होता। कविता को फ्रायडीय आवृत्तियों, काम कुण्ठाओं के घेरे में न समझा-समझाया जाता। इस पहेलीवाद के कारण यह सृजन कर्म पकड़ में नहीं आता है और नये लोग उनसे बिदकते हैं। विश्वविद्यालयों के आचार्य उनकी कविता को वेदनावाद-रहस्यवाद के चौखटे में 'फिट' करके पढ़ाते हैं और मनमानी व्याख्याओं से बहकाते हैं। कविता को रहस्यवादी फार्मूले से पढ़ाने की आदत भी उनकी कम पुरानी नहीं है। हालत इतनी बिगड़ गयी है कि बेचारे विद्यापति भी इनकी पकड़ से आज भी नहीं छूट पाते हैं और आध्यात्मिक-रहस्यवादी कवि सिद्ध कर दिये जाते हैं। हिन्दी आलोचना का कैसा दुर्भाग्य है कि हमने आचार्य रामचन्द्र शुक्ल की आध्यात्मिकता-विरोधी, तार्किक-वैज्ञानिक आलोचना से सबक नहीं लिया। उनकी 'काव्य में रहस्यवाद' लेख की धारणाएँ वहीं की वहीं रहने दीं। आ. शुक्ल की आलोचना-दृष्टि को डॉ. रामविलास शर्मा ने निष्ठा से आगे बढ़ाया। लेकिन डॉ. शर्मा की इस तप-निष्ठा को भी हम कहाँ पहचान रहे हैं। नतीजा यह है कि महादेवी का काव्य ही क्यों—आधुनिक काव्य का एक बड़ा हिस्सा हमारी दृष्टि से ओझल है और हमारी समझ भी उसके प्रति साफ नहीं है। यहाँ मैं इतना ही कहना चाहता हूँ कि यदि महादेवी के काव्य-सृजन को समझने का प्रयास करना है तो उसे 'रहस्यवाद' से बाहर निकालकर समझाना होगा। रहस्यवाद की अभ्यास-जड़ आलोचना-रूढ़ि से मुक्ति पाये बगैर हम दीवार से सिर फोड़ते रहें—काव्य-मर्म का उद्घाटन तो खैर कैसे हो सकेगा।

महादेवी के काव्य की आन्तरिक लय को समझाने के लिए हमें शब्द तक सीमित न रहकर अन्य पक्षों पर भी निगाह डालनी होगी। उनकी लिपि, चित्र-दृष्टि, रंग-चेतना को गहराई से समझना होगा। उनकी लिखावट के अक्षर छोटे-तिरछे और सजे हुए हैं—मात्राएँ नुकीली-पैनी हैं, वक्र-गोल रेखाएँ फैली हैं। लिपि-विज्ञान की दृष्टि से इस लिखावट में अकड़ और सचेतना है, अपनी रुचियों को धारदार बनाने की ललक और सौन्दर्य दृष्टि है। चित्र-कल्पना बेहद सजीव और सशक्त है—पर ज्यादातर चित्र नीले और जोगिया रंग के घुले-मिले रूपों में उभारे गये हैं। उन्हें एक साथ सभी रंग नहीं चाहिए—वे नीले-सफेद से ही अपना काम निकाल सकती हैं। प्रायः भाव-चित्र जल-रंगों से निर्मित हैं। उनका कहना है कि 'जहाँ कई को मिलाना आवश्यक होता है, वहाँ ऐसे मिलना अच्छा लगता है कि किसी की स्वतन्त्र सत्ता न रह सके।' रंगों का सामंजस्य ही सौन्दर्य-सृष्टि का मूल है। नारी-चित्रों की अधिकांश छवियाँ रेखाचित्र का आभास देती हैं। इनमें अर्द्ध नारीश्वरत्व की कला-दृष्टि प्रमुख

है—दीपक, कमल, केश, मेघ आदि में ही कला-शक्ति सक्रिय है। नारी-छवियों की भाव-मग्न आँखें बन्द हैं—नाक-ठोढ़ी नुकीली है—साड़ी इन आकृतियों से ऐसे लिपटी है कि कटि-उरोज, नाभि, नितम्ब-जंघाए आदि अपने उभार में दिखाई नहीं देतीं। नारी की शालीनता के प्रतीक जगह-जगह गरिमा-गर्भित हैं—केवल मुख-हाथ-चरण खुले हुए हैं। साड़ी की चुन्नटों में लहरियाँ हैं और घुमावदार ढंग से वस्त्र पहनाये गये हैं। चित्रों में बन्द कमल-कलियाँ हैं—अनछुए सौन्दर्य के पवित्र चित्र हैं। ये कमल-कलियाँ कटीले कमल नालों से गुँथी हैं (जबकि कमल-नाल कँटीले नहीं होते) ध्यान देने की बात यह है कि बन्द कमलों की संख्या प्रायः तीन है—ऐसे ही प्रायः दीपकों की संख्या तीन है—यहाँ तीन मानों इच्छा, क्रिया, ज्ञान का विवेक है। ऐसे भी चित्र हैं जिनमें नारी के हाथ में वीणा है—पाँच तारों वाली मूठियाँ हैं। लौ, उर्ध्व कमल, पंखुरीदार कमल-नयन, उठी हुई बरौनियाँ हैं। इन चित्रों का साम्य अजन्ता के उन चित्रों से है जिनमें उड़ान के गतिचित्रों को उकेरा गया है। महादेवी ने *यामा* के चित्रों पर कविताएँ रची हैं। महादेवी के बाद यही कला अज्ञेय जी ने *सुनहले शैवाल* में एक भिन्न ढंग से अपनायी है, वहाँ कवि की आँख से खींचे गये फोटो हैं—ये कविताओं के अर्थ-सन्दर्भ खोलते हैं। इसी कला का एक विस्तार डॉ. जगदीश गुप्त के काव्य-संग्रह *युग्म* में मिलता है। कवि जगदीश गुप्त का यह रेखांकन मनोभावों को खोलता-व्यक्त करता है। ऐसा ही एक चित्र-काव्य-प्रयोग इलाचन्द्र जोशी के सम्पादन में निकली पत्रिका *संगम* के 'निराला विशेषांक' में भी देखने को मिलता है। यह लालित्य-बोधीय संसार मानव-मन की भाव-तरंगों को महसूस करने का एक विशिष्ट-रूप पक्ष है। महादेवी शब्दों से चित्रों में कुछ छिपाती हैं, फलतः चित्र-अमूर्त हो जाता है। अज्ञेय, जगदीश गुप्त शब्दों में अमूर्तन नहीं लाते, इनके चित्र मूर्त और नये भावों के खुलेपन से बने हैं। चित्रों का यह अन्तर वास्तव में, महादेवी के नारी साइकें और अज्ञेय-जगदीश गुप्त के पुरुष साइकें का भी अन्तर हैं। संस्कार आखिर हजारों वर्षों के पले-बने आदिम भावों की रूप-तरंगों से निर्मित दृढ़ शिला की भाँति होते हैं, वे जल्दी नहीं बदलते। उनमें परिवर्तन काफी धीमी गति से घटता है। महादेवी में अपनी परम्परा के संस्कार इतने दृढ़ हैं कि छोटा-मोटा बौद्धिक-संस्कार उन्हें विचिलत नहीं कर पाता। फिर नारी ने ही क्या संस्कृति-रक्षा का ठेका ले रक्खा है। पुरुषों ने तो बहारी आवाजों के साथ पूँछ उठाकर बैल की तरह भागने का ही ज्यादातर प्रमाण दिया है। ब्रिटिश शासन के दौरान भी नारियों ने ही हमारे घरों के भीतरी-संस्कार सुरक्षित रखे—जबकि ऊपर से हम काफी बदले हुए मिलते हैं। पर बदलाव ऊपर ही ऊपर ज्यादा रहा—भीतर कम धँस पाया। आज पश्चिमी प्रभाव में पुरुष उसे बाजार की वस्तु बना देना चाहता है, किन्तु नारी है कि इस भाव को रौंदकर भी 'घर' को 'होम' नहीं बनने दे रही है। उसे कबीर की 'दुलहिन', जायसी की 'नागमती' *साकेत* की 'उर्मिला' बनने में ही मजा है—वह प्रसाद जी की इड़ा-श्रद्धा

भी बनने को कहाँ तैयार है। महादेवी जैसी शिक्षित मेधावी नारी तो अपनी 'प्राइवेसी' नहीं खोना चाहती, न कविता में, न जीवन में। जबकि उनकी कविता में जिस नयी नारी ने युग के प्रभाव-दबाव से जन्म लिया है, वह 'अबला जीवन हाय' का पर्याय नहीं है, 'पन्थ होने दो अपरिचित, प्राण रहने दो अकेला' की शक्ति का पर्याय है। महादेवी के गद्य में इसी नारी-शक्ति का सामाजिक विस्तार है और काव्य में इसी नारी-शक्ति की गहराई है। गद्य-पद्य में महादेवी ने ऐसा क्यों किया? यह अलग अन्वेषण का विषय है। फिलहाल अभी उधर जाने का यहाँ अवकाश भी नहीं है। यह कार्य कभी फिर और।

आइए उनकी काव्य-भाषा पर थोड़ा सा विचार कर लें। क्योंकि कवि की सृजनात्मकता को परखने के लिए 'काव्य-भाषा' ही एक विश्वसनीय प्रतिमान के रूप में बची रह गयी है। विशेष बात यह है कि महादेवी के पास शब्द-संख्या सीमित है, लेकिन इसमें परम्परा के सुरुचि-संस्कार बड़े प्रबल हैं। संस्कृत, उर्दू और देशज परम्परा के शब्द-संस्कारों का उनके पास एक अच्छा खासा भण्डार मौजूद है। उर्दू के शब्द 'दाग', 'खुमार', 'अरमान' आदि उनके शब्द-प्रयोग के रंग में ढल चुके हैं और 'हेरती', 'बान', 'लीप', 'उजियारी', 'चाह', 'बयार', 'कजरारे', 'मिसरी' जैसे सैकड़ों देशज शब्द प्रयोग की कलात्मकता में अर्थ-दीप्ति निष्पन्न करते हैं। तत्सम शब्दों का तद्भव शब्दों से ऐसा कान्त-संयोग बिठाया गया है कि उनकी गेयता दमक उठी है। उन्हें जरूरत पड़ती है तो नये शब्द भी बना लेती हैं, जैसे 'हास-रोली', 'कपोल-गुलाब', 'अलि-बादल' आदि। भाव की सूक्ष्म अर्थ-झंकारों को जगाने के लिए 'विद्युत का मन', 'आँसू का तन', 'मोम सी साधें', 'आँसुओं के सजल रथ', 'मोतियों की हाट', 'चिनगारियों का मेला', 'दीप की मुस्कान', 'झंझा का शैशव', 'विस्मृति की छाया', 'दीपक सा मन', 'बालक-मेघ', 'नीलम मेघ', 'चिन्ता का अभिनय', 'बिछलते कर', 'तमने वर्ती', 'वर्ती-स्नेह', चंचल जीवन बाल', 'मृत्यु जननी', 'अर्चित कथा', 'धूप-सातन' आदि से अभिव्यक्त कर सकती हैं। संगीत-शास्त्र की शब्दावली गीतों में कदम-कदम पर मिलती हैं—जैसे 'रजत शंख घड़ियाल स्वर्ण वीणा, वंशी स्वर/ आरती वेला में शत-शत लय से भर' गये। कल कण्ठों के मेले में तिमिर खेलने लगता है, उपल हंस पड़ता हैं। नाद-ब्रह्म साकार हो जाता है। सृजन-प्रलय के प्रतीकों में वे अपना निजी अर्थ-सन्दर्भ भर देती हैं। हालाँकि उनके काव्य में दीप और कमल के युग्म (बिम्ब प्रतीक) ही ज्यादा हैं। यही उनकी काव्य मनोभूमिका के प्रिय प्रतीक हैं। दीपक और कमल के ये प्रतीक-बिम्ब महादेवी को ऐसा लगता है कि बौद्ध-दर्शन से मिले हैं। वैसे भी हमारा भारतीय मन दीप-कमल से भरा पड़ा है। कमल भक्तियोग, ज्ञानयोग, कर्मयोग तीनों का रम्य समुच्चय है। शरीर-साधना में सहस्त्र कमल खिलता है, पार्वती के हाथ में लीला कमल है, राम राजीव नयन हैं। सूर्य-जल-कमल में ही हमारा जीवन रस है। कमलों से विष्णु शिव-शक्ति की पूजा

करते हैं, माँ कमलासन है। दीपक अन्धकार में ज्योति है—कमल-सूर्य की रंग-रस-गन्ध ज्योति है। महादेवी के काव्य-शब्द-माला के बिम्ब-प्रतीक ज्योति-आलोक-अग्निपथ से भरे पड़े हैं। मूलतः यह राष्ट्रीय-सांस्कृतिक नवजागरण का प्रकाश है जो इस कविता में मौजूद है। महाबुद्ध के मन्दिरों का दीपक भारतीय ज्ञान-चिन्तन का दीपक भी है—'मधुर-मधुर मेरे दीपक जल' की यही अर्थ-ध्वनि हैं। महादेवी के सामने ही बच्चन जी का हालावाद उमड़ा था और उन्होंने हाला और बुलबुल जैसे प्रतीक भी लिए, पर इनमें उनका मन नहीं रमता है। थोड़ा-सा भीतर जाकर टटोलते-तलाशते हैं तो इस काव्य-जगत में प्रसाद, निराला, पन्त की शब्द-अर्थ अनुगूँजे सीधे-साधे मिलने लगती हैं। वास्तविकता यह है कि महादेवी ने प्रसाद, पन्त, निराला के काव्य को इतना पढ़ा-मथा है कि वह सब उनका संस्कार ही बन गया है। वे चाहकर भी इस शब्द-संस्कार-सम्पदा से बच नहीं सकती हैं। श्री रमेशचन्द्र शाह ने ठीक कहा है कि 'महादेवी की कविता छायावाद की सारी शब्दावली का सन्दर्भ ग्रन्थ है, महादेवी का वैभव रूढ़ अभिव्यक्तियों का वैभव है।' ठीक बात है छायावाद यहाँ रूढ़ होने लगता है, अभ्यास-जड़ लीकों में चुकने लगता है—'प्रसाद और निराला ने भी गीत लिखे। पर वे कविता पहले थे—गीत बाद में। महादेवी का गीत गीत होकर ही रह जाता है, अक्सर कविता की शर्तों को छोड़कर लिखा हुआ गीत। छायावाद यहाँ रूढ़ होने लगा है; उसका प्रवाह अवरुद्ध हो चला है। प्रसाद और निराला के यहाँ हिन्दी गीत अभी उस खतरनाक विशेषीकरण की अवस्था तक नहीं पहुँचा है, जिसमें छन्द और तुक के तकाजे से भाव और भाषा के साथ खींचतान करनी पड़े। महादेवी तक आते-आते छायावाद का खमीर चुक चला है।' इस गीति-कला को महादेवी इतना निचोड़ लेती हैं कि परवर्ती कवियों के लिए उसकी सम्भावनाएँ लगभग चुक जाती हैं और उसे 'नवगीत' की शरण में जाना पड़ता है। और महादेवी का गीति-लोक परवर्ती कवियों को कोई उत्तेजना-प्रेरणा नहीं देता। ये गीति-मणियाँ मानो सन्दूक में भरकर रख दी जाती हैं, जिन्हें हम धरोहर के रूप में रखा हुआ देखकर तो प्रसन्न होते हैं, पर हृदय में धारण नहीं करते। बरतते नहीं हैं। अज्ञेय का 'विस्तृत नभ का दिया' और 'दीप अकेला स्नेह भरा' भी महादेवी से बचकर निकल जाता है—उन्हें प्रसाद, निराला खींचते हैं—महादेवी नहीं। यही हालत मुक्तिबोध, शमशेर और भवानीप्रसाद मिश्र की है। ये सभी कवि प्रसाद, निराला की ओर तो टकटकी लगाकर हेरते हैं, पर महोदवी से जैसे उन्हें कोई मतलब ही नहीं। दुआ सलाम करने तक को तैयार नहीं हैं। इस विरक्ति का कारण? महादेवी की सृजनात्मकता में प्रयाग की ऊर्जा नहीं है। वे कुछ दे नहीं सकतीं। वे खुद दूसरों का माल मार-मार कर कवि बनी हैं और अपनी रहस्यमयता के कारण विवादों के कटघरे में खड़ी रही हैं। उनकी इस बीमारी से आगे का कवि बचना चाहता है, यह बचाव उसे जरूरी लगता है।

महादेवी के काव्य-मर्म को समझने के लिए एक यात्रा और करें। गीतों में

महादेवी रज और तम, आँधी और प्रलय, ओस और बूँद, मोती और तारों से घिरी रहती हैं। वे बीज और बिन्दु, रस और रजनी के लीला-भाव को जानती हैं। नारी को शक्ति देने वाली भीतरी ज्योति और ज्वाला उनके पास संचित है। उनके लिए 'रज में भूलों का मृदु चुम्बन/नभ में मेघों का आमन्त्रण' है और स्वर्ण का युवराज अश्रु से अभिषिक्त है। 'नीरजा' में 'रूपसि तेरा घन केश पाश' का आकर्षण-कौतूहल भाव है। 'रश्मि' में अनुभूति से अधिक 'प्रिय' चिन्तन शुरू होता है—*नीरजा* और *सांध्य गीत* में यह अनुभूति सुख-दुख का सामंजस्य खोज रही है और *दीपशिखा* में यह अनुभूति दार्शनिक-बौद्धिक मन्थन में प्रबल हो गयी। 'दीप' में इतनी ताकत आ गयी है कि वह रात की सघनता को झेल सकता है। अन्तर्लोक की अनुभूति का केन्द्र 'प्रिय' विराट अनुभूति के दर्शन में बँध जाता है। 'प्रिय' अब नायक, नाविक, अतिथि, देव, करुणेश, चितेरा गायक, कलाकार, प्रिय पाहुन के सम्बोधनों में नयी-नयी छवियों से उभरता है। 'कौन तुम मेरे हृदय में' की हलचल आत्मान्वेषण की ओर जा रही है। सर्वनाम, मैं, तुम, उस, वह, कौन किसकी जिज्ञासा पर धूल उड़ रही है। मुग्धा किशोरी अब प्रौढ़ नारी में (साधिका) बदल कर पार्वती-तप कर उठी है। शलभ, दीपक, कलि-मधुप के खेल *दीपशिखा* में आकर थम गये हैं। दीपशिखा आत्म-साधना, आत्म-वेदना, आत्मोत्सर्ग, आत्मचैतन्य का प्रतीक बन जाती है—मरण-प्रलय-स्वप्न तीनों एक सा भाव जगाते हैं, झेलने की पीड़ा या सहने की तैयारी। उल्का, झंझा, तड़ित, ज्वाला, चिंगारियाँ—सब मिलकर 'अस्तित्व' को चुनौती नहीं दे पाते। काम पर विराम लग गया है। इसलिए वेदना, करुणा, दुख का विरोध भयानक लग उठा है। गजब यह है कि यहाँ 'ब्रह्म' और 'आत्मा' रस और रति नहीं हैं—धार्मिक-तांत्रिक हठयोगी चक्कर से भी पूर्ण मुक्ति है। यहाँ केवल सूफी-भाव की प्रेम-पीर है। छायावाद के कवि मिथकों के पीछे भागते थे, पर महादेवी उधर हेरती तक नहीं हैं। *दीपशिखा* में 'मुक्ति' और 'निर्वाण' की लालसा उमड़-घुमड़ रही है।

मुझे हैरत में डालने वाली बात यह है कि *नीहार* में कहीं भी आध्यात्मिकता छू तक नहीं गयी है। इस समय उनकी उम्र सत्रह-अठारह साल से ज्यादा नहीं है—यहाँ इच्छाएँ जाग रही हैं, सपने पपन रहे हैं—पर उनमें बसन्त-कुसुमाकर के बाण नहीं हैं। जीवन की व्यर्थता का राग है। छायावाद का अत्यधिक प्रिय 'मधु' शब्दों में लिपट रहा है, जैसे मधुमय पीड़ा, मधु मदिरा। गान भी 'मनमोहन गान' हैं—पर मधु प्याला लुढ़का दिया गया है—रह जाती है अवतरित वेदना, कसक, ललकती चाह। किशोरी यौवन के साथ ट्रेजेडी का यह संसार है। इसीलिए यहाँ 'असीमतम' है—आगे आने वाले जीवन का अन्धकार उन्हें दिखाई दे जाता है, प्रबुद्ध नारीमन, चौकन्ना दिमाग। यहाँ कविता में अज्ञात, अनजान, शून्य की एक त्रयी खोजी जा सकती है—'अनन्त' और 'असीम' दूर का नाविक। मन-तपोवन में बैठी नारी को जलने में आत्मविश्रान्ति और मिटने में 'निर्वाण'। जीवन-दीप में मूक ताप है, जलते दीपों की व्यथा है।

परिचय यह है कि 'जिसमें नहीं सुहास' अधर कुम्हलाये हैं। क्या विडम्बना है, वे प्रणयताप को चीखकर कह भी नहीं सकतीं। नारी-वर्जनाओं का भारतीय मन घेरा डाले है।

रश्मि अर्थात् युवती का मन—छोटा दीप जल रहा है। कोई 'तुम' हँसकर छिप जाता है, उसका मधुमय गान सुनाई देता है। अब 'कलि' पर मधुप-गान गूँजता है और 'कम्पित हो उठता सुख से भर नव लतिका-सा बान'। लावण्यमय लकलकी देह वाली किशोरी अधरों पर मुग्धहास लिए है—'चातक सा बालक-मन' अधीर है—चपला के नर्तन से हूक उठती है—हंसी और आँसू का द्वन्द्व उभरता है। बोध ने भोलापन छीन लिया है और दे दिया है—विस्मृति का संसार। केवल एक प्रश्न खड़ा है—'कर गया तुझे पाषाण कौन'। जिसमें 'बीते बसन्त की चिर समाधि' का अनुभव होता है। इसीलिए प्राण मूक हैं, मधु से मन विरक्त कर लिया गया है कि सभी चित्रफलक सीपी और बन्द कमलों के प्रतीकत्व को लेकर आते हैं। *नीरजा में* नारी-मन प्रकृति के आँगन में आ जाता है, जीवन असीम का सुन्दर मन्दिर बन जाता है। 'प्रिय' का पूजन-स्मरण अभिनन्दन का भक्तिभाव भर जाता है। रूपकों में पूजा-सा मन बिम्बित-प्रतिबिम्बित हो उठता है। अब प्रिय और प्रिया को असीम-क्रीड़ा का खेल सूझा है। स्वप्नों में 'प्रिय' आता है, जगने पर गायब—अजीब अतृप्ति का खेल। जीवन में प्रलय को थामे प्रिया अब कह उठती है—'प्रिय, मैं हूँ एक पहेली भी'। रोम-रोम से आग झरती है, झरने फूटते हैं—अजीब विरोधाभास पलता है। हालत यह है कि 'उर-तिमिरमय, घर तिमिरमय' भयानक यथार्थ का विस्फोट। यह यथार्थ कह देता है—'जाग बेसुध जाग' और मनमोहन की मुरली और गौतमबुद्ध की करुण-ध्वनि दोनों टकराती हैं। पर मनोदशा यह है कि 'मेरे गीले पलक छुओ मत मुरझाई कलियाँ देखो' इसी बात का प्रतीक विस्तार यों हुआ—'तुम ही तुम हो और विश्व में मेरा चिर परिचित सूनापन/मेरी छाया हो मुझ में लय/छाया में संसृति का स्पन्दन'। कहा जा सकता है 'तम' ही 'असीमतम' बना है और उसी ने पलटकर 'प्रियतम' का रूप ले लिया है—और वही जीवन में व्याप्त हो गया—उसी को साधिका ने स्वीकार कर लिया। तम अर्थात् कृष्ण और प्रिया में राधिका का अनुमान भी लगता है, राधा-भाव से जीवन-जीने की तैयारी। 'प्रिय' की स्वयं रचना करने की मन में उमड़ती इच्छा ही 'प्रियतम' में फैल गयी। काम-प्रेम का जगत् अब अध्यात्म में गर्क हो गया। यह 'अध्यात्म' उनकी स्वीकृति है, मात्र एक परदा है—वैसे ही इसका प्रयोग भी हुआ है।

सांध्यगीत में समस्या है 'क्यों आज रिझा पाया उसको मेरा अभिनव शृंगार नहीं/क्यों वह प्रिय आता पार नहीं।' अब उनकी उम्र भी सत्ताईस-अट्ठाइस वर्ष है और भोलापन खो गया है, बाँकपन आ गया है। 'तारक-लोचन' जल पड़ते हैं और तम में प्रियतम की खोज जारी है। पर समस्या जटिल है, नारी अभिमान पागल समर्पण नहीं करना चाहता। 'सजनि मधुर निजत्व दे कैसे मिलूँ अभिमानिनी मैं।'

यहाँ अभिमान-अवगुंठन का द्वन्द्व चल पड़ा है। बौद्धिक नारी के रूप में वे पता चला चुकी हैं कि क्षितिज एकदम धूमिल है। रास्ता एक है आत्म-विश्लेषण से जीवन जीने की विवशता का वरण करो। पपीहा-मन रट-रट कर थक रहा है। बड़ी साधना से प्राण का क्रन्दन मौन हुआ है। देरी हो गयी है—'देव अब वरदान कैसा' अब तो एक ही इच्छा है—'कीर का प्रिय आज पिंजर खोल दो।'

दीपशिखा प्राणों की ज्वाला का चिन्तन-प्रकाश है, जिसे जलने में ही तृप्ति है। जलने का स्वाद है, जलने की मधु-पीड़ा है। महादेवी की मेधावी-नारी अब बौद्धिकता सघनता के शिखर पर बैठकर जगत् देख रही है। सामाजिक-सांस्कृतिक जागरण से ताकत पा रही है—प्रलय में दीप को न बुझने देने की ताकत। अभी शेष है—व्यथा का छन्द गाना—विश्व की दोहरी कथा कहना, जीवन तार मिलाना। अब जीवन दुख की बदरी है, पर बरस कर वह विश्व को उर्वर बनाना चाहती है। लोक-मंगल से चाह-भरा मन है और लोक-सेवा का सन्तोष है। 'उमड़ी कल थी, मिट आज चली।' मिटना अपने लिए नहीं, लोक में नवसृजन लाने के लिए, सूखी धरती पर हरे अंकुर उपजाने के लिए। पूरी कविता का रूपक लोक-मंगल की अर्थध्वनि से झिलमिलाता है—वैयक्तिकता का यह निर्वैयक्तकीकरण-सामाजिकीकरण-सांस्कृतिकीकरण है। इसी लोक-चिन्ता के लिए अब 'मोम सा तन घुल चुका, अब दीप सा तन जल चुका है'। अग्निपथ पर चेतना का स्वर्ण गल रहा है, अब दुखों की परवाह नहीं है, उमड़ी निर्झरणी थम गयी है—दीप शलभ में एकात्म्य-भाव आ गया है। 'प्रिय मुझी में खो गया अब दूत को किस लोक भेजूँ।' तन-मन का द्वैत समाप्त होकर अद्वैत की भूमि मिली है और मिला है—एकान्त पीड़ा के भीतर उपजा आत्म-प्रकाश का जीवन-दर्शन। यहाँ नारी-मन पराजित नहीं है। उसने संघर्षों-अन्तर्विरोधों से शक्ति पायी है—अब वे अकेली आत्मनिर्वासित नहीं हैं, जन-बल उनके साथ है और जन मन के साथ है। गाँधी विचार-चेतना का यह काव्यमय चिन्तन *दीपशिखा* के गीतों में आलोकित हो उठता है और रवीन्द्र का विश्वभाव-दर्शन नया शक्तिपथ पा लेता है। बच्चन जी भी युग के प्रेरक तत्वों से शक्ति पाकर 'अग्निपथ अग्निपथ अग्निपथ' कह रहे हैं और महादेवी इस अग्निपथ पर निर्भय नंगे पैर चल रही हैं। छायावादी कवयित्री का परिवर्तनवाद केवल मेटाफिजिक्स नहीं है। वह तो केवल एक चिन्तन मुद्रा का काव्यात्मक विस्फोटक भर है। मेटाफिजिक्स का तत्त्व छायावाद में क्यों न आता, वह तो गाँधी के चिन्तन में ही मौजूद है। इसलिए छायावाद की आन्तरिकता में जो दार्शनिकता-आध्यात्मिकता है, वह महादेवी में आना सहज बात है। गाँधी, भारतीय लय की अभिव्यक्ति थे—वे मात्र सत्याग्रह नहीं थे, संकल्प थे। भारत की जनता से उनका रिश्ता गहरा और बहुआयामी था। इस रिश्ते को छायावाद और उत्तर छायावाद का कवि समझता है और उसे संवेदना में रचकर तृप्ति पाता है। महादेवी को सत्याग्रह-युग की चेतना का मैं परिणाम मानता हूँ। इसलिए कहीं भी

यूरोप के रोमांटिसिज्म से मैंने उन्हें नहीं जोड़ना चाहा है। अक्सर जो आलोचक यूरोपीय रोमांटिसिज्म का नाम या प्रभाव महादेवी के नाम के साथ चिपका देते हैं, उनसे सहमत नहीं हूँ। महादेवी का स्वच्छन्दतावाद कालिदास, अश्वघोष, भवभूति से शक्ति पाता है और अपनी देशी मौलिकता से पनपता-महकता है। महादेवी की नारी-चिति भारतीय नैतिकता की प्रत्यंचा पर चढ़ी डोरी है—इसलिए वह यूरोपीय अर्थ में रोमांटिक कवयित्री नहीं हैं। छायावाद और रोमांटिसिज्म का दृष्टिकोण यहाँ भिन्न हैं—जीवन-व्यवहार भिन्न है। दोनों एक-दूसरे के विलोम लगते हैं। छायावाद अन्तर्जगत और बहिर्जगत के सत्य को एकाकार करता है। यही आस्था-शक्ति उनके सृजन में है। महादेवी में प्रसाद-निराला की भाँति इसी आस्था का आलोक है। विजयदेव नारायण साही ने तुलना के बाद ठीक कहा है—'प्रसाद का 'बीती विभावरी जाग री' या निराला का 'राम की शक्ति पूजा', पन्त का 'धूम धुँआरे बादर कारे' या महादेवी का 'जाग तुझ को दूर जाना' एक साथ ही नैतिक, कल्पनात्मक और राजनीतिक स्तरों पर झंकृत होता है। यही दशा प्रेमचन्द के उपन्यासों की, विशेषतः *रंगभूमि* और *कर्मभूमि* की है।' जाहिर है कि वे तत्त्व जो इस युग की मनोभूमिका का निर्माण करते हैं—अन्य रचनाकारों की भाँति महादेवी वर्मा में भी सक्रिय हैं।

महादेवी के काव्य की इस मनोभूमिका के विश्लेषण से स्पष्ट है कि उनका 'लघु' युग के 'महत्' में विसर्जित होने को आतुर रहा है। यह सृजन नारी-शक्ति का आलोक-लोक है। महादेवी के पद्य-गद्य का मूल्यांकन राष्ट्रीय-सांस्कृतिक नवजागरण के सन्दर्भ में ही करना होगा। ऐसा करने पर ही हम उनके काव्य-मर्म और काव्य-स्वभाव की गहराई को समझ-समझा सकते हैं।

रचनाकार अज्ञेय

पिछले लगभग पचास वर्षों में हिन्दी के सर्जनात्मक और वैचारिक लेखन के क्षेत्र में सच्चिदानन्द हीरानन्द वात्स्यायन 'अज्ञेय' की उपस्थिति और सक्रियता भारी विवादों के बावजूद महत्त्वपूर्ण रही है। साहित्य-क्षेत्र में नयी प्रवृत्तियों, आन्दोलनों और विद्रोही साहित्यिक भूमिकाओं की उन्होंने अगुआई की है। नये रचनाकारों की प्रतिभा को पहचानकर सामने लाने का कार्य अज्ञेयजी ने एक लम्बे समय तक किया है। अज्ञेय जी ने साहित्य की लगभग सभी विधाओं पर लिखा, लेकिन अपने लेखन द्वारा कविता और कथा-साहित्य में नयी सूझ-बूझ से पूरे हिन्दी साहित्य में तहलका मचा दिया। छायावाद-प्रगतिवाद के आन्दोलन बवंडर की भाँति उनके सामने उठे और विलीन हो गये। इस परिवेश के अनुभवों ने अज्ञेय जी को नया रास्ता दिखाया। परिणामतः छायावादोत्तर साहित्य में अज्ञेय एक ऐसा दुर्निवार नाम है कि इस नाम के बगैर नये साहित्य की सही अवधारणा ही नहीं की जा सकती। अज्ञेय की कविता एक नया आन्दोलन चलाने वाले सम्पादक-रचनाकार की कविता ही नहीं है, बल्कि एक ऐसी कविता है जो पूरे नये सृजन के दौर में केन्द्रीय स्थिति बनाये रही है। ऐसी सृजनात्मकता के सामर्थ्यवान सृजनकर्मी को उसके युग की परिस्थितियों के साथ जानना जरूरी है। कृतियों को समझने में कृतिकार की मानसिकता, वैचारिकता के तत्त्व और परिवेश के अनुभव तथा तनाव की स्थितियाँ महत्त्वपूर्ण भूमिका अदा करती हैं। अतः रचनाकार की अन्तर्यात्रा में जन्म-शिक्षा-भ्रमण-साथी-युग-विश्वास आदि को जानना निहायत जरूरी हो जाता है।

पर रचनाकार का 'अज्ञेय' उपनाम नहीं है, छद्‌म नाम है। इस छद्‌म नाम की एक रोचक कहानी है। हालाँकि इस नाम में अज्ञेय के सृजनात्मक व्यक्तित्व का एक विशिष्ट पहलू उजागर है। नवीन, दिनकर, बच्चन जैसे उपनामों के चक्कर में सच्चिदानन्द वात्स्यायन नहीं पड़े। ऐसी स्थिति में इस अज्ञेय नाम की एक स्वतन्त्र सत्ता है। निबन्धों में वे अपना नाम देते हैं—सच्चिदानन्द वात्स्यायन। उनके पिता का नाम है—हीरानन्द वात्स्यायन। पिता का नाम मिलाकर नाम बनता है—सच्चिदानन्द हीरानन्द वात्स्यायन। और उनके रचनाकार का नाम है—अज्ञेय।

सच्चिदानन्द हीरानन्द वात्स्यायन का जन्म 7 मार्च, 1911 ई. को कसिया जिला

देवरिया में ब्राह्मण परिवार में हुआ था। हीरानन्द वात्स्यायन पुरातत्व विभाग में उच्च अधिकारी थे और खुदाई शिविर के सम्बन्ध में कसिया में रह रहे थे। यहाँ अज्ञेय का जन्म हुआ। इस कसिया का सम्बन्ध कुशीनगर से है। यह भगवान बुद्ध की निर्वाण भूमि है। कुशीनगर में जन्मे अज्ञेय बौद्ध धर्म में चाहे दीक्षा न ले पाये हों, पर बुद्धत्व का आत्मान्वेषण और चिन्तन उनमें समाता गया है। छोटी-बड़ी बात पर गहराई तक विचार करना, मौन साधना करना उनका जन्मजात स्वभाव था। बचपन में एक नाम 'सच्चा' भी रहा। चुप्पा अज्ञेय 'सच' बोलने में हमेशा ही आगे रहा। बौद्ध-श्रमण की तरह यायावरी जीवन जीने में अज्ञेय की वृत्ति खूब रमती रही।

सच्चिदानन्द हीरानन्द वात्स्यायन के साथ 'अज्ञेय' नाम उन्हें पसन्द था। पर अपने दोनों नामों का एक साथ प्रयोग वे स्वयं कभी नहीं करते थे। फिर इन दोनों नामों का पृथक्-पृथक् उपयोग भी उन्होंने सिद्ध कर दिया। अज्ञेय रचनाकार कलाकार-शिल्पी हैं और सच्चिदानन्द वात्स्यायन एक व्यक्ति, भाष्यकार, सामाजिक-विचारक, पाठक, और भोक्ता। अपने जीवन में वे दोनों स्रष्टा और भोक्ता मानव को यत्नपूर्वक अलग रखते थे। उनके चिन्तन में यह बात समाई हुई थी कि सृष्टा मानव और भोक्ता मानव में जितना पार्थक्य होता है–कलाकार उतना ही बड़ा होता है। यह सिद्धान्त कई अन्यों पर तो लागू होता ही है, पर सबसे ज्यादा इसका खरापन अज्ञेय में ही देखा जा सकता है। टी.एस. इलियट के स्रष्टा-भोक्ता के पार्थक्य-सिद्धान्त को अज्ञेय ने खुला समर्थन दिया। सन् 1947 ई. के *हंस* के नवम्बर अंक के पृष्ठ 1 पर अज्ञेय का यह वक्तव्य छपा है–'मैंने लिखने के लिए दोनों नामों का उपयोग किया है, क्योंकि लेखक की हैसियत से भी मैं अपने दो कर्म (फंक्शन) मानता हूँ। एक तो है साहित्य सृजन का जो साहित्यकार का वास्तविक कर्म है और दूसरा साहित्य के साधारण अध्येता का। यह काम आनुषंगिक है, पर अत्यन्त आवश्यक है, क्योंकि यह स्रष्टा के पैर धरती पर टिकाये रखता है। फिर भी यह कि मैं साहित्य को निजी जीविका से अधिक कुछ मानता आया हूँ। साहित्यकार बेचता नहीं, बाँटता है, देता है। पर इस आदर्श को निबाहने के लिए कुछ और बेचना भी पड़ता है। अर्थात् जीविका के प्रश्न का कोई हल उसे खोजना पड़ता है। यह जरूरी नहीं है कि दुहरे व्यक्तित्व के लिए दो नाम रखे जाएँ–छद्म नाम मुझे भी परिस्थितिवश मिल गया था–जब दो नाम मिल ही गये तब मैं यह अन्तर निबाहता आया हूँ। वात्स्यायन और 'अज्ञेय' को अलग रखने की कोशिश भी एक उपजीवी पत्रकार और एक स्वाधीन साहित्यकार को एक ही इकाई में अलग-अलग रखने की कोशिश है।'

जैनेन्द्र कुमार ने परिस्थितिवश 'अज्ञेय' नाम दे डाला था। घटना यों हुई कि जैनेन्द्र के साथ अज्ञेय भी जेल में बन्द थे–जैनेन्द्र सत्याग्रही के रूप में और अज्ञेय क्रान्तिकारी रूप में। पर साहित्य ने दोनों को वहाँ घनिष्ठ बना दिया। जब जैनेन्द्र जेल से छूटकर बाहर आये तो उन्होंने *हंस* के सम्पादक प्रेमचन्द के पास अज्ञेय

की कहानी प्रकाशनार्थ भेजी। प्रेमचन्द जी ने कहानीकार का नाम पूछा—तो जैनेन्द्र चक्कर में पड़ गये। उन्होंने प्रेमचन्द को सच्चिदानन्द वात्स्यायन न बताकर लिख भेजा कि नाम तो 'अज्ञेय' है। प्रेमचन्द ने कहानी पर अज्ञेय नाम छाप दिया। बाद में एक-दो रचनाएँ और भी अज्ञेय नाम से छपीं। धीरे-धीरे रचनाकार ने अपना नाम 'अज्ञेय' सहर्ष स्वीकार कर लिया।

हिन्दी में बहुत से जड़ परम्परावादी आलोचक-पाठक आज भी 'अज्ञेय' के काव्यात्मक गौरव को स्वीकार करने में हिचकते हैं। पहले तो यह कहकर कुछ आलोचक मजाक बनाते थे कि अज्ञेय की कविता विदेशी कविता की पूरी तरह नकल है। इस नकल को सृजन का गौरव आँख मूँद कर ही दिया जा सकता है, खुली आँखों तो नहीं। विरोधियों ने यहाँ तक कहा कि अंग्रेजी कविता का हिन्दी कविता में मजा लेना हो तो अज्ञेय को पढ़िए। दूसरा अतिवाद इधर यह उभरा है कि अज्ञेय एकदम भारतीय रचनाकार हैं और भारतीय रचनाकार सिद्ध करने वाले उन्हें वेदों-उपनिषदों की जड़ों से जुड़ा सिद्ध कर रहे हैं, पर खुले दिमाग से विचार करने पर पता चलता है कि अज्ञेय विदेशी साहित्य के 'नकलची' न होकर जागरूक पारखी थे। साथ ही, 'भारतीय' वे पोंगापन्थी अर्थ में नहीं, एक आधुनिक भारतीय संस्कृति की तेजोदीप्त परम्परा के वाहक और रक्षक के रूप में थे। ऐसी स्थिति के कारण अज्ञेय के सृजन पर बाहरी विदेशी प्रभाव दृष्टिगत होने पर भी 'संस्कार' एकदम भारतीय रहे। डी.एच. लारेंस और टी.एस. इलियट उन्हें सोचने के कुछ नये मुद्दे दे सकते थे। लेकिन उनके अपने मौलिक सोच को मिटा नहीं सकते। मूल कारण यह है कि अज्ञेय ही नये साहित्य में अकेले रचनाकार हैं, जो अपनी दृष्टि से विदेशों को परखते हैं, तौलते हैं। विदेशी निगाह से भारतीय साहित्य को तौलने-देखने के बाद उसे घटिया कह देने की लाचारी उनके पास नहीं है। अतः वे विदेश और विदेशीपन के आतंक से मुक्त हैं। अज्ञेय की सुसंस्कृत भारतीयता ने अज्ञेय के व्यक्तित्व में भारतीय संस्कृति का यह बोध विकसित किया है—"मारे कोण, गलियाँ, अन्तरीप, उभार, सैकत कूल, सब गोलाइयाँ उसकी गढ़ी हैं/माँ है वह/इसी से हम बने हैं।" इसी के भीतर से यह विचार निथुर कर आया है—"तुम बढ़ो, प्लावन तुम्हारा घरघराता उठे—वह स्रोतस्विनी ही कर्मनाशा कीर्त्तिनाशा घोर काल प्रवाहिनी बन जाय/तो हमें स्वीकार है वह भी उसी में रेत होकर फिर छनेंगे हम/जमेंगे हम/कहीं फिर पैर टेकेंगे कहीं/फिर भी खड़ा होगा नये व्यक्तित्व का आकार। मातः, उसे फिर संस्कार तुम देना" (नदी के द्वीप)। कविता के इन विचारों से अज्ञेय के विद्वेषियों ने एक नयी बात ही गढ़ ली कि अपना दार्शनिक दृष्टिकोण अज्ञेय सार्त्र के अस्तित्ववाद से ग्रहण करते हैं और वे यह दृष्टिकोण रखते हैं कि हर व्यक्ति समाजरूपी नदी का एक द्वीप है। यह व्यक्ति उसमें स्थित होकर भी उससे पृथक है। अतः घोर व्यक्तिवाद ही इस कविता का प्रतिपाद्य है और एक बृहत्तर सामाजिकता से व्यक्ति को काटकर

देखने की कोशिश अज्ञेय में लगातार मिलती है, आदि-आदि बात कहते रहे हैं। जबकि यह कविता अपने कथ्य में ऐसा कोई प्रमाण नहीं देती। अज्ञेय को रेत में छिपी 'अन्तःसलिला' की तलाश सदैव रही है। इस पक्ष को भी समझना होगा कि परम्परा ही, 'अन्तःसलिला' है, सदानीरा है, अगाध पारावार है और अजस्र रस-संचार है। अगनित पैरों तले रौंदी हुई अविराम उदार जलधारा है। अतः परम्परा का अर्थ ठीक से समझे बगैर अज्ञेय को नहीं समझा जा सकता। *चिन्ता, इत्यलम्, हरी घास पर-क्षण भर, बाबरा अहेरी* में यह परम्परा दृष्टिगत होती है—*'इन्द्रधनु रौंदे हुए थे', 'अरी ओ करुणा प्रभामय', 'आँगन' के पार द्वार', 'कितनी नावों में कितनी बार', 'क्योंकि मैं उसे जानता हूँ', 'सागर मुद्रा', 'पहले मैं सन्नाटा बुनता हूँ' तथा 'नदी की बाँक पर छाया'* में परम्परा के अन्वेषण की मूल्यवान यात्रा है।

भारतीय परम्परा का एक गहरा संस्कार अज्ञेय को अपने पिता और परिवार से मिला। पं. हीरानन्द शास्त्री केवल पुरातत्व-विभाग के अधिकारी ही न थे, वे आधुनिक दृष्टि सम्पन्न संस्कृतज्ञ भी थे। दूसरे के दान पर पलने वाले पंडित न थे, अतः उनमें स्वाभिमान मौजूद था। अज्ञेय को संस्कृत के साथ अंग्रेजी भी शुरू से पढ़ाई गयी। 'कुल परम्परानुकूल मेरी पढ़ाई रटंत से प्रारम्भ हुई। गायत्रीमन्त्र और अष्टाध्यायी के साथ-साथ मुझे अपने वयोवृद्ध गुरु की स्नेह भरी पंडिताऊ गालियाँ भी अभी तक याद हैं। किन्तु प्रबुद्धचेता पिता ने...रटाई के साथ-साथ अंग्रेजी की मौखिक शिक्षा भी आरम्भ करवा दी थी और अक्षर ज्ञान से पहले ही मैं दो-ढाई सौ अंग्रेजी शब्द सीखकर वह भाषा वैसे बोलने लगा था जिसे फर्र फर्र अंग्रेजी कहते हैं। अंग्रेजी में ही कुछ कविताएँ और तुकबन्दियाँ रट ली थीं' (*आत्मपरक*, पृ. 21), आरम्भ में अंग्रेजी से प्रेरणा पाकर कुछ तुकबन्दियाँ भी कीं, पर लय-बोध, शब्द-बाध अज्ञेय में जन्मजात है। वे जब चार वर्ष के बालक थे और उन्हें 'भुमीरी' मिली और वह जब चक्कर काट कर नाची तो उन्होंने गाना शुरू किया—'नाचत है भुमरी'। इससे आगे शब्द बढ़े, पर अज्ञेय ने 'मेरी भंवरी ही नहीं, भूमि भी नाचती है, सारा विश्व ब्रह्माण्ड नाच रहा है और उसी ताल पर, उसी छन्द में बँधा मैं भी नाच रहा हूँ। मैंने एक साधारण वाक्य से असाधारण अर्थ निकाल लिया है—मैं आविष्कारक हूँ, स्रष्टा हूँ। मैंने शब्द की शक्ति को पहचान लिया है (*आत्मपरक,* पृ. 20)।' यही एक प्रकार से इस कवि की पहली कविता है। इसमें लय की पहचान सहज है। केवल अर्थ बोधन क्षमता से सम्पन्न वह बौद्धिक आनन्द नहीं है जो समझ आने पर मिलता है।

अज्ञेय के व्यक्तित्व-निर्माण में माँ से अधिक पिता का योगदान रहा है। छोटी बुआ और बड़ी बहन ने बालक अज्ञेय को बहुत दुलराया। बाल्यकाल परिवार के स्नेह-प्रदर्शन से ज्यादा वन-पर्वतों या देहाती प्रदेशो में बीता। नतीजा यह हुआ कि सभी भाई-बहन सौहार्द रखते हुए भी स्वतन्त्र स्वभाव और आत्मनिर्भरता की भावना

में पले-बढ़े। बचपन के अनुशासन एवं व्यवस्था ने उन्हें जीवन भर के लिए 'काढ़' दिया। जीवन और साहित्य दोनों में 'अव्यवस्था' बाल्य-संस्कारों की छाप के कारण कभी भी बरदाश्त नहीं हुई।

सन् 1915 से 1919 तक अज्ञेय जी कश्मीर में रहे। इन वर्षों में उनके अन्तर्मुखी स्वभाव ने मौन को जाना-सीखा। ग्यारहवें वर्ष में टैनिसन की एक कविता पर मुग्ध हुए। उसी समय असहयोग आन्दोलन के दौर में, प्रिन्स ऑफ वेल्स के भारत-यात्रा के बहिष्कार आन्दोलन से जुड़े और उसी समय स्वामी दयानन्द सरस्वती की उद्‌बोधनात्मक कविता पढ़ी, 'गंगा उठो कि नींद में सदियाँ गुजर गयीं। देखो तो सोते सोते ही बरसें किधर गयीं', इस प्रभाव में 'गंगा' पर एक कविता लिखी जो बाद में गंगा की भेंट चढ़ गयी।

ऐसी परिस्थितियों में अज्ञेय पले कि एकान्तप्रियता स्वभाव में स्थाई गुण बनती गयी। इस एकान्तप्रियता के भीतर से ही उनका स्रष्टा फूटा। इस एकान्तप्रियता ने ही प्रकृति के सहज-सौन्दर्य भाव को पहचानने और पाने का अवसर दिया। पिता के साथ बचपन में की हुई उटकमण्ड जैसी यात्राओं ने एकान्तप्रियता को और सहारा दिया। इसी यात्रा का एकान्तकाल चित्र-संग्रह कला की ओर ले गया। अज्ञेय ने अवनीन्द्रनाथ ठाकुर और नव-बंग सम्प्रदाय की शिष्य परम्परा के चित्रों के अलबम बनाये। और यहीं पर इस जन्मजात कवि और सम्पादक ने एक पत्रिका की संकल्पना पूरी कर ली। इस हस्तलिखित पत्रिका का नाम रखा—*आनन्द-बन्धु*। अज्ञेयजी के ऊपर मैथिलीशरण गुप्त के भाव-भाषा का बड़ा गहरा प्रभाव था। यह *सरस्वती* के साथ भी बढ़ा। लेकिन 'नीलाम्बर-परिधान हरित तट पर सुन्दर है' जैसी स्वदेश-वन्दना की कविताओं ने अज्ञेय में एक जातीय अस्मिता का संस्कार विकसित किया। गुप्त जी की कविताओं की भाव-भाषा शैली से एक राष्ट्रीय-सांस्कृतिक नवजागरण झरकर अज्ञेय में समा गया। उनकी मानसिकता पर सांस्कृतिक नवजागरण की प्रेरणा ने एक अमिट छाप छोड़ी। एक दृष्टि से अज्ञेय के स्वाभिमानी व्यक्तित्व का निर्माण इस सांस्कृतिक नवजागरण की चेतना ने ही किया। और इसी ने उनके सृजन-कर्म में भारतीय आधुनिक संवेदन और जातीय अस्मिता के भाव को निष्पन्न किया।

अज्ञेय का बालक-मन जिन दिनों कविता लिखने के लिए जमीन तैयार कर रहा था उन्हीं दिनों मैथिलीशरण गुप्त, मुकुटधर पांडेय, श्रीधर पाठक, हरिऔध, रामचरित उपाध्याय आदि कवियों की धूम थी। अज्ञेय ने भी इस सभी की देखा-देखी दोहा-रोला के साथ गीतिका-हरिगीतिका पर हाथ-साफ किया। संस्कृत के छन्दों ने भी आकृष्ट किया। अज्ञेय जी ने स्वयं कहा है कि "हरिऔध की यशोदा का विलाप पढ़कर मैंने मालिनी छन्द में कई एक विलाप लिखे थे—राधा का प्रवत्स्यपतिका वीर वधू इत्यादि। मन्दाक्रान्ता तब इतना अच्छा नहीं लगता था, जितना बाद में लगने लगा। पर

शिखरिणी पर मैं मुग्ध था—विशेष कर पिताजी के पढ़े हुए 'महिम्नस्तोत्र' के कारण। लेकिन वे छन्द कभी मुझसे सधे नहीं" ('मेरी पहली कविता' *आत्मपरक पृ. 23*)।

बचपन में हस्तलिखित *आनन्द बन्धु* पत्रिका हिन्दी और अंग्रेजी दोनों भाषाओं में तमीज़ से निकाली। प्रयाग की बालचर पत्रिका *सेवा* में पहली कहानी छपी। कविताओं में तुक एवं लयपरक कविताओं से कवि-कण्ठ फूटा। अंग्रेजी *गीताजंलि* के रहस्यवादी गीतों की धमक भी मन पर रही। चिन्ता की कुछ कविताओं पर रवीन्द्रनाथ की छाप देखी जा सकती है।

बचपन में पिताजी ने ही अज्ञेय को हिन्दी (संस्कारी) भाषा लिखना सिखाया। संस्कृत पंडित से *रामायण, रघुवंश,* फारसी मौलवी से 'सादी' और पादरी से अंग्रेजी की शिक्षा घर पर ही दिलवायी। इस प्रकार बचपन में किसी एक बोली या मातृभाषा से घनिष्ठ सम्पर्क नहीं रहा। फिर बचपन हिन्दी प्रदेशों से बाहर ही बीता। हिन्दी अज्ञेय जी ने बड़े श्रम से सीखी। वह हिन्दी साहित्य में भाषा की सजगता और संस्कारी भाषा की आग्रहशीलता का द्विवेदी-युग था। भाषा की व्याकरण शुद्धि और भाषा के प्रतिमानीकरण पर ध्यान अधिक था। छायावाद में भाषा का विकास एवं विस्तार हुआ। छायावाद के बाद भाषा में उतार आया और यह अज्ञेय को खटकता रहा। इसीलिए *तारसप्तक में* 'अपर्याप्त भाषा' के खिलाफ संघर्ष किया। अज्ञेय ने अपने बारे में लिखा है—'मुझे जो शिक्षा-दीक्षा मिली, उसमें सन्तुलन को जीवन, कर्म और भावाभिव्यक्ति के सहज संयम को विशेष महत्व दिया जाता रहा। लोग मुझे अच्छे लगते हैं, पर भीड़ नहीं, उतने ही जितनों से एक साथ निजी सम्पर्क हो सके सीधे संवाद हो सके।'

सन् 1925 में पंजाब से हाईस्कूल, 1927 में मद्रास से इंटर साइन्स, सन् 1929 में बी.एस.सी. फॉरमन कॉलेज, लाहौर से उत्तीर्ण की। सन् 1929 में अंग्रेजी एम.ए. में प्रवेश लिया, किन्तु इसे पूरा न कर सके। इसी बीच क्रान्तिकारी विचारों से आन्दोलित होकर आजादी की लड़ाई में सक्रिय हो उठे। राखालदास बनर्जी के सम्पर्क से बंगला का ज्ञान भी अर्जित किया, किन्तु क्रान्तिकारी जीवन ने उधर बहुत ठहरने नहीं दिया। कॉलेज जीवन में जिन दो अध्यापकों से विशेष प्रभावित रहे, वे थे—जे.बी.बनेड और मिस्टर डेनियल। बनेड साहब ने विभिन्न धर्मों के भीतरी रहस्य को समझने की दृष्टि से धर्मों के तुलनात्मक अध्ययन की प्रेरणा दी। प्रो. डेनियल ने अंग्रेजी साहित्य और विशेषकर ब्राउनिंग के रचना-संसार के प्रति लगाव उत्पन्न किया। इंटर के शिक्षक एंडरसन की साहित्य प्रेरणा से नेत्र खुले। भाव-भूमि मिली तो एंडरसन के साथ ही टैगोर मण्डल की स्थापना की और सौन्दर्यशास्त्र, आचारशास्त्र का यथासम्भव अध्ययन किया। सन् 1929 से 1936 का जीवन क्रान्तिकारी योजनाओं को समर्पित रहा। साथियों के साथ भगतसिंह को जेल से छुड़ाने का प्रयत्न किया, पर सफल न हुए। दिल्ली हिमालयन ट्वायलेट्स फैक्ट्री के बहाने बम बनाने की योजना में वैज्ञानिक सलाहकार रहे। ऐसी ही फैक्ट्री कायम करने की योजना अमृतसर से शुरू की और

वहीं पर सन् 1930 में साथियों के साथ गिरफ्तार हुए। यहाँ जेल से छूटे तो दूसरी यातना शुरू हुई। सन् 1931 में नया मुकदमा चला—जो 1933 तक खिंचता रहा। दिल्ली जेल की काल कोठरी में *चिन्ता* और *शेखर* लिखे। सन् 1934 की फरवरी में छूटे और लाहौर जेल में पुनः नजरबन्द कर दिये गये। जेल यात्रा की कोठरियों के अन्धकार ने नया प्रकाश दिया। जीवन को नये ढंग से समझने की एक अन्तर्दृष्टि दी। 'दुःख सबको माँजता है' का रचनाकार अनुभवों की भट्टी में तपकर निखरने लगा। अपने क्रान्तिकारी साथियों को आदर्शों से नीचे गिरते देखकर बड़ी ठेस लगी एवं आत्मपीड़ा का भाव जन्म ले उठा। इसी बीच छोटे भाई एवं माता की मृत्यु का आघात भी झेला। पिता के अकेलेपन ने नया बोध पैदा किया और सब कुछ झेलने के लिए तैयार रहने की मानसिकता पैदा की। पं. विद्यानिवास मिश्र के शब्दों में एक 'स्थाई वियोग' में रहना सीख लिया। क्रान्तिकारी जीवन एक रूपान्तरण के साथ साहित्यिक क्रान्ति में बदल गया। और अज्ञेय साहित्य में 'प्रयोग' और 'विद्रोह' के प्रतीक व्यक्तित्व बनते गये। यह विद्रोही रूप इतना प्रखर होता गया है कि अज्ञेय ने हिन्दी के माध्यम से भारतीय साहित्य-परम्परा को एक नयी आभा दी।

अज्ञेय जेल की अँधेरी कोठरियों से बाहर आकर साहित्य-सृजन में समर्पित हो गये। रोजी-रोटी के लिए काम किये पर नौकरी में तेली का बैल बनना पसन्द नहीं रहा। जीवन में सेना से लेकर सम्पादक तक बहुत काम किये, पर जल्दी-जल्दी आसन भी बदले। *सैनिक* समाचार पत्र के सम्पादक-मण्डल में कुछ साल तक रहे। 'मेरठ के किसान आन्दोलन' में जमकर कार्य किया। इसी बीच प्रगतिवादी लेखकों के निकट सम्पर्क में आये और ऊबकर उनका साथ छोड़ दिया। रामविलास शर्मा, नेमिचन्द जैन, प्रभाकर माचवे के साथ रहे। बाद में आचार्य हजारीप्रसाद द्विवेदी, सुमित्रानन्दन पन्त, दिनकर, बच्चन से लेकर सर्वेश्वरदयाल सक्सेना तक शायद ही हिन्दी का और भारतीय भाषाओं का कोई साहित्यकार रहा हो, जिसके निकट सम्पर्क में न आये हों। पहले सर्वेश्वर और बाद में पं. विद्यानिवास मिश्र से काफी गहरी छनी। विदेशों के सभी साहित्यकारों तक अज्ञेय पहुँचे और उनके कार्यों को खुली आँखों से देखा। पूर्व और पश्चिम के साहित्य का मनोयोगपूर्वक अध्ययन किया और दोनों संस्कृतियों के दार्शनिक विचारों से चित्त को माँजते रहे। गाँधीजी से प्रभावित नहीं हुए, पर नेहरू के प्रति आकर्षण रहा। मानवेन्द्र राय के रेडिकल 'ह्यूमेनिज्म' की बौद्धिक छाप ग्रहण की। उन्हें इसी छाप ने हिन्दी का पहला बौद्धिक या पहला आधुनिक कवि बनाया है।

पं. बनारसीदास चतुर्वेदी के आग्रह से *विशाल भारत* में रहे। यहीं कलकत्ता में बुद्धदेव बसु और पुलिन सेन से परिचय बढ़ा। पर कलकत्ता उनके संवेदनशील कलाकार को भाया नहीं। सन् 1939 में पिता के पास बदौदा पहुँच गये। तत्पश्चात् ऑल इंडिया रेडियो, दिल्ली में नौकरी करने आ गये। सन् 1940 ई. में सिविल मैरिज की, जो चली नहीं, टूट गयी। धीरे-धीरे वैचारिक स्तर पर इन्हीं वर्षों में अज्ञेय हिन्दी

के मार्क्सवादियों से दूर हट गये। अज्ञेय समझौतावादी स्वभाव के न व्यक्ति थे, न रचनाकार। मार्क्सवादियों से टूटे तो फिर किसी कीमत पर समझौता नहीं किया। 'कम्युनिस्टों का विरोधी मैं नहीं हुआ। मेरे विरोधी अधिकतर कम्युनिस्ट हुए तो वे जानें। कम्युनिज्म मुझे पसन्द नहीं है, यह ठीक है। राजनीति में वह आततायी हुआ है, दर्शन को अधूरा और पंगु बनाने वाला है। और भारतीय कम्युनिज्म कदम-कदम पर देश-विरोधी और परदेश निर्देशित सिद्ध हुआ है। मैं व्यावहारिक राजनीतिक नहीं हूँ, न होना चाहता हूँ, पर राजनीति के सम्बन्ध में मेरे कोई विचार न हों—ऐसे लाचारी नहीं मानता। जो हैं उन्हें नागरिक के नाते यथासमय व्यक्त भी करता हूँ, पर मैं एक विचार रखता हुआ दूसरे को दूसरा विचार रखने की स्वतन्त्रता देने का कायल हूँ। इसलिए किसी मतवाद को न मानकर मैं मतवादी का विरोधी होना जरूरी नहीं समझता और उसे कलंकित करना तो बिल्कुल नहीं। कम्युनिस्ट क्योंकि ऐसी स्वतन्त्रता को दिमागी ऐयाशी समझते हैं और साधन-शुद्धता को महत्त्व नहीं देते ('कठघरे से' *आत्मपरक,* पृ. 186-187)।'

सन् 1943 से 1946 ई. तक सेना में कैप्टन रहे। युद्ध के अप्रत्यक्ष अनुभवों से साक्षात्कार किया। इन अनुभवों ने अज्ञेय के व्यक्तित्व को नयी धार दी और इतना मनोबल पैदा किया कि वे विरोधी के सामने सहसा उत्तेजित नहीं होते थे। एक गम्भीरता का लहराता-सागर जो अपनी मर्यादा नहीं तोड़ता था।

सन् 1943 में *तारसप्तक* अज्ञेय के सम्पादकत्व में प्रकाशित हुआ। उसके प्रकाशन ने हिन्दी कविता और आलोचना की पुरानी चूलें हिला दीं। आधुनिक कविता का एक नया युग, नया इतिहास शुरू हुआ। मठाधीशों-श्रीमानों द्वारा घोर विरोध सहकर भी *तारसप्तक* की योजना विजयी रही। *तारसप्तक* में भिन्न विचार, भिन्न संस्कार और भिन्न सृष्टि की ऐसी प्रतिभायें एक साथ सामने आयीं कि एक साहित्यिक करिश्मा हो गया। नयी कविता की तैयारी का नाम है—*तारसप्तक* और *दूसरा सप्तक*—1951, *तीसरा सप्तक*—1959, *चौथा सप्तक*—1969 नयी कविता की सृजन—भावनाओं-उपलब्धियों का काल, नयी कविता के नये प्रतिमानों के लिए पुराने आचार्यों से सर्वाधिक लड़ाई दो महान रचनाकारों ने अपने-अपने ढंग से मिलकर लड़ी और जीती भी। ये रचनाकार हैं—अज्ञेय और मुक्तिबोध, इनका साथ *सप्तकों* के सभी रचनाकारों ने दिया और नयी कविता की बदली हुई काव्यानुभूति, शिल्प आदि की नये औजारों से परख हो उठी। अज्ञेय यहाँ सम्पादक और सर्जक के साथ एक प्रखर चिन्तक के रूप में सामने आये। ऐसे चिन्तक, जिसे किसी भी रूढ़ि से टकराने में हिचक नहीं हुई। आखिरकार कैप्टेन अज्ञेय ने साहित्य के युद्ध-क्षेत्र में भी 'मात' नहीं खायी। छायावाद का कल्पना महल और रोमांटिक मिजाज अज्ञेय के हाथों 'पिट' गया। पर नयी कविता को छायावाद-प्रगतिवाद-प्रयोगवाद की प्रतिक्रिया कहना गलत होगा। वस्तुतः यह हमारी ही सांस्कृतिक परम्परा का अगला विकास

था। न तो नयी कविता विदेशी पौध थी, न अज्ञेय विदेशी संस्कार के रचनाकार। हाँ, विश्व साहित्य मेले में घूमे-रमे अनुभवी रचनाकर्मी अवश्य थे। नयी खाद-पानी की जमीन में 'घास हरी हुलसानी मानिक के झूमर-सी झड़ पड़े पीले पीत अमलतास/ चातकी की वेदना विरानी' वाली बात सच हुई। कवि ने कहा–

हमने फिर कवि से कहा :
बन्धु हमें काव्य दो।
किन्तु तुम (नभचारी) मिट्टी की ओर मत देखना,
किन्तु तुम (गतिशील) जड़ें मत छोड़ना,
किन्तु तुम (प्रकाशसुत) टोहना न कभी अन्धकार को,
किन्तु तुम (रससिद्ध) कर्दम से नाता मत जोड़ना,
किन्तु तुम (ओ स्वयंभू) पुष्टि की अपेक्षा मत रखना
गहरे न जाना
आँचल बचाना सदा
दामन हमेशा पाक रखना
पंकज-सा पंक में
कंज-पत्र में सलिल-सा
तुहिन की बूँद में प्रकम्प हेम शिरा-सा
असंपृक्त रहना।
धाक रखना
लाज रखना, नाम रखना
नाक रखना।

(इन्द्रधनु रौंधे हुए ये)

नयी कविता का इतिहास साक्षी है कि कवि की धाक, नाम और नाक पर कभी अविश्वास नहीं किया गया। दलों की दलदल में फँसे 'कुछ' ने अविश्वास किया, पर सजग संस्कारी पाठक ने इस सर्जनात्मकता पर अपना भरोसा कभी नहीं डिगाया। दल के दलालों के बचन भी 'कामी बचन सती मन जैसे' ही खाली गये। डॉ. विद्यानिवास मिश्र ने अज्ञेय और नयी कविता को लेकर बड़ी पकड़ की बात कहीं है–'अब स्थिति यह है कि अज्ञेय को कोई नया कवि कहे न कहे, उन्हें इसका हर्ष-विषाद नहीं है। उनकी कविता भी नयी कविता न मानी जाए, उन्हें चिन्ता नहीं है, क्योंकि इन विगत वर्षों में नयी कविता के साथ-साथ कुम्हार के चाक पर चढ़े हैं, घूमे हैं, रंगों में रंगे हैं, निर्धूम अग्नि में पके हैं और पककर निकल आये हैं (*अज्ञेय*, पृ. 21)।' नयी कविता के लेखक अज्ञेय ने बहुत विरोध झेला, लेकिन इस विरोध से फूटी सर्जनात्मकता ही अन्ततः सरस्वती के भाल की शोभा बनी। सन् 1943 से लेकर 1960 तक के वर्ष अज्ञेय के जीवन के परीक्षाकाल ही बन गये।

अज्ञेय के कवि-अहं को लेकर क्या-क्या बातें नहीं हुईं, लेकिन अज्ञेयजी ने नम्रता से हमेशा यही कहा, '...मेरा बर्ताव लोगों को कुछ भिन्न जान पड़ता है, भिन है ही और इसका कारण वे मेरा अहंकार मान लेते हैं। इसलिए मैं दूर रखा जाता हूँ। और बचपन से एकान्त के अभ्यस्त मुझ को जब दूर रखे जाने से कोई क्लेश नहीं होता या होता दीखता नहीं तो यह भी मानना युक्तिसंगत जान पड़ने लगता है कि यह अहंकार आभिजात्य का अहंकार है (*आत्मपरक*, पृ. 167)।' अज्ञेयजी यह मानते हैं कि हिन्दी ने परिवर्तनशील मानव को परिभाषित करने का दायित्व उठा लिया है तो उसे वे अपने चिन्तन में भुलाते नहीं हैं। उनके लिए कला सम्पूर्णता की ओर जाने का प्रयास है, एक प्रकार का मुक्त आत्मदान है। इसी अर्थ में सच्ची कला कभी नैतिक संवेदन से विमुख नहीं हो सकती। वह एक नैतिक मूल्य रखती है। अज्ञेय के लिए 'कला कला के लिए' का कोई अर्थ कभी नहीं रहा। उद्देश्यहीन सौन्दर्योपासना निरा धोखा है—यह मानकर वे नैतिक उद्देश्य की अन्तःसलिला में अपने कलाकार के बृहत्तर दायित्व, सामाजिक दायित्व को नहीं भूलते, एक ध्वनि सागर की वे सुनते हैं—'जब-जब सागर में मछली तड़पी—तब-तब हमने उसकी गहराई को जाना' और 'फिर भीतर एक दाता' जिसने कहा 'लो, यह सागर मैंने तुम्हें दिया।' इस दाता ने मुक्त आत्मदान के भाव में 'लो, यह हरी-भरी धरती यह सवत्सा कामधेनु मैंने तुम्हें दी'।

अज्ञेय का व्यक्तित्व एक संश्लिष्ट मानव-कलाकार का बिम्ब है—जिसमें लालित्य-बोधीय और उपयोगी कलाओं की गहरी मैत्री का भाव है। वैयक्तिक प्रतिभा एवं सांस्कृतिक प्रतिभा का सामंजस्य सतत अभ्यास के साथ दमक रहा है। 'मैं जानता हूँ कि मैं साधारण हिन्दी या भारतीय लेखक से अधिक परिश्रम करता हूँ। अधिक समय पढ़ने-लिखने में बिताता हूँ, अधिक समय आत्म-प्रशिक्षण में, जिसमें केवल मन का प्रशिक्षण नहीं, ज्ञानेन्द्रियों का और हाथों का प्रशिक्षण भी शामिल है। मैं कपड़े सी लेता हूँ, जूते गाँठ लेता हूँ, फर्नीचर जोड़ लेता हूँ, मिठाई पकवान बना लेता हूँ, जिल्दबन्दी कर लेता हूँ। पंखे, साइकिल, मोटर, बिजली के छोटे-छोटे यंत्र उनकी सफाई और थोड़ी-बहुत मरम्मत कर लेता हूँ। विलायती ढंग के बाल काट सकता हूँ, चाबियाँ खो जावें तो ताले खोल सकता हूँ, सूत कात लेता हूँ। मामूली कढ़ाई कर लेता हूँ, मिट्टी के खिलौने बना लेता हूँ। प्रूफ देख लेता हूँ, कम्पोज कर लेता हूँ, प्रेस की मशीन चला लेता हूँ, फोटो खींचता हूँ, फिल्म और प्रिंट डेवलेपमेंट लेता हूँ, सीमेंट के गमले बना लेता हूँ। फलों और तरकारी की खेती कर लेता हूँ। फावड़ा, कुल्हाड़ी-गैंती चला लेता हूँ, निराई कर लेता हूँ। बन्दूक, पिस्तौल चला लेता हूँ। तैर लेता हूँ, दौड़ लेता हूँ, पहाड़ पर चढ़ लेता हूँ, क्रिकेट, टेनिस, बैडमिन्टन खेल लेता हूँ। और इनमें केवल शौक रखता हूँ ऐसा नहीं हैं, कुछ के सहारे आजीविका भी कमा ले सकता हूँ। और जो नहीं जानता वह सीखने को हमेशा तैयार हूँ।' (*आत्मपरक*, पृ. 167-168) इस

कथन से स्पष्ट है कि अज्ञेय 'हरफन मौला' व्यक्तित्व रहे हैं। शिल्पकार, वास्तुकार, चित्रकार के अनुशासन को पहचानने पर भी अज्ञेय का प्रधान व्यक्तित्व, मूलतः कवि और चिन्तक का है। हालाँकि उनके चेहरे पर कवि की कोमलता से ज्यादा चिन्तन का संघर्ष और तनाव रहता था। युग के जटिल प्रश्न उन्हें मथते रहते थे और उनसे जूझने में उन्हें मजा आता था। उनमें एक सारस्वत कवि एक सारस्वत चिन्तक में अद्वैत पाया गया है। शक्ल-सूरत में वे 'हेमिंग्वे' से मिलते थे और बच्चे उन्हें 'हेलो हेमिंग्वे स्वर्ग से कब लौटे' कहकर गुदगुदा सकते थे।

अज्ञेय के सृजन-कर्म के 'क्लू' समझने से पहले यह जानना जरूरी है कि वे बचपन से कविता रचने लगे थे और हिन्दी के साथ अंग्रेजी में छह वर्ष की उम्र से लिखने का शौक लग गया था। देश-विदेश के साहित्य, दर्शन, इतिहास, धर्म को इतना रमकर पढ़ा कि उन जैसे सुपठित रचनाकार हिन्दी में बहुत थोड़े दिखाई देते हैं। विज्ञान के अध्ययन ने दृष्टिगत तार्किकता और वैज्ञानिक ढंग से सोचने की आदत डाली। भौतिकी और रसायन विज्ञान के अतिरिक्त मनोविज्ञान और मनो-विश्लेषणशास्त्र का गहन-अध्ययन-मनन किया तो यह निष्कर्ष निकाला कि 'आधुनिक युग का साधारण व्यक्ति यौन-वर्जनाओं का पुंज है। उसके जीवन का एक पथ है उसकी सामाजिक रूढ़ि की लम्बी परम्परा, जो परिस्थितियों के परिवर्तन के साथ-साथ विकसित नहीं हुई और दूसरा पक्ष है स्थिति-परिवर्तन की असाधारण तीव्र गति जिसके साथ रूढ़ि का विकास सम्भव है। इस विपर्यय का परिणाम है कि आज के मानव का मन यौन-परिकल्पनाओं से लदा है और वे कल्पनाएँ सब दमित और कुण्ठित हैं। उसकी सौन्दर्य-चेतना भी उससे आक्रान्त है। उसके उपमान सब यौन-प्रतीकार्थ रखते हैं *(तारसप्तक, पृ. 27-78)*।' अपने युग को मुक्त मन से समझने के लिए प्रयत्नशील अज्ञेय जब हिन्दी साहित्य में प्रविष्ट हुए तो उनकी दृष्टि में विश्व के नये चिन्तन की धमक थी। परिणाम यह हुआ कि बांग्ला साहित्य को जैसी आधुनिक दृष्टि रवीन्द्रनाथ ने दी, वह प्रथम बार अज्ञेय के द्वारा ही हिन्दी में आ सकी। इस स्थिति के कारण अज्ञेय के सन्दर्भ में पाश्चात्य साहित्य के नकल की चर्चा प्रासंगिक नहीं प्रतीत होती। अज्ञेय का आकर्षण पं. जवाहरलाल नेहरू के बौद्धिक चिन्तन के प्रति रहा। यह संयोग मात्र नहीं है कि अज्ञेय के अंग्रेजी काव्य-संग्रह *प्रिजन डेज एण्ड अदर पोयम्स* की भूमिका नेहरू जी ने लिखी, बल्कि दोनों का काफी दिमागी तालमेल था। पर धीरे-धीरे अज्ञेय जी का नेहरू जी से मोह-भंग हो गया। वस्तुतः भारतीय संस्कृति और परम्परा रक्षा की चिन्ता से अज्ञेय में एक नयी अन्तर्दृष्टि पैदा हुई। इसी मानसिकता में अज्ञेय ने अपने को व्यक्त किया–

''मैं लिखता हूँ

मेरे पास एक सांस्कृतिक परम्परा है। और मेरे पास *संवेदना है। और बाकी तो शिल्प है।*

जिन बहुसंख्य लोगों के साथ मेरा सांस्कृतिक परम्परा का साझा है—क्योंकि *मैं मूलतः भारतीय हूँ और अनेक इतर प्रभावों के रहते हुए भी एक प्रकार का हिन्दू भी है—उन लोगों से मेरी संवेदना भिन्न है।"*

(*आत्मनेपद*, पृ. 149)

इस उदाहरण से जाहिर है कि अज्ञेय अपने कवि-कर्म की भाव-भूमि पर खुला विचार करते रहे हैं। आधुनिक होने का अर्थ-भारतीय संस्कृति को ठुकराना अज्ञेय के लिए कभी नहीं रहा, बल्कि भारतीय संस्कृति और परम्परा को आधुनिक बनाने में उन्होंने अपने को संकल्पात्मक मन से अर्पित किया है। अज्ञेय में भारत का पुराना आधुनिक बना है और आधुनिक पुराना। अतः परम्परा और आधुनिकता का उनके व्यक्तित्व में अद्भुत मेल था।

अज्ञेय के व्यक्तित्व ने यह सिद्ध कर दिया है कि विदेशी प्रभाव-ग्रहण करके भी लेखक भारतीय साहित्य परम्परा की मौलिकता को रक्षित रख सकता है। उनके उपन्यासों में रोम्याँ रोलाँ, डी.एच. लॉरेंस आदि उपन्यासकारों की आहट सुनाई दे सकती है, लेकिन *शेखर* और *नदी के द्वीप* को नकल सिद्ध नहीं किया जा सकतां *शेखर* में अज्ञेय का व्यक्तित्व पूरी तरह झाँक रहा है। विद्रोही और कलानुरागी यहाँ एकरूप है, यह अज्ञेय ही हैं। अज्ञेय के व्यक्तित्व में न तो द्विवेदी युगीन आदर्शवादिता है न छायावादी भावुकता। यह व्यक्तित्व नयी कविता की गम्भीरता से, *संयम से, विद्रोही पौरुष से शक्ति पाता है। जीवन के कठोर संघर्षों ने यह मन्त्र दिया है, दुःख सबको माँजता है/और/चाहे स्वयं सबको मुक्ति देना वह न जाने, किन्तु/जिनको माँजता है/उन्हें यह सीख देता है कि सबको मुक्त रक्खें। (हरी घास पर क्षण भर, पृ. 55)* इसी प्रकाश में उनका क्रान्तिकामी, प्रयोग-विश्वासी व्यक्तित्व व्यक्ति-प्रेम को लेकर सामाजिक प्रेम की ओर बढ़ता है। आभिजात्य है, पर वह सभी मिलकर एक बृहत्तर मानवता से जुड़ जाता है।

अज्ञेय को उनके पिताजी ने साहित्य एवं संस्कृति-साधना में भरपूर प्रोत्साहन दिया। सन् 1946 ई. में मेरठ आकर अज्ञेय ने हिन्दी साहित्य परिषद् को साहित्य की नवीन चेतना का वाहक बनाया। इसी कार्य को और व्यापक बनाने वे सन् 1947 में इलाहाबाद पहुँचे और वहाँ से 'प्रतीक' का प्रकाशन किया। 'प्रतीक' का प्रकाशन नये साहित्य की धारा में एक युग का मोड़ था। सभी प्रतिष्ठित और उभरते नये लेखकों को इससे नया मंच मिला। अज्ञेय ने 'प्रतीक' में अपना धन-मन-तन होम कर दिया। प्रतीक ने ही उन्हें दिल्ली ऑल इंडिया रेडियो में नौकरी करने को विवश किया। सन् 1952 तक अपने बलबूते पर *'प्रतीक'* निकाला और फिर परिस्थितियों की मार से बन्द करना पड़ा। नये रचनाकारों और आलोचकों को साहित्य क्षेत्र में स्वीकृति दिलाने की दृष्टि से 'प्रतीक' पत्रिका का अविस्मरणीय इतिहास है।

सन् 1952 से 1955 तक अज्ञेय ने भारत-भ्रमण किया। भारत को भीतर-बाहर

से समझने का यह अवसर उनके भारतीय संस्कारों को और गहराई दे सका। इसी बीच कपिला मलिक से प्रेम प्रगाढ़ हुआ और 7 जुलाई, 1956 को कपिला जी से विवाह हो गया। यह युग्म काफी समय तक साथ रहा। लेकिन परिवर्तनशील अज्ञेय उसके बाद इला डालमिया के साथ मित्रवत् रहने लगे।

1955 में यूनेस्को के निमन्त्रण पर पश्चिमी यूरोप गये। इस यात्रा में चार्ल्स मार्गन्स, ग्लासेनायु, मार्टिन, मैनिस स्पेर्बेर, कवयित्री सारा आदि से मिले। हिन्दी में अज्ञेय *हरी घास पर क्षण भर, बावरा अहेरी, नदी के द्वीप, दूसरा सप्तक, अरे यायावर रहेगा याद, जयदोल* जैसे काव्य, उपन्यास, यात्रा संस्मरण, कहानियों से चर्चा के केन्द्र में थे ही। इस बार, इन्द्रधनु रौंदे हुए थे, अपने-अपने अजनबी, एक बूँद सहसा उछली ने इस यात्रा-काल में जन्म लिया। सन् 1957 में पुनः जापान और फिलीपीन की यात्रा की। वे जापान के साहित्य, तकनीकी प्रगति और सांस्कृतिक जागरूकता से बड़े प्रभावित हुए। यही *हाइकू फूटा* और *ज़ेन बुद्धिज्म* पर ध्यान केन्द्रित हुआ तथा जापान के 'ज़ेन सम्प्रदाय' को समझा। फिलीपीन में नयी दृष्टि मिली और पश्चिम की अन्धी-आधुनिकता से रचनाकार अज्ञेय का मोह-भंग पूरी तरह हो गया। ईसाइयत और बौद्ध-धर्म के टकराव को समझने पर पाया कि ईसाइयत की विस्तार-भावना बौद्धों को तोड़ रही है। वियतनाम की 'मजहबी' सीमाओं को जानने पर पाया कि मानव धार्मिक साम्प्रदायिकता से मनुष्यता को छोटा बनाता है। भारत लौटने पर सन् 1960 में *अरी ओ करुणा प्रभामय* की विशिष्ट कविताओं का प्रकाशन किया। इस संग्रह में 'एक चीड़ का खाका' खंड के अन्तर्गत जापानी कविताओं के अनुवाद किये। 'ज़ेन' को समझने पर पाया कि यह तो भारतीय 'ध्यान सम्प्रदाय' का रूप है। 'किन्तु ज़ेन का साहित्य-भण्डार आज के भारतीय लेखक के लिए भी कितना स्फूर्तिप्रद है' यह अनुभव मुकम्मल हुआ। 'चीन और जापान की चित्रकला और जापान की काव्य-कला से पश्चिम के कई कवियों ने नयी दृष्टि पायी। हम भारतवासी जो केवल 'पूर्व' होने के नाते 'दूरपूर्व' और 'पश्चिम' के बीच में आते हैं, इन देशों की कला से इतने दूर नहीं हैं, जितने फ्रांस-जर्मनी के कवि थे। फिर भी हम उनसे नयी दृष्टि पा सकते हैं।' देखा-समझा जाये तो 'नयी दृष्टि' को पाने के लिए अज्ञेय ने अपने 'व्यक्ति' और 'रचनाकार' दोनों को मुक्तता से खोले रखा है। 'सा विद्या या विमुक्तये' का ब्रह्मवाक्य उन्हें सदैव याद रहा। कहीं भी काव्य-कला की अच्छी चीज दिखाई दे तो अज्ञेय जी ने हिचकिचाये बगैर उसे स्वीकार किया है। *नया कवि आत्मस्वीकार* में लिखा– *"किसी का सत्य था/मैंने सन्दर्भ में जोड़ दिया/ कोई मधुकोष काट लाया था/मैंने निचोड़ लिया/किसी की उक्ति में गरिमा थी/ मैंने उसे थोड़ा सा सँवार दिया/किसी की संवेदना में आग का-सा ताप था/मैंने दूर हटते-हटते उसे धिक्कार दिया/कोई हुनरमन्द था/मैंने देखा और कहा 'यों'!/थका भारवाही पाया--/घुड़का या कोंच दिया, 'क्यों!'/किसी की पौध थी/मैंने सींची ओर*

बढ़ने पर अपना ली/किसी की लगायी लता थी/मैंने दो बल्ली गाड़ उसी पर छवा ली/किसी की कली थी/मैंने अनदेखे में बीन ली/किसी की बात थी/मैंने मुँह से छीन ली/यों मैं कवि हूँ, आधुनिक हूँ, नया हूँ/काव्य-तत्त्व की खोज में कहाँ नहीं गया हूँ/ चाहता हूँ आप मुझे/एक-एक शब्द पर सराहते हुए पढ़ें/पर प्रतिमा-अरे—,वह तो/ जैसी आपको रुचे आप स्वयं गढ़ें!"

अज्ञेय ने हिन्दी के स्वर-साधक कवि सुमित्रानन्दन पन्त की षष्ठिपूर्ति के अवसर पर 'रूपाम्बरा' का सम्पादन किया। इस सम्पादन में विशिष्ट बात यह है कि हिन्दी में प्रकृति-काव्य पर इस टक्कर का आज तक कोई दूसरा संकलन नहीं है।

सन् 1959 ई. में *तीसरा सप्तक* का सम्पादन किया। अपनी अलग-अलग राहों का अन्वेषण करने वाले कवियों का यह इन्द्रधनुषी सम्पादन है। कुँवरनारायण, केदारनाथ सिंह, सर्वेश्वरदयाल सक्सेना और विजयदेव नारायण साही जैसे कवि और नयी कविता के वरिष्ठ व्याख्याता इसी सम्पादन में से उभरे। नयी कविता पर किये गये प्रहारों को सहने का लाभ यह हुआ कि अज्ञेय ने अपना मौन तोड़ दिया। सृजन और नयी कविता की शक्ति और इसके पराक्रमी व्याख्याता बन उठे। इससे पूरे सप्तक-परिवार को शक्ति से आश्वस्त होकर विरोधियों को ललकारा और खदेड़ दिया। इस बार रसवादी और मार्क्सवादी आलोचकों के पैर उखड़ गये। अज्ञेय ने सिद्ध किया कि प्रयोगों से परिष्कृत नयी कविता का 'धातु उतना खोटा नहीं है जितनी कि उसे परखने की कसौटियाँ झूठी हैं।' जहाँ तक नकलचियों की बात थी, अज्ञेय ने कहा—नकलची न द्विवेदी-युग में कम थे, न छायावाद में, न प्रगतिवाद में। मार्क्सवादियों के इस तर्क का अज्ञेय ने कड़ा प्रतिवाद किया कि नयी कविता 'वस्तु' से ज्यादा 'रूप' का आग्रह रखती है—रूपवाद का आन्दोलन है, निरा फॉर्मलिज्म है। उनके मत से नयी कविता में वस्तु और रूप का 'सामंजस्य अधिक समर्थ और प्रभावशाली है।' अतः अज्ञेय पूरी ताकत से नयी सृजनात्मकता के 'शिल्पी' बनते गये।

सन् 1960 में यूरोप की पुनः यात्रा करने पर अज्ञेय यूरोप की सांस्कृतिक-धार्मिक संवेदना का गहराई से साक्षात्कार कर सके। इसी दौर में उनकी भेंट कार्ल यास्पर्स और पॉल मासीन्यो से हुई। कार्ल यास्पर्स उन्हें बौद्धिक सन्तोष देते थे, पर पॉल मासीन्यो की आध्यात्मिक विचारधारा में कम आकर्षण नहीं था। धातव्य है कि पॉल मासीन्यो ने गज्जाली के सूफी रहस्यवाद से प्रेरणा ली थी और ईसाइयत की परिधि से निकलकर सहारा के रेगिस्तान में मठ बनाया था। सूफी-प्रेम की पुकार में मानवता को विभक्त करने वाली चालें न थीं। इसमें मानव-चेतना के मुक्त विकास की तैयारी का भाव सर्वोपरि था। फ्रांस में पियेर दानियेल से मिलकर कैथोलिक धर्म की कट्टरता को पहचाना और कुछ समय तक पियरे क्ववी'र के मठ में रहे। उन्हें अनुभव हुआ कि मजहबी दायरे से उठकर फ्रांस मानवता के उन चिरन्तन मूल्यों को

स्वीकारता है जो श्रद्धा-विश्वास पर केन्द्रित हैं। पियेरक्वि वी'र जैसे मौन साधक से चर्चा का अवसर पाने पर अज्ञेय जी ने पाया कि मसीही दर्शन की कालबोध दृष्टि सीमित है। भारत की ओर ध्यान गया तो कालबोध-दृष्टि का एक नया पहलू उजागर हुआ, जिसमें काल-यात्रा अनन्त है। भारतीय नवजागरण के चिन्तकों में रामकृष्ण परमहंस, विवेकानन्द और आनन्द कुमार स्वामी के कई चिन्तन कोणों से प्रभावित हुए। हिन्दी के क्रान्तिकारी कवि सूर्यकान्त त्रिपाठी निराला भी रामकृष्ण परमहंस एवं विवेकानन्द के चिन्तन से प्रेरित हुए थे। निराला और अज्ञेय की इस समानता को समझने पर लगता है कि तर्क और त्याग दोनों को ही भाते हैं। अज्ञेय को यह बोध सदैव रहा है कि जो व्यक्ति त्याग नहीं कर सकता, वह कुछ पा नहीं सकता है, न देकर मुक्ति का अनुभव कर सकता है। जायसी की प्रेमधारा की दृष्टि, कबीर की तेजस्विता आदि ने अज्ञेय को भीतर से माँज कर उजला किया। मानवेन्द्र राय की मानववादी विचारधारा ने देश और काल में सामाजिक चिन्तन के नये आयाम दिये। इसी चिन्तन ने अज्ञेय को अस्तित्ववादी दर्शन से दूर रखा। अज्ञेय ने मानव में आस्था को नहीं खोया—कारण उनके चिन्तन में भारतीय दर्शन, इतिहास और संस्कृति की एक ऐसी वीणा बज रही थी कि वह *असाध्य-वीणा* होकर भी साधना-समर्पण से बजने को विवश थी। जहाँ द्वैत नहीं है वहाँ अद्वैत है। अभेद-भाव से ही सृष्टि संगीत सुना जा सकता है। ढोलक की गमक, मंजीरे की आवाज, अन्न की खुदबुद सब मिलकर एक सीमा के बाद एक लय, एक तान हो जाती हैं। तभी लोक-संवेदना मन को करुणा से आप्लावित कर देती है और यही सर्जनात्मकता की सच्ची भावभूमि है। इस सत्य को अज्ञेय ने अपने अनुभवों से कमाया था। *अच्छा सार्थक-मौन/व्यर्थ के श्रवण मधुर भी छन्द से/अच्छा निर्धन दानी का उघड़ा उर्बर दुखी/धनी सूम के बंझर धुआँ-घुटे आनन्द से/अच्छे अनुभव की भट्ठी में तपे हुए कण दो कण अन्तर्दृष्टि के/झूठे नुस्खे वाद, रूढ़ि, उपलब्धि परायी के प्रकाश से/रूप-शिव, रूप-सत्य की सृष्टि के।*

अज्ञेय ने शब्द और सत्य की दूरी को मिटाने के लिए घोर सृजनात्मक संघर्ष झेला है। उनके व्यक्तित्व और कृतित्व के भीतर से यह आवाज उठती है कि *कवि जो होंगे हों, जो कुछ करते हैं करें/प्रयोजन मेरा बस इतना है/वे दोनों जो/सदा एक दूसरे से तन कर रहे हैं/कब, कैसे, किस आलोक-स्फुरण में/इन्हें मिला दूँ/ दोनों जो हैं बन्धु, सखा, चिर-सहचर मेरे।* देखा जाए तो कवि की जीवन भर की साधना 'शब्द' की साधना का ही पर्याय रही है—इसी अर्थ में कविता एक शब्द पर आधारित क्रिया है या कविता शब्दों में ही होती है। वह शब्दों के बाहर भी होती है और भीतर भी होती है। अज्ञेय मानते और जानते हैं कि शब्द का सही ज्ञान ही कृतिकार को कृती बनाता है। शब्द को सत्य से जोड़ने की साधना ही अज्ञेय की दृष्टि में काव्य-साधना है।

अज्ञेय सन् 1961 में केलिफोर्निया विश्वविद्यालय में भारतीय संस्कृति एवं साहित्य पढ़ाने के लिए अतिथि अध्यापक के रूप में गये। भारतीय संस्कृति को खोजते-खोजते वे उपनिषद्, दर्शन और बौद्ध-दर्शन के भीतरी तत्त्वों तक पहुँचने में सक्रिय रहे। अज्ञेय के लिए बौद्ध, जैन, हिन्दू अलग-अलग संस्कृतियाँ नहीं हैं, एक ही संस्कृति के अंग हैं और वह है भारतीय संस्कृति। अमेरिका, रूमानिया, युगोस्लाविया, रूस, मंगोलिया, आस्ट्रेलिया आदि देशों की यात्रा ने मानव-जीवन के नये बोध दिये। सन् 1965 में अज्ञेय ने *दिनमान* साप्ताहिक के सम्पादक का पद भार सम्भाला और एक नये ढंग की पत्रकारिता की शुरुआत की। *दिनमान* का हिन्दी बुद्धिजीवियों ने बड़े उत्साह से स्वागत किया और यह पत्रिका अपनी स्तरीय सामग्री के लिए सभी भारतीय भाषाओं में चर्चित रही। *दिनमान* छोड़कर वे जोधपुर विश्वविद्यालय में भारतीय भाषा-विभाग के निदेशक नियुक्त हुए और कुछ समय तक यह दायित्व निर्वाह भी किया, किन्तु शीघ्र ही ऊब गये और दिल्ली आकार *नवभारत टाइम्स दैनिक* के सम्पादक हो गये। कुछ समय इस अखबार को भी सम्पादित किया, पर इसे छोड़कर केवल लेखन में समर्पित होने का निश्चय किया। तब से मृत्युपर्यन्त स्वतन्त्र रहकर साहित्य-साधना करते रहे। चिन्तन को नया बनाने और पैमाने के लिए *वत्सलनिधि* में प्रतिष्ठित विद्वानों के व्याख्यान आयोजित करते थे और जीवन में आनन्द भरने के लिए 'जन जनक जानकी यात्रा' में रमते थे। ब्रज-मथुरा से द्वारिका तक की खोज करते थे। जीवन के सत्यों की अनवरत खोज एक अदम्य जिज्ञासा भाव—यही अज्ञेय की जीवन-लीला रही।

अज्ञेय ने जीवन 'समझौतों' पर नहीं जिया। अवसरवाद की गिद्ध निगाह से अपने को सदैव बचाया। लेकिन अपने मित्रों-हितैषियों को प्यार करने वाला एक सागर-हृदय उनके पास था। जिससे वे खुलते थे उससे छिपाते कुछ नहीं। जिनसे स्नेह पाते थे...उनके प्रति दायित्व भी मानते थे। लेकिन जो विरोध-भाव या शत्रुभाव लेकर आते थे—उनके प्रति कठोर हो जाना भी उन्हें आता था। वे अपने आत्म-सम्मान को खोकर कुछ प्राप्त नहीं करना चाहते थे। जिन लोगों ने उनके व्यक्तित्व के इस भाव को नहीं समझा है, वे अज्ञेय को दम्भी-घमण्डी कहें तो आश्चर्य नहीं। रचनाकार के स्वाभिमान की रक्षा करने में अज्ञेय, भारतेन्दु और निराला की परम्परा के सर्जक थे। 'नगद दमाद अभिमानी' का भारतेन्दु-भाव अज्ञेय में बड़ा प्रबल था। उन्हें राजनीतिज्ञों की बेशर्मी से घृणा थी और कलाकार की ठसक से लगाव।

परिवार की 'साधारण मध्य वित्तीय स्थिति रही', दैन्य और दरिद्रता नहीं जानी, लेकिन आर्थिक-दृष्टि से इतने सम्पन्न भी नहीं रहे कि 'राजा-राजा तेरे ठाट' कहते लोग घूमें। कष्ट और लाचारी के दिन जीवन में आये, पर घबराये नहीं। गरीबी को लेकर करुण-क्रन्दन नहीं किया। दुःख को कहने-चिल्लाने में नहीं, 'झेलने' में विश्वासी रहे।

विद्या-व्यसन परिवार में सदैव रहा। ब्राह्मणत्व की गौरव-गरिमा की धमक भी इसी अर्थ में रही है। दान पर पलने वाले 'पंडित' न बनने की सीख पिता से पायी। 'तबीयत रईसी है, लेकिन इस रईसी के पीछे जो संस्कार है, वह ब्राह्मण का है, वणिक का नहीं।'

वे प्रकृत भावनाओं को जीवन और साहित्य में दमित कर नहीं जिये। बहुत भावना भरे प्राणी रहे। ज्यादा विचार के चक्कर में पड़े होते तो जल्दी काम छोड़कर 'ठलुआ' दिखाई देने की श्रेणी में न आते। पत्र निकालकर बन्द न करते। मनमौजी इतने रहे कि मौज को ही साथी बना लिया। जीवन जीने की स्वच्छ कला अज्ञेय से सीखने की चीज है। लययुक्त गतियों के पीछे अज्ञेय का मन पागल रहता था। तभी तो "तैरना न जानते हुए भी तैराकी की लय युक्त गति से मुग्ध होकर पानी में कूद पड़ा था और डूब गया था। फिर बेहोशी की हालत में निकाला गया।" लय युक्त गति का आकर्षण अब भी कम नहीं है : "खेतों में हिरनों की कूद या झंखाड़ में शशों की फलाँग—इससे भी सुन्दर कुछ होता है—यह समझ नहीं मान पाता। सोचता हूँ कि हिरनों के बरसात में या कि पकी ज्वार से निकल गयी फलाँगती शशों की जोड़ी। घण्टों देखता रह सकता तो भी न ऊबता।" ऐसे ही गोली चलाने का अभ्यास करते समय एक चिड़िया को लहूलुहान कर अज्ञेय स्वयं भी अपने को ही शाप देने वाले अहिंसक ऋषि बन गये थे। क्रोध आने पर पहलवान की धुनाई कर सकते थे, गिरती हुई बिजली को देखकर अद्वितीय अनुभव से गुजरे थे। सैद्धान्तिक दृष्टि से लोकतन्त्र को कम्युनिज्म से अच्छा समझते थे। लोकतन्त्र में आस्था रखने पर भी अमेरिकी जीवन-दर्शन में आस्था बिल्कुल नहीं थी। जो लोग बुरी नियत से उन्हें अमेरिका की विचारधारा का प्रचारक कहते हैं—उनके लिए उनका यह कथन मननीय है कि "अमेरिकी विचारधारा भी क्या कोई है?...मैं यदि राजसत्ता या राजनीतिक दल सत्ता पर आधारित समाज को दोषपूर्ण मानता हूँ तो यह नहीं कि पूँजी की सत्ता पर आधारित समाज को दोषपूर्ण नहीं मानता हूँ। दोनों रद्दी हैं, दोनों को बदलना चाहिए।" व्यक्ति-स्वातंत्र्य और मानसिक स्वातंत्र्य को सुरक्षित रखे बिना व्यक्ति का विकास नहीं हो सकता—यह विश्वास अज्ञेय ने बार-बार व्यक्त किया है। मार्क्सवाद को जीवन दर्शन न मानकर अज्ञेय उसे 'इतिहास को समझने की पद्धति' मानते हैं और स्वीकार करते हैं कि मार्क्सवाद 'अत्यन्त उपयोगी पद्धति है—उससे हमें इतिहास की गति-विधि पर एक नयी दृष्टि मिली है।' पर जीवन-दर्शन के निर्माण में मार्क्स से ज्यादा डार्विन, आइन्स्टाइन और फ्रायड के प्रदेय को स्वीकार करते हैं। फिर 'भौतिकवाद-सम्पूर्णता में मार्क्स की देन' नहीं है। वास्तविकता यह है कि मार्क्स ने इतिहास की भौतिकवादी व्याख्या से विश्व-चिन्तन को झकझोरा है और यही मार्क्स का सच्चा प्रदेय है।

जहाँ तक जड़ से चेतन के विकास की वैज्ञानिक चर्चा है—वहाँ यह सच है

कि डार्विन का विकासवाद काफी गम्भीर चिन्तन पर केन्द्रित है। मार्क्स की देन बड़ी है पर वह 'सम्पूर्ण जीवन-दर्शन' नहीं दे सके। अज्ञेय मानते हैं कि मार्क्स ही क्यों, आधुनिक विश्व का कोई भी बड़ा चिन्तक सम्पूर्ण जीवन-दर्शन को दृष्टि नहीं दे सका—न मार्क्स, न डार्विन, न विवेकानन्द, न अरविन्द, न नीत्से, न सार्त्र। ऐसी स्थिति में 'आधुनिक युग का कोई भी सन्तोषजनक जीवन-दर्शन किसी एक व्यक्ति के अवदान पर आधारित नहीं हो सकता। वह कई क्षेत्रों का, कई प्रतिभाओं के अवदान का और कई विज्ञानों के शोध की उपलब्धियों का समन्वय माँगता है। आज के अतिविशेषीकृत युग में यह समन्वय बहुत कठिन भी हो गया है और इधर प्रयास भी कम हुआ है। भारत में मानवेन्द्रनाथ राय के और यूरोप में दो-एक छोटे पर निष्ठावान संगठनों के प्रयत्न को छोड़कर प्रयास हुए ही नहीं।' जीवन दर्शन में तलाश की दिशा के नाम पर अज्ञेय को न तो कोई सन्त भाता था, न कोई राजनीतिज्ञ! वह वैदिक आर्यों की भाँति आधुनिक अर्थ में जीवन की चरम उपलब्धि मानते थे—भय से मुक्ति। रचनाकार की एकान्त साधना को महत्त्व देकर भी 'समय-समय पर उसे महत्त्वपूर्ण सामाजिक समस्याओं पर अपना अभिमत प्रकट करना चाहिए। ऐसा करना एक नागरिक का कर्त्तव्य तो है ही 'कलाकार' का भी दायित्व-बोध इससे जुड़ा है। कारण, कला एक अपर्याप्तता की भावना के प्रति व्यक्ति का विद्रोह है।' अपने मूल से ही कला सम्पूर्णता की ओर जाने का प्रयास है। समग्रतः कला एक प्रकार का आत्मदान है। यह आत्मदान 'स्वान्तः सुखाय' तो होता है—नैतिक मूल्यों से भी अनिवार्यतः जुड़ा होता है।

अज्ञेय कवि, कहानीकार, उपन्यासकार, निबन्धकार, यात्रा-संस्मरण लेखक, सम्पादक-समीक्षक-विचारक आदि बहुमुखी प्रतिभा के रचनाकार थे। रवीन्द्रनाथ की भाँति अज्ञेय का व्यक्तित्व सभी विधाओं में सक्रिय रहा। काव्य की रचना-प्रक्रिया और समकालीन साहित्य चिन्तन को समझने-समझाने के लिए अज्ञेय ने बहुत कुछ लिखा। उनके व्यक्तित्व और कृतित्व में गतिशील सृजनात्मकता ही सदानीरा है। अपनी सन्तुलित दृष्टि के द्वारा वे हिन्दी-साहित्य के नवीन सृजनात्मकता का निरन्तर विकास करते रहे। मानवजीवन के सत्य की समग्र मूर्ति को देखने में प्रयत्नशील यह रचनाकार सांस्कृतिक भाव-बोध की विरासत को रचना में परोसता रहा। भारतीय ऋषियों की भाँति अज्ञेय कालचिन्तन करते थे और एक आधुनिक सृष्टि अपनी पूरी गरिमा और महिमा के साथ यहाँ विद्यमान देखी जा सकती है। आचार्य हजारीप्रसाद द्विवेदी और अज्ञेय में अद्‍भुत समानता है। दोनों ही प्रकृतिप्रेम वैभव और सांस्कृतिक जागरण से प्रेरणा लेकर परम्परा बनाम इतिहास-बोध के विशिष्ट चिन्तक हैं। कालिदास दोनों के ही प्रिय रचनाकार हैं और दोनों ही रचना में कालिदासीय लय लाने के लिए भगीरथ प्रयास करते रहे हैं।

हिन्दी में अज्ञेय की निन्दा करने वाले प्रायः यह भूल जाते हैं कि उन्होंने ही

आचार्य महावीरप्रसाद द्विवेदी के बाद सम्पादन और पत्रकारिता में अविस्मरणीय कार्य किये हैं। अज्ञेय जैसा कुशल, प्रतिभा-सम्पन्न, बहुभाषाविद्, श्रमी और विचारशील सम्पादक और पत्रकार नये साहित्य को कोई दूसरा नहीं मिला। *सैनिक* का सम्पादकीय उनके स्पर्श से अपना नाम सार्थक कर सका। *विशाल भारत* के सम्पादन को वात्स्यायन ने नयी चमक दी। उसमें राजनीतिक नोट स्वयं लिखे। पटना से अज्ञेय और प्रफुल्लचन्द्र ओझा 'मुक्त' ने मिलकर *भारती* नामक मासिका पत्रिका निकाली। बाद में *तार सप्तक* उनके कुशल सम्पादन का दस्तावेज ही बना। वात्स्यायन जी ने नेहरू *अभिनन्दन ग्रन्थ* अंग्रेजी-हिन्दी में सम्पादित किया। फिर प्रतीक के प्रकाशन से नया बोध जगाया। प्रहारों को झेलकर भी दूसरा-तीसरा-चौथा *सप्तक* निकाला। मार्टिन रसल ने *थॉट* साप्ताहिक दिल्ली से निकालना शुरू किया तो वात्स्यायन जी ने साहित्यिक अंशों के पन्नों को सम्पादित किया। हिम्मत से बाद वाक् त्रैमासिक पत्रिका निकाली। *'रूपाम्बरा'* निकालकर सुमित्रानन्द पन्त का गौरव बढ़ाया। *'पुष्करिणी'* में परम्परा-आधुनिकता को नये कोण से रेखांकित किया। मैथिलीशरण गुप्त, रायकृष्ण दास के प्रति इसी दौर में उनकी भरपूर श्रद्धा जागी। *पुष्करिणी* की 'भूमिका' से जाहिर है कि अज्ञेय हिन्दी की परम्पराओं को किस खूबी से समझते रहे।

भारतेन्दु शताब्दी पर *सम्मेलन पत्रिका* ने भारतेन्दु पर एक विशेषांक निकालने की योजना बनाई और भारतेन्दु के प्रति मन से समर्पित अज्ञेय ही *सम्मेलन पत्रिका* के इस अंक में सम्पादक बने। आकाशवाणी की पत्रिका *प्रसारिका* और संसदीय हिन्दी परिषद् की पत्रिका *देवनागर* का सम्पादन भी कुछ समय तक वात्स्यायन जी ने किया। *दिनमान* को अपने सम्पादन से प्रतिष्ठित कराने के बाद *नया प्रतीक* मासिक निकालना शुरू किया। नये साहित्य के इस पत्र ने भद्र-समाज में प्रतिष्ठा दिलवायी। कहना न होगा कि वात्स्यायन जैसे सुरुचि-सम्पन्न सौन्दर्य-संस्कार के सम्पादक हिन्दी पत्रकारिता को बहुत कम मिले हैं।

एक ओर अज्ञेय के पास ज्ञान-विज्ञान का विश्व-दृष्टि सम्पन्न नया संस्कार था तो दूसरी ओर कलाकार की सूक्ष्म-गहन संवेदनात्मकता। जीवन-संघर्ष की चोटों से निर्मित एक विशाल अनुभव संसार है—जिसे उनके रचनाकार ने कलात्मक ढंग से रचनाओं में रूपान्तरित किया। उनके लिए उनकी ही काव्य पंक्तियों में यही कहना उचित लगता है कि—

मैं वह धनु हूँ जिसे साधने
में प्रत्यंचा टूट गयी है
स्खलित हुआ है बाण यद्यपि ध्वनि
दिग्दिगन्त में फूट गयी है—

अज्ञेय जी के रचनात्मक व्यक्तित्व को भारत कोकिला श्रीमती सरोजिनी नायडू का शुरू में ही आशीर्वाद मिला। श्रीमती नायडू अंग्रेजी में कविता लिखती थीं और पूरा

संवेदन विदेशी था, पर कवि को कैसा होना चाहिए—इसकी एक पहचान उन्हें थी। उनका एक बार परिचय अज्ञेय जी से यह बताकर हुआ—'यह हिन्दी के अच्छे कवि भी हैं'। श्रीमती नायडू ने उन्हें आश्चर्य से देखा और कहे बिना न रह सकीं—'और मुस्कराकर मेरा कन्धा थपथपाते हुए बोलीं, हाँ यह बात हुई न! कवि को कवि जैसा दिखना चाहिए।' फिर मुँह बिचकाकर हाथों से एक विचित्र और हास्यास्पद इशारा करते हुए बोलीं, 'यह क्या तुम्हारे मरघिल्ले से और बाल बढ़ाये हुए लोग आ जाते हैं और कहते हैं कि मैं कवि हूँ। स्वस्थ और सुरूप नहीं होगा तो कहाँ का कवि।' फिर थोड़ा रूककर उन्होंने कहा, 'अब तक हिन्दी का एक कवि मेरा परिचित था—बालकृष्ण शर्मा 'नवीन', आज दूसरा देखा, बाकी सब तो...' (*स्मृति लेखा,* पृ. 21)। इस कथन से ध्वनित है कि अज्ञेय के व्यक्तित्व की भव्यता प्रभावित किये बिना न रहती थी। उनकी तेजस्विता यौवन-काल में ही नहीं, वृद्धावस्था में भी उनके साथ रही। चन्द्रकान्त नीलमणि-सा दमकता व्यक्तित्व प्रभाष जोशी के शब्दों में 'हिन्दी का यह सुनहरा गरुड़ अद्‌भुत था।'

राष्ट्रकवि मैथिलीशरण गुप्त को वे अपना काव्यगुरु मानते थे—खड़ीबोली कविता का संस्कार और उज्ज्वल भारतीयता का निखार उनमें गुप्तजी के प्रभाव से ही आया। गुप्तजी की स्पष्टता और काव्य-विजन का वे आजीवन लोहा मानते रहे जबकि अज्ञेय में गुप्तजी से काव्य-संवेदना, काव्य-वस्तु, रूप, सौन्दर्य-चेतना, भाषा-शिल्प में कहीं भी समानता नहीं है। गुप्तजी सम्पूर्ण भारतीयता के प्रेरणा-पुरुष थे और अज्ञेय इसी व्यापक भावभूमि, परम्परा को आत्मसात करना चाहते थे। दद्दा से उनका परिचय भी गहरा था और उनसे संस्कार पाने का भाव तो था ही।

कला-सौन्दर्य के मर्मस्पर्शी तथा भीतर तक प्रकाश पैदा कर देने वाले प्रभाव संस्कार अज्ञेय जी की अपने पिता के कला-साधक मित्र और अन्वेषी श्री रायकृष्ण दास से पाये थे। प्रभाव की यही कला-बोध-शक्ति उनमें बिजली-सी कौंधती रही। हर कीमती वस्तु को बीनने-चुनने-पहचानने-चाहने का शौक इसी प्रभाव से रंग लाया। रायकृष्ण दास का आभिजात्य भी उन्हें भाया था। अज्ञेय जी ने लिखा है—'आभिजात्य का मनोभाव छोड़ दिया था, लेकिन उससे भी जो श्रेष्ठ संस्कार उन्हें मिल सकते थे, उनमें सारतत्त्व उन्होंने आत्मसात कर लिया था।' फिर राय साहब में अज्ञेय ने अपने को भी पाया। 'ऐसा व्यक्ति प्रकट रूप में जो होता है, अप्रत्यक्ष रूप से उससे कहीं अधिक वह समाज का निर्माता होता है। क्योंकि वह समाज को नये उदार संस्कार देता है। वह जीर्ण का उद्धार नहीं करता। जीर्ण में से उसकी अर्थवत्ता को निकालकर सामने लाता है और हमें जताता है कि हमारा जीवन कैसे सम्पन्न हो सकता है।' अज्ञेय ने यही दीक्षा राय साहब से ली और जीवन भर उसका निर्वाह किया। दिलचस्प बात यह है कि राय साहब की कला-साधना का सौन्दर्य-बोध पाने के साथ ही अज्ञेय ने प्रेमचन्द के नैतिक यथार्थवाद को भी अपने में भरना चाहा

था। अज्ञेय ने प्रेमचन्द के लिए लिखा—'ऐसा साहित्यकार वसुदेव की तरह हमें सुख-निद्रा में सोये-सोये ही डलिया में रखकर ऐसे पार ले जाते हैं कि हमें इसका जरा भी बोध नहीं होता कि हम एक संकट भरे कारागार से एक सुरक्षित परिवेश में आ गये हैं।' रचनाकार का व्यक्ति और समाज के प्रति जो नैतिक दायित्व होता है उसके प्रति अज्ञेय सचेष्ट भी रहे और समर्पित भी। वे बराबर कहते रहे हैं कि रचनाकार समाज को देता है और देकर ही वह मुक्त हो पाता है।

प्रसाद से ज्यादा निराला का काव्य-आतंक अज्ञेय को घेरे रहा है। उन्हें निराला की सृजनात्मक चेतना शक्ति देती है और प्रसाद का समृद्ध सांस्कृतिक चिन्तन मथता है, खोलता है, भीतर से मुक्त करता है। निराला का *तुलसीदास* उन्हें बहुत प्रिय था। अज्ञेय का यह कथन प्रमाण है कि "अब भी राम की शक्तिपूजा', 'बादल राग' अथवा निराला के अनेक गीत बार-बार पढ़ता हूँ, लेकिन *तुलसीदास* जब-जब पढ़ने बैठता हूँ तो इतना ही नहीं कि एक नया संसार मेरे सामने खुलता है, उससे भी विलक्षण बात यह है कि वह संसार मानो एक ऐतिहासिक अनुक्रम में घटित होता हुआ दीखता है। मैं मानों संसार का एक स्थिर चित्र नहीं, एक जीवन्त चलचित्र देख रहा होता हूँ। ऐसी रचनाएँ तो कई होती हैं, जिनमें एक रसिक हृदय बोलता है। बिरली ही रचना ऐसी होती है जिसमें एक सांस्कृतिक चेतना सर्जनात्मक रूप में अवतरित हुई हो। *तुलसीदास* मेरी समझ में ऐसी ही रचना है।" इतना ही नहीं निराला की लीक छोड़कर जीने वाली काव्य-प्रतिभा भी अज्ञेय को अभिभूत करती है। इसलिए निराला जी उनके रचना-कर्म के भीतर मौजूद हैं—बहुत गहराई में मौजूद हैं। हालाँकि अज्ञेय में निराला की इस मौजूदगी को ठीक से समझा नहीं गया है। उन्हें निराला से भिन्न परम्परा और दृष्टि का रचनाकार कहकर कोसा ही अधिक गया है। आश्चर्य की बात है कि इधर डॉ. रामविलास शर्मा तक ने ध्यान नहीं दिया है। नामवर सिंह तो उन्हें बिहारीलाल की तरह का कवि कहकर ठुकराने पर ही आमादा हैं, जबकि अज्ञेय जी बिहारी की परम्परा के कवि नहीं हैं। वे सच्चे अर्थों में भारतेन्दु, गुप्तजी और निराला की लोक-जागरणवाली परम्परा के प्रखर रचनाकार हैं। जाहिर है कि हम इस सही समझ के अभाव में अज्ञेय का गलत मूल्यांकन कर रहे हैं और करते रहेंगे।

प्रश्न उठता है कि पन्तजी को अज्ञेय क्यों पसन्द करते हैं? इसका उत्तर है कि पन्त जैसी सूक्ष्म-गहन सौन्दर्य-बोध की पकड़ उन्हें हिन्दी के किसी दूसरे आधुनिक कवि में नहीं मिलती। पन्त की नासमझ और हृदयहीन आलोचना अज्ञेय को अपार कष्ट देती रही। पन्त की काव्य-भाषा और छन्द-शक्ति के वे कायल थे—'शब्द-ध्वनियों के प्रति जैसी सजगता सुमित्रानन्दन पन्त में थी, वैसी मैंने हिन्दी के किसी दूसरे कवि में नहीं देखी, निराला में भी नहीं (*स्मृतिलेखा*, पृ. 81)।' उनकी दृष्टि में पन्त जी कवि नहीं, महाकवि थे। कारण 'काव्य में शब्द-संगीत का आधार व्यंजन-ध्वनियाँ

नहीं, बल्कि स्वर-ध्वनियाँ हैं, इसकी अचूक पहचान पन्त जी को थी और आधुनिक हिन्दी को यह उनकी बहुत बड़ी देन है कि उन्होंने अपने समकालीन और परवर्ती कवियों को स्वर-सौन्दर्य की पहचान करा दी।' पन्त के प्रकृति-बोध को वे कालिदास से जोड़कर देखते थे—'पन्त का एक ओर प्रकृति के साथ और दूसरी ओर भाषा के साथ सम्बन्ध कितना गहरा और संवेदनशील था। सूक्ष्म पर्यवेक्षण और भी कवि करते हैं। लेकिन उसे उतनी समर्थ संवेदनमयी और सम्प्रेषी भाषा में मूर्त करने वाले कवि बिरले ही होते हैं। संस्कृत में यह कालिदास की विशेषता रही और हिन्दी में पन्त की।' अज्ञेय संकोचवश यह नहीं कह पाये कि यह विशेषता उनके सृजन-कर्म में भी है—जिसे ठीक से रेखांकित किया जाना चाहिए।

अपनी बहन होमवती जी के सामने वे स्वयं अपने स्वभाव की यह शिकायत सुनते हैं कि 'आप बोलते नहीं' मौन में जीते हैं। पर बच्चों से खूब बतियाते हैं—बच्चे चिढ़ाते हैं—तो भी हँस पड़ते हैं।' वत्सलता और मानवीयता को लेकर तो अज्ञेय जी जन्मे ही थे। बड़ों के कठोर व्यंग्य-बाणों को सुनकर भी चुप रहते थे, पर इस चुप से ही सब कह देते थे—पर वे चुप व्यक्ति नहीं थे—जैसा कि झूठ प्रचारित किया गया है—जिनसे खुलते थे—उनके सामने कोई दीवार न रखते थे—पर सागर की मर्यादा भी न छोड़ते थे। 'सागर' उनका प्रिय प्रतीक ही नहीं? व्यक्तित्व का समग्र बिम्ब भी है—व्यक्तित्व की गम्भीरता का आदिम बिम्ब।

आत्मालोचक स्वभाव अज्ञेय जी ने पाया था और खोजना तथा जानना, फिर जानना और खोजना उनकी वृत्ति बन गयी थी। कारावास में उनका परिचय माखनलाल चतुर्वेदी से हुआ। उनके ऊपर 'एक फूल की चाह' की बड़ी छाप पड़ी। यह कविता उनके जीवन-दर्शन को भाती थी, क्योंके 'मातृभूमि पर शीश चढ़ाने' की इच्छा क्रान्तिकारी अज्ञेय ने पाली थी। 'कैदी और कोकिल' माखनलाल चतुर्वेदी की कविता देश के तरुणों का कण्ठहार थी। कारावास भोगते अज्ञेय ने लिखा है—'मैं तब काल कोठरी में था और लम्बी रातें कविता पढ़ते हुए अपने ही स्वर के सख्य के सहारे कटती थी। निस्संदेह इस कविता के उन दिनों इतना प्रिय होने में एक कारण मनोवैज्ञानिक भी रहा होगा—कोकिल के साथ एक अवचेतन एकात्मा का बोध, क्योंकि उन दिनों हम सभी बन्दी क्या अपने को 'चुप-चाप मधुर विद्रोह' बीज बोने वाले ही मानते थे।' पर उन्हें माखनलाल की भाषा का अटपटापन खटकता था। और अज्ञेय तो शब्द-प्रयोग के प्रति अत्यधिक सतर्क रहे हैं। शुरू में उनके लिए 'हिन्दी जितनी जानी हुई' भाषा थी कम-से-कम उतनी ही 'सीखी हुई' भाषा भी थी। 'अतः मेरे लिए स्वाभाविक और अनिवार्य था कि मैं भाषा के संस्कार के बारे में सतर्क रहूँ।' फिर माखनलाल और नवीन वाला भाषा संस्कार भी अज्ञेय का न था, हालाँकि वे इन कवियों की भाषा का सम्मान करते थे पर उनका भाषा-संस्कार दूसरी तरह का था। अज्ञेय भाषा की तद्भवता

में सृजनात्मकता उगाते थे और यही उनकी भाषा की निरन्तर शक्ति बनती गयी है। संघात के प्रबल क्षणों में जो भाषा का सर्जनात्मक सत्ता सम्पन्न रूप प्रकट होता है वही संस्कारवान रूप है, स्वीकृति है। वे मानते थे कि ''केवल पंडित या अध्यापक या वैयाकरण की जागरूकता प्रक्रिया को पहचानने और अंकित करने तक भी सीमित रह सकती है, पर कृतिकार उससे आगे जाता हैं। क्योंकि वह केवल पहचानने वाला नहीं है, उसका कार्य इस प्रक्रिया को निरन्तर ऐसी प्रणालियों में ढालते चलना भी है जिनसे भाषा प्राण-रस की वाहिका बनी रह सके।' इसी प्रतिज्ञा से अज्ञेय ने अपने समकालीनों के सामने एक आदर्श भी खड़ा किया और चुनौती भी। किसी भी देश के लिए ऐसा व्यक्तित्व बड़ी उपलब्धि होता है—क्योंकि वह भाषा का निर्माता ही नहीं होता—युग की अस्मिता को भी नया अर्थ-सन्दर्भ देता है। इतिहास और संस्कृति, कला और काल, शब्द और अर्थ, चिति और प्रतीक उसके लिए प्रवाह-प्रक्रिया होते हैं—जिसमें गोता खाकर वह मोती निकालता है। अज्ञेय, मानवेन्द्र नाथ राय तथा जयप्रकाश के निकट गये ही इसलिए थे कि उनमें इतिहास की एक धड़कती धारा सृजन-भूमि पर फैल रही थी। यही धारा फणीश्वरनाथ रेणु के कथा साहित्य में मूल्यवान मोड़ लेती है—यही पहचान कर अज्ञेय ने रेणु को सराहा और निकट पाया है। इतिहास का यही तेज दिनकर में दमकता था और अज्ञेय उन्हें 'समय सूर्य' स्वीकार करते हैं। जबकि वे दिनकर के संस्कृति सम्बन्धी विचारों से असहमत हैं। वे मानते थे—'संस्कृतियाँ प्रभाव-ग्रहण करती हैं, दूसरी संस्कृतियों की उपलब्धियों के सहारे अपनी अन्तर्दृष्टि का विकास करती हैं।' हिन्दी कविता को जन समाज में दिनकर जी ने जो प्रतिष्ठा दिलाई थी—उसका सम्मान अज्ञेय में था—उनकी तेजस्वी वाणी से अज्ञेय प्रभावित थे, तभी तो वे दिनकर को नये पुराने के बीच का सेतु मानते थे। पर आज का पाठक विचार करने पर पाता है कि अज्ञेय पर सांस्कृतिक सम्पन्नता की गहरी धमक आचार्य हजारीप्रसाद द्विवेदी के सम्पर्क ने डाली थी। आचार्य जैसे सांस्कृतिक समझ के व्यक्ति दुर्लभ थे—अतः अज्ञेय ने पंडितजी को नतमस्तक भाव से अपनाया और पंडितजी ने अज्ञेय को। पूरे भारतीय समाज के लिए सांस्कृतिक दीक्षा का जो कार्य आचार्य हजारीप्रसाद द्विवेदी ने कठोर समय में किया था—अज्ञेय जी उस कार्य का मूल्य पहचानते थे और पहचानना चाहते थे। अज्ञेय का समस्त सृजन-कर्म इसी पहचान को बढ़ाने में समर्पित रहा है।

भारतीय साहित्य का तथागत तेज अज्ञेय में निरन्तर रहा। उन्होंने जो रचना की सदानीरा प्रवाहित की है—वह है, तो अज्ञेय गये नहीं हैं, अभी हैं।

अज्ञेय की कृतियाँ

कविता

भग्नदूत–1933, चिन्ता–1942, इत्यलम्–1946, हरी घास पर क्षण भर–1949, बावरा अहेरी–1954, इन्द्रधनु रौंद्र हुए ये–1957, अरी ओ करुणा प्रभामय–1959, आँगन के पार द्वार–1961, सुनहले शैवाल–1965, कितनी नावों में कितनी बार–1967, क्योंकि मैं उसे जानता हूँ–1969, सागर मुद्रा–1970, पहले मैं सन्नाटा बुनता हूँ–1973, महावृक्ष के नीचे–1977, नदी की बाँक पर छाया–1982, ऐसा कोई घर आपने देखा है–तथा सदानीरा–(सम्पूर्ण कविताओं का दो जिल्दों में प्रकाशन)–1986।

कथा-साहित्य

विपथगा–1937, परम्परा–1944, शरणार्थी–1948, जयदोल–1951, कोठरी की बात–1954, ये तेरे प्रतिरूप–1969, सम्पूर्ण कहानियाँ–दो भाग–1975।

उपन्यास–

शेखर : एक जीवनी (पहला भाग–1941, दूसरा भाग–1944, तीसरा भाग–अप्रकाशित), नदी के द्वीप–1952, अपने-अपने अजनबी–1961, बारह खम्भा–1987 (कथाकारों के साथ नया कथा-प्रयोग)।

निबन्ध

सबरंग–1946, त्रिशंकु–1954, आत्मनेपद–1960, हिन्दी साहित्य : एक आधुनिक परिदृश्य–1967, सब रंग और कुछ राग–1969, आलवाल–1971, लिखि कागज कोरे–1972, जोग लिखी–1977, अद्यतन–1978, स्रोत और सेतु–1978, संवत्सर–1978, व्यक्ति और व्यवस्था–1979, अपरोक्ष–1979, युग संधियों पर–1981, धार और किनारे–1982, स्मृतिलेखा–1982, कहाँ है द्वारका–1982, छाया का जंगल–1985, आत्मपरक तथा केन्द्र और परिधि (सम्पूर्ण निबन्ध के संकलन)।

डायरी

भवन्ती–1972, अन्तरा–1975, शाश्वती–1979।

अनुवाद

आइबो एन्ड्रिक का द विजीटर्स एलिफेन्ट, रोम्याँ रोला का विवेकानन्द, जैनेन्द्र कुमार के त्याग-पत्र उपन्यास का अंग्रेजी में द रेजिगनेशन, रवीन्द्रनाथ टैगोर के गोरा बंगाली से हिन्दी अनुवाद, रवीन्द्रनाथ के राजा का हिन्दी अनुवाद, लागेकिस्ट के द होली लैंड का अंग्रेजी से हिन्दी अनुवाद (प्रेस में)।

सम्पादित कृतियाँ

होमवती स्मारक ग्रन्थ, रूपाम्बरा, पुष्करिणी, तार सप्तक, दूसरा सप्तक, तीसरा सप्तक, चौथा सप्तक, नेहरू बर्थ डे बुक, बाद के कवियों की चयनित शृंखला (कवि मित्रों के साथ)।

अज्ञेय की रचनाओं के अनुवाद

सेरब क्टोराटियन–1971, स्टेडोर्टे : एल लुबुजे (जर्मन–1976), देन आकेंटे अज्ञेय-स्वीडिश आर्टिन आल वुड–1981।

अज्ञेय के अंग्रेजी अनुवाद

प्रिजन डेज एण्ड अदर पोयम्स–1946, टु इंच ब्रिज स्ट्रेंजर–(कविताएँ) 1967, फर्स्ट पर्सन सेकण्ड पर्सन (कविताएँ1971–), *साइन्स साइलेन्स (कविताएँ)*–1976, *नालाम्बरी* (कविताएँ–1981), *आइलैंड्स इन द स्ट्रीम* (उपन्यास)–1976, *टुकुलेंट क्ले।* (डायरी)–1982, *प्रिपेएरिंग दी ग्राउण्ड डायरी*–1983।

सर्वेश्वरदयाल सक्सेना : आहिस्ता मत चलो–दौड़ो

स्वातंत्र्योत्तर हिन्दी-साहित्य में सर्वेश्वरदयाल सक्सेना का रचना-जगत अनेक दृष्टियों से महत्त्वपूर्ण कहा जा सकता है। ऐसे रचनाकार की 24 सितम्बर, 1983 को हुई असामयिक मौत हिन्दी-साहित्य-जगत के लिए अत्यन्त दुःखद दुर्घटना है। हिन्दी-साहित्य से एक ऐसी आवाज छिन गयी है जो अन्याय, गरीबी और अत्याचार के खिलाफ निर्भय होकर बोलती थी। स्वाधीनता-प्राप्ति के साथ नये रचनाकारों ने नवीन संवेदना को व्यक्त करने के लिए और नयी भाषा के लिए संघर्ष शुरू किया था। बोल-चाल की भाषा के लिए इससे पूर्व प्रगतिवादी काव्य, बच्चन तथा भवानी प्रसाद मिश्र अच्छी-खासी भूमि तैयार करने में लगे रहे थे। भवानी प्रसाद मिश्र और बच्चन का सीधा संघर्ष छायावाद की आभिजात्य प्रधान भाषा से हुआ था। इस बात को ठीक से समझते हुए सर्वेश्वर ने लिखा था–'नयी कविता को भाषा बच्चन से मिली है (और बोध अज्ञेय से)। साधारण बोलचाल की भाषा और मुहावरे को 'नयी कविता' ने बच्चन की कविता के माध्यम से ही पहचाना है और उसे आगे बढ़ाया है (*दिनमान*, 24 मार्च, 1965, पृ. 45-46)।' इस मन्तव्य पर बहस हो सकती है। लेकिन इसमें से इतनी बात तो निकलती ही है कि नयी कविता के कवि नवीन रचनात्मक भाषा की पूरी ऐतिहासिक लड़ाई को चिन्तन के धरातल पर समझ-समझा रहे थे। स्वयं सर्वेश्वर नयी कविता के कवि के रूप में उभरते हैं और उनका संघर्ष 'अभिव्यक्ति की स्वतन्त्रता' के लिए चल पड़ता है। स्वतन्त्रता प्राप्ति के बाद की नयी मनःस्थिति अपने अन्य समकालीनों के साथ सर्वेश्वर की सृजन-चेतना में सीधे ही मुखरित हुई है। 'जब कलम उठाता हूँ', 'मैंने आवाज दी है', 'सरकंडे की गाड़ी' आदि कविताएँ इसी चेतना की सीधी छाप छोड़ती हैं। यह सब देखकर ही कविवर सुमित्रानन्दन पन्त ने सर्वेश्वर की सराहना करते हुए 'नये कवियों में सर्वाधिक कलाबोध के पारखी' तथा 'जन्म-जात, अकृत्रिम, सहज-प्रयत्न कवि' कहा था। उनकी कविताएँ उस मोड़ की सूचक थीं, जहाँ से नयी कविता नवीन दिशाओं की ओर प्रवृत्त होती हैं।' डॉ. रामस्वरूप चतुर्वेदी ने इसी बात को इस ढंग से कहा–'नयी कविता की पहचान जहाँ से बननी शुरू होती है, वहाँ सर्वेश्वर की कविताएँ हैं' (*कल्पना*, जनवरी, 76, पृ. 20)।

श्री बालकृष्ण राव की अध्यक्षता में हुई विवेचना–गोष्ठी में डॉ. जगदीश गुप्त

ने सर्वेश्वरदयाल सक्सेना के नव प्रकाशित काव्य-संग्रह (1969) *गर्म हवाएँ* की समीक्षा करते हुए जो विचार व्यक्त किया था, वह यहाँ उल्लेखनीय है। डॉ. गुप्त ने कहा था—'सर्वेश्वर उन कवियों में सर्वप्रमुख हैं, जिनकी कविताओं ने छठे दशक के आरम्भ में ही मुझे 'नयी कविता' की शक्ति सामर्थ्य के प्रति गहराई से आश्वस्त किया था। जो विश्वास आधुनिक युग-बोध से युक्त उनकी सच्ची और मार्मिक अभिव्यक्ति ने मुझे उस समय और उसके बाद दिया, उसके सहारे मैंने निर्भीक होकर नयी कविता की लड़ाई लड़ी, जिसका फल, भला-बुरा जैसा भी माना जाये, सबके सामने है। संघर्ष क्रम में बहुतों का सक्रिय एवं महत्त्वपूर्ण सहयोग मिला और अन्ततः एक इतिहास खड़ा हो गया। इस दृष्टि से सर्वेश्वर के कृतित्व का नयी हिन्दी कविता के सन्दर्भ में ऐतिहासिक महत्त्व भी माना जाएगा, इसमें सन्देह नहीं (*कल्पना,* दिसम्बर, 71, पृ. 59)।' इस कथन से जाहिर है कि सर्वेश्वर नयी कविता के विशिष्ट कवियों में विशिष्ट हैसियत के कवि थे।

सर्वेश्वर का जन्म 15 सितम्बर, 1927, बस्ती, उत्तर प्रदेश में हुआ था। उनका बचपन हरे-भरे खेतों, तालों और फूलों भरे गाँव में बीता। इन खेतों, मैदानों, तालाबों, फूलों, पगडंडियों, नदियों, पशु-पक्षियों का उनके ऊपर ऐसा प्रभाव पड़ा कि उनके सृजन में यह सब अनेक रूपों एवं छवियों में दिखाई देता है। रचनाकार और प्रकृति सब मिलकर इस सृजन में ग्रामीण-संस्कार की एक एकाकार सांस्कृतिक रचना को जन्म देते हैं। कविता में ग्रामीण-संस्कृति या लोक-संस्कृति के भाव यहाँ आधारभूत श्रद्धा-सूत्र में ठीक से पिरोये गये हैं। इन ग्रामीण संस्कारों की प्रबलता ने सर्वेश्वर को 'महानगरीय-सभ्यता' के भीतर बेचैन रखा है। वे कभी भी शहर से समझौता नहीं कर सके। हमेशा दिल्ली की सड़के उन्हें 'कुआनो नदी' दिखाई देती रहीं। अपने को 'घन्त-मन्त' की कथा का त्रासद हीरो मानकर सर्वेश्वर ने लिखा—'दिल्ली हम का चाकर कीन्ह/दिल दिमाग, भूसा भरि दीन्ह'। महानगर की आपा-धापी भरे कोलाहल में वे शहरी सभ्यता के संकटों से घबराये रहे और वह व्यथा उनके सृजन में एक कराह के रूप में मौजूद है। वास्तव में, सर्वेश्वर में गँवई-संवेदना के संस्कार इतने प्रबल थे कि वे उसी संस्कार के रचनाकार रहे हैं। ग्रामीण युवा का मौजभरा लापरवाही वाला, जोखिम झेलने वाला अल्हड़पन और बाद में प्रौढ़ापन दोनों ही उनके रचनाकार में बने रहे। इन ग्रामीण संस्कारों ने उन्हें हरवाहों, चरवाहों, किसानों-मजदूरों से तादात्म्यीकृत कर दिया। उन्होंने लिखा है—'कस्बेनुमा छोटे से शहर के बाहर, चारों तरफ दूर-दूर फैले खेतों, तालों और छोटे-छोटे गाँवों के बीच बचपन बीता, जिसमें खेतों की मेड़ों, घर के आस-पास अनाथाश्रम के बच्चों के अलावा आर्थिक संघर्ष से उत्पन्न पारिवारिक कलह भी बचपन के साथी रहे। माता अस्वस्थ और अर्थसंकट से लड़ती हुई अन्त तक अध्यापन का कार्य करती रहीं। पिता भी अध्यापक रहे (*तीसरा सप्तक, पृ. 206*)।' माता की ममता से सर्वेश्वर भीगे रहे, किन्तु पिता के

साथ उनकी पटरी न बैठ सकी। उनके पिता तेज स्वभाव के सिद्धान्तवादी आदमी थे। दुनिया को एक खास ढंग से देखने के कारण वे सर्वेश्वर को कोई बड़ा अफसर बनाना चाहते थे। किन्तु बालक सर्वेश्वर में बचपन से साहित्य की ओर झुकाव था। बचपन में मैथिलीशरण गुप्त, पं. रामनरेश त्रिपाठी आदि उन्हें बहुत भाते थे। छायावादी कवि उन्हें कम समझ में आते थे और उनके काव्य का मुहावरा उन्हें भाता नहीं था। शुरू-शुरू में सर्वेश्वर ने कविता तथा कहानी दोनों ही लिखना शुरू किया। उनकी पहली रचना *माधुरी* सन् 1944 जनवरी अंक में छपी थी, जिसे पढ़कर माँ प्रसन्न हुई थीं और पिता जी क्रोधित। पिताजी के दिमाग में 'कवि' की कोई इज्जत नहीं थी। वे कविता लिखने को जीवन का ठलुआपन और निठल्लापन मानते थे। इसलिए साहित्य-वाहित्य के चक्कर में पड़ने को पिता जी एक खास तरह की आवारागर्दी का तरीका समझते थे। लेकिन यह घरेलू संघर्ष सर्वेश्वर को रचना-कर्म से रोक न सका। फलतः इंटर पास करते-करते सर्वेश्वर की ख्याति कहानीकार एवं कवि के रूप में हो गयी थी। इधर सर्वेश्वर को माता का आशीर्वाद प्राप्त था ही, इसलिए भी वह पिता की कम सुनते रहे। उनके मानसिक निर्माण में मातृपक्ष का अवदान बहुत अधिक था। बचपन से ही सर्वेश्वर के व्यक्तित्व में निर्भयता और स्वाभिमान का भाव था जो बाद में उनके रचना-कर्म के भी गुण बने हैं। उनके व्यक्तित्व में एक अजीब पौरुष था—साँवले चेहरे पर लम्बी नोकदार नाक थी, जो उनके भीतर के पैनेपन को एक निगाह में ही बता देती थी। पाजामें के ऊपर लम्बा कुर्ता पहने हुए जब वे किसी सभा, संस्था में जाते थे तो उनका व्यक्तित्व देखते ही बनता था। तनकर बोलते थे और उन्हें मित्रों से गप मारने में मजा आता था। कविता पढ़ते समय उनका कण्ठ शक्ति से भर जाता था, पर विचार तथा व्यंग्य की धार से वे अपने पाठक को समेटे रहते थे। बचपन से ही वे तकलीफ में पले थे। अनाथाश्रम उनके घर के पास ही था। इन सबकी मार ने उन्हें जीवन को पढ़ने के लिए काफी सतर्क आँखें और बुद्धि दी थी। अव्यवस्था उन्हें सह्य नहीं थी, जबकि अपने जीवन में वे सबसे अधिक अव्यवस्थित व्यक्ति थे।

उनकी शिक्षा बस्ती, बनारस और इलाहाबाद विश्वविद्यालय में हुई थी। सन् 1949 ई. में सर्वेश्वर ने इलाहाबाद विश्वविद्यालय से हिन्दी में एम.ए. किया। अपने शिक्षकों में वे डॉ. धीरेन्द्र वर्मा, डॉ. रमाशंकर शुक्ल रसाल, डॉ. रामकुमार वर्मा की बड़ी तारीफ करते थे। यह वह समय भी था जब प्रयाग विश्वविद्यालय उत्तरी भारत की प्रतिभाओं का केन्द्र था। विश्वविद्यालय के वातावरण में विद्यार्थी को ठीक से रचने-बनाने वाले तत्त्व बहुत सक्रिय थे। प्रयाग का साहित्यिक वातावरण इतना विशिष्ट था कि सर्वेश्वर प्रयाग में ही रहना चाहते थे। प्रयाग में वे रह सकें, इसलिए उन्होंने वहाँ 'चीफ एकाउटेन्ट' के ऑफिस में तीन-चार साल तक क्लर्की की और साहित्य-सृजन भी। इस समय डॉ. राममनोहर लोहिया की समाजवादी विचारधारा

का जादू बड़े जोर पर था। तमाम जोशीले युवक लोहिया विचारधारा में रंग गये थे। विचारकों और युवकों में कार्ल मार्क्स की विचारधारा तथा राममनोहर लोहिया की समाजवादी विचारधारा की टक्कर हो रही थी। लोहिया जी समाज में व्याप्त गैर-बराबरी के खिलाफ क्रान्तिकारी विचार बो रहे थे, साथ ही, नारी तथा शूद्र को नये ढंग से सोचने की प्रेरणा भी। साथ ही, लोहिया राम और कृष्ण, राधा और द्रौपदी की नयी व्याख्या कर रहे थे। लोहिया का यह चिन्तन सर्वेश्वर को ही नहीं, तत्कालीन पूरे नवलेखन को भीतर से झकझोर रहा था। इसी दौर में सर्वेश्वर का सम्पर्क अद्‌भुत प्रतिभाशाली, समाजवादी युवा-विद्राही श्री विजयदेव नारायण साही से हुआ। यह परिचय मित्रता में बदलकर इतना घनिष्ठ हो गया कि दोनों मित्र एक-दूसरे में समा गये थे। दोनों ही घर-बाहर मार्क्सवाद तथा ढोंगी मार्क्सवादियों की खुलकर आलोचना करते थे। मंचों तथा गोष्ठियों में इनकी सीधी टक्कर मार्क्सवादियों से थी और तमाम मार्क्सवादियों के लिए साही जी अकेले ही काफी पड़ते थे। डॉ. नामवर सिंह ने *कविता के नये प्रतिमान* में जब विजयदेव नारायण साही के तर्कों का सहारा बार-बार लिया, तब तो साफ ही हो गया था कि साही जी बनाम समाजवादी चिन्तन की धारदार मार से नामवर सिंह कैसे नतमस्तक हो गये हैं। डॉ. नामवर सिंह के चिन्तनात्मक समर्पण से साही जी और समाजवादी विचारधारा को लाभ हुआ हो या नहीं, लेकिन इससे डॉ. रामविलास शर्मा को बड़ी तकलीफ हुई। परिणामतः शर्मा जी ने नयी कविता और अस्तित्ववाद नामक पुस्तक से साही जी के साथ नामवर सिंह को भी पानी पी-पीकर कोसा है। शर्मा जी का यह विचार-विरोध आज के व्यक्ति के लिए भारी अनुसन्धान का विषय है—टालने की वस्तु नहीं। सहसा एक वर्ष पहले जब साही जी का निधन हुआ तो सर्वेश्वर टूट गये थे। सर्वेश्वर, साही जी के इस वियोग से इतने खिन्न रहते थे कि वे इसे 'अपनी भी छोटी सी मौत' कहते थे।

पत्नी विमला के आकस्मिक निधन से सर्वेश्वर अकेले हो गये थे। इस व्यथा को उन्होंने *गर्म-हवाएँ* नामक काव्य-संकलन में दी गयी कविता 'पत्नी की मृत्यु' से व्यक्त भी किया है। उनके लिए पत्नी दो छोटी लड़कियाँ विभा तथा शुभा छोड़कर चली गयी थीं, जिन्हें गढ़ने-सँवारने में उन्होंने पूरा जीवन लग दिया। वे इन बच्चियों के पिता और माँ एक साथ थे। पत्नी की मृत्यु पर उन्होंने लिखा—'बाएँ हाथ में ले/अपना कटा हुआ दाहिना हाथ/बैठा हूँ मैं घर के उस कोने में/जिसे तुम्हारी मौत/कितनी सफाई से खाली कर गयी है/एक द्वार की तरह/मैं रेगिस्तान में खड़ा हूँ/एक टूटी दीवार का अकेलापन भी/अब कहाँ है जो कुछ रोक सके/गर्म हवाएँ सनसनाती हुई/मुझमें से गुजर जाती हैं।' इसी कविता में तकलीफों के ढेरों बिम्ब लुढ़क रहे हैं। इस शोकगीत में कवि कहता है—अपने मन की वह बात भी—कि 'मैं जानता हूँ मुझे भी एक दिन मृत्यु इसी तरह अकेला पाकर दबोच लेगी।' पर अपने अकेलेपन को उन्होंने 'सबके साथ' मिला लिया था और शत्रु-मित्र को अपना मानकर जीते

रहे। अपने विरोधियों के प्रति भी उनके मन में नीचता का कोई विचार कभी नहीं आया। इस अर्थ में वे एक ऐसे मनुष्य थे, जो आज दुर्लभ होते जा रहे हैं।

इलाहाबाद में *परिमल* गोष्ठी की शुरुआत हुई तो सर्वेश्वर भी उससे जुड़ गये। *परिमल* से जुड़कर उन्होनें अपने को *परिमल* का बना दिया। कुछ ही समय में वे *परिमल* के संयोजक हो गये। *परिमल* को सर्वेश्वर ने सँवारा और परिमल ने सर्वेश्वर को। उनकी रचनाधारा का अजस्त्र-स्रोत भी *परिमल* से फूट निकला। चारों ओर उनकी कविताओं की सुगन्ध छा गयी। सर्वेश्वर *'परिमल'* की रिपोर्ट लिखते और नये रचनाकारों को एक खास ढंग से पीठ ठोककर उन्हें बढ़ावा भी देते। इसी समय सर्वेश्वर जी पर अज्ञेय जी की निगाह पड़ी। प्रतिभा को पहचानने में अज्ञेय जी की निगाह का कोई मुकाबला नहीं था। सर्वेश्वर जी को टोह-टटोलकर अज्ञेय जी ने 1955 ई. में उन्हें कविरूप में खड़ा होने का निर्भय आशीर्वाद दिया। *नयी कविता,* अंक-2 के परिचय स्तम्भ के अन्तर्गत अज्ञेय जी वक्तव्य सहित प्रकाश में लाकर सर्वेश्वर को छाप चुके थे। इससे पूर्व 1951-52 में *प्रतीक* में अज्ञेय जी सर्वेश्वर को छाप चुके थे। इस प्रकार सर्वेश्वर के रचनाकार के निर्माण में अज्ञेय जी की महत्त्वपूर्ण भूमिका भुलानी नहीं चाहिए।

सर्वेश्वर कवि, कहानीकार उपन्यासकार, अनुवादक, नाटककार, सम्पादक, रंग-समीक्षक, कला समीक्षक, ललित-निबन्ध लेखक आदि अनेक छवियों में उभरते रहे। लेकिन उनका सबसे बड़ा रूप कवि का ही रहा है। उनका नाटककार तथा कथाकार भी इस कवि का ही एक रूप है। और इस कवि ने जीवन से जूझकर जीवानानुभवों को पाया है। उन्होंने स्कूल मास्टरी, क्लर्की, आकाशवाणी की चाकरी, *दिनमान की नौकरी, पराग* की सम्पादकी आदि तमाम काम किये। नौकरी की अदला-बदली के खट्टे-मीठे अनुभव उनके पास बहुत थे। प्रयाग में क्लर्की से ऊबकर सर्वेश्वर ने निश्चय किया कि यह नौकरी छोड़ देंगे। इस नौकरी को छोड़कर वे दिल्ली आये। आकाशवाणी में कुछ समय तक 'कान्ट्रेक्ट' पर नौकरी की और फिर अज्ञेय जी के साथ साप्ताहिक *'दिनमान'* में आ गये। यहाँ आकर उन्हें लिखने-पढ़ने का अवसर मिला। यहीं उनका परिचय कवि श्रीकान्त वर्मा से हुआ। श्रीकान्त वर्मा ने सर्वेश्वर का परिचय अनेक ललित-कला के कलाकारों से कराया—इस परिचय कार्य के लिए वे श्रीकान्त वर्मा के प्रति अत्यधिक कृतज्ञता का भाव रखते थे। यहीं पर वे श्री रघुवीर सहाय के सम्पर्क में आये और उनके साथ काफी समय तक सहयोगी के रूप में कार्य किया। सर्वेश्वर का परिचय क्षेत्र, प्रयाग में ही बहुत बड़ा था दिल्ली आकर तो वह बहुत ही बढ़ गया।

सर्वेश्वर की कलम अपने में एक नया मुहावरा थी। जिस मुहावरे को पाकर पाठक का चुप रह जाना असम्भव था। कलम की कला के रंग में आकर अज्ञेय जी ने *काठ की घंटियाँ* का सम्पादन किया। इस प्रथम संग्रह की भूमिका में अज्ञेय जी ने

कहा, 'अपनी सामाजिक दृष्टि और अपनी रचनाओं में स्पन्दनशील गहरी सामाजिक चेतना के बावजूद सर्वेश्वर को सर्वप्रथम अनुभव से प्रयोजन है।' इस प्रकार सन् 1951 से सर्वेश्वर ने रचना-कर्म को अपना धर्म बना लिया। इसी वर्ष *दूसरा सप्तक* प्रकाशित हुआ और यही वर्ष तमाम विवादों के बावजूद भी नयी कविता के जन्म का वर्ष माना गया। यह अलग बात है कि *नये पत्ते* तथा *नयी कविता* अंकों के सम्पादक 1953-54 को नयी कविता का वर्ष मानते रहे हैं। स्वतन्त्रता मिलने के बाद एक मनःस्थिति बनी थी, जिसमें उत्साह एवं सपने भरे थे। नयी प्रतीतियाँ और संवेदनाएँ आँखें खोल रही थीं। भारत साम्राज्यवाद के चंगुल से छूटा था और दूसरे विश्वयुद्ध में रूस ने अमेरिकी साम्राज्यवादी शक्तियों को ऐसी चोट दी थी कि उनकी कमर टूट गयी थी। लेकिन स्वतन्त्र भारत ने लोकतन्त्र के नाम पर साम्राज्यवाद के घटिया शासनतन्त्र को जस का तस अपना लिया था। शासनतन्त्र, नौकरशाही, पुलिस, अदालत, भाषा आदि सभी के तरीके वे ही थे। इस स्थिति ने समय बीतने पर आजादी के सपनों पर आग धर दी। सर्वेश्वर जैसे कवि ने आरम्भ में जो एक रोमानी संसार बनाया था, उसमें शीघ्र ही धुआँ उठता हुआ दिखाई दिया। 'बर्फ' और 'बसन्त' के स्थान पर सर्वेश्वर में 'आग' और 'युद्ध' के प्रतीक दृष्टिगत होने लगे। *शब्द जिन्हें मैं बर्फ की सिल्लियों पर भी/अकेली चींटी-सा चला ले जाता था/अब अंगारों से धधक रहे हैं/उनसे मैं खेल नहीं सकता/वे युद्ध भूमि में बदल गये हैं—(आग)।* आजादी के बाद रातोंरात आजादी के लिए जेल जाने वाले नेता सत्ता की गाय के थन को मुँह में डालकर बैठ गये। गाँधी के सपनों का भारत अँधेरे कोनों में भटक गया। सर्वेश्वर ने गाँधी जी को याद करते हुए लिखा, *मैं जानता हूँ/क्या हुआ तुम्हारी लँगोटी का/उत्सवों में अधिकारियों के/बिल्ले बनाने के काम आ गयी/और तुम्हारी लाठी? उसी को टेककर चल रही है/एक बिगड़ी दिमाग डगमगाती सत्ता/...तुम्हारी चप्पल गरीबी की चाँद गंजी/करने के काम आ रही है (पंचधातु)।*

अज्ञेय जी ने *तीसरा सप्तक (1959)* ई. में सर्वेश्वर को सप्तकों के कवियों में स्थान दिया। मुझे आज भी लगता है कि अज्ञेय जी न होते तो सर्वेश्वर का रचनाकार इतनी जल्दी जाना-पहचाना न गया होता। बात यह है कि नयी कविता के समाज में अज्ञेय जी ही सर्वेश्वर को लाये तथा उनकी कविताओं पर टिप्पणी करते हुए कहा—"समकालीन सत्य और यथार्थ को जो नये कवि सफल तथा सबल हाथों से पकड़ सकते हैं—जो सच्चे अर्थों में समकालीन जीवन से सम्पृक्त हैं, उनमें सर्वेश्वर का विशेष स्थान है।...वह मूल गुण जो कवि को कवि बनाता है और जो कवि-दृष्टि को रवि-दृष्टि से अधिक गहरे पहुँचाता है, वह गुण इनमें है। हमारे जीवन के अधूरेपन का व्यास नाम लेने वाली हमारी दृष्टि को बराबर बढ़ाने की—अधिक विस्तार और अधिक गहराई देने की—उनमें एक उत्कट बेचैनी है। अतः नयी कविता के अधिष्ठाता शीर्षस्थ कवियों में एक नाम है—सर्वेश्वरदयाल सक्सेना।'

सर्वेश्वर के मन में जवाहरलाल नेहरू के प्रति आदर भाव कभी जागा ही नहीं। पर उनके मन में नेताजी सुभाषचन्द्र बोस के प्रति बड़ा आदर था। लोहिया का विचार उन्हें जीवन और विचार में खरा लगता था। लोहिया की बौद्धिक सच्चाई की अमिट छाप उनके मन पर गहरी थी। *'लोहिया के न रहने पर'* नामक *कविता इसी बात की पुष्टि करती है—लोहिया की बर्फ में पड़ी गीली लकड़ियाँ, अपने को तिल-तिल जलाकर गरमाते रहे/उनकी घनी भौंहे कमीने तेंदुओं पर तनी रहीं। उसने थूका था/इस सड़ी गली अवस्था पर/उलटकर दिखा दिया था/कालीनों के नीचे छिपा टूटा हुआ फर्श/पहचानता था वह उन्हें/जो रंगे-चुने कूड़े के कनस्तरों से/सभा के बीच खड़े रहते थे/उसके पास थी एक भाषा/प्यार और सम्मान से जीने के लिए/जिसे वह मन्त्र नहीं बनाता था/जहाँ सब सिर झुकाते थे/वहाँ भी उसका सिर ऊँचा उठा रहता था/जिधर राह नहीं होती थी/उधर ही वह पैर बढ़ाता था।* इस प्रकार लोहिया नये युवकों के प्रेरणा केन्द्र थे और उसी का प्रतीक है—यह कविता दृष्टि। सांस्कृतिक परम्परा की 'समझ' में वे आ. हजारीप्रसाद द्विवेदी के उपासक थे और कविता की परम्परा-धारा में मुक्तिबोध के साथ। दिल्ली में रहकर वे अनेक चक्रों-कुचक्रों तथा थोथे बवंडरों से परिचित हो गये थे। पत्रकारिता के साक्षात अनुभवों की दीप्ति व्यावहारिकता से उन्हें प्राप्त थी। उनमें 'आकांक्षा कुछ करने की थी, जिससे यह दुनिया बदल सके।' यह कार्य वे रचना तथा कर्म दोनों में करते रहे।

सर्वेश्वर के सामने नये रचनाकार के रूप में चुनौतियाँ कम न थीं। एक समय सर्वेश्वर छायावादी संस्कारों के भीतर ही जूझते रहे और साथ ही, आजादी के मद्धिम पड़ते हुए सपनों की पीड़ा से भी। सन् 1960 के बाद तो मोह-भंग की यह पीड़ा उनके रचनाकार के भीतर से मरोड़ की तरह उठती-तड़तपी-तोड़ती छटपटाहट का रूप ले लेती है। अब स्थिति यह है वे अपने को 'कवि' नहीं कहते 'एक काला झंडा' मानते हैं और यह काला झंडा भीतरी-बाहरी विद्रोह का सीधा संकेत है। उनका कवित्व यहाँ अनुभवजन्य पीड़ा की भट्ठी में गल रहा है, पक रहा है—या रंग ले रहा है। लड़ाई अब नयी कविता के लिए नहीं हैं, उस 'साधारण आदमी' की व्यथा को काटने के लिए है, जो आजादी से तमाम उम्मीद लगाये बैठा था। उसने देखा आजादी में 'लेना कम' और 'देना अधिक' पड़ रहा है। परिवेश प्रताड़ना से प्रताड़ित रचनाकार *बाँस का पुल* (1958-1963 ई.) की अनेक कविताओं में तड़पता मिलता है। यही पीड़ा *एक सूनी नाव* (1963-1966) की कविताओं में सक्रिय दिखाई देती है। *गर्म हवाएँ* (1966-1969) बनकर चलती है—*कुआनो नदी* (1960 के बाद) बनकर फैलती है। *जंगल का दर्द* (1976 ई.) बनकर मरोड़ उठाती है और *खूँटियों पर टँगे लोग* (1982) में नाटकों में-*बकरी* हो या *लड़ाई* नाटक-यही पीड़ा बनी हुई है। यह पीड़ा *पागल कुत्तों का मसीहा* तथा *उड़े हुए रंग* के कथाकार की है—जो *अँधेरे पर अँधेरा* झेल रहा है। इस अँधेरे के बावजूद सर्वेश्वर अनास्था और पराजय के कवि नहीं हैं।

रामविलास शर्मा के इस कथन से सहमत नहीं हुआ जा सकता है कि सर्वेश्वर पर अस्तित्ववाद का रंग चढ़ गया है। उनका कवि-कथाकार तथा नाटककार इस सच्चाई के प्रमाण देता है कि सर्वेश्वर अस्तित्ववाद के लटके-झटके के कवि नहीं रहे हैं। डॉ. शर्मा का कहना कि 'बीमार आदमी को कभी-कभी हर चीज बीमार नजर आती है, इन कवियों को चीजें बीमार ही नहीं, मुर्दा भी नजर आती हैं।'...सर्वेश्वरदयाल सक्सेना को लगता है, जैसे मैं मुर्दों के बीच में हूँ, उन्हें ही बाँध रहा हूँ, उनसे ही लिपट रहा हूँ, लड़ रहा हूँ, उन्हें ही बाँध रहा हूँ, छोड़कर आगे बढ़ रहा हूँ इस मृत नगर में (*नयी कविता और अस्तित्ववाद*, पृ. 104)।' ध्यान से सोचने पर लगता है कि डॉ. शर्मा का यह कथन पीड़ादायक तो है ही, गुमराह भी करता है। उन्होंने इस कविता के उन विचारों पर दृष्टि नहीं डाली जिनमें कहा गया है कि कभी मैं किसानों की चिलम और मजदूरों की बीड़ी में सुलगना चाहता था। *वह आग मेरे करीब आती जा रही है/कभी मैं किसानों की चिलमों के अंगारे की तरह दमकने की कामना करता था/ मजदूरों की बीड़ियों में सुलगने के ख्वाब देखता था/उनके चूल्हों में धधकना चाहता था।* सम्पूर्ण संकल्प से यह कवि किसानों-मजदूरों से मिल जाना चाहता है। सदियों से लिखने-पढ़ने से वंचित किसान-मजदूर को 'आग' और 'सामूहिक आग' का मतलब समझाना चाहता है। वह तकलीफ और बेचैनी में सबके साथ है–*मैंने महसूस किया/चारों तरफ केटलियाँ खौल रही हैं/मैं भाप बनकर उड़ रहा हूँ।* विचारों की यह आग ही सर्वेश्वर को मद्धिम नहीं पड़ने देती। किसान-मजदूर की यह 'आग' ही सर्वेश्वर को क्रान्ति-यात्रा की ओर उन्मुख करती रही है– *'अब–उनका और मेरा चेहरा एक हो गया है/हम सब अंगार हैं/एक लपट, एक आग/एक शब्द एक अर्थ, एक राग/एक चरण, एक यात्रा, एक राह/एक संकल्प, एक नारा, एक चाह/समर्पित एक क्रान्ति को।* यह क्रान्ति-यात्रा की 'समझदारी' ही 'थुनकियों पर खड़े खप्परों को ललकार रही है। 'नक्शा फाड़ते बच्चों' के क्रोध को कोण दे रही है। 'भेड़ियों' को खदेड़ने के लिए *मशाल जलाओ और समूह के साथ आगे बढ़ो, भेड़िया भाग खड़ा होगा* का मन्त्र दे रही है। 'कंकड़ों में रेंगते साँपों को मारने' का उपाय खोज रही है। आपात स्थिति में काले तेन्दुओं को खोज रही है–*चट्टानों पर झिंझोड़ रहा है अपना शिकार काला तेन्दुआ/चट्टानें चट्टानें नहीं रहीं/एक तेन्दुआ सारे जंगल को/काले तेन्दुए में बदल रहा है* (जंगल का दर्द)। यह क्रान्ति-यात्रा सदियों से भूखे-नंगे पैरों की पीड़ा से व्याकुल है। इसलिए सर्वेश्वर के रचना-जगत में 'विषय वस्तु' का महत्त्व बहुत रहा है। चमकते बिम्बों तथा प्रतीकों के प्रति कमजोरी की हद तक आकर्षण रखने पर भी सर्वेश्वर रूपवादी रुझान के रचनाकार नहीं हैं। आवेगों में अनियंत्रित हो जाना, भावावेग में बहना–उनके काव्य की कमजोरी रही है और वह भी इसलिए कि सर्वेश्वर बेहद संवेदनशील रचनाकार हैं।

अपने जीवन-सम्बन्धों में भी सर्वेश्वर बड़े भावुक व्यक्ति थे। जल्दी बिगड़

भी जाते थे और जल्दी सम्भल भी जाते थे। इस आदत का असर उनकी रचना के रेशे-रेशे में मिला हुआ है। लेकिन जहाँ कहीं इनके भोक्ता मन और रचनाशील मन में पृथकत्व रहा है, वहाँ रचना बेहद अव्यक्तिगत क्रिया का अंग रही है। रचना में भावना एवं बौद्धिकता का अजीब सामंजस्य सर्वेश्वर साधते रहे हैं। इस साधना में उनकी भाषा बोलचाल के बेहद निकट आती रही है।

अज्ञेय जी से आशीर्वाद पाने वाले कवि सर्वेश्वर की काव्य-दिशा एकदम अलग रही है। सर्वेश्वर उच्च-मध्यवर्गीय मानसिकता के रचनाकार कभी नहीं रहे—वे रचनाकार मुक्तिबोध की भाँति निम्न-मध्यवर्ग के कवि रहे हैं। कवि मुक्तिबोध की भाँति सर्वेश्वर को निम्न-मध्यवर्ग की समस्याओं-चिन्ताओं ने घेरा हुआ है और उनका रचनाकार इस वर्ग की समस्याओं को केन्द्र में रखकर सृजन-कर्म में प्रवृत्त होता है। 'कवि मुक्तिबोध के निधन पर' नामक कविता में एक प्रकार से कवि ने अपनी रचना-प्रक्रिया की दिशा और दृष्टि का संकेत दिया है। इस कविता से सर्वेश्वर की काव्य-प्रकृति को समझा जा सकता है—विशेष रूप से तब, जब वे कहते हैं— *'नहीं-नहीं/जीवित हैं हम सब अभी भी/और हम सब में जीवित हो तुम/सूरज के साथ-साथ एक बड़ा संसार/डूब जाता है/फिर एक नये दिन को जन्म देने के लिए/पथराती पुतलियों में/लड़खड़ाता अँधेरा/एक नये लोक का द्वार खोलता है/और उठने की शक्ति खोने से पहले/हर हाथ भविष्य को आगे ढकेल जाता है/तुम्हारे हाथों से जुड़े हैं असंख्य हाथ/वे निष्प्राण कैसे हो सकते हैं।'* मुक्तिबोध की काव्य-परम्परा को सर्वेश्वर आगे बढ़ाते हुए सतत विकास और जीवित वर्तमान के रूप में देखते-समझते रहे हैं। इसीलिए सर्वेश्वर मानते थे कि *'कवि कहीं अकेला मरता है'* एक परम्परा उसके भीतर संशोधित-सम्पादित होती रहती है, जिसे वह पार्थिव शरीर छोड़ने पर दूसरों के भीतर प्रवाहित कर जाता है। परम्परा उत्तरोत्तर विकास है, धारा है, अटूट प्रवाह है, अमिट गति है, ऐतिहासिक चेतना है। यह परम्परा कवि को विरासत में नहीं मिलती—कवि को कमानी पड़ती है। इसलिए परम्परा में अतीत की अतीतता ही नहीं, वर्तमान की वर्तमानता भी विद्यमान रहती है। हिन्दी की जन-कविता परम्परा को पहचान कर सर्वेश्वर ने उसे आगे बढ़ाने में बड़ा श्रम किया है। 'अब मैं सूरज को नहीं डूबने दूँगा' नामक कविता में वे कहते हैं— *'अब मैं सूरज को नहीं डूबने दूँगा/देखो, मैंने कन्धे चौड़े कर लिए हैं/मुट्ठियाँ मजबूत कर ली हैं/और ढलान पर एड़ियाँ जमा कर/खड़ा होना मैंने सीख लिया है'*। सूरज जब पहाड़ी से लुढ़कने लगेगा तो कवि कन्धा अड़ा देगा। उसे परम्परा का गति चक्र ज्ञात है— *'हम तो जमीन ही तैयार कर पाएँगे/क्रान्ति बीज बोने कुछ बिरले ही आएँगे/हरा-भरा वही करेंगे मेरे श्रम को/सिलसिला मिलेगा आगे मेरे क्रम को* (फसल)।' समकालीन कविता में क्रान्ति-यात्रा का यही सिलसिला सर्वेश्वर के बाद धूमिल में है, लीलाधर जगूड़ी में है, मंगलेश डबराल में है, मणि मधुकर में है, अरुण कमल में है।

हमें याद रखना होगा कि जिस समय सर्वेश्वर ने लीक छोड़कर चलने का संकल्प दुहराया था और कहा था—*लीक पर वे चलें जिनके/चरण दुर्बल और हारे हैं/हमें तो हमारी यात्रा से बने/ऐसे अनिर्मित पन्थ प्यारे हैं।* उस समय नयी कविता के विरोधी आचार्य गुस्से में अपना फन पटक रहे थे। इन नादान आचार्यों का फन ही घायल हुआ—नये कवि का वे कुछ नहीं बिगाड़ पाये। सर्वेश्वर ने कहा—'जिनमें रेंगने तक का सामर्थ्य नहीं है वे भी फैशन समझकर नयी कविता के खिलाफ फन उठाने लगे, नयी कविता पर आलोचना लिखने की मश्कत की जाने लगी, साहित्यकार बनने और पुराने साहित्यकारों द्वारा मान्यता प्राप्त करने के लिए नयी कविता और नये कवियों को लम्बी गालियों द्वारा स्मरण किया जाने लगा (*तीसरा सप्तक,* वक्तव्य, पृ. 207)।' अपनी कविता लिखते समय यह स्थिति सर्वेश्वर के सामने थी। आचार्यगण नयी कविता को अहंवादी, पश्चिमी नकल, फैशन, सेक्सवादी, फ्रायडवादी, सार्त्रवादी आदि कहकर कोसते रहे। इस विरोधी माहौल में सर्वेश्वर के रचनाकार ने अपने को खड़ा किया—तमाम आँधी, पानी-तूफान झेला—अतएव नयी कविता के संघर्ष में उनके समसामयिक रचनाकारों की भाँति ही सर्वेश्वर के भी संघर्ष को समझना होगा। वे कहते रहे हैं कि 'मैं कविता न लिखता यदि...यदि साहित्य के क्षेत्र में भी राजनीतिक कतार-बन्दी न की गयी होती, पद-प्रतिष्ठा के लालच में सत्य पर परदा न डाला गया होता (*तार सप्तक,* पृ. 201)' सर्वेश्वर ने तर्कों से सिद्ध किया और अपनी रचना से भी कि नयी कविता का कवि झूठे रूपवाद के चक्कर में नहीं है। वह 'विषयवस्तु' को 'रूपविधान' से अधिक महत्त्व देता है और अपनी पूजा उस व्यापक लोक-संवेदना को मानता है, जो साधारण बोलचाल की सम्प्रेषणीय भाषा में अभिव्यक्ति पाती है। सर्वेश्वर का विश्वास था कि 'कविता को अपना वक्तव्य स्वयं देना होगा, कवि सदैव साथ नहीं रहेगा (*तीसरा सप्तक, पृ. 211*)।' सर्वेश्वर के इन विचारों को लेकर नयी कविता और नयी कविता के बाद की कविता में गहरा विवाद रहा है।

सर्वेश्वर तथा नयी कविता के अन्य मार्क्सवादियों में मूल अन्तर यह था कि उनके लिए मार्क्सवाद एक ऐसी विचारधारा न था, जिसे वे लोककथा के सियार की तरह ओढ़कर शेर की बोली बोलते। कभी कह देते 'मैं कम्युनिस्ट हूँ, कभी मैं सोसलिस्ट हूँ' कभी कुछ, कभी कुछ। उनके लिए 'वाद' या 'दल' जीवन-मरण का प्रश्न नहीं था। उनके लिए यदि जीवन-मरण का सवाल था तो रोशनी की तलाश का सवाल था। सदियों से भूखी-प्यासी जनता के अँधेरों को वे खदेड़ना चाहते थे। इसीलिए उनकी कविता में 'आग' तथा 'रोशनी' के प्रतीक बहुत हैं। भीतर-बाहर की 'आग' ने सर्वेश्वर को 'अंगारे' में बदल दिया था। *मुझे लगता है कि अभी एक लपट कौंधेगी/और इस हरहराते पानी में आग लग जाएगी* (*कुआनो नदी*)। युद्ध-भूमि में बदलते शब्द किसी क्रान्ति की प्रतीक्षा में रहे हैं। ये शब्द बढ़ते हुए गुबरैलों को

मिटाना चाहते हैं और भेड़ियों को खदेड़ना भी। अपनी लम्बी कविता 'कुआनो नदी' में कवि ने जनजीवन में व्याप्त गरीबी, बाढ़, भुखमरी की यातना से त्रस्त होकर लिखा *कुआनो नदी संकरी, नीली, शान्त। जाने कब होगी लाल उद्दाम। बहुत गरीब है यह धरती। जहाँ यह बहती है।* शोषितों के प्रति यह करुणा और रक्षा की भावना सर्वेश्वर में मार्क्सवाद से नहीं, उनकी अपनी परिस्थितियों से पैदा हुई थी।

सर्वेश्वर की रचना-यात्रा की पहचान महानगरीय बोध में नहीं, ग्रामीण जीवन के सघन और वास्तविक चित्रण में है। उनकी सम्पूर्ण रचनाधर्मिता ग्रामीण जीवन को समर्पित है। उनका शरीर शहरों में रहा, लेकिन वे गाँव को कभी भी भूल नहीं सके। गाँवों को ठीक से पहचानने के कारण सर्वेश्वर देश की आत्मा से साक्षात्कार करते रहे हैं। उनकी कविताएँ पढ़कर लगता है कि ग्रामीण संस्कारों की कौंध ने सर्वेश्वर को मुक्त नहीं होने दिया। 'कुआनो नदी' इसी संस्कार की परिणति कही जा सकती है, जिसमें ग्राम-व्यथा को रचनात्मक विस्तार मिला है। इस रचना का महत्त्व अनुभूति-घनता के कारण और भी बढ़ जाता है। लोक-सम्पृक्ति का यह प्रबल प्रेरणात्मक आधार उनकी रचना 'गाँव की एक शाम का सफर', 'बंजारे का गीत', 'सावन का गीत', 'झूले का गीत', 'चरवाहों का युगल गान', 'चुपाई मारो दुलहिन', 'यहीं कहीं एक कच्ची सड़क थी', 'घन्त-मन्त', 'शाम एक किसान', 'सुहागिन गा गीत' 'कुआनो नदी', 'भुजैनियाँ का पोखरा' आदि में मौजूद है। यहाँ उनकी भाषा में खड़ीबोली, अवधी तथा उर्दू का मेल-मिलाप रंग जमाता है। एक खास ढंग की ग्रामीण बोली इस कवि के भीतर बाँसुरी-सी बजाती है। लोक-लय और लोक-जीवन के तन्दुरुस्त मुहावरे कविता की सेहत ठीक रखते हैं—उनमें अर्थ-गर्भ छटा है जो चित्र को हरा-भरा रखती है। लोक-लय की तर्ज के कमाल को देखने के लिए 'गरीबों का गीत', 'झाड़े रहो महंकुआ' जैसी रचनाओं को चखना चाहिए। इन रचनाओं में गाँव पूरे परिवेश के साथ विद्यमान मिलता है। यह परिवेश चेतन-अवचेतन मन के बिम्ब-प्रतीक रचना में उसी धर्म के साथ लाता है, जिसकी 'हुड़क' सर्वेश्वर के संस्कारों में रची-पची थी। गाँव इस रचना-जगत में इस ढंग से समाया रहा है कि कवि की उठा-बैठी इन्हीं किसानों, मजदूरों-चरवाहों के साथ रही है। सर्वेश्वर एक ऐसी रचनाधारा से जुड़े हैं, जिसमें एक गाँव, एक किसान, चौपाये, हल, काछी, ग्रामीण बच्चे, औरतें, खेत-हरियाली, ताल, नदी, चिलम-बीड़ी आदि सभी मिलकर एकाकार हो गये हैं। उनकी अप्रस्तुत योजना का पूरा उपमान धन गाँव और उसकी प्रकृति से आता है। यह गाँव आर्थिक विपन्नता के कारण धरती का वह नरक है जहाँ आज भी अभाव और अँधेरा बना है। कवि प्रश्नाकुलताओं से बेचैन है—'क्यों हर हाथ टूटा है? क्यों हर पैर कटा हुआ है? क्यों हर चेहरा नीम का है? क्यों हर दिमाग कूड़े से पटा हुआ है? क्यों यहाँ कोई जिन्दा नहीं है? चीखता हुआ मैं नदी के किनारे।' यह भागता-दौड़ता व्यक्ति घबराया हुआ है। सन् 1973 ई. के बाद

सर्वेश्वर का रचनाकार 'परिवेश' को व्यंग्यपरक मुद्राओं में लिखने लगा था और परिवेश का यह चित्रण इतना वस्तुपरक है कि हमारा पूरा-का-पूरा लोकतन्त्र आँखों में उतर जाता है। हम उसे ठीक से महसूस कर सकते हैं, एक मूर्त यथार्थ की शक्ल में पा सकते हैं। अब कविता में भावुकता कम होकर वैचारिक प्रखरता बढ़ गयी है। बिम्ब-प्रतीक कविता में ज्यादा नहीं रहे, मात्र काम भरके रह गये हैं। सपाट कथन बढ़ गया है, जिसने कविता में दुर्बोध जटिलता को पनपने से रोका है। पाठक से सम्प्रेषण-व्यापार की सहजता ने इस कविता को काफी आत्मीय बना दिया है। नयी कविता को लेकर सम्प्रेषणीयता की जो शिकायत की जा रही थी, उसे ऐसा लगता है कि इस रचना-कर्म ने काफी हद तक दूर करना चाहा है।

सर्वेश्वर के रचना-जगत का एक विशिष्ट आकर्षण उनका प्रकृति के प्रति रागात्मक दृष्टिकोण है। नयी कविता के कवियों ने प्रकृति के इस अनन्त रूपात्मक विस्तार को जहाँ छायावादियों से अलग हटाकर ग्रहण किया है, वहाँ उनका प्रकृति-बोध ज्यादा प्रामाणिक बना है। सर्वेश्वर ने छायावादी संस्कार का नया उपयोग इसी अर्थ में किया है 'सन्ध्या' के दृश्य उनकी कविता में पन्त, प्रसाद, निराला आदि की भाँति न होकर उनके अपने अनुभव-संसार से रिले-मिले दृश्य हैं। मामूली आदमी की जागरूक संवेदना से प्रकृति का जो रिश्ता है—सर्वेश्वर उसे पूरे मन से निभाते हैं। फूल, चट्टान, चाँदनी, वृक्ष, नदी, वन, झाड़ी, मेघ, आकाश, वर्षा, बैल-बछड़ा, बकरी-गाय सभी को कवि ने प्यार से छुआ है—*'खेतों की मेड़ों पर धूल भरे पाँव को कुहरे में लिपटे उस छोटे से गाँव को/नये साल की शुभकामनाएँ/जांते के गीतों को, बैलों की चाल को/करघे को, कोल्हू को, मछुओं के जाल को/*मुग्ध कवि शुभकामनाएँ भेजता है। प्रकृति के नये-से-नये बिम्ब सर्वेश्वर की कविता में भरे पड़े हैं। एक चित्र देखिए—*आकाश का साफा बाँधकर/सूरज की चिलम खींचता/बैठा है पहाड़ घुटनों पर पड़ी है नदी चादर-सी पास ही दहक रही है/पलाश के जंगल की अंगीठी/अन्धकार दूर पूर्व में/सिमटा बैठा है भेड़ों के गल्ले-सा (शाम एक किसान)*। बसन्त पर इस कवि ने बहुत कविताएँ लिखी हैं जो छायावादी कविता के 'बसन्त' तथा नयी कविता के 'बसन्त' को समझने का एक तुलनात्मक आधार देती हैं।

इन्सानियत सर्वेश्वर के काव्य-जगत् की बड़ी रंगीन हरकत है। प्रेम के बिना जीवन अधूरा है, बंजर है, राख है, कोल्हू है, भैंसा गाड़ी है। प्रेम में बड़ा विस्तार होता है और उसमें से भी बड़ी भाव-घनता की अनुभूति। 'सुहागिन का गीत' प्रेम की कविता में 'मुझको आँचल में हरसिंगार भर लेने दो' की बात भर नहीं है—यहाँ रजनीगंधा से ज्वार सुरभि आने की भी प्रतीक्षा है। अपनी तमाम प्रेम-कविताओं में सर्वेश्वर आवेग तथा आवेश में जीते हैं। उनमें तड़पन बहुत है, कोमल तम से निपटने की अतृप्ति भी। इनका जन्म उस काम-कुण्ठा में हुआ है जिसने उन्हें भावुकता में पिघलाकर-तरसाकर जिलाया था।

मूलतः सर्वेश्वर संघर्ष और विद्रोह के कवि हैं। उन्होंने जीवन के सतही यथार्थ की तलछट का चित्रण नहीं किया, यथार्थ की भीतरी पर्त को खोलने का हर सम्भव यत्न किया है। उन्हें राजनीतिक, आर्थिक विसंगतियों को समाज में व्याप्त पाकर इतनी तकलीफ है कि उनका माथा गरम रहता है। वे व्यंग्य में ही ठीक से बोल पाते हैं। वे डार्विन के विकासवादी सिद्धान्त के उस पक्ष में सहमत नहीं हो पाते हैं कि 'शक्तिशाली जिएगा, गरीब या दुर्बल मरेगा'। इस बात की चुनौती ही उन्हें समाजवादी चिन्तन, मानववाद आदि की ओर ले जाती है। इसलिए इस रचना-यात्रा की चिन्ता के केन्द्र में है मामूली आदमी, जिसका कद वे बढ़ाना चाहते थे। गैर-बराबरी के खिलाफ मामूली आदमी को लड़ना सिखाना चाहते थे, उनकी ओर से बराबर लड़ रहे थे। इसी अर्थ में सर्वेश्वर के सृजन ने कविता की संकुचित होती हुई अर्थ-भूमि को व्यापक बनाया है। नये बीज बोने के लिए किसान-श्रम से नयी भूमि तैयार की है। इस किसान-श्रम में संवेदना और भाषा का वह अन्तराल पैदा नहीं हुआ जो कमजोर कवि को छितराता चलता है। भाषा को सर्वेश्वर अनुभव की आँच में तपाकर रचना में लाते हैं। परम्परागत रूढ़ पड़ती साहित्यिक भाषा का साँचा लोक-भाषा से किस प्रकार टूट जाता है—सर्वेश्वर का रचना-जगत् इसका अच्छा प्रमाण है। उन्हें लोक-भाषा के शब्द बीनने में कठिनाई नहीं है, क्योंकि कवि की पूरी काव्य-प्रकृति का संवेदनात्मक-संस्कार लोक भाव-भूमि से ही उपजा है। नयी रचनात्मक भाषा को गढ़ने में सर्वेश्वर जी अज्ञेय एवं रघुवीर सहाय के साथ थे यह कैसे भूला जा सकता है।

सर्वेश्वर वयस्कों के कवि, कथाकार, नाटककार ही नहीं हैं, बच्चों की दुनिया के लोकप्रिय रचनाकार भी हैं। बच्चों के लिए उन्होंने *भों-भों खों-खों, लाख की नाक* जैसे बाल-नाटक लिखे हैं। बच्चों के लिए *इब्नबतूता का जूता* तथा *महँगू की टाई* जैसे बाल कविता-संग्रह भी प्रकाशित किये थे। बच्चों का यही प्रेम उन्हें बच्चों की पुरानी पत्रिका *पराग* का सम्पादक बनने को विवश किये था। बच्चों के लिए सम्पादकीय सर्वेश्वर कविता में ही लिखते थे जैसे *अगर कहीं मैं घोड़ा होता/वह भी लम्बा-चौड़ा होता/तुम्हें पीठ पर बैठाकर के/बहुत तेज मैं दौड़ा होता।* किन्तु बच्चों का यह प्यारा सम्पादक बहुत दिन उनके साथ रह नहीं सका। अपने दो बच्चों तथा अपने सभी बच्चों को छोड़कर वे 24 सितम्बर, 1983 को परलोक चला गया।

सर्वेश्वर के रचनाकार के नाना रंग हैं। यात्रा संस्मरणकार सर्वेश्वर 'कुछ रंग कुछ गन्ध' में एकदम खिला हुआ गद्य लिखते हैं। *चरचे-चरखे* साप्ताहिक *दिनमान* के अन्तर्गत लिखा गया उनका गद्य इस गद्य से काफी अलग है। *चरचे-चरखे* का गद्य चुटीला, व्यक्ति-व्यंजक तथा ललित-निबन्ध का रूप लिए रहा है। *दिनमान* के तमाम समीक्षात्मक लेखों तथा टिप्पणियों में उनका समीक्षक, विचारक, आलोचक की मुद्रा में मौजूद है। यहाँ सर्वेश्वर समीक्षा की सही राह के लिए या मूल्यों के

लिए विचारधारात्मक संघर्ष करते हैं। *नवभारत टाइम्स* के 'संस्कृति' अंक के लेखों में उनका सांस्कृतिक-बोध प्रखरता से गतिशील रहता है। अनेक ललित-कलाओं से जुड़ने के कारण सर्वेश्वर का सौन्दर्यबोध काफी परिष्कृत था और वैसा बोध हिन्दी के सामान्य रचनाकार में प्रायः नहीं मिलता है। नृत्यांगना स्वप्न सुन्दरी हों या उमा शर्मा, चित्रकार हिम्मतशाह हों या स्वामिनाथन—सभी से सर्वेश्वर की छनती थी। वे इन कलाओं में रमे रहते थे—समझते-समझाते थे। अनेक ललित कलाओं के लालित्य-बोधीय सामंजस्य ने सर्वेश्वर के कलाकार को आँख-कान की चेतना में पैना कर चौकन्ना कर दिया था।

स्वतन्त्रता प्राप्ति के बाद के हिन्दी-नाटक और रंगमंच को सर्वेश्वर का योगदान कम नहीं है। हिन्दी नाटक और रंगमंच की जड़ता के खिलाफ रचनात्मक संघर्ष का जो दौर मोहन राकेश ने शुरू किया था, उसे एक अर्थ में सर्वेश्वर ने आगे बढ़ाया है। उन्होंने हिन्दी के नये नाटक की सर्वाधिक सम्भावनापूर्ण दिशा लोक-नाट्य-परम्परा को जीवित करना चाहा। मोहन राकेश के बाद हिन्दी रंगमंच पश्चिमी नाटकों की धमा-चौकड़ी बन गया था। हमारी नाट्य परम्परा की डोर उसके हाथ से निकलती-सी लग रही थी। ऐसे कठिन समय में सर्वेश्वर ने लोक-नाट्य-परम्परा की शक्ति एवं सम्भावनाओं को *बकरी* नाटक लिखकर पुनः सिद्ध किया। सर्वेश्वर ने हिन्दी रंगमंच के सम्पूर्ण इतिहास और नये प्रयोग की भूमि को समझकर नाटक की ओर कदम बढ़ाया था। सबसे बड़ी समस्या थी 'आधुनिकता' के जाल में उलझे नाटक को निकालकर जन-भाषा, जन-जीवन तथा समसामयिक समस्याओं से जोड़ने की, जिसे सर्वेश्वर ने चुनौती के रूप में ग्रहण किया और *बकरी* में जन-चेतना को पकड़ने वाली लोक-भाषा का मंच पर व्यवहार किया। लक्ष्मीनारायण लाल तथा रमेश वक्षी के नाटक पश्चिमी रूप-शिल्प तथा इधर के महानगरी-बोध में फँसे थे। इनकी बौद्धिकता से मामूली आदमी दूर था। जन-जीवन की भाषा और वस्तु लेकर जब *बकरी* नाटक मंच पर आया तो उसने हिन्दी नाटक को नया प्रयोग तथा नया मुहावरा दिया। सर्वेश्वर का सर्जनात्मक व्यक्तित्व अपनी विविधता तथा लोक-सम्पृक्ति की भूमि पर नये बिम्ब के साथ उभर पड़ा। सच बात तो यह है कि *बकरी* का कथ्य सर्वेश्वर की कविताओं का ही कथ्य था, जो *'गर्म हवाएँ', 'जंगल का दर्द'* तथा *'कुआनो नदी'* में मौजूद है। नाटक *बकरी* में लोक-नाट्य शैली ने उनके काव्य-कथ्य को और ही रंगत दे दी। रंगमंच के लिए सर्वेश्वर ने नाटक को इतना धोया-फटका कि उसकी नयी रंगत निकल आयी। ललित कलाओं से नजदीकी सम्पर्क रखने वाले सर्वेश्वर ने इस नाटक को नृत्य, संगीत की विभिन्न लयों-धुनों तथा गति-मुद्राओं से सम्बद्ध कर दिया। इससे पहले के नाटककार नृत्य-संगीत से इस सम्बन्ध को लगभग तोड़े बैठे थे। सर्वेश्वर को भरत के *नाट्यशास्त्र* की वह बात भी याद थी कि ऐसी कोई कला नहीं है, जिसका प्रयोग नाटक में नहीं किया जा सकता। विभिन्न ललित

कलाओं के प्रयोग ने *बकरी* नाटक के सामाजिक-राजनीतिक व्यंग्य को प्रखरता देने के साथ-साथ शिल्प का एक नया आयाम भी दिया। एक ऐसा आयाम जो हिन्दी ही नहीं, सभी भारतीय भाषाओं के नाटकों के लिए नयी दिशा एवं सम्भावनाओं का सूचक था। इसीलिए *बकरी* का सभी भारतीय भाषाओं में लोकप्रियता के कारण अनुवाद हुआ और अनुकरण भी। यह नाटक जनमंचों, सड़कों-चौराहों पर सफलता से प्रदर्शित किया गया। नाटककार के मन का भाव चौराहों पर जाकर जैसे अपनी ठीक दिशा में चला गया। इसके बाद सर्वेश्वर ने *लड़ाई* नाटक लिखा, जो कहानी का नाट्य-रूपान्तर था। उसके बाद *अब गरीबी हटाओ* (1881) *कल भात आएगा* तथा *हवालात* (एकांकी नाटक-एम.ए. रैना के निर्देशन में 'प्रयोग' द्वारा 1979 ई. में मंचित), *रूपमती बाजबहादुर* तथा *होरी धूम मचोरी* आदि के मंचन ने भी उनके नाटककार को पर्याप्त ख्याति प्रदान की।

नाटककार के साथ सर्वेश्वर नये कथाकारों के बीच भी रहे हैं। यद्यपि उनका कथाकार रूप हिन्दी में चमक नहीं पाया—तथापि वे इस रूप से लगातार जुड़े रहे। उन्होंने *पागल कुत्तों का मसीहा* (1977), *सोया हुआ जल* (1977), *उड़े हुए रंग* (यह उपन्यास सूने चौखटे नाम से 1974 में प्रकाशित) *कच्ची सड़क* (1978), *अँधेरे पर अँधेरा* (1980) आदि उपन्यासों का सृजन लगातार किया तथा उनकी अनेक कहानियों का भारतीय भाषाओं के अतिरिक्त यूरोपीय भाषाओं में अनुवाद भी हुआ। सोवियत कथा संग्रह (1978 ई.) में उनकी सात महत्त्वपूर्ण कहानियाँ रूसी भाषा में अनूदित-प्रकाशित हुईं।

सबसे जुड़ने की बलवती स्पृहा ने उनसे काफी सम्पादन कार्य भी करवाया है। कवि मलयज के साथ सर्वेश्वर ने *शमशेर* नामक पुस्तक का 1981 ई. में सम्पादन किया। अज्ञेय जी के साथ सन् 1960 ई. में वे *रूपाम्बरा* का सहायक सम्पादकत्व भी कर चुके थे। इधर उन्होंने *अँधेरों का हिसाब* (1981), *नेपाली कविताएँ*—1982 तथा *रक्तबीज*—1977 का सम्पादन कार्य भी किया था। वे इधर अपनी प्रेम-कविताओं का संग्रह *क्या कहकर पुकारू* को प्रकाशित कराने वाले थे, कि चल बसे। जब कभी सर्वेश्वर विचार से उतरकर आँख पर आते हैं तो रचनाओं में प्रेम-गीतों के रूप में माँसल, सेंसुअस लगाव का लैंडस्केप चमक-दमक से दृष्टिगत होने लगता है। उनकी आँख नारी तथा प्रकृति की प्रत्येक लय एवं थिरकन को गति-मुद्राओं में आँकती है।

अपने युग की समस्याओं, चुनौतियों-चिन्ताओं तथा प्रश्नाकुलताओं ने सर्वेश्वर के सृजन को घेरा हुआ है। उनके रचनाकार का असली संघर्ष अपने व्यक्ति के साथ और अपने समाज के साथ होता है। वह सामाजिक-राजनीतिक समस्याओं विसंगतियों-विद्रूपताओं पर टिप्पणी करता चलता है। सर्वेश्वर सृजन-कर्म की यह लड़ाई जिन काव्य-रूपों और स्थितियों में लड़ते हैं, वह परिवेश उनकी रचनाओं में इतना मूर्त है कि पाठक उसे पढ़ता भर नहीं है, बल्कि चित्रों, आकृतियों, ध्वनियों,

रंगों, रेखाओं में महसूस करता चलता है। और एक विशिष्ट बात यह भी है कि समस्याओं से चोट खाकर सर्वेश्वर अतीत की ओर नहीं मुड़ते, न ही कोई भविष्यवादी स्वप्न उन्हें छलता या भटकाता है, वह वर्तमान के भावबोध की पीड़ा को भोगकर जीवन को नये साहस और उमंग से जीने की ओर तैयारी करते हैं।

यह कितना दुर्भाग्यपूर्ण है कि अपने समय का यह समर्थ रचनाकार हमें छोड़कर चला गया। लेकिन कह भी गया है *'लेकिन याद रखो—अन्याय और यातना की सीमा/जब पार हो जाती है/तो बेजान में ही सबसे पहले जान आती है।'* एक आवाज उठ रही है *'पहाड़ों को मेरे ऊपर गिरने दो/नदियों को मुझे बहा ले जाने दो/सागर को किनारे पर/मुझे बार-बार पटकने दो/मैं अपनी शक्ति की परीक्षा/करना चाहता हूँ/क्योंकि यह अन्ततः/तुम्हारे प्यार की शक्ति है।'*

रघुवीर सहाय : सच कहने की ताकत से बनी कविता

रघुवीर सहाय के काव्य-सृजन पर विचार करते समय एक बात हमेशा मेरे ध्यान में रहती है कि उनकी कविता अपने समय, राजनीति तथा परिवेश के तनाव की निश्छल अभिव्यक्ति है। उसमें अनुभवों का ताजा दूध है—पानी मिलाने का धंधा बहुत कम। जबकि ज्यादातर कवियों ने पानी मिलाने की कला में इधर 'डी.लिट्.' प्राप्त कर ली है। फिर रघुवीर सहाय का काव्य-मुहावरा उनका इतना अपना काव्य-मुहावरा है कि वह किसी भी पूर्ववर्ती या परवर्ती कवि से मेल नहीं खाता है। यह काव्य-मुहावरा न तो अनुकरण है, न किसी लीक का चमत्कारी विस्तार। एकदम नया, मार्मिक, निस्संग और निर्वैयक्तिक काव्य-मुहावरा कविता की नवीन सृजन-सम्भावनाओं को एक नया अर्थ देता है। इस कवि-कर्म में आसक्ति और अनासक्ति, प्रेम और घृणा, जीवन और मृत्यु, गाम्भीर्य और व्यंग्य, आत्मीयता और अडिग शक्ति का एक ऐसा विलक्षण रसायन तैयार हुआ है कि हमारे वर्तमान का समस्त हाहाकार और कोलाहल, हत्या और आतंक का पूरा खमीर उठ आया है। कविता 'संवाद', 'वाद-विवाद', 'एकालाप' तथा 'चीख' के सभी सतही कटघरों को तोड़कर आन्तरिक गति की बोलचाल में ढलती है और बोली की लय में अन्वित हो जाती है। गैर-रोमांटिक भाव-बोध की सार्थक कविता रचने की संकल्पात्मक अनुभूति का करन्ट उन्होंने कवि-कर्म में उपस्थित-प्रवाहित रखा है। उनका एक कवि वक्तव्य देखिए—

कितना अच्छा था छायावादी
एक दुख लेकर एक गान देता था
कितना कुशल था प्रगतिवादी
हर दुख का कारण वह पहचान लेता था
कितना महान था गीतकार
जो दुख के मारे अपनी जान देता था
कितना अकेला हूँ मैं इस समाज में
जहाँ सदा मरता है एक और मतदाता।

ऊपर उद्धृत पंक्तियों में छायावादी के लिए 'अच्छा' तथा प्रगतिवादी के लिए 'कुशल', वैयक्तिक गीत धारा के कवियों के लिए 'कितना महान्' तथा नयी कविता के कवियों

के लिए 'चुप्पी' और अपने लिए 'कितना अकेला हूँ मैं' पर गौर करना जरूरी है। छायावादी कवि स्वानुभूति और सीमित दृष्टि के कारण अर्थभूमि का संकोच करता रहा। प्रगतिवादी कवि सामाजिक तकलीफों को 'अन्तर्वस्तु' बनाता रहा। वह मार्क्स के फार्मूलों से कविता को पहचानने की कसम खाकर लिखता था—और उसकी चतुरता चौंकाती थी। निर्वैयक्तिक गीत धारा के कवि नरेन्द्र, बच्चन, अंचल आदि 'तीर पर कैसे रूकूँ मैं आज लहरों में निमन्त्रण' का भाव-संसार लेकर विलीन हो गये। नयी कविता द्वन्द्व, तनाव, घिराव और आत्मसंघर्ष की ज्वाला में जीवन का प्रकाश पाती है। पर आजादी के बाद आदमी के जलते सपनों का धुआँ समाज में तनता ही गया। आदमी विशेषकर श्रमजीवी मानव 'श्रम के आत्म-परायेपन' का शिकार हुआ। आत्मनिर्वासन और अकेलापन उसकी नियति बनती गयी और अभावग्रस्त जिन्दगी की चिन्ताओं में वह उजड़ गया। इसलिए 'अकेला कवि' और 'मरता मतदाता' दोनों की त्रासदी का एक ही हाशिया है।

हम सभी को याद है कि *दूसरा सप्तक* (1941) के अपने कवि 'वक्तव्य' में रघुवीर सहाय ने अपना 'काव्य-अरमान' जाहिर करते हुए कहा था, ''शमशेर बहादुर का यह कहना मुझे बराबर याद रहेगा कि जिन्दगी में तीन चीजों की बड़ी जरूरत है—ऑक्सीजन, मार्क्सवाद और अपनी वह शक्ल जो हम जनता में देखते हैं।' जनता की तकलीफों, बरबादियों पर पूरा ध्यान केन्द्रित करने के कारण यह कवि कलावादी-रूपवादी-सौन्दर्यवादी विचारों की हरकतों और बदमाशियों से दूर रहा। उनकी कविता की साधनावस्था में मामूली आदमी 'विषय-वस्तु' बना। कारण, 'विचार वस्तु का कविता में खून की तरह दौड़ते रहना कविता को जीवन की शक्ति देता है और यह तभी सम्भव है, जब हमारी कविता की जड़ें यथार्थ में हों।'' यहाँ 'यथार्थ' के मायने हैं जीवन की सचाइयों का गहरा साक्षात्कार, जीवनानुभवों को निचोड़कर कही गयी विश्वसनीय बात। राजनीति एवं समाज, व्यक्ति एवं परिवेश के रिश्तों की गरमाहट और ठंडेपन को ठीक-ठीक समझने-समझाने की आदत। इसी आदत ने 'कवि-स्वभाव' का निर्माण किया है। इसी 'कवि-स्वभाव' को अज्ञेय जी ने ताड़ लिया था और उन्हें सामाजिक चिन्ताओं से सरोकार रखनेवाला प्रबुद्ध चिन्तित युवक 'एंक्शस यंग मैन' 'सीढ़ियो पर धूप में' की भूमिका में कहा है। अज्ञेय जी का यह विचार रघुवीर सहाय के रचना-कर्म को लेकर इस कदर सच सिद्ध हुआ कि उसकी सत्यता पर हम सिर हिलाते रहते हैं। दरअसल, सामाजिक प्रश्नाकुलताओं, विसंगतियों, विद्रूपताओं और विडम्बनाओं ने ही रघुवीर सहाय को 'कवि' बनाकर दम लिया हैं अन्यथा कविता करने की क्या जरूरत थी। वे खतरनाक ढंग से गहराई में जाकर सोचने-समझने वाले व्यक्ति और रचनाकार हैं; और यही उनके काव्य का सम्पूर्ण 'चरित्र' बना है। उनके काव्य का यह चरित्र कबीर, तुलसी, भारतेन्दु, रामनरेश त्रिपाठी, निराला और मुक्तिबोध के काव्य चरित्र से मेल खाता है। कहना

न होगा कि वे भारतेन्दु, निराला और केदारनाथ अग्रवाल की लोक-जागरण परम्परा के कवि हैं।

अपनी प्रेरणा के प्रभावात्मक स्रोत वे बहुत ही शरमाते हुए बता पाये हैं—'मैंने 1947 में एक बार 'बच्चन' की कविताएँ पढ़ीं और उनकी वेदना से मेरा कविकण्ठ फूटा। तभी से लिखना आरम्भ किया। कुछ समय बाद माथुर (गिरिजाकुमार) के कुछ सफल और कुछ असफल रंगों ने मुझे अपनी थोड़ी-बहुत सामर्थ्य का बोध कराया। पन्त और निराला का अगर असर हुआ तो बहुत टेढ़े तरीके से। अन्य आधुनिक कवियों में अज्ञेय और शमशेर बहादुर सिंह ने—जिनकी बौद्धिक आत्मानुभूति और बोधगम्य दुरूहता किसी हद तक एक जैसा प्रभाव डालती हैं—मुझे अपनी आगामी रचनाओं के लिए काफी तैयार किया है (*दूसरा सप्तक, पृ. 150*)।' रघुवीर सहाय पर किन-किन कवियों का प्रभाव पड़ा है तथा कहाँ और कितना—यह खोजना समुद्र के भीतर से सुई निकाल लाना है। वास्तविकता यह है कि वे श्रद्धावश, विनयवश कहते ही रहे हैं कि बच्चन-अज्ञेय-शमशेर से प्रेरित हुआ हूँ, पर वे इन सभी से भिन्न काव्य-टोन, भिन्न काव्य-दृष्टि, भिन्न काव्य-भाषा की गति, भिन्न काव्य-विषय, भिन्न राजनीतिक चिन्तन और भिन्न कवि-स्वभाव के कवि रहे हैं। ऐसी स्थिति के कारण चाहे प्रेरित बहुतों से रहे हों, पर प्रभावित नहीं दृष्टिगत होते। उनकी अपनी काव्य-मौलिकता का तेजोद्दीप्त प्रकाश उनका अपना है, उधार का नहीं।

वैचारिक स्तर पर वे राममनोहर लोहिया, नरेन्द्र देव, जयप्रकाश नारायण से दिशा-दृष्टि पाते रहे हैं। समाजवादी विचार आन्दोलन के तो वे जीवन-भर योद्धा ही रहे—कवि-योद्धा। मार्क्सवाद से परहेज नहीं रहा, पर उसे वे ढिंढोरची बनकर अपना भी नहीं सके। उन्होंने कहा भी है कि 'मगर मार्क्सवाद को कविता पर गिलाफ की तरह चढ़ाया नहीं जा सकता। उसके लिए मध्यवर्गीय, धोखा खाते रहने वाले ढुलमुल यकीन को अपनी बौद्धिक चेतना को जागरूक रखना पड़ेगा और बराबर जागरूक रहकर एक दृष्टिकोण बनाना होगा। यह दृष्टिकोण सामाजिक, वास्तविक, साम्यवादी और इसलिए सही तथा स्वस्थ होगा।' तभी कविता में जान और मान पैदा होंगे।" जाहिर है कि रघुवीर सहाय के लिए सामाजिक-राजनीतिक वास्तविकता से उपजे प्रश्न महत्त्वपूर्ण हैं, चमत्कारी काव्य-प्रयोग नहीं। वे किसी भी वाद में नहीं बँधते हैं, न आन्दोलनों के तांडव वेशधारी। उनकी निगाह अपने 'परिवेश' पर केन्द्रित रहती है और परिवेश ही सच्चे अर्थों में उनकी सर्जनात्मकता में रोजमर्रा की दुनिया को लेकर उपस्थित होता है। कोशिश उनकी यही रहती है कि वे हमारी पहचान को विस्तृत अर्थ-सन्दर्भों की ओर ले जाकर ठोस बना सकें। 'काल्पनिक अद्वितीयता' या 'अद्वितीयता' की कोई बहक इस कवि-कर्म में नहीं है। ठेठ भारतीयता में डूबे आम आदमी की तकलीफ का सन्दर्भ कोश ही वे अपनी कविता में तैयार करते रहते हैं। वे उन कवियों में नहीं रहे, जो भावुकता की पीठ पर बैठकर यात्रा करते हैं। वे तो

सभी के साथ, सभी के लिए निकल पड़ते हैं और जीवन्त धड़कती दुनिया के लिए 'चरैवेति-चरैवेति' की उपनिषद् वाणी सुनते हैं।

जिन्दगी को भीतर से 'जानने' और 'समझने' के लिए यह कविता राजनीति के भीतर प्रवेश करती है और राजनीति की भ्रष्ट, टुच्ची, मानवद्रोही, अमानवीय करतूतों को निर्भय स्वर से उजागर करती है। 'आत्महत्या के विरुद्ध' काव्य-संग्रह की कविताएँ राजनीति से सीधा साक्षात्कार हैं और कवि के व्यापक सरोकारों में रचनात्मक अर्थ के कई स्तर मौजूद हैं—'राजनीति' और 'जनतन्त्र' की इज्जत लुट गयी और लुटिया डुबो दी नेताओं ने देश की—

बीस बड़े अखबारों के प्रतिनिधि पूछे पचीस बार
क्या हुआ समाजवाद
कहे महासंघपति पचीस बार हम करेंगे विचार
आँख मारकर पचास बार वह हँसे वह, पचीस बार—
हँसे बीस अखबार।

सत्ता की राजनीति ने एक विचारधारा का, एक चिन्तन गति का कचूमर निकाल दिया है और यह कचूमर 'समाजवाद' का है, जिसमें न जाने कितने धोखा दे सकने वाले छलावा-ब्रह्मराक्षस लिपटे हैं। ऐसे ही 'देश-प्रेम' शब्द एक व्यंग्य बन गया है। सभी ढोंग इसी का सहारा लेकर चलाये गये, किये गये—

सेना का नाम सुन देश-प्रेम के मारे
मेजें बजाते हैं
सभासद भद-भद-भद कोई नहीं हो सकती
राष्ट्र की
संसद एक मन्दिर है जहाँ किसी को द्रोही कहा नहीं
जा सकता।

देश में नाश का भूत नाच रहा है और पता नहीं 'देशद्रोही' कौन है। व्यभिचार के पास एक तरकीब है—

पाँच दल आपस में समझौता किये हुए
बड़े-बड़े लटके हुए स्तन हिलाते हुए
जाँच ठोंक एक बहुत दूर देश की विदेश नीति पर
हौंकते डौंकते मुँह नोच लेते हैं
अपने मतदाता का।

रघुवीर सहाय की पूरी कवि-यात्रा में 'मतदाता' एक प्रतीक की तरह, एक त्रासदी की तरह, एक खाली होते बरतन की तरह आया है। कारण, यही 'मतदाता' राजनीतिक गिद्धों का हर बार शिकार हुआ है। मन्त्री का नाटक चलता रहता है और जनता अपने ही सपनों को खोकर पड़ी रहती है—

पूछेगा संसद में भोलाभाला मन्त्री
मामला बताओ हम कार्रवाई करेंगे।
हाय-हाय करता हुआ हाँ-हाँ करता हुआ हें-हें करता हुआ
दल का दल
पाप छिपा रखने के लिए एकजुट होगा
जितना बड़ा दल होगा उतना ही खाएगा देश को।

बड़ा दल जनता को बड़े दलदल में धकेलकर मजे लूटता है। बड़े दल के मन्त्री बड़े-बड़े होटलों में 'उर्वशी मेनका' पाते हैं और मजदूर-किसान, हरिजन, औरत, बच्चा—किसी को भी जिन्दा जलाये जाने की खबर सुनकर मन्त्री को 'करुणा' का साथ तक नहीं देना पड़ता। 'करुणा' का जीव—दया वाला संसार ही आजादी के बाद मर गया और रह गया वैज्ञानिक-चिन्तन, जिसका सन्देश है कि करुणावाद-अहिंसावाद मानववाद के लिए अब जगह नहीं है। कवि के लिए भी जगह कहाँ बची है—समाज में। संवेदना शून्य वैज्ञानिक चिन्तन में तर्क है, करुणा नहीं है—

यह समाज मर रहा है इसका मरना पहचानो मन्त्री
देश ही सबकुछ है धरती का क्षेत्रफल सबकुछ है
सिकुड़कर सिंहासन भर रह जाये तो भी वह सबकुछ है
राजा ने अपने मन में कहा जो राजा प्रजा की दुर्बलता नहीं पहचानता
वह अपने देश को नहीं बचा सकता प्रजा के हाथों से।

मरता हुआ समाज और सिकुड़ता हुआ देश, कवि की मूल चिन्ता का विषय है। निरर्थक बुद्धिजीवी, रिश्वत पाता अफसर, भाई-भतीजावाद पर जीता राजनीतिज्ञ, खोखला होता संसदीय तन्त्र, चापलूसी की मीठी लार चाटते आचार्य और मसखरों की भीड़ में 'लोकतन्त्र' की लुटिया डूब गयी है। यह एक ऐसी दुनिया है जिसमें मुस्टंडा विचारक, महासंघ का मोटा अध्यक्ष, भीमकाय भाषाविद्, डकारता कवि, फर्श धोता कथाकार, पुलकित उपराष्ट्रपति, घंटे घनघनाते पुजारी, घिघियाते उपकुलपति, विधायक, सचिव, डॉक्टर, राष्ट्रपति, प्रधानमन्त्री, न्यायाधीश, जिलाधीश, पत्रकार आदि सभी से साक्षात्कार हो जाता है और आप इस साक्षात्कार पर भरोसा कर सकते हैं। 'नाम कहाँ तक याद रखूँ, लोगों को उनकी तोंद से जानता हूँ' कहने वाले इस कवि ने व्यवस्था के 'कीचड़' को उघाड़कर दिखा दिया है—

लोगो, मेरे देश के लोगो और उनके नेताओ
मैं सिर्फ एक कवि हूँ
मैं तुम्हें रोटी नहीं दे सकता, न उसके साथ खाने के लिए गम
न मैं मिटा सकता हूँ ईश्वर के विषय में तुम्हारा सम्भ्रम।

जनतन्त्र का आसन्न विनाश देखकर रघुवीर सहाय की 'आपकी हँसी' कविता याद आती है—विशेषकर *'लोकतन्त्र का अन्तिम क्षण है, कहकर आप हँसे'*। यहाँ हँसी

नहीं है, चिन्ता है—भयानक चिन्ता की बेचैनी। यह बेचैनी इस कवि-व्यक्तित्व के भीतर सुलगती आग का बुनियादी हिस्सा है; क्योंकि यह उनकी सर्जनात्मक मनःस्थिति और भयानक परिस्थिति का मूल तनाव निष्पन्न करती है। कवि के मूल जीवनानुभव भोगे हुए व्यंग्य की भंगिमा का रूप ग्रहण करते हैं। यह कवि-प्रतिभा जिन स्रोतों से परिचालित होती है, उसमें 'आन्तरिक यथार्थ' का न केवल केन्द्रीय धरातल है, बल्कि एक ऐतिहासिक सन्दर्भ का काफी ठोस लेखा-जोखा भी है। इतना ही नहीं, यह ऐतिहासिक सन्दर्भ युग की जटिलता और वक्रता को सर्जनात्मकता में इस ढंग से खौलाता है कि 'सच्चाई' की सूरत निकल आती है।

मुक्तिबोध ने *एक साहित्यिक की डायरी* में छायावाद, प्रगतिवाद और नयी कविता के यथार्थ संसार पर विचार करते हुए कहा था—'हमारे बहुत से कवि और कथाकार मारे डर के उस वास्तव को नहीं लिखते हैं, जिसे वे भोग रहे हैं; क्योंकि वे उस वास्तव में उड़ जाना और उड़ते रहना चाहते हैं। अनुभव वास्तव का आज जितना निरादर है, उतना पहले कभी नहीं था।' मुक्तिबोध का यह कथन जैसे रघुवीर सहाय गाँठ में बाँध लेते हैं कि 'जीवन वास्तव' का अनादर करके सच्चे कवि-कर्म का निर्वाह नहीं किया जा सकता। पूरी सर्तकता के साथ रघुवीर सहाय 'वास्तव' के वैविध्य को रचना-कर्म में लाने का प्रयत्न करते हैं। *आत्महत्या के विरुद्ध, सीढ़ियों पर धूप में, हँसो-हँसो जल्दी हँसो* की ज्यादातर कविताओं में संकल्प की यही पूर्ति दृष्टिगत होती है। निम्न मध्यवर्गीय विकृतियों को मुक्तिबोध की भाँति रघुवीर सहाय निर्ममता से उद्घाटित करते हैं और झूठ का नकली साहित्य खड़ा करने में उन्हें कभी भी सुख नहीं मिलता। सिकुड़ती हुई कविता की अर्थभूमि को व्यापकता प्रदान करनेवाले कवियों में रघुवीर सहाय सदैव याद किये जाएँगे। उनका कवि-स्वभाव ऐसा है कि वे साहित्य पर आवश्यकता से अधिक भरोसा नहीं करते, साहित्येतर दुनिया में भी गहरा दखल रखते हैं। यह दखल '*वे और नहीं होंगे जो मारे जाएँगे*' के लेखों में जितना आत्मविश्वास से भरा दिखाई देता है, उससे कम काव्य-संग्रहों में नहीं। गद्य-पद्य दोनों में कवि अपने समय के मनुष्य की हालत का जी खोलकर बखान करता है। *वे और नहीं होंगे जो मारे जाएगें* की भूमिका में रघुवीर सहाय ने लिखा है—'इसी दौर में मजबूत केन्द्र के बहाने राजनीति का केन्द्र में एकत्र होना और राष्ट्रीयता के बहाने मानवीय चिन्ता का सिकुड़कर छोटा होना जारी रहा। इसी बीच विशिष्ट लोगों के मन में मानव सम्बन्ध क्रूर और जनसाधारण के मन में कर्म निरानन्द होता गया। अब जब मैं बीते रास्ते (1969-1982) की ओर देखता हूँ तो मुझे अनेक लोकतन्त्रीय मान्यताओं और मूल्यों के पतन को रोकने की एक लम्बी और बार-बार अधूरी, कई बार विफल यात्रा के पड़ाव दिखाई देते हैं।'

इस विफल यात्रा जैसे जटिलतर प्रश्न का पूर्णतर उलट खोज पाना सरल नहीं है। पर रघुवीर सहाय कब शान्त बैठने वाले हैं! ये कहते हैं, 'इसलिए यह समझने

की जरूरत जान पड़ती है कि जो मारे जाते हैं, वे गैर नहीं हैं। अपने नियामकों द्वारा हम अपनों से ही पराये बनाये जाते रहे हैं। पर निरा अपनापन भी कोई मतलब नहीं रखता। निरी करुणा और दया भी सच्ची मानवीयता नहीं हो सकती। करुणा में अन्याय के प्रतिकार का बोध होना चाहिए। तभी उसका और मानव जीवन का कोई ऐतिहासिक अर्थ होता है।'

प्रश्न उठता है कि रचना-कर्म में सच्ची मानवीयता क्या है और कैसे आती है? इसकी परख यदि हम रघुवीर सहाय के कवि-कर्म में करते हैं तो पाते हैं कि उनकी कविता में 'हत्या' शब्द बार-बार आने पर भी 'बोध' हर बार अलग किस्म का होता है। पर इस हत्या-आत्महत्या में कहीं भी अस्तित्ववादी विचार-दर्शन का लटका-झटका नहीं है। अस्तित्ववादी दर्शन के भीतर मौजूद 'हत्या' के विरोध में रघुवीर सहाय की कविता दरअसल खड़ी ही होती है। *आत्महत्या के विरुद्ध* (1967) और *हँसो-हँसो जल्दी हँसो* (1975) जैसे काव्य-संग्रहों की कविताओं पर परिवेश की 'हत्या' का दबाव है। यह दबाव सामाजिक-राजनीतिक, अमानवीयता और टुच्चेपन के भीतर से उत्पन्न हुआ है। हिंसा की राजनीति में मामूली आरै श्रमजीवी आदमी मारा जा रहा है। इस 'हत्या' और 'हत्यारे' पर समाज की निगाह है, पर मारे डर के सभी की जीभ तालू में लग गयी है। 'रामदास' कविता क्या एक व्यक्ति की त्रासदी है? नहीं, वह पूरे समाज की त्रासद कथा है। एक प्रतीक में व्यथा का व्यथा से पंजा लड़ता है और 'हत्या' दहशत में बदल जाती है। यह दिन-दहाड़े की हत्या है, रात के अन्धकार का परदा नहीं है। बार-बार लय, गति के साथ एक वाक्य गूँजता रहता है–'हत्या होगी'। गाँधी की 'हत्या' के बाद 'अहिंसा' की तप-भरी लंगोटी नष्ट हो गयी या नष्ट कर दी गयी। सत्ता हथियाने की राजनीति ने 'हत्या' को चतुर्भुज भगवान के रूप में पाया और 'गुंडावाद' हमारा राष्ट्रीय चरित्र ही बनता गया। यहाँ तक कि 'नेता' शब्द का एक ठोस अर्थ हो गया 'गुंडा-उचक्का।' 'हत्या' चाहे 'रामदास' की हो या 'देश' की, एक ही बात है–

मारो मारो शोर था मारो
एक ओर साहब था
सेठ था सिपाही था
एक ओर मैं था
मेरा पुत्र और भाई था
मेरे पास आकर खड़ा हुआ एक राही था।

धूमिल से शब्द लेकर कहें तो 'कानून की भाषा बोलता हुआ अपराधियों का एक समूह' सबकुछ को काटकर फेंक रहा है। जीवन के हर वाक्य को संज्ञा, क्रिया, सर्वनाम से काटकर बिखेर रहा है। आज 'हत्या' का 'अर्थ' नहीं रहा; आज वाल्मीकि का क्रौंचवध बेकार हो गया। 'करुणा' की आँखें निकालकर यह 'मॉडर्न' समाज जीना चाहता है। फलतः 'हँसती है सभा, तोंद मटका, ठठाकर, अकेले अपराजित

सदस्य की प्रथा पर।' एक संवेदना-शून्य समाज की बंजर व्यथा का यही होना था। हम इस स्थिति में आ गये कि जीवन से बीतकर मृत्यु की प्रतीक्षा में सिसकने लगे। तिल-तिलकर तड़पकर रोज मरने के आदी बना दिये गये। 'आजादी' के बाद का 'मोहभंग' न थमनेवाला दर्द बन गया है—

बीस बरस बीत गये
लालसा मनुष्य की तिल-तिलकर मिट गयी।

× × ×

मैं क्या कर रहा था जब मैं मरा
मुझे ज्यादा तो तुम जानते लगते हो
तुमने लिखा मैंने कहा था स्वाधीनता
शायद मैंने कहा था बचाओ।

'स्वाधीनता', जो मानव का सबसे बड़ा मूल्य है; जिस मूल्य को रक्षित रखने के लिए पीढ़ियाँ प्राण देती हैं और युद्ध लड़े जाते हैं, उसे हम सामाजिक-आर्थिक स्वाधीनता का अर्थ कभी इस देश में दे ही नहीं पाये। क्यों नहीं दे पाये? हमने अपने पैरों पर खड़ा होना नहीं सीखा। हर क्षेत्र में विज्ञान-टेक्नोलॉजी में हम भिखारी बने रहे और अन्त में कटोरा लेकर विश्व-भर में भीख माँगने निकल पड़े। 'हमारी उर्वरा भूमि और संस्कृति दोनों को चौपट कर दिया गया।' 'लार डालती हुई आत्मा की कुतिया' कहकर मुक्तिबोध ने जो कहा था, वही रघुवीर सहाय अपने ढंग से कहते रहे हैं—

जो शरीर सूखे मरे पाये गये
उनमें जाने कितने कलाकारों के थे
उनकी कोई रचना छपी नहीं थी बल्कि
उनकी कोई रचना हुई नहीं थी क्योंकि
अभी उन्हें करनी थी
दो हजार वर्ष के अत्याचार के नीचे से उठकर
उन्हें एक दिन करनी थी रचना
इसके पहले ही वे मारे गये।

इस कवि-कर्म में लड़का, लड़की, स्त्री प्रतीक बनकर आते हैं। लड़का-लड़की हमारा वर्तमान और भविष्य दोनों का प्रतीक हैं। नयी पीढ़ी का 'संहार' इन्हीं प्रतीकों में झाँक रहा है—एक उपेक्षित पीढ़ी का असमय संहार—

बड़ा हो रहा है लड़का
उन औजारों के बिना
जिनसे वह बनाता और तोड़ता हुआ बड़ा होता
वह सिर्फ बड़ा हो रहा है।

लड़की और स्त्री को लेकर इस कवि में छायावादी उल्लास नहीं है; चिन्तन का अजगर

है, जो उसे खत्म कर रहा है। यह स्त्री थकी, दुर्बल, उदास है; इसके बड़े-बड़े दाँत हैं, वह माँ है और भीड़ में पिस रही है। एक हृदय चीरनेवाला बिम्ब कवि स्त्री का बनाता है–

ग्रीष्म फिर आ गया है
फिर हरे पत्तों के बीच
खड़ी है वह
होंठ नम
और भरा-भरा-सा चेहरा लिए
बदली की रोशनी-सी नीचे देखती
निरखता रह
उसे कवि
न कह
न हँस
न रो
कि वह
अपनी व्यथा इस वर्ष भी नहीं जानती।

कहना न होगा कि डॉ. लोहिया इसी 'स्त्री' के दर्द से बेचैन थे और महाकवि निराला 'वह तोड़ती पत्थर' की व्यथा में इसी नारी से साक्षात्कार करा चुके थे। अधमरी, नुची, उदास, दलित भारतीय नारी। डरी-सहमी-विवश औरत अपने विविध रूपों में पाठक को तोड़ती है। हमें अपने से, अपने समाज से घृणा होने लगती है। कहाँ है वह परम्परा, जिसमें स्त्री पूजी जाती थी? कहाँ है वह नायक, जो स्त्री की मुक्ति के लिए रावण को मारता था? कहाँ है वह आदर्शवाद, जो नारी को 'शक्ति' के दर्शन में बाँधकर धन्य होता था? क्या है वह प्रेरणादायी अर्थ? केवल हमारे पास है—स्त्री का सघन दुःख–

औरतें बाँधे हुए उरोज
पोटली के अन्दर है भूख
आसमानी चट्टानी बोझ
ढो रही है पत्थर की पीठ
लाल मिट्टी लकड़ी ललछौर
दाँत मटमैले इकटक दीठ
कटोरे के पेंदे में भात
गोद में लेकर बैठा बाप
फर्श पर रखकर अपना पुत्र।
खा रहा है उसको चुपचाप।

अभावग्रस्त किसान-मजदूर की व्यथा-कथा से भरा यह काव्य सच्चा ग्रामीण समाजशास्त्र

और अर्थशास्त्र रचता है। आजादी के बाद 'भीख का अन्न खाती दुधमुँही बच्ची' पलकर बड़ी हो रही है। पंचवर्षीय योजनाओं में हरित क्रान्ति होने का दावा भारतीय सरकार कर रही है और 'विकास' का पूरा तन्त्र पूँजीवाद के कब्जे में है। सर्वेश्वरदयाल की लम्बी कविता 'कुआनो नदी' का यही कथ्य है और यही कथ्य रघुवीर सहाय की कविताओं का है। इन दोनों कवियों की काव्य-संवेदना में, काव्य-मानसिकता में एक गहरी समानता है। भूख के अनेक रूप हैं।

गौर करने की बात इस कविता में यह है कि यह कवि नाम तथा स्थानों का एक सन्दर्भ-ग्रन्थ तैयार कर देता है। व्यक्तिवाचक नामों और स्थानों से समर्थ और सक्षम कविता बना पाना इस कवि का ही कलेजा है। निर्वैयक्तिक परम्परा का हजार-हजार मनवाला बोझ कवि-संवेदना को विचार में ढालकर नया अर्थ पाता है, नया इतिहास पाता है और नया प्रतीकशास्त्र रचा जाता है। नामों में नेहरूजी, पाटिल, मोरारजी, लेनिन, स्टालिन, बेरिया, लिंकन, कन्फ्यूसस, क्लार्डइथरली, गोडसे, अशोक, जैनेन्द्र, विनोबा, मुसद्दीलाल, पंडित राजाराम, खुशीराम, रामदास, नेतराम, बेचू, निरहू, मंगरे, गोबरे, हरचरन आदि नाम आते रहते हैं। पूरी ठसक के साथ लेखक नये-नये प्रतीकों-बिम्बों में झिलमिलाते सन्दर्भों को युग-यथार्थ से जोड़ देता है।

रघुवीर सहाय की कवि-इच्छा यही रही है कि वे चौतरफा लड़ाई लड़ें और 'जन' को पीड़ा से उबार सकें। *आत्महत्या के विरुद्ध* के कवि-वक्तव्य का कथन इसी तमन्ना का संकेत है—"और एक ही सही रास्ता है कि मैं सब सेनाओं में लड़ सकूँ—किसी में ढाल सहित, किसी में निष्कवच होकर—मगर अपने को अन्त में मरने सिर्फ अपने मोरचे पर ही दूँ; अपनी भाषा के, शिल्प के और उस दोतरफा जिम्मेदारी के मोरचे पर, जिसे साहित्य कहते हैं।'

कोरी तार्किक तेजस्विता के बजाय 'जीवन' में कर्म-सौन्दर्य संघटित करनेवालों पर इस कवि की आस्था अधिक है। फिर रघुवीर सहाय में 'परम्परा' के गलत अर्थों का प्रत्याख्यान करने की सजगता शुरू से ही प्रकट होती रही है। उनका 'इतिहास-बोध' किसी भी कीमत पर इतिहास-मोह बनने की तैयारी नहीं करता है। एक स्वाधीन रचनात्मक संस्कृति का निर्माण 'परम्परा' के मोह को बचाकर ही किया जा सकता है। और इस कार्य के लिए 'लोकचित्त' की गहरी खोज उन्हें आवश्यक प्रतीत होती है। फलस्वरूप 'परिवेश' से रचनात्मक तादात्म्य स्थापित करते हुए और नये विचारों से बौद्धिक स्फूर्ति प्रदान करते हुए वे कविता के मैदान में उतरे। उनकी सर्जनात्मक कल्पना ने राजनीतिक-सामाजिक टकराव के भीतर से खुराक प्राप्त की और जिस वैचारिक क्रान्ति की जरूरत थी, उसे 'समाजवादी दर्शन' से अपनी शर्तों पर अपनाया। वह काव्य-भाषा उन्हें छोड़नी पड़ी, जो रूढ़िग्रस्त बदहाली के कारण नये संवेदन को पकड़ने में अक्षम थी। पूरी सर्जनात्मकता से बोलचाल की गद्य-लय इस कविता में सक्रिय हो जाती है और गद्य-पद्य की भाषा अपनी दूरी मिटाकर नये

सृजन विश्वास में ढलती है। सांस्कृतिक-सामाजिक स्तर पर संकट का बोध इस भाषा में गहराता है। रघुवीर सहाय को यह प्रतिज्ञा निरन्तर चौकस रखती है कि 'भाषा को मन्दिर में बन्द मत करो। उसे बोलो। 'भाषा को बोलो, ताकि जिन्दगी की सूझ और लय उसमें नया अर्थ-सन्दर्भ पा सके।' उन्हें इस मानवद्रोही, टुच्ची राजनीति के माहौल का यह 'सत्य' अच्छी तरह ज्ञात है कि 'भाषा' कोरे वादों से भ्रष्ट हो चुकी है सबकी। इसलिए वह रोजमर्रा के अनुभव की भाषा को रचना-कर्म के लिए तैयार करते हैं। भाषा के आभिजात्य को हर जोखिम उठाकर तोड़ने का अरमान भी उनमें सर्वेश्वर, भवानी भाई आदि से कम नहीं है। अज्ञेय जी ने रघुवीर सहाय की भाषा के इस विशिष्ट तेवर को *सीढ़ियों पर धूप* की भूमिका में पहचानते हुए लिखा है, 'अपने छायावादी समवयस्कों के बीच बच्चन की भाषा जैसे एक अलग आस्वाद रखती थी और शिखरों की ओर न ताककर शहर के चौक की ओर उन्मुख थी, उसी प्रकार अपने विभिन्न मतवादी समवयस्कों के बीच रघुवीर सहाय भी चट्टानों पर चढ़कर नाटकीय मुद्रा में बैठने का मोह छोड़ साधारण घरों की सीढ़ियों पर धूप में बैठकर प्रसन्न हैं। यह स्वस्थ भाव उनकी कविता को एक स्निग्ध मर्मस्पर्शिता दे देता है—जाड़ों के घाम की तरह उसमें तात्क्षणिक गरमाई भी है और एक उदार खुलापन भी। जिसमें और जिसको हम दे दिये जाते हैं।' कहना न होगा कि रघुवीर सहाय सीढ़ियों पर धूप में से उठकर जब जन-संघर्ष के भयंकर कोलाहल के बीच आये तो उनकी भाषा ने नयी संवेदना के अनुकूल 'वास्तव की विस्फारित प्रतिमाओं' वाली भाषा को 'अनभै साँचा' दिया। फलतः भाषा और संवेदना दोनों एकाकार हो गये और रचना अधिक सार्थक हो गयी। उसमें जीवन की ज्यादा गहरी चिन्ताएँ जुड़ती गयीं। 'शक्ति दो' का संकल्प और करुणा से शक्ति पाने की काव्य-प्रतिभा भी इस कवि में थी, जिसका सृजन में निरन्तर निखार आता गया—

शक्ति दो, बल दो, हे पिता
जब दुःख के भार से मन थकने को आये
और यही नहीं दो तो यही कहो
अपने पुत्रों और छोटे भाइयों के लिए यही कहो...
कैसे तुमने किया होगा, अपनी पीढ़ी में क्या उपाय
कैसे तुमने किया होगा, पिता, कैसे तुम बचे होगे
तुमसे मिला है जो विक्षत जीवन का हमें दाय
उसे क्या करें
तुमने जो दी है अनाहत जिजीविषा
उसे क्या करें?

कवि ने आँखें खोलकर देखा कि—'ऐसी ताकतें काम कर रही हैं जो आपकी कोशिशों को खत्म कर देती हैं। एक जगह ऐसी आती है, जहाँ दहशत जिन्दगी का यथार्थ

अनुभव बन जाती है (*लिखने का कारण*, पृ. 155)।' यथार्थ अनुभव की यह दुनिया 'चिपचिपाई', 'पपड़ियाई' दुनिया है, जिसमें श्रम का परायापन है और आदमी का आत्म-निर्वासन। 'सभी लुजलुजे हैं' कविता को देखिए—

खौंखियाते हैं किंकियाते हैं घुन्नाते हैं
चुल्लू में उल्लू हो जाते हैं
भिनभिनाते हैं कुड़कुड़ाते हैं
झाँय-झाँय करते हैं रिरियाते हैं
टाँय-टाँय करते हैं हिनहिनाते हैं
गरजते हैं घिघियाते हैं
ठीक वक्त पर चीं बोल जाते हैं।

× × ×

सभी लुजलुजे हैं, थुल-थुल हैं, लिब-लिब हैं
पिल-पिल हैं
सबमें पोल है, सबमें झोल है...।

पूँजीवादी व्यवस्था की भीतरी मार ने आदमी को घरों में, चौराहों में बेदम कर दिया है। 'प्रभु की दया' कविता व्यंग्य की धार को और निकालती है तथा सम्बन्धहीनता को अर्थ-सन्दर्भ का नया आयाम देती है—

बिल्ली रास्ता काट जाया करती है
प्यारी-प्यारी औरतें हरदम बकबक करती हैं
चाँदनी रात को मैदान में खुले मवेशी
आकर चरते हैं
और प्रभु यह तुम्हारी दया नहीं तो और क्या है
कि इनमें आपस में कोई सम्बन्ध नहीं।

पूरी कविता में जिन्दगी के उखड़ेपन का दर्द है। 'पढ़िए गीता' पूरी जिन्दगी पर व्यंग्य है—

पढ़िए गीता
बनिए सीता
फिर इन सबमें लगा पलीता
किसी मूर्ख की हो परिणीता
निज घर-बार बसाइए
होंठ कटीली
आँखें गीली
लकड़ी सीली
तबियत ढीली

घर की सबसे बड़ी पतीली
भर-भर भात पकाइए।

रचनाकार और राजनीति के रिश्ते को समझने वाले रघुवीर सहाय जैसे बहुत कम कवि हैं। वे राजनीति के गुलाम नहीं बनना चाहते, लेकिन उसकी शक्ति का रचना-कर्म में पूरी स्वतन्त्रता से उपाय करना चाहते हैं। उनका विचार इस विषय में एकदम साफ है—'लेखक के लिए राजनीति से अलग रहना हर हालत में बेमानी और बेईमानी है। परन्तु राजनीतिक पार्टी का गुलाम हो जाना सिर्फ उसी हालत में बेईमानी है, जब आप यह हरकत समाज के नाम पर कर रहे हों (*कल्पना,* अगस्त 1965, पृ. 77)।'

जगह-जगह रघुवीर सहाय राजनीति और अपने रचना-कर्म पर वक्तव्य देते रहे हैं, जैसे—'मैं यह मानकर चलता हूँ कि राजनीति एक अच्छे और सही अर्थ में एक रचनात्मक कर्म के रूप में अनिवार्य है और होनी चाहिए। वहाँ मैं यह मानकर चलता हूँ कि मेरा जो लेखन है या मेरी जो रचना—साहित्य-रचना का जो काम है, वह इससे स्वतन्त्र है (*लिखने का कारण,* पृ. 105)।' कविता और राजनीति का तनाव इस कवि को सर्जनात्मक शक्ति देता है। इस काव्य-संसार में नेहरू, डॉ. लोहिया और मोरारजी देसाई जैसे नेताओं का प्रवेश राजनीतिक परिवेश को गरम रखता है तथा कवि अपने विशिष्ट अनुभवों को व्यापकता प्रदान करता है। फलतः इस कवि-कर्म को संकुचित अर्थ में राजनीतिक कविताओं का कर्म नहीं कहा जा सकता है। बल्कि सच बात तो यह है कि किसी राजनीतिक घोषणा-पत्र का प्रचार इन कविताओं में कहीं नहीं मिलता। जो है, वह यही है कि 'पूरा परिवेश' काव्य-संवेदना में मूर्त हो उठा है। आज राजनीति ने सभी को इतना अधिक अपने अधीन बना लिया है कि उस पर डटकर बात न करना ठोस यथार्थ से बचना है और कवि-कर्म के दायित्व से पलायन। इसलिए राजनीति के साथ 'पूरा लगाव' कविता को नया अर्थ देता है और परिवेश की ठोस पहचान कराता है। रघुवीर सहाय ने इस प्रश्न का सीधा सामना किया कि 'कवि का अपने परिवेश के साथ क्या सम्बन्ध?' और यह उत्तर दिया कि 'कवि केवल दर्शक, टिप्पणीकार, भाष्यकार, प्रचारक आदि बनकर नहीं रह सकता। परिस्थिति की घुटन-टूटन के प्रति उसका विद्रोह करना अनिवार्य है।'

दुर्भाग्यवश छठे दशक की राजनीति ने गलत दिशा में मुड़कर दिशाहीनता की हद कर दी। शाश्वत मूल्यवादी दृष्टियाँ खोखले आदर्शों की कसमें खा उठीं, पर झूठी गंगाजली उठाने से तो कोई बात बन नहीं सकती थी। व्यक्तिवादी अन्धायुग पूरी मूल्यान्धता के साथ गहराया और राजनीतिज्ञ पागल कुत्तों की तरह भौंकने लगे। खद्दर पर 'कलंक' लगाने की राजनीति ने 'नेता' शब्द का अर्थ कर दिया—चोर, बदमाश, लुटेरा, झूठा, व्यभिचारी और छटा गुंडा आदि। इस स्थिति से रघुवीर सहाय का कवि निबटने के लिए सैद्धान्तिक, प्रचारक, किताबी राजनीति को छोड़कर सीधे सामने आया। राजनीतिक सिद्धान्त आम आदमी के साथ जो दगा कर चुके थे,

वह भी किसी समझदार से छिपा सच न था। ऐसी स्थिति के कारण रघुवीर सहाय के सामने प्रश्न उठा कि कवि को 'राजनीति मात्र' का विरोध करना चाहिए अथवा 'राजनीति विशेष' का। कवि को आत्महत्या के विरुद्ध खड़ा होना है या उसके सामने समर्पण कर देना है? खूब सोच-समझकर इस कवि ने निर्णय लिया कि 'आत्महत्या के विरुद्ध' खड़ा होना चाहिए। यह भी विचार सामने था कि वामपंथी रुझानों के सहारे से ही आज की जिन्दगी का सार्थक अर्थ और दिशा खोजी जा सकती है। और कोई भी सोचने-समझनेवाला कवि इस प्रश्न से बच नहीं सकता कि इस राजनीति के अंधड़ से मानव को कैसे बचाया जा सकता है। फिर कविता तो हमारे अस्तित्व और व्यक्तित्व के दोनों स्तरों पर आदिम और नवीन दोनों प्रकार की वाणी बोलती है। नया परिवेश आदमी को राजनीति की शर्तों पर देखता और परिभाषित करता है। इसलिए राजनीति से बचकर कवि-कर्म चल नहीं सकता। रघुवीर सहाय ने भ्रष्ट परिवेश से लड़ाई लड़ी और उसका मानवद्रोही चेहरा उजागर किया। 'लोकतन्त्र' को अश्लील मजाक में बदलने वाले नेताओं, संस्थाओं के चरित्र पर प्रहार किया। इस सोच में डॉ. लोहिया के विचार चमकते हैं और कवि भाषा एवं राष्ट्र की अस्मिता पर कविताएँ लिखता है—

कुछ होगा कुछ होगा अगर मैं बोलूँगा
न टूटे, न टूटे तिलिस्म सत्ता का मेरे अन्दर एक कायर टूटेगा टूट
मेरे मन टूट एक बार सही तरह
अच्छी तरह टूट मत झूठ-मूठ अब मत रूठ
मत डूब सिर्फ टूट जैसे बरसों के बाद
वह आया बैठ गया आदतन एक बहस छेड़कर
गया एकाएक बाहर जोरों से नकली दरवाजा
भेड़कर
दर्द दर्द मैंने कहा क्या अब नहीं होगा
हर दिन मनुष्य से एक दर्जा नीचे रहने का दर्द
गरजा मुस्टंडा विचारक—समय आ गया है
कि रामलाल का कुचला हुआ पाँव जो घसीटकर
चलता है अर्थहीन हो जाए।

यहाँ 'रामलाल' एक व्यक्ति नहीं हे, पूरा-का-पूरा दलित वर्ग है। इसी वर्ग में रामगुलाम, मंगरे, मैकू, निरहू और होरे हैं। पूँजीवादी यंत्रणा को झेलता यह पूरा संसार रघुवीर सहाय की 'करुणा' का संसार है। अधिकांश कविताओं में बाहरी दुनिया का सीधा साक्षात्कार है और भीड़ बने लोगों की अनगिनत विडम्बनाएँ मुँह चिढ़ाती मिलती हैं। व्यवस्था के नरक पर कवि की निगाह केन्द्रित है और वह 'समग्र यथार्थ' पर टिप्पणी करता चलता है। अकेलापन जब जनता से संवाद बन गया है और पिछली

काव्य-यात्रा में से निकलकर वह एक ऐसी काव्य-यात्रा के लिए तैयार है, जिसका रचनाकार के लिए देश और काल में बँधे बिना अतिक्रमण सम्भव ही नहीं। वर्णन और ब्योरे से परे जाकर कवि जीवनानुभूति के स्तर पर अतिक्रमण करता है।

काव्यात्मकता केवल दहशत, आतंक और निर्धनता पर न टिककर एक खुली वैचारिक आस्था की ओर निरन्तर बढ़ती है। कवि मानवीय करुणा से कर्त्तव्य की ओर अभिमुख है। स्त्रियाँ और बच्चे जिस शोषण और पाशविकता के शिकार हैं, वह स्थिति इस काव्य-संवेदना को सर्वाधिक उद्वेलित करती है। 'तैरते होटल में मस्ती के आठ दिन' जैसी अनेक कविताओं में शिल्प और टेक्नीक का एक नया मुहावरा है और यह मुहावरा केवल रघुवीर सहाय का अपना काव्य-मुहावरा है। घटनाओं-स्थितियों-प्रसंगों-विवरणों-ब्योरों से भरा यह गद्यात्मक काव्य-मिजाज देखने पर अतार्किक लगता है, पर इसकी एक अपनी अन्तर्योजना है और अपना तर्क। साठोत्तरी कविता में बिना किसी अलंकरण के पूरे परिवेश की भयावहता और क्रूरता को इतने सादेपन से अभिव्यक्त कर पाना रघुवीर सहाय की ही सर्जनात्मकता में भवानीप्रसाद मिश्र, सर्वेश्वर और धूमिल की तरह सम्भव हुआ है। 'जिस तरह हम बोलते हैं उस तरह तू लिख' वाली भवानीप्रसाद मिश्र की काव्य-प्रतिभा का मानो रघुवीर सहाय की कविता व्यवहार पक्ष प्रस्तुत कर देती है। लोक-वेदना ने लोक-भाषा में सहजता की निष्पत्ति की है। अपनी रचना-प्रक्रिया पर लिखे गये उनके विचार देखिए—'मेरे पास एक तरह की एक और—एक अतिरिक्त चेतना है, एक अतिरिक्त व्यथा है, जिससे मैं हर चीज को उलट-पलटकर नये ढंग से सजाकर, नये ढंग से दुरुस्त करके और नया बना देने की इच्छा रखता हूँ। वही तो शिल्प है (*लिखने का कारण*, पृ. 99)।'

रघुवीर सहाय की पूरी कविता-यात्रा बीच सड़क पर मरते 'रामदास' की त्रासदी का दृश्यालेख है। 'यह समाज मर रहा है, इसका मरना पहचानो मन्त्री' की काव्य-टोन ही इस कविता की अन्तर्ध्वनि है। 'लोग भूल गये हैं' जैसी कविता इस दौर की कविताओं में आखिर इतनी विशिष्ट क्यों है? इसलिए कि यह कविता कम, यथार्थ ज्यादा है। वर्तमान के हत्यारों पर इस कविता की निगाह है। यह काव्य-यात्रा भारतेन्दु, निराला, मुक्तिबोध की परम्परा को आगे बढ़ाती है और पुराने काव्य-साँचों को तोड़कर एक नया काव्य-साँचा निर्मित करती है। आजादी के बाद के 'मोह-भंग' और उसकी पीड़ा-यातना को रघुवीर सहाय का रचना-कर्म विचार के केन्द्र में लाता है। सत्ता के अधिनायकवादी 'चरित्र' की खबर लेता है और 'गोली कौन चलाता है' जैसे प्रश्न उछालकर हम सभी को जागरूक बनाता है।

विजयदेव नारायण साही : दहाड़ते आतंक के बीच फटकार का सच

विजयदेव नारायण साही की स्मृति नयी पीढ़ी के दिमाग में बसी इतिहास, समाज, संस्कृति और परम्परा के चिन्तन सूत्रों की वह कभी न खत्म होने वाली स्मृति है, जो हमारी प्रगतिशीलता और भारतीयता के दोनों किनारों को गरम रखती है। साही के भाषण, लेख, गोष्ठी-विवाद पाठकों और श्रोताओं को 'गरमागरम' ताजगी देते हैं तथा खासकर युवा और समझदार लेखकों में खासी खलबली मचाते हैं। इस चीरते हुए विचार-प्रकाश में संवाद के लिए आमन्त्रण है और वाद-विवाद के लिए तैयारी की मुद्रा। इस तथ्य को दर्ज करने की जरूरत है कि साहीजी की मार्क्सवादियों से जीवन-भर खटकती रही। वे और अज्ञेय एक समय में ऐसे दो रचनाकार एवं आलोचक रहे हैं, जो मार्क्सवादी चिन्तन के प्रपंचवादी झूठ के खिलाफ आग उगलते रहे। विचारों का परिवेश इनसे खौलता रहा। साही जी सोच-समझकर इस निष्कर्ष पर पहुँचे थे कि हमारी समस्याओं की दवा मार्क्स के पास नहीं है और फिर हिन्दी क्षेत्र के ज्यादातर मार्क्सवादी कबीर के शब्दों में कहें तो 'रात हनत हैं गाय' का चरित्र ढोते रहे हैं। सत्य की सलामी इन मार्क्सवादियों ने स्वीकार नहीं की, झूठ की ढोलक बजाने वाले ढोलकिया बनते गये।

दरअसल, साही जी उस भारतीय परम्परा के चिन्तक हैं, जिसमें हर चीज, हर चिन्तन, हर एक दर्शन, हर एक पन्थ पर शंका उठाते हुए बहस की गयी है। गहन-गम्भीर बहसों, विवादों से जूझकर ही, जिसमें मूल्य-दृष्टि की अनासक्त भाव से तलाश की गयी है। विचारों का नचिकेता निरन्तन सोचता है कि आखिरकार सच क्या है? इसी भाव से साही जी ने अपना सबकुछ दाँव पर लगा दिया। एक कविता में परमगुरु कबीरदास से उन्होंने यही प्रार्थना की कि वह शक्तिवान् वाणी दो जो 'अन्तहीन सहानुभूति' की वाणी हो। साही के प्रति इसी दृष्टि के कारण उनके मित्रों का ही नहीं, शत्रुओं का भी प्रबल आकर्षण रहा। समाजवादी आन्दोलन के दौरान की बहसों तथा प्रयाग की साहित्यिक संस्था 'परिमल' की विचार गोष्ठियों ने साही को आधारभूत साहित्यिक समझ दी। इसी समझ का सर्जनात्मक विस्फोट नयी

कविता के अंक के एक लेख 'लघुमानव के बहाने हिन्दी कविता पर एक बहस' में हुआ। कहना न होगा कि नयी कविता के युग में इस टक्कर का लेख कोई दूसरा नहीं लिखा गया। अकेले इसी एक लेख ने साही को हिन्दी समीक्षा के केन्द्र में ला दिया। इस लेख के वाक्यों को विवश होकर मार्क्सवादी आलोचकों ने अपना 'हनुमान चालीसा' बनाया तथा जोर-जोर से गाकर अपना भय भी दूर किया। नयी कविता के काव्यशास्त्र को साही ने नये सन्दर्भों के साथ निर्मित किया तथा साफ कहा कि रस-सिद्धान्त पर बहस बन्द हो जानी चाहिए, क्योंकि अब कोई फायदा नहीं निकलेगा। अंग्रेजी साहित्य के प्रोफेसर साही का काफी समय राजनीतिक कोलाहल के बीच गुजरा और स्वाधीनता-आन्दोलन की शक्ति-धारा उनमें जज्ब होती गयी। नतीजा यह हुआ कि वे लिखित परम्परा के साथ वाचिक परम्परा की अमूल्य धरोहर को सहेजकर हिन्दी भाषा के रचना-क्षेत्र में आये।

समाजवादी आन्दोलन में डॉ. राममनोहर लोहिया और आचार्य नरेन्द्र देव ने उन्हें भीतर से गह लिया है। जीवन-भर वे इसी चिन्तन के भीतर चक्कर काटते रहे। फिर आचार्य नरेन्द्र देव की आज्ञा से ही काशी विद्यापीठ में अध्यापन शुरू किया। बुनकरों-मजदूरों के आन्दोलनों में सक्रिय हिस्सेदारी शुरू की और मार्क्सवाद को आसन मारकर पढ़ डाला। मार्क्सवाद पर समाज को कसकर देखा और नतीजे निकाले। कम्युनिस्ट राजनीति एवं लेखन पर साही ने मौलिक ढंग से चिन्तन-मनन किया और एक समय ऐसा आया कि उन्होंने 'मार्क्सवादी समीक्षा और उसकी कम्युनिस्ट परिणति' जैसा लेख लिखकर मार्क्सवाद की कमजोरियों पर प्रकाश डाला। जिद्दी आलोचकों से सीधी टक्कर ली और 'विजयी' (घर का नाम) ने प्रगतिवादियों की 'क्रान्ति' से भिन्न एक नवीन 'क्रान्ति' को सींचकर बड़ा किया। साही ने कहा, 'साहित्यिक वाद-विवाद औरों को चाहे जितना फिजूल लगे, लेखक के लिए तो हमेशा आकर्षक और कभी-कभी तो जिन्दगी और मौत के सवाल की तरह लगता है।' यह सवाल इतनी ईमानदारी और निष्ठा इसलिए भी चाहता है कि ज्यादातर रचनाकार तो कोहराम की भट्टियों में ज्यादा दिलचस्पी लेते हैं। वे अकसर एक भूल के शिकार होते हैं कि साहित्य-सृजन दलबन्दी का कमल होकर नहीं जनम सकता। साहित्य का कच्चा माल साँचों में ढलने से पहले पिघलाया जाता है और पिघलाने वाले इस ताप के भीतर से ही रचना आकार लेती है।

अपने अनुभव से साही जी इस विचार पर दृढ़ थे कि नये रचनाकार को पुराने सिद्धान्त के कीर्त्तन-अनुकरण को छोड़कर नवीन सिद्धान्त की खोज में निकल पड़ना चाहिए। यह काम उन्होंने दूसरों को उपदेश देकर नहीं, स्वयं किया। नये सिद्धान्तों की नवीन वैयक्तिक पीठिका स्वयं तैयार की और हिन्दी आलोचना की दिशा तथा दृष्टि को बदलने का जरूरी कार्य किया। प्रयाग की 'परिमल' गोष्ठी में सन् 1948 ई. के बाद विजयदेव नारायण साही के साथ सर्वेश्वरदयाल सक्सेना, धर्मवीर भारती,

जगदीश गुप्त, लक्ष्मीकान्त वर्मा, रघुवंश और रामस्वरूप चतुर्वेदी थे। साथ ही पन्त जी, निराला जी और महादेवी वर्मा की स्नेह-छाया भी थी। यह ठीक है कि साही जी, ब्रजेश्वर वर्मा, धर्मवीर भारती और रघुवंश कुछ समय तक आलोचना पत्रिका के सम्पादक मंडल में भी रहे, पर विशेष कार्य यहाँ न कर सके। रचनाधर्मिता का नवीन आन्दोलन 'परिमल' की विचार गोष्ठियों की धुरी पर ही घूमकर समर्थ और सम्पन्न हो सका। इधर कुछ सिरफिरे लोग नयी कविता और 'परिमल' को लेकर यह भ्रम फैलाते घूम रहे हैं कि 'परिमल' का रचना-धर्मा आन्दोलन अमेरिकी शीतयुद्ध की छाया को फैलाने का भारत के बुद्धिजीवियों में प्रपंच था। यदि यह प्रपंच रूस का होता तो स्वागत होता। चूँकि अमेरिका का नाम लेकर इस पूरे परिमल आन्दोलन का गौरव नष्ट किया जा सकता है, अतः यह प्रचार अभियान चलाया गया है। 'परिमल' से दूर अज्ञेय जी को मार्क्सवादियों ने पागलपन की मुद्रा में कोसा और गरियाया। पर साही जी ने इस तरह के मार्क्सवादियों को ललकारते हुए कहा कि अज्ञेय, जिन्होंने नयी कविता को पुनः सम्भव बनाया है, उनका महत्व प्रसाद जी की विचार-संवेदन परम्परा की मनोभूमिका में समझा जाना चाहिए। 'परिमल' में हिन्दी साहित्य की सभी प्राचीन-नवीन विधाओं पर विचार-मन्थन हुआ। इस विचार-मन्थन की सबसे मूल्यवान् धुरी का नाम है—विजयदेव नारायण साही यह बात भुलाने की नहीं है।

नयी कविता के मौलिक सिद्धान्तकार और भाष्यकार साही को लेकर यह भ्रम भी सुनियोजित तरीके से फैलाया गया है कि साही जी ने बहुत कम लिखा है और जो लिखा है, उसमें आधुनिकतावाद की वकालत है तथा अस्तित्ववादी लघुमानव सिद्धान्त की सीधी सनक। जबकि साही ने खूब लिखा है और उनके चिन्तन पर अस्तित्ववाद की मुहर नहीं है। मूलतः साही के चिन्तन को गाँधी-लोहिया से उत्तेजना-प्रेरणा मिली है। 'परम्परा' पर भी वे समग्र दृष्टि से विचार करते हैं, 'यदि परम्परा हमेशा परिवर्तन और वैपरीत्य की दिशाओं में फूटती हुई चलती है तो अज्ञेय आगे के इतिहासकार को प्रसाद की 'परम्परा' में ही दिखाई पड़ेंगे।' प्रसाद जी से अज्ञेय की समानता खोजकर साही जी हिन्दी के रचनाकारों-आलोचकों की बन्द आँखें खोल देते हैं। कहना न होगा कि हिन्दी की सर्जनात्मक आलोचना को साही जी के चिन्तन से ही सच्ची समालोचना दृष्टि मिली है। प्रसाद जी और अज्ञेय जी की मनोभूमिका की आन्तरिक लय को पकड़ते हुए लिखा, 'वही शालीनता, वही शब्दों की चौकसी, वही आभिजात्य और वही कुछ खुला हुआ और कुछ डूबा हुआ व्यक्तित्व।' इतना ही नहीं, साही जी ने पश्चिम के रोमांटिसिज्म और हिन्दी के छायावाद का बुनियादी पार्थक्य स्पष्ट करते हुए तमाम भ्रमों का निराकरण किया। यही कारण है कि साही जी आज भी हमारे दिमागों में जीवित हैं, नया लेखन उनकी धड़कन को महसूस कर रहा है।

यह सच है कि साही के चिन्तन का रास्ता बीहड़ जंगलों के सुनसान सन्नाटे

को तोड़कर निकलता है। सीधी, परिचित विचार-चिन्तन-सिद्धान्त की पगडंडी पर चलने का उनका इरादा कभी नहीं रहा। पश्चिम की बौद्धिक गुलामी उन्हें किसी भी कीमत पर स्वीकार नहीं रही और न वे 'भावुक भारतीयता के भक्त' थे। उनकी भारतीयता उन्हें भीतर तक चीरकर गुर्राती थी और इस गुर्राहट में निरन्तर आत्मसजग आत्मालोचन की सक्रियता थी। वे निरन्तर सोचते थे और अपने से ही लड़ते थे। वे नयी कविता के उन बिरले रचनाकारों और सिद्धान्तकारों में से हैं, जो अपने चिन्तन से लहूलुहान होकर चल पड़े थे। वे सोचते हुए और खुद से पूछते हुए प्रश्न उठाते थे कि साहित्य और समाज का असली रिश्ता क्या है? देश और काल रचना-कर्म में कैसे प्रवेश पाता है? इसलिए वे देश और काल में निरन्तर बदलते मनुष्य को परिभाषित करने की कोशिश करते थे। यही कोशिश उन्हें हिन्दी के आधुनिक साहित्य से खींचकर हिन्दी के मध्यकाल में ले गयी। हिन्दी के मध्यकाल में वे वर्षों रमते रहे। आखिरकार जायसी ने उन्हें मोह लिया और वे दस-पन्द्रह वर्षों तक जायसीमय ही रहे। जायसी के कविरूप का उन्होंने आचार्य रामचन्द्र शुक्ल से आगे बढ़कर साक्षात्कार कराया।

प्रश्न उठ सकता है और उठा भी है कि साही जी का भारतीयता से क्या तात्पर्य रहा है? *साहित्य क्यों* पुस्तक के 'भारतीयता क्या है?' शीर्षक निबन्ध को देखने से पता चलता है कि वे 'भारतीयता' की कोई बनी-बनाई परिभाषा स्वीकार नहीं कर पाते हैं। विद्वानों ने स्वाधीनता-संग्राम के दौरान 'भारतीयता' की बहुत-सी परिभाषाएँ दीं, पर दुर्भाग्यवश यह प्रश्न अनुत्तरित ही रहने दिया गया कि इन परिभाषाओं के भीतर औसत आदमी के लिए भारतीयता का क्या अर्थ है? इस उदासीनता के भीतर से यह सत्य भी झाँकता मिलता है कि औसत आदमी की भारतीयता को परिभाषित करने का हमारे पास अवसर ही कहाँ है। हाँ, इसको हम थोड़ा अधिक निर्गुण शब्दावली में कहेंगे कि 'परम्परा का निर्वाह ही भारतीयता है'। लेकिन यह बहुत ही उलझी तथा झगड़ा करानेवाली परिभाषा है। इसलिए साही जी कहते हैं, 'विविधता के बीच से सबको जोड़ने वाले नये संस्कारों की खोज और निर्माण, दरिद्रता और कंगाली से सम्पन्नता की ओर जाना और साथ-साथ गैर बराबरी को मिटाकर अधिक-से-अधिक समता को स्थापित करना इन बदलावों के लिए सतत संघर्ष ही वास्तविक भारतीयता है। क्योंकि वह समाज को घने रिश्तों के साथ जोड़ती है (*साहित्य क्यों*, पृ. 111)।' साही जी को पता था कि 'भारतीयता' काफी खतरनाक और सताया हुआ शब्द है। इसलिए उन्होंने भारतीयता की समाजशास्त्रीय अवधारणा पर ही अपने को केन्द्रित रखा है।

साही का साहित्यिक और राजनीतिक लेखन एक ऐसे स्वतन्त्र दिमाग की उपज है, जिसमें रूढ़ियों के अँधेरे कमरे नहीं हैं। एक ऐसी विश्व-दृष्टि है, जो मानवमात्र के कल्याण और समतावाद के लिए व्यग्र है। साही जी के चिन्तन का खुलापन

उनकी कविता और आलोचना दोनों को गहन मानवीय सार्थकता और मुक्ताकांक्षी सर्जनात्मकता से जोड़ता है। अनुवादक, कहानीकार, नाटककार, डायरी लेखक, अभिनेता साही के विषय में आज बहुत कम जानकारी का कारण है उनकी रचनाओं का अप्रकाशित रहना। *पूर्वग्रह* दिसम्बर 1984 के साही अंक में कवि-आलोचक श्री रमेशचन्द्र शाह ने काफी मूल्यवान सामग्री देने का प्रयास किया है। इधर *जायसी, छठवाँ दशक, साहित्य और साहित्यकार का दायित्व और साहित्य क्यों* जैसे आलोचनात्मक संग्रहों के प्रकाशित हो जाने से भी साहीजी का लेखन उपलब्ध हुआ है। पर साही जी की कविताओं को पाना अभी भी दुर्लभ है। *तीसरा सप्तक* (1959) व *मछलीघर* तो खोजने पर मिल भी जाते हैं, *साखी* कविता-संग्रह तो नसीब ही नहीं हो पाता। जबकि साखी इस दशक की कविताओं का न केवल प्रतिनिधि काव्य-संग्रह है बल्कि कविता के नये काव्य-मुहावरे की सबसे नायाब मंजिल भी है। हमारी काव्य-परम्परा का सांस्कृतिक-संवेदन इस संग्रह की कविताओं में पूरी हरियाली के साथ मौजूद है। कविताओं में एक कबीराई अन्दाज से टेम्पर बनता है–'साधो आज मेरे सत् की परीक्षा है'।

परम्परा और आधुनिकता, हिन्दी कविता और सांस्कृतिक बोध आदि की बहसों से जूझकर साही जी ने अपना मत मुकम्मल किया है कि जब कविता में बदलाव आता है तो उसका व्यापक और गहरा असर काव्यानुभूति की बनावट पर पड़ता है। शमशेर की काव्यानुभूति की बनावट की चर्चा को उठाते हुए कहा, 'नयी कविता की बहसों में यह मान्यता अन्तर्भुक्त रही है कि न सिर्फ कविता का ऊपरी कलेवर बदला है या नये प्रतीकों या बिम्बों या शब्दावली की तलाश हुई है, बल्कि गहरे स्तर पर काव्यानुभूति की बनावट में भी परिवर्तन आ गया है। लेकिन बहस में इस पर बल कम दिया गया है। चेतना के जो तत्त्व काव्यानुभूति के आवश्यक अंग दिखते थे, उनमें से कुछ अनुपयोगी या असार्थक दिखने लगे, कुछ अन्य जो पहले अनावश्यक या विरोधी लगते थे, काव्यानुभूति के केन्द्र में आ गये। और कुल मिलाकर काव्यानुभूति तथा जीवन की काव्येतर अनुभूतियों में जो रिश्ता दिखता था, वह रिश्ता भी बदल गया।' साहित्य और जीवन के बदलते हुए सम्बन्धों को साहीजी ने परिभाषित करने का कार्य 'लघुमानव के बहाने हिन्दी कविता पर एक बहस' नामक निबन्ध में किया है। वे सोचकर यह कदम उठाते हैं कि 'बार-बार मनुष्य को बदलते हुए देश-काल में परिभाषित करना साहित्य की जिम्मेदारी है। बल्कि हम यह भी कहें कि साहित्य तो यह काम करने के लिए अपनी प्रकृति से ही विवश है।' कहना न होगा कि आलोचना और दर्शन दोनों ही गहरे स्तर पर यह कार्य करते भी हैं। क्योंकि सृजन-कर्म मानव का आदिम स्वभाव है और इसी स्वभाव की प्रकृत-संवेदना को आलोचना पाठक तक पहुँचाती है। इसी अर्थ में रचना-आलोचना 'एक सहयोगी प्रयास' (कॉमन परसूट) है। प्रश्न उठता है कि आलोचना का काम

क्या है—'यंत्र जगत् की एक स्थूल उपमा के द्वारा हम यों कह सकते हैं कि रेडियो की सूई को उचित लहर-मान पर लाकर लगा-भर देना आलोचना का काम है, बाकी ट्रान्समीटर से आता हुआ गायन तो रेडियो सेट स्वयं पकड़ेगा।' किन्तु यदि मूल गायन में ही कोई गहरी गड़बड़ हो तो आलोचक क्या कर सकता है।

साहित्य की लाचारी यह है कि वह हर बार मनुष्य को अपने ढंग से परिभाषित करता है और हर बार मनुष्य परिभाषओं के चौखटे तोड़कर बाहर आ जाता है। कोई भी परिभाषा उसे न तो बाँध पाती है और न उसका कोई स्थाई लक्षण ही निर्धारित कर पाती है। भक्तिकाल का भजनानन्दी मनुष्य रीतिवाद के भोगी मानव को कहाँ पाता है? यहाँ योगी को भोगी के हाथों भारी शिकस्त मिलती है। फिर यही भोगी अन्तःपुर से निकलकर आधुनिक काल के मैदान में आ जाता है। ब्रिटिश साम्राज्यवाद से युद्ध लड़ता है और अपनी गरिमा को द्विवेदी-युग एवं छायावाद-युग में स्थापित करता है। स्थिति और गति, लघु और महत्, यथार्थ और आदर्श का एक ढाँचा साहित्य में बनता है। साही जी इस ढाँचे के जनमने और बनानेवाले कारणों का विश्लेषण करते हैं और पाते हैं कि यह हमारे इतिहास और समाज की भीतरी पुकार है। कारण अनुभूतियों में विविधता मिलती है। बात यह है कि 'अनुभूति केवल एक साँचे या मनोभूमि में ही चक्कर नहीं काटती, उसमें अपनी खुद की विविधता अथवा एकरसता, सम्पन्नता अथवा दरिद्रता, विस्फोट अथवा सन्तुलन, निविड़ता अथवा रुक्षता होती है। नहीं तो एक ही मनोभूमि पर अभिव्यक्त होनेवाले सभी लेखक एक ही जैसा लिखने लगें। 'जाहिर है कि युगीन मनोभूमिका की विविधता साहित्य की अनुभूतिगत विविधता में रासायनिक क्रिया के साथ विद्यमान रहती है।'

साही के चिन्तन की विशिष्टता यह है कि वह अखंडता और समग्रता को न केवल खोजती है, बल्कि उसे खोजने की उसी ढंग से सलाह भी देती है। छायावाद और छायावाद के समानान्तर दूसरे छायावाद के कवि दिनकर, बच्चन, भगवतीचरण वर्मा, माखनलाल चतुर्वेदी, नवीन तथा नरेन्द्र शर्मा आदि पर उनका ध्यान पूरी तरह केन्द्रित होता है। जबकि हिन्दी साहित्य का इतिहास इस दूसरे छायावाद को लेकर अँधेरे में गर्क है। कभी-कभार इन कवियों की चर्चा लकीरों में हिन्दी के इतिहासकार कर देते हैं। पर इनके समग्र सृजन की समग्र चेतना, मनोभूमिका तथा आन्तरिक लय को समझने और पकड़ने की कोशिश नहीं करते हैं। जबकि यह कोशिश साही पूरी शक्ति और ईमानदारी से करते हैं। कारण, वे साहित्यिक-राजनीतिक परिवर्तन को एक श्रृंखला के रूप में देखते हैं। उन्हें इस श्रृंखला की सभी कड़ियाँ काल में क्रम से जुड़ी हुई दिखाई देते हैं। यह श्रृंखला अपने आरम्भ का तो पता देती है, पर इसका छोर नहीं दिखता। लेकिन बहिर्जगत् और अन्तर्जगत् को परस्पर जोड़कर ही हम कुछ समझ सकते हैं, दोनों को एक-दूसरे से दूर रखकर नहीं। दोनों को जोड़कर देखने पर परिवर्तन की श्रृंखला में तारतम्य समझ में आता है।

'ये दोनों ही नये परिप्रेक्ष्य हैं, जिनके बीज तो छायावाद में खोजने पर मिलेंगे, लेकिन जिनकी अनुभूति आजादी के बाद साहित्य की अपनी है। ये दोनों ही भीतर और बाहर के परिप्रेक्ष्य मेटाफिजिकल चश्मे को त्यागकर परिवर्तन की शृंखला की ओर देखने के नतीजे हैं। क्योंकि छायावाद के बाद का न सिर्फ बहिर्जगत् अध्यात्मविहीन है, बल्कि अन्तर्जगत् भी आध्यात्मिक नहीं है।' छायावाद के बाद का परिवर्तन नये अन्वेषण की ओर मुड़ गया। 'हिन्दुस्तान के इतिहास में पहली बार ऐसा हुआ कि भीतर पैठने पर 'आत्मा' के दर्शन नहीं हुए। मिला कुछ और ही। नयी कविता की 'आन्तरिकता' उस अर्थ में आध्यात्मिक नहीं है, जिस अर्थ में छायावाद की 'आन्तरिकता' आध्यात्मिक या अर्धआध्यात्मिक है। इस आध्यात्मिक मुद्रा का विनाश किसने किया? साही का इस प्रश्न को लेकर काफी करारा उत्तर है कि पहले पापियों में आज के नये कवि या नये कहानीकार या नये उपन्यासकार नहीं आएँगे। जड़ खोदने का काम तो दिनकर, बच्चन, भगवतीचरण वर्मा आदि ने ही शुरू किया था। अज्ञेय और उनके साथ या बाद वालों ने तो सिर्फ मट्ठा डाला (*छठवाँ दशक*, पृ. 266)।' साही अपने मुँह से कह नहीं सके शालीनतावश, अज्ञेय के साथ उसकी जड़ों में साहीजी ने भी मट्ठा डाला है।

हिन्दी के छायावाद पर गाँधी और रवीन्द्रनाथ के प्रभाव की चर्चा काफी जोरों से हिन्दी समीक्षा में की गयी है। फिर गाँधी भारतीय आदर्शों, विचारों, मूल्यों के प्रवक्ता मात्र नहीं थे, वे हमारी हिन्दुस्तानी जिन्दगी की आन्तरिक लय की अभिव्यक्ति थे। हमारे चिन्तन का पूरा संगीत गाँधी के मोहन रूप में बजता रहा। इस संगीत में अध्यात्म की भी एक लहरदार दान थी, इससे कौन इनकार कर सकता है। सच्चाई यह है कि मेटाफिजिकल तत्त्व तो गाँधी जी की शैली में ही वर्तमान हैं। सत्याग्रह-युग के साहित्य के दो विशाल आच्छादन हैं—गाँधी जी और रवीन्द्रनाथ। ये दोनों उस मनोभूमि के निर्माता हैं। निर्माता इसलिए हैं कि अपनी स्वाधीनता के बोध की हमने इन दोनों से ही दिशा और दृष्टि पायी। रवीन्द्रनाथ की भाँति ही गाँधी के चिन्तन में भी एक कवि बैठा है, जिसे पहचानने की जरूरत है। फिर हमारी चिन्तन-परम्परा के सांस्कृतिक संवेदन की केन्द्रीय चेतना में कवि बैठा है, सन्त और सुधारक नहीं। यही कवि गाँधी में अंतःप्रकाश फैलाता है और रवीन्द्रनाथ में भी। गाँधी तथा रवीन्द्रनाथ के चिन्तन को जब प्रगतिवाद ने मार्क्स की खोपड़ी पर उठाकर तोड़ा तो दूर तक दरार पड़ गयी। एक ऐसी दरार, जिसे न प्रगतिवाद पाट सका, न नयी कविता। विदेशी चिन्तन की खेपें हिन्दुस्तान आती रहीं और गाँधी को उसके नीचे दबा दिया गया। या फिर मार्क्स को गाँधी की छाती पर बैठाकर गाँधी को नोचा गया। फलतः शोषण मिटाने के लिए लोकतन्त्र के भीतर लंठ तन्त्र स्थापित किया गया। राम-कृष्ण-बुद्ध की एक बार फिर से हत्या लेनिन के हाथों करायी गयी। इसी हत्या और हरामखोरी का नतीजा यह हुआ कि

'सत्याग्रह-युग मानवीय आस्था की रीढ़ है। बेशक इस अखंड, असंदिग्ध आस्था पर हताश शंका प्रकट की बच्चन आदि ने, मुँह चिढ़ाया प्रगतिवाद ने। उसके बाद तो इन्द्रजाल टूटता ही गया। आज के साहित्य की मनोभूमि की प्रथम अनुभूति यही है कि अन्तःसत्य और बहिर्सत्य के बीच एक विशाल खाई है, जो पाटे नहीं पटती।' पाटे इसलिए नहीं पटती है कि दोनों के चिन्तनात्मक धमाके ने मानव-संवेदना के सेतुओं को ही उड़ा दिया है। इतिहास विधाता का रथ अपनी धूल छोड़ता हुआ भाग खड़ा हुआ और हमारे हाथों में टूटी तलवारों की मूठें थमा गया जिनसे न तो वर्तमान का युद्ध ही लड़ा जा सकता है और न अपने योद्धा होने का विश्वास ही दिलाया जा सकता है। इसलिए भाई लोग पूरी स्थिति को खींचकर प्रतिबद्धता और समसामयिकता के खूँटे से बँधकर खड़े हो गये। इतना ही नहीं, लोगों को गुमराह करने के लिए छायावादी संस्कारों को सबसे बड़ा खतरा घोषित करने लगे। छायावादी संस्कारों से मतलब था—गाँधी विचार दर्शन के आस्थावादी मूल्य। इन मूल्यों का संहार किये बिना प्रगतिवाद की ढपली बज नहीं सकती थी। इसी ढपली को नामवर सिंह ने बजाया और छायावादी संस्कारों की कविता के नये प्रतिमानों के नाम पर भरपूर निन्दा की। साही जी के नाम की माला फेरकर सभी को गुमराह किया। लोग समझे कि नामवर सिंह जी साही जी को महत्त्व दे रहे हैं। वस्तुतः साही जी से नामवर सिंह की पटरी न बैठ सकती थी; क्योंकि साही जी पूरे मन से अज्ञेय के साथ थे। इधर अपनी प्रगतिशीलता को कायम रखने के लिए नामवर सिंह कह रहे थे कि नयी कविता में अज्ञेय का वही स्थान है, जो रीतिकालीन कविता में बिहारी लाल का है। अज्ञेय नयी कविता के बिहारी लाल हैं तो उन्हें अमेरिकी दलाल भी क्यों न सिद्ध कर दिया जाए। सार-संक्षेप यह कि अज्ञेय पर बुरी नीयत से प्रहार किये गये।

दिलचस्प बात यह है कि साही जी के चिन्तन-मनन में नयी कविता के प्रवर्तक कवि के रूप में अज्ञेय रहे हैं, मुक्तिबोध नहीं। साही ने मुक्तिबोध की चर्चा अपने पूरे लेखन में बहुत कम की है। वे मुक्तिबोध जो प्रसाद जी में बीस वर्ष तक सिर खपाये रहे और प्रसाद के प्रति उनका आकर्षण बढ़ता ही गया। मूल बात यह है कि साही जी ने मुक्तिबोध के चिन्तन में सिर खपाना उचित नहीं समझा। शायद मार्क्सवादी चिन्तन की जूठन बटोरने के कारण मुक्तिबोध उन्हें कम रास आये। यही कारण है कि मुक्तिबोध ने नयी कविता के आत्मसंघर्ष के स्पष्टीकरण के लिए जन-अदालत में जो अपना वकालतनामा दायर किया, उसे साही ने चुपके से खारिज कर दिया। उसका नोटिस तक न लिया। कारण, मुक्तिबोध जनता के कम, जनवादी राजनीतिक षड्यंत्र के रक्षक बनते गये। उनके काव्य का ब्रह्मराक्षस मार्क्सवाद की अन्धी बावड़ी में गिरकर मर गया। जाहिर है कि वे अँधेरे में तिलक-गाँधी की मरहम-पट्टी करते रहे और चीखने-चिल्लाने में किनारे पड़ गये।

सोच-समझकर साही जी ने अपना पूरा ध्यान प्रसाद जी और अज्ञेय जी पर केन्द्रित किया। अज्ञेय जी प्रसाद की ही भाँति उन्हें जीवन की कालिदासीय लय के अखंड राग प्रतीत हुए। भारतीय सांस्कृतिक लय का जो पक्का राग कालिदास-प्रसाद जी गा रहे थे, उसे ही पूरी तरह समर्पित होकर अज्ञेय जी ने गाया। इसलिए प्रसाद और अज्ञेय में समानता का अन्तःसूत्र खोजकर साही जी ने लिखा है, 'लगता है, वे सारे प्रश्न, वे सारे अभिप्राय, वे सारे प्रतीक, जो *कामायनी* में निहित हैं, अज्ञेय के कृतिकार मानस में मंडराते रहते हैं, यद्यपि उनके अर्थ भिन्न हो जाते हैं।' इस तुलना से साही जी का मन न भरा तो काव्य-चेतना के विकास को मनोभूमिका के भीतर से हेरते हुए कहा, 'अज्ञेय की काव्य-कृति *चिन्ता* का नामकरण 1941 में हुआ, यद्यपि उनकी कविताएँ 1932-36 में लिखी गयीं, जब वे जेल में थे। इस सन्दर्भ में *कामायनी* के प्रथम सर्ग 'चिन्ता' की याद आना स्वाभाविक है। दोनों ने एक मनःस्थिति का विश्लेषण दो छोरों से किया। दोनों ने ही आदिम प्रेमी और आदिम प्रिया का माध्यम चुना।' ठीक बात है कि प्रसाद जी के लिए अज्ञेय जी में आरम्भ से ही बड़ा भारी लगाव है। यहाँ तक कि वे अपने काव्य-संग्रह *भग्नदूत* की भूमिका भी प्रसाद से ही लिखवाना चाहते थे। 'भूमिका' लिखवाने के लिए उन्होंनें अपने मित्र जैनेन्द्र कुमार को प्रसाद जी के पास भेजा था। इस घटना पर जैनेन्द्र कुमार ने अपने संस्मरणों की पुस्तक *'ये और वे'* में लिखा है–

'क्या सुनाऊँ? शायद सन् 1933 की बात है। भाई सच्चिदानन्द वात्स्यायन (अज्ञेय) ने कुछ कविताएँ अपनी छपानी चाहीं। जेल से उन्होंने लिखा कि क्या यह सम्भव कर सकते हैं कि प्रसाद प्रस्तावना के दो शब्द लिख दें। बनारस जाना हुआ तो हम–मैं और प्रेमचन्द विधिवत् प्रसाद के यहाँ पहुँचे। विधिवत् से आशय कि मिले सबेरे चक्कर पर भी थे, पर प्रयोजन की बात के लिए अलग से जाना उचित था। मैंने *भग्नदूत* की लिपि सामने की। कहा कि मुद्दई जेल में है, खुद अपना मामला सामने नहीं रख सकते। इससे मेरी बात को दुगुना वजन समझें। पहले पूछा, कौन हैं? मैंने कह दिया कि मैं आया हूँ, कह रहा हूँ, इसी से जान लीजिए। थोड़ी देर चुप रहे। बोले, तुम कुछ चाहोगे, वह मैंने नहीं सोचा था, पर तुमने भी न सोचा होगा कि तुम कहोगे और प्रसाद न कर पाएगा (*ये और वे*, पृ. 80)।' प्रसाद जी ने 'प्रस्तावना' लिखकर जैनेन्द्र को नहीं दी। इस घटना का अज्ञेय पर क्या प्रभाव पड़ा, नहीं कह सकता।

अज्ञेय ने अपने कवि-व्यक्तित्व के निर्माण में प्रसाद जी को खपा लिया है। 'अज्ञेय का महत्त्व इस बात में है कि उन्होंने 'समरसता का दर्शन' के बजाय 'निर्वैयक्तिक अनुभूति' का प्रश्न पूछकर एक बार फिर दर्शन को अनुभूति में घुला देने की राह निकाली। विवेक और हृदय, संकल्प और विवशता को एक नये 'योग' में बाँधा। इसलिए अज्ञेय हिन्दी काव्य की धारा को मोड़ते हुए-से प्रतीत होते हैं।' साही जी

ने प्रथम बार तर्कों से सिद्ध किया कि अज्ञेय की समानता इलियट, डी.एच.लॉरेन्स आदि पश्चिमी रचनाकारों से खोजना व्यर्थ है। उन्हें आप आकाश-पाताल एक करने पर भी हिन्दी से बाहर का आदमी सिद्ध नहीं कर सकते।

'हिन्दी साहित्य का स्रोत जो लोग हिन्दुस्तान से बाहर, खासतौर से अंग्रेजी में, खोजने की कोशिश करते हैं, वे यदि छोटे मुँह बड़ी बात न लगे तो कहना चाहूँगा, इसी कारण करते हैं कि उनका ज्ञान अंग्रेजी साहित्य के बारे में बहुत थोड़ा है। दुनिया के किसी कवि से यदि अज्ञेय की निकटता दिखती है तो वह जयशंकर प्रसाद से। वे दोनों एक ही सिमेट्री की दो विपरीत दिशाएँ हैं। प्रसाद जी के लिए अज्ञेय के मन की आन्तरिक तड़प का ही नतीजा है कि घूम-फिरकर प्रसाद के ही पास जाते हैं; जैसे 'उड़ि जहाज को पंछी पुनि जहाज पै आवै'। फलतः इस प्रकार *कामायनी* में जो अनुभूति दर्शन में परिवर्तित हो जाती है उसे अज्ञेय फिर दर्शन से अनुभूति में परिवर्तित करते हैं। कविता सम्बन्धी हमारी धारणाओं में इससे गहन परिवर्तन हो जाता है, विशेषतः अनुभूति की सार्वजनीनता को लेकर।'

साही जी ने अपने युग की हिन्दी आलोचना को गम्भीर मूल्य-दृष्टि दी और कविता के काव्यशास्त्र की कई गुत्थियों को सुलझाया। वे साहित्य की उलझनों को सुलझाने में ही लगे रहे। इसी के लिए उन्होंने गोष्ठियों, बहसों, बातचीतों का सिलसिला चलाया था। कभी-कभार तो स्वयं से भी बहस करने में उन्हें मजा आता था। वे बहस में ऐसे नये-से-नये नुक्ते उठाते थे कि बहस चौतरफा विचार-युद्ध का रूप धारण कर लेती थी। आज उनके चले जाने पर वह युग ही समाप्त हो गया है। कहाँ है 'परिमल' का वह मंच और प्रयाग का वह कॉफी हाउस, जिसमें साही और सर्वेश्वर एक साथ बहसते थे; लक्ष्मीकान्त वर्मा की छेड़छाड़ पर साही खुलकर बरस जाते थे। पूरा-का-पूरा हिन्दी साहित्य जिनकी बहसों से करवट बदलता था और नये विचारों की एक आलोक धारा फूट पड़ती थी।

आज लगता है कि साही जी साहित्य चर्चा के केन्द्र में चाहे न रहे हों, पर इस अकेले व्यक्तित्व ने साहित्य की तमाम बुनियादी चिन्ताओं, सरोकारों को चर्चा के केन्द्र में ला दिया है। उनके संकल्पों की अपराजेय शक्ति से हिन्दी की लिखित और मौखिक परम्परा की विस्तृत पहचान बनी है। *मछलीघर* और *साखी* नामक काव्य-संग्रहों की कविताओं में कबीर-जायसी की लोकधारा का रंग मिलता है। *मछलीघर* (1966) की कविताओं में चाहे साही जी कवि कुँवर नारायण को मिल्टानिक दिखाई दें, मुझे नहीं दिखते। उनकी क्लासिकी संवेदना में शेली-कीट्स के भूत नहीं रमते हैं, वहाँ कालिदास का स्थाई डेरा है, उर्दू फारसी की भी एक तरह की रंगत है; जो खंडहरों को चीरकर कविता में ढलती है। साही पर अमीर खुसरो की अदा और नजीर अकबराबादी, मीर, गालिब की गहरी ठसक के अक्श हैं। उर्दू की पूरी गजल परम्परा और सूफी काव्य की प्रेम-व्यापकता को साही हिन्दी में फेंट देना

चाहते हैं। कुँवर नारायण ने 'कविता' के बहाने सही आदमी पर बहस' लेख में एक बड़ी ही मार्के की बात कही है कि 'साही के अडिग आत्मविश्वास का स्रोत कहीं भारतीय जीवन-दर्शन की उस सधुक्कड़ी प्रवृत्ति में भी था, जो जीवन से छोटी नहीं, जीवन से बहुत बड़ी जीवन-दृष्टि अपनाकर जीने में विश्वास करती थी। साही ने उसे अपने जीवन और अपनी कविताओं में भरसक जीने की कोशिश की है।' साही के दिमाग में हिन्दी के भक्तिकाल का सन्त-दर्शन और जीवन-दृष्टि हर समय जोर मारती है और वे कबीर-जायसी पर सोचते रहते हैं। अपना नाम छिपाकर वे लिखते हैं, 'जायसी हिन्दी के अति महत्त्वपूर्ण कवि हैं। बीते हुए काल के एक वरिष्ठ कवि होने के नाते ही नहीं, बल्कि इस अर्थ में कि आज के साहित्यकार और साहित्य से सरोकार रखने वाले के लिए जायसी से अपरिचित होना अकिंचन हो जाने जैसा है (*जायसी*, पृ. 1)।' अकिंचन हो जाने की बात साही ने इसलिए कही कि जायसी एक महान परम्परा की मौलिक सूझ-बूझ का नाम है। इसलिए साही जी कहते हैं, 'एक अर्थ में जायसी हिन्दी के पहले विधिवत् कवि हैं। मैं यह नहीं कहता कि कबीरदास ने कविता के द्वारा एक अत्यन्त कठिन समय में अभिव्यक्ति की समर्थ और शक्तिशाली राह नहीं बनाई। कबीरदास के पथ-प्रदर्शन और क्षमता के बिना शायद जायसी के लिए *पद्मावत* को लिख पाना भी सम्भव न होता। परन्तु कबीर अपनी प्रतिभा के सहारे भाषा को ठेल-ठेलकर आगे बढ़ाते हैं। उनकी कविता में इस प्रयास के चिह्न बराबर दिखते हैं। लेकिन जायसी में पहली बार हिन्दी भाषा सहज काव्य-प्रवाह में बहने लगती है।'

अचानक मेरा ध्यान इस ओर जाता है कि साही तथा आचार्य रामचन्द्र शुक्ल में चिन्तन-मनन के धरातल पर गहरी समानता है। आचार्य शुक्ल किसी भी कवि की परख के लिए 'काव्य-भाषा' के प्रतिमान को अपनाते हैं। इसी प्रतिमान से वे भक्तिकाल ही नहीं, पूरे हिन्दी साहित्य पर सोचते-विचारते हैं। बिहारी, घनानन्द, भारतेन्दु, श्रीधर पाठक, मैथिलीशरण गुप्त जैसे कवियों पर वे 'काव्य-भाषा' की दृष्टि से डटकर विचार करते हैं। आचार्य शुक्ल की इसी राह का राही हम इधर साही जी को पाते हैं। साही जी भी आचार्य शुक्ल से जायसी के मूल्यांकन को लेकर वैसे ही टकराते हैं, जैसे अज्ञेय कभी प्रसादजी से टकराये थे। *साहित्य क्यों* के प्रसंग में साही घुमा-फिराकर वे ही समस्याएँ उठाते हैं, जो समस्याएँ कभी आचार्य शुक्ल से टकरायी थीं। आचार्य शुक्ल के लिए साहित्य लोक-हृदय का विस्तार है तो साही जी के लिए मनुष्यता का विस्तार। दोनों की शब्दावली भिन्न होने पर भी प्रयोजन एक-सा है। 'हमारा समय' लेख में साही को तुलसीदास अचानक ही याद नहीं आते हैं, उसके पीछे आचार्य शुक्ल के चिन्तन की एक धमक भी सक्रिय है। साही कहते हैं, 'अपने समय को निर्धारित करने का एक स्वरूप यह भी हो सकता है, जैसा *रामचरितमानस* में है कि *रामचरितमानस* पढ़िए आप, तो आपको लगेगा कि तुलसीदास के लिए जो

हमारा समय है—'उस हमारे समय का नाम है कलियुग।' पर यह कलियुग न तो आचार्य शुक्ल को डरा सकता है, न साही जी को। दोनों ही निर्भयता से आलोचक बने हैं।

साही जी ने परमगुरु कबीरदास को आचार्य शुक्ल की तुलना में ज्यादा सही पहचाना। लेकिन जायसी में आचार्य शुक्ल की विचार-दृष्टि पर मुहर लगाते हुए लिखा, 'लेकिन एक और महत्त्वपूर्ण अर्थ में जायसी पहले कवि हैं। शायद कबीरदास 'कवि' नहीं थे, सन्त ही अधिक थे। इसकी अधिक जानकारी हमें नहीं है कि कबीरदास को उनके जीवन काल में उनके प्रशंसकों ने कवि कहकर सम्बोधित किया या नहीं (*जायसी*, पृ. 2)।' आचार्य शुक्ल कबीर को 'कवि' नहीं मानते, सुधारक सन्त मानते हैं। आचार्य शुक्ल के इस विचार को लेकर हिन्दी आलोचना में लगातार हो-हल्ला हुआ है। *जायसी* लिखकर साही जी ने हिन्दी आलोचना को फिर उसी वैचारिक पीठिका पर खड़ा कर दिया, जिसका सही-सही निर्माण आचार्य शुक्ल ने किया था। यह श्रेय आचार्य शुक्ल को ही जाता है कि उन्होंने जायसी को हिन्दी आलोचना में खोजकर समझा-समझाया है। आचार्य शुक्ल ने प्रथम बार जायसी के *पद्मावत* के काव्य-सौन्दर्य का पाठकों से साक्षात्कार कराया और कवि रूप में जायसी की पहचान मुकम्मल की। उसी पहचान को साही ने आगे बढ़ाया और एक आधुनिक दृष्टि सम्पन्न कवि के रूप में आविष्कृत किया। हालाँकि *पद्मावत* को लेकर उनकी 'समझ' आचार्य शुक्ल से काफी भिन्न है। आचार्य शुक्ल ने *जायसी* पर सूफी साँचे को बरकरार रखा; जबकि साही जी ने वह सूफी साम्प्रदायिक कविवाला साँचा ही तोड़ दिया। आचार्य शुक्ल ने *पद्मावत* की समझ और समालोचना दृष्टि को आचार्य शुक्ल से आगे बढ़ाया है। साही जी का मत यह बना है कि जायसी का कवि-स्वभाव भावुक कवि का न होकर एक बौद्धिक कवि का है। साही ने माना है और भारी अनुसंधान कार्य करने के बाद माना है कि जायसी सूफी कवि नहीं हैं और यदि हैं तो कुजात सूफी; क्योंकि मध्यकालीन सूफी सम्प्रदायों में जायसी के नाम का कहीं भी उल्लेख तक नहीं मिलता। दूसरे, *पद्मावत* सूफी सिद्धान्तों में जकड़ी रचना नहीं है—एकदम भारतीय दृष्टि की रचना है। जायसी की सर्जनात्मक अनुभूति में उनके कवि के रक्त का रंग गाढ़ा है, सूफी साधक का नहीं। जायसी ने अपनी भाव-भट्ठी में दर्शन, योग, काव्यशास्त्र, भारतीय चिन्तन-परम्परा आदि सभी को गलाकर एक नया रसायन तैयार किया जिसमें समूची भारतीय परम्परा धड़कती मिलती है। जायसी हिन्दू कथा के जौहर तक को लेते हैं और फिर इस अनुभव की अन्तर्दृष्टि पाते हैं कि यह संसार झूठ है। वही बौद्ध दर्शनवाला विषादयोग। कुछ-कुछ वैसा ही चौकस चिन्तन।

साही ने अमीर खुसरो और जायसी की मानसिकता और मनोभूमिका का विश्लेषण करते हुए लिखा है और इस कार्य से तुलनात्मक आलोचना से आगे बढ़कर

सर्जनात्मक आलोचना की भूमि तैयार की है, जिसमें तत्त्व दृष्टि पर बल है, 'खुसरो काफिरों के खून से धुलकर पृथ्वी को पाक होता देखता है और उल्लसित होकर इस साम्राज्यवादी सत्ता-संघर्ष को इस्लाम की विजय मानता है। जौहर करती हुई स्त्रियों के अनार की तरह कठोर स्तन ही उसे दीखते हैं। इसके विपरीत जायसी उड़ती हुई दो मुट्ठी राख की तरह इस पृथ्वी विजय को झूठा देखते हैं। उनकी आवाज में ट्रेजेडी, व्यंग्य और एक गहरे विषाद का सम्मिश्रण है।'

साही जी ने *पद्मावत* को लेकर हमारा ध्यान इस तथ्य की ओर खींचा है—'शायद हिन्दुस्तान या सम्भवतः एशिया की धरती पर लिखा हुआ यह एकमात्र ग्रन्थ है, जो यूनानियों की ट्रेजेडी के काफी निकट है।' अंग्रेजी साहित्य के प्रोफेसर साही जी को इस तरह का आत्मविश्वास से भरा मत व्यक्त करना शोभा देता है।

यह निष्कर्ष साही जी ने एक मानदण्ड के रूप में अपनी आलोचना में प्रयुक्त किया है, 'साहित्य में किसी विचारधारा या दार्शनिक सिद्धान्त का वहन करना एक बात है और अपने युग की सम्पूर्ण चिन्तनशीलता में उलझी हुई अनुभूति को आत्मसात् करना दूसरी बात है। यह आत्मस्थ चिन्तनशीलता गम्भीर साहित्य को एक बौद्धिक सघनता प्रदान करती है।' साही जी इस चिन्तनशीलता पर, प्रसाद हों या जायसी, बराबर ध्यान केन्द्रित करते हैं और काव्यानुभूति पर इसके असर का अध्ययन-विश्लेषण करते हैं। वे पद्मावत की विषाद् दृष्टि में पीड़ा पाते हैं, अवसाद नहीं। फिर जायसी साही को आध्यात्मिकता की तलाश के रचनाकार भी दृष्टिगत नहीं होते। वे इसलिए अन्योक्ति-समासोक्ति के चक्कर से अपने को मुक्त रखते हैं, '*पद्मावत* की कथा केवल अलाउद्दीन, रत्नसेन और पद्मिनी की व्यक्तिगत ट्रेजेडी नहीं है—जिन शर्तों पर जायसी का समाज उलट-पुलट रहा था, उनके चलते समूची पृथ्वी के झूठी पड़ जाने की ट्रेजेडी हैं।' इस ट्रेजेडी में दुर्गों की धूल उड़ाती हुई वीरानगी है। सतह पर इतिहास-लोक अपनी बाहरी दुनिया में पर्याप्त है और सिंहललोक अपनी आन्तरिकता में स्वतः सम्पूर्ण है। लेकिन तत्त्वतः वे अलग नहीं रह सकते। वे एक-दूसरे को बराबर बेधते रहते हैं और एक गहरी ट्रेजेडी को जन्म देते हैं। वास्तविकता यह है कि जायसी के लिए सूफी-हिन्दू आदि विचारधाराएँ महत्त्वपूर्ण नहीं हैं—महत्त्वपूर्ण है कवि-अनुभव की संश्लिष्टता में बद्ध नैतिक विवेक की काव्यदृष्टि। पद्मावती लोक और अलोक, यथार्थ और स्वप्न, स्थूल और सूक्ष्म, पार्थिव और अपार्थिव दोनों लोकों को झंकृत करती है। मूलतः वह कवि का निजी स्वप्न न होकर एक पूरी संस्कृति का स्वप्न हैं।'

पद्मावत के विश्लेषण में साही जी इस तथ्य पर बराबर ध्यान दिलाते रहते हैं कि जायसी अध्यात्मवादियों के बीच भौतिकवादी हैं और भौतिकवादियों के बीच अध्यात्मवादी। यह द्वन्द्व ही इस रचना को देश एवं काल का एक विशाल आयाम देता है और यह तनाव ही कृति की सर्जनात्मकता को क्लासिकल संवेदना में पकाता

है। इस कृति के मूल्यांकन में साही मध्यकालीन कवि जायसी पर विचार करने के लिए नयी कविता की दृष्टि से सर्जनात्मक आलोचना की महत्त्व-प्रतिष्ठा करते हैं। वे कृति और युग के विश्लेषण की प्रक्रिया के भीतर से ही मूल्य-दृष्टि निकालते हैं। उनका यह विचार यहाँ हमारी दृष्टि में सहसा ही भरोसा बँधाता है कि जरूरत नयी कविता के लिए प्रतिमानों बनाने की नहीं है बल्कि कविता के नये प्रतिमानों की है। कविता के इन प्रतिमान को सर्जनात्मक साहित्य के भीतर से ही खोजना चाहिए और इन्हीं से पुरानी या नयी कृति, प्रवृत्ति को बदलते हुए देश और काल में समझना-समझाना चाहिए। हमें यह भ्रम नहीं पालना चाहिए कि पुरानी कृतियों के पुनर्मूल्यांकन का समय आ गया है। क्योंकि आज का पुनर्मूल्यांकन कल बासी हो जाएगा। आज का मूल्यांकन-पुनर्मूल्यांकन कब स्वीकार होगा, इसकी क्या गारन्टी दी जा सकती है। इसलिए *जायसी* पुस्तक का आरम्भ ही इस प्रतिज्ञा के साथ किया है, जायसी का पुनर्मूल्यांकन करना उद्देश्य नहीं है। पुनवर्व्याख्या भी नहीं है। 'इस लेख का उद्देश्य एक हद तक उधेड़बुन ही है।' इस उधेड़-बुन का अर्थ है—कृति की तात्त्विकता का नवीन दृष्टि से विश्लेषण-मूल्यांकन। साही जी शायद हिन्दी में अकेले ऐसे आलोचक हैं जो 'उधेड़-बुन' की बात सहजता से कहते हैं—कोई आचार्यत्व की मुद्रा नहीं अपनाते। जबकि इधर के ज्यादातर आलोचक आचार्यत्व की मुद्रा में नाक फुलाये घूम रहे हैं।

हर बार साही अपने चिन्तन से हमारे अपरिवर्तनशील पांडित्य के दम्भ को तोड़ने का प्रयास करते हैं और विनम्र भाव से यही कहते हैं कि—

मेरे जाते ही
यहाँ जहाँ मैं खड़ा हूँ
तुम्हें एक खालीपन का एहसास होगा
जिसे तुम हाथ बढ़ाकर
छूने की कोशिश करोगे।

(*मछलीघर*, पृ. 120, 'अलविदा' कविता से)

आज हिन्दी आलोचना इस खालीपन का अनुभव कर रही है। एक आवाज गूँज रही है—

आवाज आ रही है
सुबह शायद एक नये घटनाक्रम का आरम्भ होगा
हो सकता है तब मैं न रहूँ
शायद मेरा न रहना भी
उस घटनाक्रम की जरूरी कड़ी हो।

साही जी के चिन्तक और आलोचक के भीतर विचारों का जो नया कुहराम मचा हुआ था, उसके भीतर समाजवादी चिन्तन से आगे बढ़कर भी बहुत कुछ था, जो ज्ञान के लिए समाजशास्त्र और काव्यशास्त्र को इतिहास की कड़ियों से जोड़कर रचना

चाहता था। समाजवाद उनके चिन्तन का अथ था, इति नहीं। गहरे में वे मार्क्स से भी कुश्ती लड़ते थे और कुछ नया पाते थे। यही कारण है कि वे कहते हैं–

जब भी तुम आँखें उठाओगे
तुम्हें सामने वह तीर
जाता हुआ दिखाई देगा
सिर्फ एक तीर।

नयी कविता में एक तीर अज्ञेय जी छोड़ते हैं, जिसकी ध्वनि दिग्दिगन्त में फूटती है और दूसरा तीर साही, जो सिर्फ जाता हुआ दिखाई देता है–अन्धकार को चीरकर आलोक की यात्रा में निकला तीर। लेकिन इस शक्ति-बाण से ध्वनि उठी–

परमगुरु
दो तो ऐसी विनम्रता दो
कि अन्तहीन सहानुभूति की वाणी बोल सकूँ
और यह अन्तहीन सहानुभूति
पाखंड न लगे।
दो तो ऐसा कलेजा दो
कि अपमान महत्त्वाकांक्षा और भूख
की गाँठों मे मरोड़े हुए
उन लोगों का माथा सहला सकूँ
और इसका डर न लगे
फिर कोई हाथ ही काट जाएगा

(*साखी–प्रार्थना* : गुरु कबीरदास के लिए)

मछलीघर का एकालाप खत्म होकर अब साखी में संवाद का काव्य-मुहावरा पूरी ऊर्जा से प्रस्फुटित होता है। आत्मालोचन और आत्मसाक्षात्कार में आत्मदान का समर्पण भाव बढ़ गया है। इसलिए *साखी* की कविताओं की आन्तरिक लय में एक ऐसा कवि बोलता मिलता है, जिसकी आँखें कालिदास पर मुग्ध भाव से टिकी हुई हैं। जिसने कबीर-जायसी, सूर-तुलसी के भक्ति-रस को लोकपीड़ा के भाव में घुलाकर पाया है। एकाग्र आत्मचिन्तन की समाधि के भीतर से एक आवाज उठती है–

दे दे रे
दे दे इस साहसी अकेले को
ओ फकीर चिड़िया!
कैसे इस धूसर परीक्षण में पंख खोल
कैसे जिया जाता है
कैसे सब हार त्याग
बार-बार जीवन से स्वत्व लिया जाता है

कैसे, किस अमृत से
सूखते कपाटों को चीर-चीर
मन को निर्बन्ध किया जाता है
दे दे इस साहसी अकेले को....।

प्रश्न उठता है और उठना चाहिए कि रचना-कर्म में मन को निर्बन्ध करने की माँग कब उठती है? और कौन है जो इस माँग से टकराकर भी साहसी, अकेला साहसी बना रह पाता है? जो अपनी काव्य-प्रेरणा को अपनी परम्परा के भीतर से खमीर-सा उठाता है और यह मन्त्र जपता है कि विद्या वही है जो मुक्त करती है, ग्रन्थि काटती है, जड़ता तोड़ती है, भाव में लोक-मंगल का सौन्दर्य भरती है, जो आदिम अवचेतन के सागर में कूदकर रत्न लाती है, सोने से ढके घड़े का ढक्कन खोलने का संकल्प करती है। इतिहास की चादर आर-पार देखती है और जो उन घोड़ों की टापों की ध्वनि सुनती है, जो विजय-यात्रा को निकले हैं। सांस्कृतिक संवेदना की कृष्ण-एड़ी में कोई बहेलिया बाण नहीं मार सकता; क्योंकि कृष्ण अभी राधा से खेल रहा है–

इसी शताब्दी ने
मुझे–तुम्हें दोनों को
गम्भीर शब्दोंवाली वाणी दी है
देखता हूँ पहले कौन चीखता है...।

साही जी की एक बुनियादी चिन्ता रही है–काव्य भाषा की गम्भीर अर्थ-ध्वनि को हर कीमत पर रक्षित रखने की चिन्ता। जिसे नयी कविता के बाद की कविता अवमूल्यन में बदल रही थी। उनके लिए जगदीश गुप्त के द्वारा संकेतित 'अर्थलय' का अर्थ था–मरते हुए शब्द को जीवित करना और उसमें नया स्पन्दन भरना।

साही जी की बुनियादी मूल्य-दृष्टि या लोकचिन्ता-दृष्टि? वे मौका पाते ही जीवन की हिन्दुस्तानी रिद्म या आन्तरिक लय की बात करते हैं। इस लय को वे जीवन की कालिदासीय लय कहकर अपरिभाषित छोड़ देते हैं। यह लय कहाँ से आयी है–वेद-उपनिषद की प्रकृति-लय की भीतरी नाद है क्या यह। या फिर यह रामायण-महाभारत की भीतर के भाव-सत्यों पर केन्द्रित कोई मूल्य-दृष्टि है। कालिदास हमारे लिए एक पूरी परम्परा है, एक समृद्ध संस्कृति की समग्र अभिव्यक्ति। कालिदास सभी को भाव-लय से छूते हैं, संवादी स्वर से गुदगुदाते हैं; पूरा देश उनमें बोलता है। यही बात साही जी आधुनिक स्वाधीनता-संग्राम में गाँधीजी में पाते हैं। साही जी को कोई आशा न तो अस्तित्ववादियों से है और न यूरोपीय संस्कृति तथा दर्शन से है। यदि किसी से आशा है तो वह कालिदास से ही। कारण भारतीय 'अपनी हजारों वर्षों की संस्कृति और ऐतिहासिक अनुभव से विवश होकर घोर अन्धकार के क्षणों में भी कालिदास की ही आँखों से देखने को बाध्य हैं। यह अचानक नहीं है कि कालिदास के प्रति छायावाद-प्रगतिवाद के सभी कवियों में गहरा अनुराग है

और नये कवियों की आँखें भी उधर ही उत्सुकता से उठी रही हैं। साही जी स्वयं से प्रश्नाकुलता की मुद्रा में जूझते-बहसते हुए कहते हैं, 'मनुष्य की सम्भावनाएँ असीम हैं; किन्तु सार्त्र के अर्थ में या कालिदास के अर्थ में? आज का हिन्दुस्तान कालिदास का हिन्दुस्तान नहीं है। किन्तु हमारे भीतर जिन्दगी की जो 'कालिदासीय लय' है, उसे छोड़कर हम कहाँ जाएँगे? हमारे चाहने पर भी वह हमसे छूटेगी कैसे? वह हमारे संस्कारों की अतल गहराइयों में इतने गहरे तक बसी है कि हमारे सभी महान् रचनाकारों के मानस में वही ध्वनित-प्रतिध्वनित मिलती है। हमारे चिन्तन की यह ध्वनि मार्क्स या नीत्से या टायनबी को बरदाश्त नहीं कर पाती। यही कारण है कि ज्यादातर मार्क्सवादी साही से कन्नी काटते हैं, घबराते हैं और उनके द्वारा उठायी गयी बहसों को आगे बढ़ाने में झिझककर भाग खड़े होते हैं। इस भाग खड़े होने का कारण है कि किसी तरह का 'दोगलापन' साहीजी के साथ चल नहीं सकता। और इधर के ज्यादातर मार्क्सवादियों में 'दोगलापन' उनके चरित्र का एक अंश ही बन चुका है। इन मार्क्सवादियों के 'रणछोड़' दर्शन से साही बहुत निराश हुए थे। बहसों-विचारों में भी अन्य मार्क्सवादियों की जो गिनती ही क्या, वे रामविलास शर्मा से भी कम ही सहमत हो पाते हैं। जबकि डॉ. रामविलास शर्मा मार्क्सवादी आलोचक नहीं, सांस्कृतिक भौतिक चिन्तन की द्वन्द्व-प्रक्रिया के भीतर से पककर निकले हुए ऐतिहासिक अनुभूति एवं अनुभव से बने आलोचक हैं।

कवि-आलोचक मलयज ने साही जी पर यह अभियोग लगाया है कि 'साही जी की आलोचना का आकाश खण्डित है।' इस कथन पर रमेशचन्द्र शाह ने कहा है, 'उसी पोट्रेट में यह भी कि साही की आलोचना तीन सिरों की टकराहट से उपजी है—साहित्यिक, दार्शनिक और ऐतिहासिक-राजनीतिक सिर। बकौल मलयज के, अब तीन सिरोंवाले लोग ही नहीं हैं तो टकराये कौन? क्या यह वस्तुस्थिति नहीं है?' क्यों हम हिन्दुस्तानी आदमी के धर्म और दर्शन, संस्कृति और राजनीति को नये सिरे से परिभाषित करने से कतराते हैं। ईश्वर तक पर हम खुलेपन से बहस क्यों नहीं करते और न यह सोचने की विवशता ही महसूस करते हैं कि भक्ति-आन्दोलन तमिल के आलवारों-भक्तों में ही क्यों उठ खड़ा हुआ? धर्मनिरपेक्षता का नारा क्या अर्थ रखता है? गाँधीजी को हम क्या कहें—धर्मसापेक्ष या धर्मनिरपेक्ष? ये तमाम प्रश्न साही जी को घेरते हैं, मथते हैं और इसी मन्थन के भीतर से 'धर्मनिरपेक्षता की खोज में हिन्दी साहित्य और उसके पड़ोस पर एक दृष्टि' जैसा महत्त्वपूर्ण निबन्ध लिखते हैं। साही जी हिन्दी परम्परा में पूरा भारत समेट लेते हैं और यह कभी भी बर्दाश्त नहीं कर पाते हैं कि हिन्दी-उर्दू परम्परा का गर्भाधान पश्चिमी इलियट-पाउण्ड की आधुनिकता से किया जाए। पश्चिमी ईसाई चिन्तन की परोथन से भरा 'आधुनिकतावाद' जब धर्मार्थ इस्लामवाद और नस्लवाद से मिलता है तो उससे किसी भी कबीर या जायसी का जन्म नहीं हो सकता। न अमीर खुसरो की देशभक्ति फूट सकती है और न

ऐसा रसखान पैदा हो सकता है जो 'बादशाह वंश की ठसक' छोड़कर कृष्ण के प्रेम-रस का दीवाना हो सके। तब रहीम और तुलसी गले नहीं मिल सकते। जबकि हिन्दी साहित्य में यह मिलन बराबर होता रहा है। लोकभाषा हिन्दी की संवेदना और विचार-चेतना पर 'धर्म' कभी भी सवारी नहीं कर सका है। यह बात भुलाने की नहीं है कि हिन्दुस्तान के इतिहास की अनुभूति धर्म से भिन्न है और धर्म-निरपेक्ष है। फिर परम्परा रचना को ऐतिहासिक अनुभव की रचनात्मकता में ढालने का एक साँचा बनाती है, जिसमें हर समय एक ऐसा मनुष्य बनता-ढलता रहता है, जो कीचड़ के भीतर से कमल की तरह खिलता है। भारतीय संस्कृति का सबसे महत्त्वपूर्ण प्रतीक 'कमल' बैठे-ठाले का बोधवाला प्रतीक नहीं है; बल्कि हमारी पूरी संस्कृति के अर्थ की निष्पत्ति इसी 'कमल' के प्रतीक में होती है।

साही जी ने हर जोखिम झेलकर यह खोज जीवन-भर जारी रखी है कि क्या 'सांस्कृतिक परिवर्तन में पश्चिमवाद की कसौटी' को अपनाया जा सकता है। 'भारतीय सन्दर्भ में सांस्कृतिक परिवर्तन को आँकने के लिए पश्चिमवाद किस हद तक और किन अर्थों में संगत कसौटी है।' क्योंकि हमारे यहाँ पश्चिमवाद अनेक रूपों, भाव-मुद्राओं में व्यक्त हुआ है। हमारे आधुनिक बौद्धिक रुझानों में, रुचियों में पश्चिम का प्रभाव झिलमिलाता नजर आता है। भारत में ऐसे भी लोग रहे हैं और आज भी मौजूद हैं जो पश्चिम को जाने-समझे बगैर यह मानकर चले हैं कि हमसे हर क्षेत्र में पश्चिम श्रेष्ठ है और हमारा सबकुछ निकम्मा है, व्यर्थ है; जिसमें गर्व करने लायक कुछ नहीं है। इन्हीं पश्चिमी दलालों ने यह भी कहा है कि भारतीय संस्कृति सतही और अपरिवर्तनशील है। मजा यह है कि मार्क्स जैसे विचारक ने भी इस धारणा को सही माना और पश्चिमवाद की श्रेष्ठता पर अपनी मुहर लगायी है।

साही का पारा तब चढ़ जाता है, जब वे पाते हैं कि 'पश्चिमवाद न केवल एक कसौटी है बल्कि एकमात्र कसौटी है, वह न केवल एकमात्र है बल्कि एकमात्र माध्यम है'। कसौटी के रूप में पश्चिमवाद एक मूल्य निर्णय का सार है और माध्यम के रूप में आधुनिकता एवं परम्परा के बीच द्विध्रुवीय संघर्ष को उकसाने का साधन। हालत यहाँ तक पहुँच चुकी है कि जो पश्चिमवाद का समर्थक या पिछलग्गू या नकलची है, वह अपने को गतिशील एवं प्रगतिशील कहता है तथा जो भारतीय दृष्टि का समर्थक है उसे पिछड़ा, अनपढ़, जड़, स्थिर एवं अपरिवर्तनशील मानता है। इस दृष्टि से गाँधी, जो पश्चिमवाद के विरोधी थे, उन्हें पिछड़ा और परम्परावादी मानना पड़ेगा। जबकि भारतीय इतिहास की दृष्टि इसके ठीक विपरीत है और वह गाँधी को पूरी तरह आधुनिक मानती है। गाँधी भारतीय परम्परा की आधुनिक संवेदना से उपजे लोकनायक थे। पश्चिमवादी या आधुनिकतावादी हिन्दू शास्त्रों के कठमुल्लापन, पोंगा-पंडितवाद का तो खुलकर विरोध करते हैं, व्यंग्य करते हैं, खिल्ली उड़ाते हैं, पर मुस्लिम शास्त्रों को कठमुल्लावाद, जड़तावाद के विरोध में

उसकी नानी मरती है। ईसाई शास्त्रवाद की कठोरता पर चुप रहते हैं। मुल्लावाद के खिलाफ जो आवाज उठाता है वह साम्प्रदायिक करार दे दिया जाता है और जो हिन्दू शास्त्रवाद को लतियाता है वह प्रगतिशील। नतीजा यह हुआ कि पश्चिमवाद या आधुनिकतावाद समाज के लिए नया परिवेश पैदा नहीं कर सका। एक प्रकार से आधुनिकतावाद अर्द्ध-जीवित अर्द्धपक्षाघात का सिद्धान्त है, जो हमारे आरम्भ को ही भटका देता है। पुनरुत्थानवादी काल-प्रवाह को पीछे मोड़ना चाहता है, जो असम्भव है; क्योंकि परिवर्तन किसी भी विचारधारा का मुहताज नहीं हुआ करता। अतः ध्यान में रखने की बात यह है कि पश्चिम का आधुनिकतावाद पश्चिम में खप सकता है, वह भारत के आधुनिकतावाद की शक्ल धारण करने पर भी भारत में नहीं खप सकता। कारण, एक समय में बौद्ध सबसे बड़े आधुनिकतावादी थे और फिर शैव और शाक्त हुए। मार्क्स-दर्शन के पक्षधर भी कम प्रगतिशील नहीं थे।

लखनऊ में आयोजित 'वत्सलनिधि' के शिविर में साही जी ने इलियट को लेकर एक जोरदार प्रसंग उठाया कि 'टेनिसन और आर्नोल्ड से तो बहस की जा सकती है, पर इलियट से नहीं; क्योंकि वह कहता है कि हम यूरोप को भी आत्मसात् करके बोल रहे हैं, क्योंकि वही हमारी हड्डी में है और उतनी ही हड्डी हमारी संस्कृति है। तो ठीक है, आप यूरोप को आत्मसात् करके बोलिए, मैं भारतवर्ष को आत्मसात् करके बोल रहा हूँ। इस अर्थ में आपके जैसा आधुनिक हूँ। लेकिन मुझे सिर्फ भारतवर्ष को आत्मसात् करके बोलने में सन्तोष नहीं होता। मुझको लगता है, मैं जो कुछ बोल रहा हूँ, उसका स्वाभाविक सन्दर्भ विचारों का वही स्वाभाविक सन्दर्भ है, जो साम्राज्यवाद के जमाने में सम्पूर्ण विश्व को एक साथ मानकर खड़ा किया गया था। उन्होंने साम्राज्यवादी नतीजे निकाले, वह अलग बात है। लेकिन जो सांस्कृतिक आइसोलेशनिज्म इलियट में दिखाई पड़ता है, वह मेरी मनःस्थिति का सम्पूर्ण सन्दर्भ नहीं हो सकता।'

क्यों नहीं हो सकता? आखिर बात क्या है? इसका उत्तर साही जी के परम प्रिय शिष्य रमेशचन्द्र शाह ने इस प्रकार दिया है, 'इलियट का भावबोध धीरे-धीरे सिकुड़ा। पहले वह न आइसोलेशनिस्ट था, न साम्राज्यवादी। बाद में वह ज्यों-ज्यों 'होली रोमन अम्पायर' के प्रति समर्पित होता गया, त्यों-त्यों उसकी संवेदना का वृत्त उसी हिसाब से सिमटा। क्या उसने एक जगह खुद ही कबूल नहीं किया है कि भारतीय दर्शन के भीतर प्रवेश करते-करते एक ऐसा बिन्दु आया, जब उसे पीछे हट जाना पड़ा। क्योंकि उसे लगा कि यदि वह ज्यादा गहरे जाता है तो उसकी यूरोपियन अस्मिता के लिए खतरा पैदा हो सकता है। इसका क्या मतलब हुआ? दरअसल यह मामला मूलतः धार्मिक साम्राज्यवाद का है—मिशनरी मनोवृत्ति का।' असली जड़ है धार्मिक साम्राज्यवाद का समर्थन। इसी बिन्दु पर आकर इलियट अपने को खुद मार लेते हैं, ईसाईवाद के जहर से।

साही अपने चिन्तन में बार-बार यह निवेदन करते हैं कि 'जो लोग यूरोप के तजुरबों से हमारी सारी धारणाएँ बनाते हैं, उन्हें भारत में कसौटी की तरह इस्तेमाल करके फैसला करते हैं' वे लोग न तो भारत तथा यूरोप के धर्म का अर्थ समझ सकते हैं, न सांस्कृतिक संवेदन का, न इतिहास की आन्तरिक पुकार का, न परम्परा और आधुनिकता का, न संस्कृति और नवजागरण का। इस तथ्य को हम उदाहरण से समझ सकते हैं—'यूरोप में नवजागरण का काम था मध्ययुग के ईसाई महामण्डल के टुकड़े-टुकड़े करके नये राष्ट्रों को जन्म देना। हिन्दुस्तान में नवजागरण के सामने समस्या थी समाज को टूटने के खतरे से बचाकर एका पैदा करना। नवजागरण और आधुनिकता की हवा तनाव को और तीखा कर देती है। धार्मिक अनुभूति सबको मिलाने की कोशिश करती है। यह विचित्रता क्यों है? यूरोप का नवजागरण पूरे समाज में सिर्फ एक धर्म का मुकाबला करता है। हिन्दुस्तान के नवजागरण के सामने मुकाबले के लिए कम-से-कम दो बड़े धर्म हैं। अतः नयी दुनिया की रोशनी और राष्ट्रीय एकता की जरूरत एक ही दिशा में काम नहीं करती (*साहित्य क्यों*, पृ. 18)।'

भारत की उन्नीसवीं शताब्दी में जैसे-जैसे यूरोप की नयी हवाओं के आने से नयी लहरियाँ उठीं वैसे-वैसे हमारी सर्जनात्मक अनुभूति की बनावट बदलने लगी। इसी बीच हिन्दी-उर्दू की धर्मान्धता और धर्मनिरपेक्षता को लेकर चक्करदार सवाल उठे, राजनीतिक तूफान आया। इस मनोभूमिका की पूरी धमक भारतेन्दु हरिश्चन्द्र के सृजन-कर्म में मिलती है। पीछे से जो ब्रिटिश साम्राज्यवादी वात्याचक्र चला—उसके भीतर से बालमुकुन्द गुप्त उभरे। नीलदेवी की अनुभूति से चलकर हिन्दी का लेखक शाइस्ता खाँ के खत तक व्यंग्य-विद्रोह के साथ कब पहुँच पाया, इस अन्तर्यात्रा पर विचार करने की जरूरत है। किन्तु साहित्यिक बहसों-संवादों में इस पर ध्यान बहुत कम दिया गया है। हिन्दी आलोचना के क्षेत्र में यह साही का ही कलेजा है कि वे साहित्य के भीतर पैठकर 'धर्मनिरपेक्षता की खोज' जैसे निबन्ध में कह सकें कि 'कम-से-कम साहित्य का अध्ययन तो यही बताता है। मैं यह भी कहना चाहूँगा कि मैदानों में फैली ब्रजभाषा मिलाप की भट्ठी में पकती है और सिकुड़ती हुई उर्दू अलगाववादी नये ब्राह्मणत्व की अभिलाषा में परवान चढ़ाती है।' यह फर्क मात्र भाषा का नहीं था, गहरे—बहुत गहरे संवेदना और काव्यानुभूति की बनावट का था। विडम्बना यह थी कि ब्रजभाषा राजाश्रय से एकाकार नहीं हो सकी और विदेशी फारसी उसके मार्ग में बाधा बनकर खड़ी थी। रीतिकाल के बाद का युग डबडबाई आँखों से यह दृश्य देख रहा था।

साही जी के लिए 'इतिहास और परम्परा' की चर्चा उनकी मनपसन्द चर्चा रही है। उन्हें इतिहास की गहराई में उतरकर युग की मनोभूमिका के सूत्र खोजकर जोड़ने में ही मजा आता है। फिर वे आत्ममुग्ध नहीं हैं—न भारत पर, न यूरोप पर।

दोनों के ठीक बीच में खड़े होकर उनके विचारों का डमरू नाद गूँजता है। वे यह भी मानकर चलते हैं कि पराधीन भारत में इतिहास का गौरव गान आत्मविश्वास के लिए जरूरी था, उसमें राष्ट्रीय महत्त्वाकांक्षा जगाने की व्यापक भावना थी; लेकिन आजादी के बाद राष्ट्रीय महत्त्वाकांक्षा सिर्फ पुकारने की चीज रह गयी। 'उसकी कसौटी अन्वेषण नहीं, सृजनात्मकता हो गयी।' अब 'परम्परा' से ज्यादा 'परिवर्ततन' पर, उसके कारणों पर चर्चा ज्यादा जोर से उठ खड़ी हुई। नतीजा यह हुआ कि आज 'परम्परा' का वह अर्थ नहीं है, जो स्वाधीनता-संग्राम के युग में था। आजादी के बाद इतिहास की गति 'परम्परा' के विरुद्ध पड़ती गयी। यह भी सोचा गया कि अब परम्परा में इतिहास का नैरन्तर्य आवश्यक नहीं है। जो धारणा इतिहास एवं परम्परा को मिलाकर चलती थी, उसका स्वरूप भी परिवर्तन की शक्तियों के हाथों बदल गया। यहीं पर एक सवाल और उठा—परम्परा या परम्पराएँ 'इतिहास में हमें परम्पराओं के दर्शन होते हैं और उसका मतलब भी समझ में आता है। लेकिन यह एक वचन 'परम्परा' तत्त्ववादी दर्शन की उपज है। अगर सबको आत्मसात् करने वाली परम्परा जैसी कोई चीज है भी तो वह काल-प्रवाह या ऐतिहासिक निरन्तरता का ही दूसरा नाम होगा।' इधर परिवर्तनवादियों ने परम्परा की परिभाषा ही बदल डाली है। परम्परा और रूढ़ि को नया अर्थ-सन्दर्भ दे दिया है। जिसे वे बदलना चाहते थे उसका नाम उन्होंने रूढ़ि दे दिया, जिसे नहीं बदलना चाहते थे, उसे 'परम्परा' कहकर पुकारा। लेकिन यह परिभाषा भी अधूरी ही है; क्योंकि यह निर्णय कौन करेगा कि राजस्थानी दुल्हन की सजावट की टेकनीक एक रूढ़ि है या परम्परा। सच यही है कि परिवर्तन की निरन्तर प्रक्रिया चलती है और उसी के आघात से रूढ़ि टूटती हैं, परम्पराएँ टूटती-बदलती हैं। समाज में जब भी कभी बड़े परिवर्तन होते हैं—परम्परा टूटती हैं या पुरानी थुनकियों की तरह घुनकर गिर पड़ती हैं; जिन पर समाज का छप्पर खड़ा था। मध्ययुग की परम्पराएँ 'धर्मों' से नियंत्रित होती थीं और आधुनिक परम्पराएँ? देशी-विदेशी टकराहट से नया तेज धारण करती हैं। भारत पाकिस्तान के विभाजन के दौर में परम्पराएँ 'संस्कृतियाँ' बन चुकी थी और उन्हें एक नहीं किया जा सका। फलतः विभाजन हमारी राजनीतिक-धार्मिक असफलता ही नहीं, सांस्कृतिक असफलता भी था। आगे के युग ने अनुभव से जाना कि परम्परा की भक्ति का कोई मतलब नहीं है।

साही जी हिन्दी के दो आलोचकों के नाम ही जब-तब याद करते हैं। पहला नाम है आचार्य रामचन्द्र शुक्ल और दूसरा नाम 'हिन्दी अलोचना के परशुराम कम्युनिस्ट आलोचक डॉ. रामविलास शर्मा का। आचार्य हजारीप्रसाद द्विवेदी पर कभी-कभार श्रद्धा व्यक्त करते हैं; पर विश्वास नहीं करते। कवियों में जायसी के साथ पूरा भक्ति-काव्य उन्हें बहुत भाता है। वे भारतेन्दु, प्रसाद और अज्ञेय में मग्न रहते हैं। उन्हें ध्यान है कि छायावाद के कवियों में सर्जनात्मकता का पक्ष प्रबल है, आलोचना

का कम। प्रगतिवाद में सर्जनात्मकता का पक्ष कमजोर है और आलोचना का तगड़ा। किन्तु अफसोस उन्हें इस बात का है कि जैसे छायावादी सर्जनात्मकता के मूल्यवान नतीजे नयी कविता में दिखाई दिये, वैसे मूल्यवान नतीजे प्रगतिवाद की आलोचना के आगे चलकर नहीं निकले। प्रगतिवादी आलोचनाशास्त्र एक नव्य सम्प्रदायवाद में बदल गया, जिसके तांत्रिक-विधान बाहर से आते रहे। इसलिए उसकी अनुभूति या ऐतिहासिक अनुभूति का दौर कहाँ से शुरू होता है और कहाँ खत्म, कोई नहीं जानता।

हिन्दी रचना और आलोचना में विजयदेव नारायण साही एक ऐसा अकेला नाम है, जिसके चिन्तन में हमारी देशी सर्जनात्मक वैचारिकता का तेज आलोकित और प्रस्फुटित होता है। छायावाद तथा छायावादोत्तर काव्यशास्त्र का पूरा परिदृश्य उनके बिना न केवल अधूरा है, बल्कि बंजर दिखाई देता है। उनमें गाँधी-लोहिया-नरेन्द्र देव ही एक लय से गायन नहीं कर रहे हैं, पूरी 'भारतीयता' एक नये अर्थ की तलाश पा रही है। नयी कविता के हर मुद्दे और प्रतिमान पर वाद-विवाद उठाना, खुलकर बहसना, गरजना, संवाद करना और सोचना साही का ही काम था। उनके चिन्तन को आगे बढ़ाने की जरूरत है। यदि ऐसा न किया तो हिन्दी आलोचना के दिशाहीन हो जाने का खतरा है।

धूमिल : समकालीन कवि-कर्म की शक्ति-धारा

धूमिल का काव्य-संग्रह *संसद से सड़क तक* (1972) पढ़कर चकित हूँ और यह पहली बार हुआ है कि मैंने किसी युवा कवि के संग्रह को पढ़कर इतना तगड़ा झटका महसूस किया हो। इतना जीवन्त और ताजा काव्य-मुहावरा मुझे इधर कहीं नसीब नहीं हुआ। पहला काव्य-संग्रह और इतनी सशक्त कविताएँ मुझे याद है कि गजानन माधव मुक्तिबोध के काव्य संग्रह *चाँद का मुँह टेढ़ा है* की कविताओं ने भी इसी तरह पकड़ा था। मगर उस 'पकड़' का अनुभव अलग था। मुक्तिबोध की कविताओं को एक-दो बार पढ़कर काम नहीं चला था। उन्हें तीन-चार बार पढ़ा था; पर जटिल बनावट और रहस्यात्मक प्रतीकों के कारण कविताएँ पल्ले कम पड़ी थीं। किन्तु *संसद से सड़क तक* की कविताएँ पढ़ते ही उनका जादू सिर चढ़कर बोला। मुझे लगता है कि इनमें ऐसा कोई मामला जरूर है, जो सीधे-सीधे मेरी चेतना को कसता है, बेचैन करता है, त्रासद अनुभवों के बीच से गुजारकर अवाक् मुद्रा में छोड़ देता है। यह ठीक है कि हर रचनाकार का काव्य-स्वभाव अलग होता है। मुक्तिबोध से अलग काव्य-स्वभाव तो धूमिल का है ही; पर धूमिल की महत्त्वपूर्ण लम्बी कविता 'पटकथा' पर मुझे मुक्तिबोध का प्रभाव प्रतीत होता है। यह प्रभाव 'अँधेरे में' कविता का ज्यादा सीधा दिखाई देता है।

लम्बी कविता 'पटकथा' में 'अँधेरे में' की तरह ही हिन्दुस्तान का सीधे-सीधे साक्षात्कार है। दोनों कवियों की बटलोई में एक-सा पानी खौल रहा है। 'पटकथा' में काव्य-नायक 'मैं' की सपने में एक 'हमशक्ल' से भेंट होती है। यह 'हमशक्ल' और कोई नहीं, 'हिन्दुस्तान' है। 'अँधेरे में' कविता का काव्य-नायक 'मैं' दो चरित्रों में विभक्त है। 'मैं' का प्रतिरूप 'वह' रहस्यमय यात्रा-पुरुष है। यह रहस्यमय 'वह' सामान्तवादी-पूँजीवादी विकृत समाज व्यवस्था में 'आत्मनिर्वासन' और 'अवमानवीकरण' की पीड़ा झेलता है। मुक्तिबोध का 'वह' उनके 'अवचेतन' का संघर्षरत प्रतीक है। इसी संघर्ष में उसके 'क्रान्तिकारी अभिप्राय' एकाग्र हैं। मुक्तिबोध के कवि-कर्म की जटिलता के पीछे यथार्थ परिस्थितियों का जटिल दबाव है। इसी दबाव से यथार्थ और फैंटेसी का अन्तर्गठन एक खास 'टेक्नीकल-इंटरेस्ट' को लेकर सामने आता है। पर जटिलता मुक्तिबोध के कवि-कर्म का जरूरी काव्य-स्वभाव है। उनकी

तनावमूलक दृष्टि नियमों से बाहर तर्कातीत रूपों-कोणों से घटित होती है। मुक्तिबोध पर मार्क्सवादी वैचारिकता के साथ मनोविश्लेषणशास्त्र की पकड़ भी कम गहरी नहीं है। लेकिन धूमिल में मुक्तिबोध जैसा कहीं कुछ ज्यादा नहीं है। 'पटकथा' की फैंटेसी में सपाट-बयानी और सरलीकरण की खुली छूट है। इस सपाट-बयानी में गद्य की कठोरता और काव्यात्मकता का एक दिलचस्प रासायनिक मिश्रण है। इसका स्वाद अलग तरह का है। धूमिल की इस महत्त्वपूर्ण लम्बी कविता में महाकाव्योचित विस्तारवाली टेकनीक भी नहीं है, केवल सोच और समझ के बीच उत्तेजक अनुभव का एक भयावह संसार है। धूमिल इस भयावह संसार के मात्र दर्शक, भाष्यकार, टिप्पणीकार न होकर उनके भीतर शरीक हैं, हिस्सेदारी करते हैं। पर उनकी विचारधारा मार्क्सवादी नहीं है। आप इसे आँख मूँदकर 'अस्तित्ववाद' भी नहीं कह सकते। धूमिल के पास यदि कोई विचारधारा है तो वह लोहियावाद का विचार तन्त्र है। यह लोहियावादी विचार तन्त्र प्रसंगों, तथ्यों, सन्दर्भों, दृश्यालेखों, वक्तव्यों, प्रश्नाकुल आत्मसंवादों, एकालापों में जिस तरह अपने को 'खोलता' है, उसके लिए कोई भी बना-बनाया काव्यात्मक प्रतिमान या आलोचनात्मक मानदण्ड अपर्याप्त और असंगत जान पड़ता है। फिर उनकी विचारधारा भी किसी चमकती रेखा में सीधे नहीं चलती है। 'नक्सलबाड़ी' कविता में वे नक्सलवादी विचारधारा से सहानुभूति तो दिखाते हैं, पर यह 'सहानुभूति' उस विचारधारा के प्रति सम्पूर्ण समर्पण या सम्पूर्ण लगाव रखने का भरोसा नहीं दिलाती। उनके मन में राजकमल चौधरी जैसे अकवितावादी कवि के लिए पूरी जगह है, और वे 'राजकमल चौधरी के लिए' कविता भी लिखते हैं। अकवितावादी काव्य-मुद्राएँ अपनाकर भी धूमिल अकवितावादी कवि नहीं हैं। मामूली आदमी के दुखते-कसकते अनुभवों को वे कविता बनाते हैं। आजादी के बाद का 'मोहभंग' उनके काव्यात्मक मुहावरे के भीतर से पूरी सर्जनात्मक ऊर्जा के साथ फूट-फट पड़ता है। सर्जनात्मकता की इसी काव्य-जमीन पर खड़े होकर धूमिल कह रहे हैं—

और मैं
तुम्हें वक्त में
वापस खींच लाने की कोशिश में
लगा हूँ
नहीं—मुझे इस तरह
डबडबाई हुई आँखों से
मत घूरो
मैं तुम्हारे ही कुनबे का आदमी हूँ
शरीफ हूँ
सगा हूँ।

व्यवस्था की खोह में धूमिल भयभीत खड़े हैं। देख (भाषा की रात) रहे हैं कि चारों तरफ गाँधी के बन्दरों की हत्या हो रही है। हत्यारे रक्तलोलुप मशालची बनकर छुट्टा घूम रहे हैं, घोड़ा पी रहे हैं—पीड़ा बाँट रहे हैं। हत्यारों ने जलते हुए आदमी को झण्डे की तरह उठा लिया है और हमारे चेहरों पर गाड़ना चाहते हैं। वे अब किसी भले आदमी को जीने नहीं देंगे। उन्होंने आदमी के रक्त का स्वाद चख लिया है। आदमी-आदमी के बीच के आत्मीय रिश्तों को काटकर फेंक दिया है और वे व्यक्तिवाद, अलगाववाद के जहरीले साँप छोड़ रहे हैं—

यह भाषा की रात है
चीजें
या तो झुक रही हैं
या पीछे हट रही हैं
भाषा और भाषा के बीच की दरार में
उत्तर और दक्षिण की तरफ
फन पटकता हुआ
एक दोमुँहा विषधर
रेंग रहा है
रोजी के नाम पर
रोटी के नाम पर
जगह-जगह जहर।

फन पटकता विषधर वही है जो अज्ञेय में 'साँप तुम सभ्य तो' वाली कविता का 'अर्थ' है। सर्वेश्वर में भी इन रेंगते साँपों को मारने की प्रतीक्षा मिलती है। जंगल के काले तेन्दुओं पर उनकी निगाह है और वे मशाल जलाकर उन्हें भगाने के लिए निर्भय बढ़ते हैं। पर सघन जंगलों में छिपने की जगहें हैं—उन्हें खदेड़ नहीं पाते। यह संयोग है कि सर्वेश्वर की कविता में जंगल का दर्द बहुत है और धूमिल में भी 'जंगल की कौंध कम नहीं है; बल्कि जंगल धूमिल का विशिष्ट प्रतीक है। इस 'जंगल' का अर्थ है अराजकतावाद-आधुनिकतावाद का भ्रमपूर्ण मायावी संसार। सर्वेश्वर की भाँति धूमिल 'आधुनिक त्रासदी' का साक्षात्कार करते हैं। उन्हें पता है कि पुरानी त्रासदी में 'भाग्य' होता था। आज की त्रासदी में 'चरित्र' ने 'भाग्य' की जगह ले ली है। पहले त्रासद नायक यंत्रणा को आत्मनिर्णय के रूप में वरण करता था, आज वह अकेला संत्रास और यंत्रणा को झेलता है। आस्था के सिंहासन पर आज अनास्था का कब्जा है। धूमिल में आधुनिक त्रासदी की पीड़ा और फूहड़ता, संशय और हत्या, विसंगति और व्यंग्योक्ति वाला आधुनिक बोध कायम है। यहाँ मानवीय आस्था और गरिमा का स्थान सन्देह और फूहड़ता ने ले लिया है। गाँधी की 'हत्या' के बाद हत्या अब हमारा राष्ट्रीय चरित्र बन गयी है और 'स्वतन्त्रता'

लूट-मार, स्वार्थान्धता और मूल्यान्धता। *संसद से सड़क तक* काव्य-संग्रह की पहली कविता इसी यथार्थ साक्षात्कार से शुरू होती है–

उसे मालूम है कि शब्दों के पीछे
कितने चेहरे नंगे हो चुके हैं
और हत्या अब लोगों की रुचि नहीं–
आदत बन चुकी है
वह किसी गँवार आदमी की ऊब से
पैदा हुई थी और
एक पढ़े-लिखे आदमी के साथ
शहर में चली गयी।

(*कविता*)

यहाँ पढ़े-लिखे आदमी पर पूरा व्यंग्य केन्द्रित है, जो आत्मरति और आत्मलाभ की स्थिति का प्रतीक बन गया है। एक संस्कारहीन शिक्षा का सांड, जो संस्कृति की पूरी फसल उजाड़कर मस्त है। यही शिक्षित टुच्ची, अमानवीय राजनीति को संसद में ले जाता है। 'संसद' अर्थात् भारतीय राजनीति का अड्डा और सड़क अर्थात् जनता के जागते सपने की राह। दिलचस्प बात यह है कि इस काव्य-संग्रह में कोई भी कविता 'संसद से सड़क तक' शीर्षक से नहीं है; पर हर कविता संसद और सड़क से सीधे जुड़ी है। संसद को 'पटकथा' में कवि एक बार परिभाषित कर देता है। यही वह जगह है जहाँ राम को रावण ने पीस दिया है और कृष्ण को कंस ने पीटा है। सत्य का गला झूठ ने दबा दिया है–जनतन्त्र-लोकतन्त्र-प्रजातन्त्र की तबाही का केन्द्र-स्थल और लूटतन्त्र का करिश्मा–

मुझसे कहा गया कि संसद
देश की धड़कन को
प्रतिबिम्बित करनेवाला दर्पण है
जनता को
जनता के विचारों का नैतिक समर्पण है
लेकिन क्या यह सच है?
या यह सच है कि
अपने यहाँ संसद
तेली की घानी है
जिसमें आधा तेल है
और आधा पानी है।
और यदि यह सच नहीं है
तो वहाँ एक ईमानदार आदमी को

अपनी ईमानदारी का
मलाल क्यों है?
जिसने सत्य कह दिया है
उसका बुरा हाल क्यों है?

(*पटकथा*)

धूमिल ने नाम नहीं लिया है; लेकिन कर्म से जाहिर है कि भारतीय संसद में ऐसा ईमानदार आदमी था राममनोहर लोहिया, जिसने संसद में प्रधानमन्त्री जवाहरलाल नेहरू के सामने जनता की गरीबी के आँकड़े देकर बहस की। लेकिन नेहरू और नेहरूवादियों ने डॉ. लोहिया को 'पागल राजनीतिज्ञ' करार दिया। आधुनिकतावादी सांसद उसे संसद से 'बाहर कर देने' की पुरजोर आवाज उठाते रहे। डॉ. लोहिया ने देश में फैले कीचड़ और सड़ांध पर ध्यान दिलाने की बात की। हो न हो, डॉ. लोहिया के उसी विचार को धूमिल 'पटकथा' में इस प्रकार से ढालकर काव्यात्मक वक्तव्य देते हैं—

चुनाव है।
लेकिन मुझे लगा कि एक विशाल दलदल के किनारे
बहुत बड़ा अधमरा पशु पड़ा हुआ है
उसकी नाभि में एक सड़ा हुआ घाव है
जिससे लगातार—भयानक बदबूदार मवाद
बह रहा है
उसमें जाति और धर्म और सम्प्रदाय और
पेशा और पूँजी के असंख्य कीड़े
बिलबिला रहे हैं और अन्धकार में
डूबी हुई पृथ्वी
(पता नहीं किस अनहोनी की प्रतीक्षा में)
इस भीषण सड़ांध को चुपचाप सह रही है।

इन काव्य पंक्तियों पर ठीक से ध्यान केन्द्रित करें तो पता चल जाता है कि यह सब लोहिया के विचारों का काव्यानुवाद है। डॉ. लोहिया की सामाजिक-राजनीतिक शब्दावली बजती है। 'दलदल', 'अधमरा पशु', 'नाभि में सड़ा घाव', 'पूँजी के अवसरवादी कीड़े' लोहिया द्वारा प्रयुक्त अर्थ-गर्भित शब्द हैं, पर आज के राजनीतिक माहौल में डॉ. लोहिया को याद करना वैसे ही है, जैसे चोर-उचक्कों के मुहल्ले में गीता पाठ। यह मुहल्ला लगातार बढ़ रहा है तो इसके सिवा और रास्ता क्या है? डॉ. लोहिया इस देश के आखिरी राजनीतिज्ञ थे, जिन्होंने संसद में राजनीतिक, आर्थिक और सांस्कृतिक चिन्तन के बारे में बुनियादी सवाल उठाए और जातिवाद, धर्मवाद तथा सम्प्रदायवाद को बार-बार चुनौती दी। यथास्थितिवाद और भारत के पश्चिमीकरण को लेकर गुलाब संस्कृति (पूँजीवादी संस्कृति) के रक्षक नेहरू जी से

तीखी और क्रान्तिकारी बहस की। ऐसी क्रान्तिकारी बहस कि उसके बाद वैसी बहस सम्भव ही नहीं हुई। सच्चे अर्थों में डॉ. लोहिया ही गाँधी जी के विचारों के प्रवक्ता बने। पर गाँधी जी से ज्यादा विफल भी इस देश ने किसे माना? गाँधी से टूटकर 'हिन्दुस्तान' गलत राह पर चल पड़ा। 'पटकथा' में काव्य-नायक धड़ाम से चौथे आम चुनाव की सीढ़ियों से फिसलकर मत-पेटियों के गड़गच्च अँधेरे में गिर जाता है—

नींद के भीतर यह दूसरी नींद है
और मुझे कुछ नहीं सूझ रहा है
सिर्फ एक शोर है
जिसमें कानों के परदे फटे जा रहे हैं
शासन, सुरक्षा, रोजगार, शिक्षा
राष्ट्रधर्म देशहित हिंसा अहिंसा
सैन्य-शक्ति देशभक्ति आजादी वीसा
वाद-बिरादरी भूख भीख भाषा
शान्ति-क्रान्ति शीतयुद्ध एटम बम सीमा
एकता सीढ़ियाँ साहित्यिक पीढ़ियाँ निराशा
झाँय-झाँय, खाँय-खाँय, हाय-हाय, साँय-साँय।

घोर अँधेरे में सूझ कुछ कैसे सकता है; क्योंकि बुद्धिजीवी कलाकार आदि सभी सत्ता के साथ भटक रहे हैं। 'अँधेरे में' कविता में मुक्तिबोध ने जो हालत बयान की थी, बिल्कुल वैसी ही हालत का आलम 'पटकथा' में मौजूद है। यहाँ तिजोरियों के प्रशिक्षित दलाल चल रहे हैं—

नहीं—अपना कोई हमदर्द
यहाँ नहीं है। मैंने एक-एक को
परख लिया है।
मैंने हर एक को आवाज दी है
हर एक का दरवाजा खटखटाया है
मगर बेकार। मैंने जिसकी पूँछ
उठायी है उसको मादा
पाया है
वे सबके सब तिजोरियों के
दुभाषिये हैं
वे वकील हैं। वैज्ञानिक हैं।
अध्यापक हैं। नेता हैं। दार्शनिक हैं।
लेखक हैं। कवि हैं। कलाकार हैं।
यानि कि—

कानून की भाषा बोलता हुआ
अपराधियों का एक संयुक्त परिवार है।

अपराधियों के इस संयुक्त परिवार पर जवाहरलाल नेहरू के गुलाबवाद की माया और छाया थी। यह लोकनायक जनतन्त्र, त्याग, स्वतन्त्रता, संस्कृति, शान्ति, मनुष्यता जैसे शब्दों से जनता को भरमाये रहा। चूँकि ये सुन्दर सुनहरे वादे थे, खुशफहम इरादे थे, अतः जनता सपनों की प्रतीक्षा करती रही। आज कोट के बटन होल में महकते हुए गुलाब से इस लोकनायक (नेहरूजी) को सरलता से पहचाना जाता है—

मतदान होते रहे
मैं अपनी सम्मोहित बुद्धि के नीचे
उसी लोकनायक को
बार-बार चुनता रहा
हर सवाल का
एक ही जवाब था
यानि कि कोट के बटन होल में
महकता हुआ एक फूल
गुलाब का।
वह हमें विश्वशान्ति और पंचशील के सूत्र
समझाता रहा। मैं खुद को
समझाता रहा—'जो मैं चाहता हूँ
वही होगा।'

(पटकथा)

लेकिन 'जो मैं चाहता था' वह नहीं हुआ। वह हुआ, जिसे मैंने कभी कल्पना में भी नहीं सोचा था। मैं चाहता था कि—

अब कोई बच्चा
भूखा रहकर स्कूल नहीं जाएगा
अब कोई छत बारिश में
नहीं टपकेगी।
अब कोई आदमी कपड़ों की लाचारी में
अपना नंगा चेहरा नहीं पहनेगा
अब कोई दवा के
अभाव में घुट-घुटकर
नहीं मरेगा।

(पटकथा)

लेकिन देशभक्त कवि और जनता की हर इच्छा को आग लगा दी गयी। देश में

आजादी के बाद भयानक लूटतन्त्र-गुण्डातन्त्र और अलगाववाद-अवसरवाद पनपा। गरीबी, जातिवाद और भूख से देश बेहाल होता गया। निराला ने 'देखा मैंने इलाहाबाद के पथ पर' (तोड़ती पत्थर) काव्य-पंक्तियों में जो दर्द महसूस किया था, वही दर्द धूमिल को बेचैन कर उठा। 'मैंने देखा' की गवाही और शक्ति को काव्य-टोन में लिखा—

मैंने देखा कि मैदानों में
नदियों की जगह
मरे हुए साँपों की केंचुले बिछी हैं
पेड़—
टूटे हुए रडार की तरह खड़े हैं
दूर-दूर तक
कोई मौसम नहीं है।
मैंने अचरज से देखा कि दुनिया का
सबसे बड़ा बौद्ध मठ
बारूद का सबसे बड़ा गोदाम है।
अखबार के मटमैले हाशिये पर
लेटे हुए, एक तटस्थ और कोढ़ी देवता का
शान्तिवाद, नाम है
यह मेरा देश है—
यह मेरा देश है
हिमालय से लेकर हिन्द महासागर तक
फैला हुआ
जली हुई मिट्टी का ढेर है
जहाँ हर तीसरी जबान का मतलब
नफरत है।
साजिश है।
अँधेरे है।

'पटकथा' टूटते हुए भारतीय जनता के सपनों की दर्दनाक और शर्मनाक तस्वीर है। हम नेहरूवाद से घृणा-गुस्सा करने पर विवश हो जाते हैं। सुभाष-तिलक-गाँधी-भगतसिंह की कुरबानी पर नेहरूजी ने पानी फेर दिया। वे भारत को 'इंडिया' बनाने, 'मॉडर्न' बनाने की धुन रटते रहे। पूरे मन से पश्चिमी नकलवाद की राह पर भारत को ले आये। भूख हटा नहीं सके, पर भाषा अर्थात् भारतीय सांस्कृतिक अस्मिता को मिटाने पर आमादा रहे। नव उपनिवेशवाद और नव साम्राज्यवाद को कायम रखने के लिए 'जनतन्त्र' का झूठा नाटक जारी रहा। समतावाद को लाने और गैर बराबरी को मिटाने के लिए तमाशावाद चला। इसी का चेहरा बेनकाब करते हुए धूमिल ने कहा—

उसको समझा दिया गया कि यहाँ
ऐसा जनतन्त्र है जिसमें
जिन्दा रहने के लिए
घोड़े और घास को
एक जैसी छूट है
कैसी विडम्बना है
कैसा झूठ है
दरअसल, अपने यहाँ जनतन्त्र
एक ऐसा तमाशा है
जिसकी जान
मदारी की भाषा है।

(पटकथा)

धूल, धुआँ, कुहासा, दलदल में आजादी का सूर्य छिपा दिया गया। आजाद भारत में अन्धकार तन गया। जनता के श्रम पर पूँजीवादी भोगवाद को मुकम्मल किया गया। इस स्थिति ने 'श्रम के परायेपन' को पुष्ट किया और 'आत्मनिर्वासन' मिला। फलतः धूमिल की 'पटकथा' जैसी कविताओं का स्थाई भाव है—भारत-दुर्दशा, अँधेर-नगरी। भारतेन्दु ने *भारत-दुर्दशा* नाटक में जो बातें पराधीन भारत में कहीं थीं, वे फिर सामने आ गयीं और ज्यादा क्रूर तरह से सामने आयीं। फिरंगी साम्राज्यवाद से ज्यादा बर्बर और खतरनाक सिद्ध हुआ देशी साम्राज्यवाद। घोर निराशा से भरकर धूमिल नेहरू के समाजवाद पर व्यंग्य करते हैं। नेहरू का समाजवाद एक अमूर्त धोखा था; जिसका न तो सम्बन्ध मार्क्सवाद जैसे वैज्ञानिक चिन्तन से था, न डॉ. लोहिया की समाजवादी विचारधारा से था। नेहरू का 'समाजवाद' एक ऐसा गोल-मोल शब्द था कि उसके ऊपर दूध और भीतर जहर था। इस जहरवाद को फैलाकर उन्होंने भारतीय जनता को गुमराह किया—

भूख और भूख की आड़ में
चबाई गई चीजों का अक्स
उनके दाँतों में ढूँढना
बेकार है। समाजवाद
उनकी जुबान पर अपनी सुरक्षा का
एक आधुनिक नारा है।

(पटकथा)

हम सभी जानते हैं कि 'समाजवाद' शब्द की इस गरीब देश में कैसी छीछालेदर हुई है। जैसे आज धर्मान्ध शक्तियाँ अपने को 'सेक्यूलर' कहती रहती हैं और पूँजीवादी शक्तियाँ अपने को 'समाजवादी' कहती हैं, वैसे ही 'समानतावाद' का झुनझुना नेहरूजी

ने बजाया था। डॉ. लोहिया बराबर कहते थे कि हिन्दुस्तान जाग ही तब सकता है, जब हम अपने यथास्थितिवाद को तोड़ें। जनता को जगाने के लिए लोहिया ने समाजवाद का मार्क्सवाद से अलग दृढ़ आधार तैयार किया। लोहिया घोषित तौर पर कहते रहे कि साम्राज्यवाद और पूँजीवाद जुड़वाँ सन्तानें हैं। जो लोग आजकल पूँजीवाद की प्रगतिशील भूमिका को लेकर हो-हल्ला करते हैं, उन्हें ध्यान में रखना चाहिए कि पूँजीवाद ने जहाँ दुनिया को समृद्ध और स्वतन्त्र बनाया, वहाँ उसने बाकी दुनिया में भूख और बेकारी पैदा की है। मार्क्सवाद के प्रति लोहिया साफ थे कि ईसाइयत और पूँजीवाद के बाद वह यूरोप की सभ्यता का तीसरा अस्त्र है, जिसके जरिये वे संसार-भर में अपना कब्जा चाहते हैं। इसलिए भारत का पुनर्निर्माण न तो पूँजीवादी तरीके से किया जा सकता है, न साम्यवादी तरीके से। लोहिया भारत की मुक्ति भारतीय समस्याओं के मूल से समझकर फिर उसके निराकरण में देखते थे। इसलिए सीधी लड़ाई उन्हें भारत के विलासी तबके से सूझती थी। लोहिया ने संसद में यह ऐतिहासिक बहस छेड़ी कि बीस करोड़ लोग ऐसे हैं, जो तीन आना रोज में गुजारा करते हैं; जबकि गरीब देश के प्रधानमन्त्री का छब्बीस हजार रोजाना खर्च है। यही कारण है कि लोहिया ने नेहरूजी पर चौतरफा हमला किया।

वे मानते थे कि पंचवर्षीय योजनाओं के कारण विषमता की संस्कृति ताकत में आ रही है। यह संस्कृति हर साल लाखों लोगों को अमीर बनाने का काम कर रही है तथा बाकी जनता निर्धनता में गर्क होती जा रही है। अपने हितों के लिए नेहरू ने देश में एक नया उपनिवेशवाद पैदा किया। लोहिया ने साफ कहा, 'कांग्रेस एक जहरीले सर्प के समान है और जब तक वह देश के भाग्य पर अपना फण फैलाये बैठी रहेगी, तब तक देश के भाग्योदय का सवाल ही नहीं उठता।' लोहिया की यह बात सही सिद्ध हुई—

मुझमें भी आग है
मगर वह
भभककर बाहर नहीं आती
क्योंकि उसके चारों तरफ चक्कर काटता हुआ
एक 'पूँजीवादी' दिमाग है।

(पटकथा)

कवि परिवर्तन, विद्रोह और क्रान्ति चाहता है—'आहिस्ता-आहिस्ता' में उसका विश्वास नहीं है। पूरे समाज की बखिया उधेड़कर धूमिल मैल और कीचड़ को देख लेते हैं। वे ईमानदारी को अपनी चोर जेबें भरते देख लेते हैं और विवेक को चापलूसों के तलवे चाटते। इसलिए उनका सिर गरम रहता है कि जो हलचल नदी के बीच में होनी चाहिए, वह सतह पर उठकर समाप्त हो जाती है। 'चरित्रहीनता' ही सुअवसर बन गयी है—

मैं रोज देखता हूँ कि व्यवस्था की मशीन का
एक पुरजा गरम होकर
अलग छिटक गया और
ठण्डा होते ही
फिर कुरसी से चिपक गया है
उसमें न हया है
न दया है।

इन्हीं शक्तियों ने पूरे देश का संहार कर दिया है, हर मूल्य को नकारा है और हर हाथ को तोड़ दिया है—

उन्होंने किसी चीज को
सही जगह नहीं रहने दिया है
न संज्ञा
न विशेषण
न सर्वनाम
एक समूचा और सही वाक्य
टूटकर
बिखर गया है
उनका व्याकरण इस देश की
शिराओं में छिपे हुए कारकों का
हत्यारा है।

इन शक्तियों ने भूख से मरा आदमी अपने काम में लगा दिया है और वे गाय छाप नारे उछालते हैं।

धूमिल को दुःख है कि लाल बहादुर शास्त्री सत्ता में आने पर जिये नहीं। वे कुछ परिवर्तन कर सकते थे—

मुझे झेलनी पड़ी थी सबसे बड़ी ट्रेजडी
अपने इतिहास की
जब दुनिया के स्याह और सफेद चेहरों ने
विस्मय से देखा कि ताशकन्द में
समझौते की सफेद चादर के नीचे
एक शान्ति यात्री की लाश थी।

अपने आशापुंज शास्त्रीजी की मृत्यु से बेचैन कवि फिर फूहड़ इरादों के हाथों छला जाता है। इस कविता में बड़ी बात यह है कि कवि स्वचेतनता और निर्वैयक्तिकता के बीच के द्वन्द्व को बराबर झेलकर सम करता चलता है। समय का कठोर अनुभव आत्मालोचन करता है तो पाता है कि आत्मीय रिश्तों के सभी पुल टूट गये हैं।

आदमी आदमी को प्यार से नहीं, नफरत से घूरता है। खाली पेटों पर तरस नहीं आता। हृदयहीन पशुतावाद की हालत यह है कि–

और न ढला हुआ 'सूर्यहीन कंधा' देखता है
हर आदमी सिर्फ, अपना धंधा देखता है
सबने भाईचारा भुला दिया है
आत्मा की सरलता को मारकर
मतलब के अँधेरे में (एक राष्ट्रीय मुहावरे की बगल में)
सुला दिया है।

सहानुभूति और प्यार, जो हमारी संस्कृति की मूल्य चेतना के फूल थे उन्हें रौंद डाला गया है और अपराध का सदाबहार फूल जनतन्त्र के जंगल में खिलाया जा रहा है। असहायता-आँसू और हाय से भरा यह लोकतन्त्र 'पटकथा' का पूरा कथ्य तय कर देता है। यही उजड़ा हिन्दुस्तान है—

कि मेरे उलझनों के अँधेरे में
एक हमशक्ल खड़ा है
मैंने उससे पूछा—तुम कौन हो?
यहाँ क्यों आए हो?
तुम्हें क्या हुआ है?
'तुमने पहचाना नहीं—मैं हिन्दुस्तान हूँ
हाँ, मैं हिन्दुस्तान हूँ'
वह हँसता है ऐसी हँसी कि दिल
दहल जाता है
कलेजा मुँह को आता है।

हिन्दुस्तान के पास उपदेश का मर्म यही है कि 'इस दलदल से बाहर निकलो'। 'सुनो, तुम जिसे चाहो चुनो, मगर इसे नहीं। इसे बदलो।' यह आवाज ऐसे आ रही है जैसे किसी जलते कुएँ से उठी हो। फैंटेसी चल रही है और अनुभव पर अनुभव की पर्त मोटी जमती जाती है। अनुभव के भीतर से फिर लोहिया के विचार चमकते हैं। लोहिया हर कीमत पर कांग्रेस को सत्ता से हटाना चाहते थे, क्योंकि काँग्रेस ने जनता से उसकी भाषा छीन ली थी। उनके सामने सवाल हिन्दी का नहीं था, मातृभाषाओं को शिक्षा का माध्यम बनाने, उनमें चिन्तन की नयी शक्ति पैदा करने का था। अंग्रेजी हमारी शिक्षा का माध्यम भर न थी, वह हमारे अस्तित्व और व्यक्तित्व, संवेदना और संस्कार दोनों को मिटाने की साज़िश के लिए रखी गयी थी। डर यह दिखाया जाता था कि अंग्रेजी देश को जोड़े हुए है, वह हटायी जाएगी तो मातृभाषाएँ झगड़कर देश की अखंडता को नष्ट कर देंगी। अंग्रेजी से सत्ता और शक्ति भोगनेवाले आज भी यही कहते हैं कि अंग्रेजी के बगैर भारत पिछड़ जाएगा;

अंग्रेजी के बगैर पूरा देश असभ्य और बर्बर हो जाएगा। मजा यह कि अंग्रेजी को बरकरार रखने में कांग्रेस का साथ वामपन्थी पार्टियों ने भी दिया। हालत यहाँ तक पहुँची कि गाँधी प्रतिष्ठानों तक के सेमिनारों में अंग्रेजी ही विचार की, लेखों-भाषणों-बहसों की भाषा बन गयी। भारतीय भाषाओं की छाती पर बैठकर अंग्रेजी रानी अंगड़ाई ले रही है, और उसे देखकर हम खीसें निपोर रहे हैं। स्वार्थी दिमागों ने भूख की जगह भाषा को रख दिया है। भाषा की रात में हर चीज झूठ है—आदमी, देश, आजादी, प्यार। इसलिए धूमिल बराबर कहते रहते हैं कि 'मेरे सामने वही चिर-परिचित अन्धकार है'। इस अन्धकार में धूमिल मशाल जलाना चाहते हैं, पर जला नहीं पाते। खीज, ऊब, बेबसी, घबराहट, हत्या, आतंक, संसद, सड़क के शोर में डूब जाते हैं। प्रश्न उठता है कि क्या यह पराजय का दर्शन है, जो हमें कमजोर बनाता है, शक्ति नहीं देता? जयशंकर प्रसाद को प्रलय पर पले हुए जिन वीरों पर भरोसा था, उन पर धूमिल को भरोसा नहीं है? क्या निराशावाद-पलायनवाद का कच्चा-बच्चा है? इन प्रश्नों का उत्तर एक ही है कि धूमिल अपने 'परिवेश' को, उसके यथार्थ को कविता में उघाड़कर दिखाते हैं, पर पराजयवाद में विश्वास नहीं करते। पराजय में डूब गये हो तो 'जागते रहो' के यात्री न बनते।

धूमिल की 'कविता', 'बीस साल बाद', 'जनतन्त्र के सूर्योदय में', 'अकाल-दर्शन', 'बसन्त', 'एकान्त व्यथा', 'शान्तिपाठ', 'उस औरत की बगल में लेटकर', 'शहर में सूर्यास्त', 'मकान', 'प्रौढ़ शिक्षा', 'एक आदमी', 'पतझड़', 'शहर का व्याकरण', 'कवि 1970', 'नक्सलबाड़ी', 'कुत्ता', 'सच्ची बात', 'भाषा की रात' तथा सर्वाधिक सशक्त कविता 'मोचीराम' के भीतर से गुजरने पर लगता है कि धूमिल के भीतर से हमारी धरती का शक्ति-पुत्र बोल रहा है। धूमिल की संवेदना में लोक-सम्पृक्ति की सीधी धार है, उनके बिम्बों-प्रतीकों में गँवई संवेदना की लहरदार तान-तुक और मार है। मुझे तो मुकम्मल तौर पर लगता है कि आजादी के बाद की हिन्दी कविता का युवा मानस पूरी सर्जनात्मकता प्रतिभा से धूमिल में खुलता है। इस काव्य-टोन में अनुभव और अनुभूति का वजनी स्वर है और प्रश्नाकुल विचार-मुद्राओं, ध्वनि-भंगिमाओं के गहरे और सार्थक संकेत हैं—

क्या आजादी सिर्फ तीन थके हुए रंगों का नाम है
जिन्हें एक पहिया ढोता है
या इसका कोई खास मतलब होता है?

(बीस साल बाद)

क्या यह धूमिल की कम बड़ी विजय है कि साठोत्तरी हिन्दी कविता में उन्होंने खुली बात या सपाटबयानी को ही एक काव्य-मूल्य के रूप में प्रतिष्ठित कर दिया? क्या यह मैथिलीशरण गुप्त की 'सपाटबयानी' का दूसरा सर्जनात्मक दौर नहीं है, जिसे धूमिल ने पुनः सम्भव बनाया और उसके भीतर से काव्यात्मकता को निचोड़ा है?

दरअसल, धूमिल ने नयी कविता के अज्ञेय और मुक्तिबोध जैसे कवियों से हटकर युवा कवियों की सर्जनात्मक सम्भावनाओं को 'सपाटबयानी' से फिर दिशा दी। कहना न होगा कि धूमिल ने एक ऐसा नया काव्य-मुहावरा ईजाद किया, जो कलावादी और मार्क्सवादी सौन्दर्यशास्त्र को किनारे पर धकेलकर युवा जनमानस को केन्द्र में लाया। एक ऐसा काव्यात्मक इतिहास ही इस कवि ने अकेले खड़ा कर दिया कि उस पर पीछे से अनेक कवियों ने अपनी छाप छोड़ी। धूमिल ने न केवल जनता को सीधे सम्बोधित करने वाली उद्‌बोधनपरक रचनाएँ बल्कि पौराणिक-ऐतिहासिक इतिवृत्तों की कविता से छुट्टी ही कर दी। 'एक सही कविता पहले एक सार्थक वक्तव्य होती हैं'—इस कसौटी पर स्वयं अपने कवि-कर्म को समर्पित कर दिया। आजादी के बाद के पूरे परिवेश को उन्होंने कविता बनाकर दिखा दिया। यही कारण है कि *संसद से सड़क तक* की कविताएँ नये जनमानस की यथार्थ छवियाँ बनती हैं और यह काव्य-संग्रह समकालीन कविता का गुटका ही बन गया। पुरानी काव्य-रुचियों को चौंकानेवाले काव्य-मुहावरों से इस कदर बदल दिया कि कविता की अभ्यस्त ध्वनियाँ गायब हो गयीं। एक बुनियादी आत्मालोचन इस कविता की शर्त बन गया। मैथ्यू आर्नोल्ड की इस परिभाषा पर कि 'कविता जीवन की आलोचना है'—धूमिल को परखना चाहिए। आजादी के बाद के पूरे संहार को अनासक्त भाव से देखने की इतनी निर्भय ताकत और आत्मविश्वास की गहराई कम कवियों में ही मिलेगी। प्रेमचन्द का यह कथन धूमिल में फिर अपनी सत्यता सिद्ध कर देता है कि 'कविता राजनीति के आगे-आगे चलने वाली मशाल है'।

औरों की बात तो मैं नहीं जानता, पर इतना अवश्य कह सकता हूँ कि धूमिल की कविता में जो चुस्त वक्तव्यों की बारात है, वह धीरे-धीरे अपना आकर्षण खोती जाती है। ज्यादातर तो यह कविताएँ 'कहने' और 'बताने' में ही अपना पानी उतार देती है। ज्यादातर लम्बी कविताएँ 'पैरा-फ्रेज' बनकर अपना टटकापन खो देती हैं। आवेगधर्मिता उनकी काव्यानुभूति को जटिलता के बजाय सरलता की ओर खींच ले जाती है। कवि-व्यक्तित्व एकाग्र होकर 'तात्कालिकता' को किसी बड़े चिन्तनात्मक आयाम की ओर उन्मुख नहीं कर पाता। वे बार-बार 'खतरों' की खबर देते हैं, पर उनकी संवेदनात्मक प्रतिक्रिया की तड़प खतरे के पार होने की सूचना नहीं देती। हाँ, इतना अवश्य है कि परिवेश और अनुभव में व्याप्त विद्रूपता और असांस्कृतिकीकरण के कोण लगातार उद्दीपन का काम करते हैं।

साठोत्तरी कविता में धूमिल की कविताएँ इस दृष्टि से विशेष सार्थक हो उठती हैं कि वे कविता को सामाजिक परिवर्तन के अस्त्र के रूप में प्रयुक्त करते हैं। कविता के सभी रोमांटिक आग्रह झाड़कर वे उसकी एक यथार्थ छवि बनाते हैं। नयी कविता का नव्य रहस्यवाद पास तक नहीं फटकता और कविता तथा जीवन नये सिरे से एक प्रासंगिक बहस शुरू होती है। धूमिल यह निष्कर्ष निकालने के लिए

तर्क के साथ कहते हैं कि गलत भाषा ने ही हमारे आदमी का सिलसिलेवार ढंग से संहार किया है। चूँकि भाषा ही जीवन-जगत के व्यापारों को नाम और रूप देने का साधन है और वही भाषा जब मर रही है तो चिन्ता क्यों न हो। 'आपै जवाब दो आखिर मैं क्या करूँ?' क्या 'इस ससुरी कविता को जंगल से जनता तक ढोने से' कुछ होगा? जब ढेर सारे दोस्तों का गुस्सा हाशिये पर चुटकुला बन रहा हो तब? तितली के पंखों में पटाखा बाँधकर भाषा के हलके में कौन-सा गुल खिला दूँ? फिर भाषा आदमी के संस्कारगत अस्तित्व और व्यक्तित्व की गहराइयों से बहुत गहरी जुड़ी हुई चीज है और सबसे मूल्यवान चीज। इस भाषा का पूरा व्याकरण जिन्होंने नष्ट किया है, उन्होंने ही सभ्यता, संस्कृति, संवेदना, प्रज्ञा, शील, चित्त की एकाग्रता आदि को उसके मूल से काट दिया है। भाषा के थनों में देश की सच्ची संवेदना का दूध ही नहीं उतरता तो जनता ठन-ठन गोपाल ही बनकर रह जाती है। और इसी गलत भाषा पर कवि की टिप्पणी है—'पेशेवर भाषा के तस्कर-संकेतों और बैलमुत्ती इबारतों में अर्थ खोजना व्यर्थ है।' भ्रष्ट होती भाषा की चिन्ता से उत्पन्न बेचैनी ही धूमिल से कहलाती है—*अब उसे मालूम है कि कविता घेराव में किसी बौखलाये हुए आदमी का संक्षिप्त एकालाप है।'* चारों ओर 'आग', 'हाय' और चीख है। नतीजा यह है कि *'दीवारों से चिपके गोली के छर्रों और सड़कों पर बिखरे जूतों की भाषा में एक दुर्घटना लिखी गयी है। हवा से फड़फड़ाते हुए हिन्दुस्तान के नक्शे पर गाय ने गोबर कर दिया है।* अब खून में उड़ने वाली पत्तियों का पीछा करना व्यर्थ है। आजादी? सही सवाल का गलत उत्तरी बन गयी है और चारों तरफ हत्याओं के जंगल हरहरा रहे हैं; 'बीस साल बाद' और इस दोपहर में सुनसान गलियों से गुजरते हुए। अपने आपसे सवाल करता हूँ— *'क्या आजादी सिर्फ तीन थके हुए रंगों का नाम है/, जिन्हें एक पहिया ढोता है या इसका कोई खास मतलब होता है?'* 'जनतन्त्र के सूर्योदय' में आदमी कटे हुए मुरगे-सा फड़क रहा है या एक मादा भेड़िया उसका सिर चबा रही है। चारों ओर का परिवेश 'सिसकती हुई आँखों' से भर गया है। 'पीला अन्धकार' फैल गया है, जिसमें 'चरित्र' बेचा जा रहा है, संविधान को खाया जा रहा है; पर 'तुम' इस पूरी स्थिति में असहाय रहोगे। स्मृति में 'मुर्दा इतिहास' चहलकदमी करेगा, पर 'फिरंगी हवा' कुछ नहीं करने देगी; क्योंकि 'तुम' अपनी भाषा का उदात्त गौरव खो चुके हो। *तुम चुप रहोगे और लज्जा के/उस निरर्थक गूंगेपर से सहोगे/यह जानकर कि तुम्हारी मातृभाषा/उस महरी की तरह है, जो/महाजन के साथ रात भर/सोने के लिए/एक साड़ी पर राजी है।* जितने साक्षर हैं या जो अपने को कुलीन कहते हैं, वे सब व्यवस्था के 'क्रीतदास' हैं। आखिरकार बचा कौन? केवल कविता अर्थात् मुक्ताकांक्षी सर्जनात्मक जिजीविषा। कवि अर्थात् अकेले विद्रोह की ताकत रखनेवाला क्रान्तिकारी। इसीलिए हर तरफ से निराश धूमिल की आस्था कवि और कविता पर है।

पर कविता? अब न आनन्द है, न तृप्ति है, न क्रीड़ा है, न रस है, न रसध्वनि है, न वक्रोक्ति है, न अलंकार है—अब कविता सामूहिक मानव की प्रवाह-प्रबल शक्ति है। असलियत और अनुभव के बीच कविता ही आदमी को बचा सकती है—'चुप' को 'चीख' में बदल सकती है। 'कवि 1970' कविता में धूमिल लोक-हृदय में अपने हृदय को मिलाकर कविता के पुराने काव्यशास्त्र को तोड़ते हैं और रस्सी तुड़ाकर भागते बैल की तरह शब्दों को पकड़कर नाथ रहे हैं। और *इस वक्त जबकि कविता माँगती है/समूचा आदमी अपनी खुराक के लिए/उसके मुँह से खून की बू आ रही है।* तब? अपने बचाव के लिए खुद के खिलाफ हो जाने के सिवा दूसरा रास्ता नहीं है? या फिर *सुविधा की तहजीब से बाहर/जहाँ चौधरी अपना चमरौंधा/उतार गये हैं/कविता में।* एक ओर डरा हुआ हिन्दू मन जो मानता है कि 'ईश्वर की दी हुई गरीबी है', 'बच्चे की गरीबी' में बीमारी, 'फटे हुए दूध-सा रोना', बीवी की 'फटी हुई साड़ी से झाँकती हुई पीठ' है और दूसरी ओर भोग-विलास की संस्कृति का घटिया संस्कारहीन मसखरापन है, दरबारी काव्य-परम्परा की समझ और सड़ांध है—'आप मुस्कराते हो?' 'बढ़िया उपमा है', 'अच्छा प्रतीक है'। *'हें-हें-हें! हें-हें!! तीक है, तीक है और मैं समझता हूँ कि आपके मुँह में जितनी तारीफ है, उससे अधिक पीक है। फिर भी मैं अन्त तक/आपको सहूँगा।'* यह सहने की शक्ति ही कवि की ताकत का समुद्र है, शिव के गले में जहर से बना नीलकण्ठ, अक्षय जीवनी-शक्ति की वरदान—*आपके खिलाफ खुद अपने को तोड़ूँगा/भाषा को हीकते हुए अपने भीतर/थूकते हुए सारी घृणा के साथ/अन्त में कहूँगा—सिर्फ इतना कहूँगा/हाँ-हाँ, मैं कवि हूँ/कवि—यानी भाषा में/भदेस हूँ।* इस भदेस भाषा में गाँव-कस्बे की खीज और गुस्से की भाषा है। एक ऐसी भाषा जिस पर 'चिकनी-चुपड़ी' धोखे की परत नहीं है। जिस पर भरोसा किया जा सकता है, जिसमें कविताओं के लिए दूसरे प्रजातन्त्र की तलाश की जा सकती है। अब अगर 'व्यवस्था' के खिलाफ कोई 'विपक्ष' है तो वह कविता ही है, या कविता ही इस विपक्ष की भूमिका अदा कर सकती है और निरन्तर विरोध में डटी रह सकती है! भगोड़ापन उसका स्वभाव नहीं है। काव्य-परम्परा? नहीं, धूमिल के पास परम्परा या काव्य-परम्पराएँ और जुड़ने से कोई हरकत नहीं है। काव्य-परम्परा से एक ध्वन्यर्थ यह भी निकल रहा है कि आम आदमी की परम्परा के भी वे ही हत्यारे हैं, जिन्होंने स्वतन्त्रता, संस्कृति और इतिहास की हत्या की है। व्यवस्था ने सत्याग्रह युग के बाद एक ऐसे आदमी को बनाया है, जो व्यवस्था की मशीन से गरम होने पर दूर उछल जाता है। वह ठंडा होने पर फिर उसी से चिपक जाता है या फिर यह आदमी व्यवस्था में नमक की तरह घुल जाता है। कारण क्या है? *कुछ आदिम मुहावरों ने उसके दिमाग की सबसे समझदार नस को मुर्दा बना दिया है।* इसलिए प्रतिगामी सभ्यता के हर कार्य से धूमिल की आँखों में खून उतर आया है, क्योंकि यह आदमी को 'पालतूपन' में ढालकर कायर, नपुंसक और मुर्दा

बनाती है। 'मकान' कविता की काव्य-पंक्ति धूमिल की पूरी काव्य-मानसिकता को खोलने के लिए काफी है—*जहाँ रात रिश्तों की आड़ में पशुओं को पालतू बनाती है।*

मुझे मुक्तिबोध और धूमिल के काव्य-तर्क में प्रायः समानता नजर आती है। दोनों ही सामाजिक-सांस्कृतिक चिन्ताओं के अँधेरे में जाग रहे हैं और चल रहे हैं। एक के लिए 'कविता-भाषा में आदमी होने की तमीज है', दूसरे (मुक्तिबोध) के लिए ज्ञान-संवेदना और संवेदनात्मक ज्ञान परम्परा निर्मिति के लिए खोजती जिन्दगी के कचरे में भी ज्ञानात्मक संवेदन। मुक्तिबोध की कविता *मेरी कविताएँ भयानक हिडिम्बा हैं/वास्तव की विस्फारित प्रतिमाएँ/विकृताकृति बिम्बा हैं।* और धूमिल की कविता 'देश के पोर-पोर में दुखते हुए गूँगे जुनून' की व्यथा का भयानक विस्फोट है। इन कविताओं में पुट्ठों तक चोट खायी गाय का असहनीय दुखड़ा है। मुक्तिबोध में जंगल और रात के बिम्ब प्रतीकों की केन्द्रीय स्थिति है; और धूमिल में जंगल और पशुओं की। ध्यान रखने की बात यह है कि इन दोनों कवियों की कविताओं का 'जंगल' एक-सा नहीं है। मुक्तिबोध में 'आधुनिक सभ्यता के वन में/व्यक्तित्व वृक्ष सुविधावादी' खड़े हैं और वे इन वनों को काटने के चक्कर में हैं। पर धूमिल के जंगल में 'वेश्याओं और गंजेड़ियों के नींद-भरे जंगल' शामिल हैं और इन जंगलों को काटने के लिए आवाज देते हैं, पर कोई उपाय नहीं कर पाते; सिर्फ उतना भर कि—'अपने भीतर सोये हुए जंगल को आवाज दो।' धूमिल राजनीतिक-सामाजिक अनुभवों के जंगल में भटककर 'अन्तर्दृष्टि' पाते हैं। उन्हें राजकमल चौधरी की याद सताती है—कारण 'उसे जंगल में पेड़ की तलाश थी', पर उसकी आवाज दुनिया के व्याकरण के खिलाफ थी। यह राजकमल चौधरी कविता के भीतर और कविता के बाहर धूमिल में एक प्रेरणात्मक आग सुलगा देते हैं। 'बार-बार/उनकी कविताओं में/बवासीर की गाँठ की तरह शब्द/लहू उगलते हैं/और बार-बार मेरे भीतर कुछ टूटता है, टूटता है और मुझे तैयार करता है/चुनौतियों के सामने।' धूमिल के भीतर का कायर टूटकर शेर मुद्रा में 'शान्तिपाठ' करता है। 'मैंने गाँधी के तीन बन्दरों की हत्या की है। देश प्रेम की भट्ठी जलाकर मैं अपनी ठण्डी मांसपेशियों को विदेशी मुद्रा में ढाल रहा हूँ। बूढ़ों को बीते हुए का दर्प और बच्चों को विरोधी चमड़े का मुहावरा सिखा रहा हूँ। मैं अपनी भूखी अँतड़ियाँ हवा में फैलाकर पूरी नैतिकता के साथ अपने सड़े हुए अंगों को सह रहा हूँ। भेड़िये को भाई कह रहा हूँ।' अवसरवाद-समझौतावाद, धोखावाद पर धूमिल का व्यंग्य 'हृदय को देता है बिजली के झटके' धूमिल की कविता का गुस्सा युवा पीढ़ी का वह पवित्र क्रोध है, जो कुछ करना चाहता था; पर वह वृद्ध गिद्धों के खूनी कोलाहल में फँसकर भटक गया। दरअसल, गाँधी के बाद नयी पीढ़ी की पूछ कम हो गयी। नयी पीढ़ी को नेहरू युग 'इस्तेमाल' करता रहा। उसे कोई 'संकल्प' नहीं दे सका। संकल्प के अभाव में देशभक्ति का जल सूख गया

और हम भाषा, देश और चरित्र—तीनों ही गँवा बैठे। लन्दन और पेरिस के पीछे भाग खड़े हुए 'हिन्दुस्तान' से लगाव नहीं रहा। विदेशीपन ने हमारे 'स्व' और 'स्वदेशी' को, आन्तरिक स्वदेशाभिमान को नष्ट कर दिया। गाँधी के बाद डॉ. लोहिया ने एक बार हमें पटरी पर लाने का साहस किया; पर विदेशी इंजन और विदेशी ड्राइवर देशी पटरी को नापसन्द करता था। उसने यहाँ विदेशी पटरियाँ बिछायीं और जूतों की फैक्टरी में बनी बन्दूकें सप्लाई की गयी। पूरा देश खौफनाक जानवर की शक्ल में बदल गया और 'अँधेरा और कीचड़ और गोश्त की खुराक' पर देश जिन्दा रखा जाने लगा। 'वैष्णवजन तो तेने कहिये' वाली प्रार्थना के गाँधी का यही चरम शोकान्त है और इसी सत्य का अहसास धूमिल की कविता है। इसलिए धूमिल को भाषा की अर्थात् संस्कृति अर्थात् सही आदमी की चिन्ता है। उस आदमी की चिन्ता है, जिसे पालतू बनाकर उसकी संस्कृति को नष्ट किया जा रहा है। यह चिन्ता काव्य-प्रयोजन की दृष्टि से 'नव्य लोकमंगलवाद' है, जिसे धूमिल की काव्य-तड़प परिभाषित करती है। 'प्रौढ़ शिक्षा' और 'कुत्ता' धूमिल की ऐसी दो कविताएँ हैं, जो देश-काल को मूर्त करके दम लेती हैं—एक डरावनी ईमानदारी यह कवि-व्यक्तित्व भोगनेवाले प्राणी और रचनेवाली प्राणी का पार्थक्य मिटा देता है। वे लालची अँधेरे के 'दाँतों के बीच फँसी भाषा की तिकड़म' को पहचान जाते हैं और यह पहचान ही अनुभवों में कोलाहल करती है।

धूमिल की कविता में सामाजिक अनुभवों के जितने प्रखर और सच्चे दृश्य हैं उतने ही मुकम्मल 'काव्य-विजन' के तर्कगत कोण नहीं हैं। उनका काव्य-विवेक विरोध की राजनीति में खप जाता है। वह काले कारनामों का इतिहास-भूगोल सामने लाता है, इसलिए उनकी पूरी कविता विशिष्ट अर्थों-सन्दर्भों और अनुगूँजों में राजनीतिक कविता है। किन्तु इस राजनीतिक कविता का परिदृश्य वह नहीं है जैसा माखनलाल चतुर्वेदी और बालकृष्ण शर्मा 'नवीन' की कविता का था। चतुर्वेदी और 'नवीन' के काव्य-परिदृश्य में भारतीय स्वाधीनता-आन्दोलन का सर्जनात्मक विस्फोट है और है एक निर्भय साम्राज्यवाद-उपनिवेशवाद का खुला विरोध। किन्तु धूमिल में राजनीतिक परिदृश्य काफी 'हाय-हाय' से भरा नकारात्मक और दमघोंटू है। 'स्वतन्त्रता', 'जनतन्त्र', 'आजादी', 'आदमी' जैसी अवधारणाओं के अवमूल्यन की प्रखर चेतना है और परिवेश के राजनीतिक रूपों की चर्चा अधिक है। धूमिल नक्सलवादी आन्दोलन की ओर भी मुड़े थे; पर समर्पित न हो पाने के कारण यह विचारधारा उनमें सर्जनात्मक खमीर नहीं उठा सकी है। उनकी एक बहुचर्चित और बहुविवादास्पद कविता 'श्रीकाकुलम' (यह कविता *संसद से सड़क तक* में नहीं है) नक्सलवाद को सही नहीं मानती।

धूमिल की सृजनात्मक उपलब्धि का एक नायाब काव्य-संसार 'मोचीराम' है। सृजन-प्रेरणा की ऊर्जा, प्रतिभ-शक्ति के प्रकाश, कथ्य, संवेदना और शिल्प में यह

अकेली उनकी कविता समकालीन कविता की महत्त्वपूर्ण उपलब्धि है। एक समर्थ समकालीन कवि-कर्म की तगड़ी सर्जनात्मक कल्पना में सामाजिक यथार्थ गलकर कैसे कर संश्लिष्टता निष्पन्न करता है, यह कविता जैसे उस पूरी प्रक्रिया का प्रतिमान ही बन जाती है। साधारण में आसाधारण का यह उद्घाटन तो नया नहीं है। ऐसा उद्घाटन निराला और भवानीप्रसाद में बराबर मिलता है; पर धूमिल जैसे मोचीराम को सामने लाते हैं वह रंग, वह काव्य-टोन एकदम टटकी है। पूरे समाज पर टकटकी लगाकर मोचीराम टिप्पणी करते हैं—सामाजिक विषमताओं-विसंगतियों के 'भीतरी रहस्यों' का भंडाफोड़ कर देते हैं और एकालाप में मग्न होकर बर्ताते हैं—*बाबूजी! सच कहूँ—मेरी निगाह में/न कोई छोटा है/न कोई बड़ा है/मेरे लिए हर आदमी एक जोड़ी जूता है/जो मेरे सामने/मरम्मत के लिए खड़ा है।* 'जूता', 'आदमी' और 'मरम्मत'—तीनों का तर्क एक समीकरण पैदा करता है। कविता में अर्थ-ध्वनियाँ प्रतीकों को बड़ा अर्थ देती हैं। समकालीन कविता की पूरी मनोभूमिका कविता में कौंधती है, प्रत्यक्ष जीवनानुभूति की सीधी घुसपैठ धूमिल के सृजन-स्वभाव का व्याकरण स्पष्ट कर देती है—*आजकल/कोई आदमी जूते की माप से/बाहर नहीं है/फिर भी मुझे ख्याल रहता है/कि पेशेवर हाथों और फटे हुए जूतों के बीच/कहीं-न-कहीं एक अदद आदमी है/जिस पर टाँके पड़ते हैं।* इस कविता में धूमिल खुद बोलते हैं—व्यंग्य-वक्रोक्ति की भाषा में धार निकल आती है। पूरा भाषा-संयोजन लक्षणा-व्यंजना के अर्थ-व्यापारों में जवान हो उठता है। भाषा पर कवि-व्यक्तित्व का पूरा वजन आ जाता है और अर्थवृत्त चमक या लावण्य पा जाता है— *'इशे बाँद्धों, उशे काट्टो, हियाँ ठोक्को, वहाँ पीट्टो'* जैसी काव्य-पंक्तियों में आदमी की नीयत और चरित्र और वर्ग का अकड़वाद सामने आ जाता है। भाषा पर धूमिल की पकड़ कितनी सर्जनात्मक है, 'मोचीराम' इस दृष्टि से भी एक विशेष प्रभाव छोड़ने वाली कविता है। पर यह सब होने पर भी 'मोचीराम' में 'पटकथा' के कथ्य का समर्थ रचना-संसार नहीं है। अनुभव-घनता के भीतर से फूटती सर्जनात्मकता की दृष्टि से 'पटकथा' निश्चय ही 'मोचीराम' से बहुत आगे की कविता है। 'मोचीराम' में शिल्प की तराश है; पर 'पटकथा' में कसकते-दुखते अनुभवों से ही कविता निचोड़ ली गयी है, शिल्प की तराश पर ध्यान तक नहीं गया। पटकथा के सौन्दर्य की नैसर्गिकता पाठक को खींचती है और उससे साधारणीकरण की पटरी अपने आप बैठ जाती है।

धूमिल एक खास ढंग से, एक खास काव्य-अदा से अकवितावाद के काव्य-मुहावरे उछालते हैं। इसी काव्य-मुहावरे के जाल में औरत भी फंसी चली आती है; अन्यथा औरत से उन्हें कोई भोग-भांग का सरोकार नहीं है। औरत का जिक्र आता है, पर उसकी केन्द्रीय स्थिति इस कविता में नहीं है; मात्र वह अनुभव का छल्ला है, जिसे धूमिल ने पहन रखा है; जैसे—*औरतें/योनि की सफलता के बाद/गंगा का गीत गा रही है।'* या *'गर्भ गद्गद औरतों में अजवाइन का सत् और मिस्सी बाँट रहा हूँ।*

कविताओं में यौन-प्रतीक धूमिल के दिमाग की वे संस्कारगत रूढ़ियाँ हैं, जिनका नजला औरत पर उतरना है; जैसे—*हर लड़की/तीसरे गर्भपात के बाद/धर्मशाला हो जाती है।* इस प्रकार के कथन धूमिल की कविता को कमजोर बनाते हैं और यह सोचने का मौका देते हैं कि यह साहित्यिक लुच्चावाद रीतिवाद का ही घटिया असर है। ऐसे चलते वक्तव्यों को पढ़कर लोंजाइनस की बात याद आ जाती है कि महान् प्रतिभा निर्दोषिता से दूर नहीं होती।

कुछ भी कहिए, समकालीन हिन्दी कविता को धूमिल की सबसे बड़ी देन है उनकी काव्य-भाषा। गद्य की ललकार को झेलती और सहती हुई यह काव्य-भाषा फूटती है। पुरानी भाषा का पूरा आभिजात्य धूमिल झाड़ देते हैं और गाँव-कस्बे की संवेदना-भरी भाषा में सर्जनात्मकता की निष्पत्ति करते हैं। भाषा की पूरी काव्य-लय झटका देती है और एक ऐसी पहचान बनाती है कि भूलना असम्भव। परिवेश की तमाम विसंगतियों को यह तनाव-भरी भाषा अर्थ के ध्वनि-तन्त्र में झनझना देती है। भाषा में तुकों को लेकर जो ठोकरें मैथिलीशरण गुप्त को बदनाम करती थीं, वे ही तुकें धूमिल की नामी-गिरामी कविताओं की शक्ति बन जाती हैं। यह कवि विपरीत, विरोधी, अप्रत्याशित स्थितियों-परिस्थितियों को अर्थग्रहण तथा बिम्बग्रहण के प्रतिमान में ढालकर सफल हो जाता है। बोलचाल के काव्य-मुहावरे अर्थ-लय को प्रभावी बनाते हैं—इतना प्रभावी कि समकालीन कविता का कोई कवि उनके सामने टिक नहीं पाता। गद्य की लय में अर्थ प्रवाह उमड़कर निकलता है और काव्य-पंक्तियों में अर्थ दीप्ति कौंध जाती है। काव्य-भाषा में सभी बिम्ब ग्रामीण अनुभवों की कोख से फूटे हैं। इसलिए भरभराकर उनका अर्थ दमक उठता है। 'जंगल', 'पेड़', 'भेड़िया', 'आग', 'जूता', 'अकाल', 'भाषा की रात', 'कीचड़', 'दलदल' तथा 'सड़ांध' जैसे बिम्ब-प्रतीक समकालीन राजनीति के नरक को सामने ला देते हैं।

वास्तविकता यह है कि धूमिल समकालीन कविता को अपने काव्य-मुहावरे से सींचकर हरा-भरा बनाते हैं। सामाजिक अनुभवों के गहरे सरोकारों को उनका कवि-कर्म एक नया अर्थ देता है, जिस अर्थ को पाकर हमारी जीवन-दृष्टि का विस्तार होता है। यह भूलने की बात नहीं है कि समकालीन रचना-कर्म में स्वतन्त्रता की एक दिशा धूमिल खोलते हैं। उनके भीतर विक्षोभ का भाव इतना गहरा है कि विक्षोभ ही विद्रोह का रूप धारण कर लेता है और उनका कवि-कर्म अराजकतावाद की परिणति तक चला जाता है। सच बात तो यह है कि उनकी कविता कवि-व्यक्तित्व को मुक्त करनेवाली कविता न होकर कवि-मनीषा को मुक्त करने वाली कविता है।

राजकमल चौधरी : आत्मनिर्वासन के भीतर से निकलता कवि

आज का पाठक जब राजकमल चौधरी के रचना-कर्म पर बात करना चाहता है, तो पाता है कि उनकी पूरी कविताई यौनवाद में गर्क है। यह यौनवाद उनकी कविता का भाव भी है और विभाव भी। उनके कवि-स्वभाव में अतृप्ति के मगरमच्छ मुँह खोलकर लपकते रहते हैं। कभी-कभार वे राजनीति के दलदल में उतरते हैं, फिर औरत के शरीर में गिरकर सुस्ताने लगते हैं। जिन कारणों से प्लेटो ने कवि को अपने गणतन्त्र से देश-निकाला दिया था, वे सभी कारण उनकी कविता में एक साथ मौजूद हैं। स्थूल अर्थों में यदि इस कवि-कर्म में किसी चीज का पूरी तरह निषेध है तो नैतिक स्वस्थ संवेदना का है—उदात्त मूल्य चेतना का है और परिष्कृत सौन्दर्यानुभूति का है। 'औरत', 'मृत्यु' और 'मुक्ति' को छोड़कर हर चीज का निषेध है। कविता का अनुभव संसार अस्पताल और मौत को लेकर फैलता है और फिर उसी में सिकुड़ जाता है। उनका आत्म-बोध और ज्ञान-बोध उनके अनुभव का कवि-स्वभाव नहीं है, वह भीतरी-बाहरी अन्तर्विरोधों की दुहरी-तिहरी मार से अनिश्चित और घायल है। इसलिए संस्कारी कविता का पाठक इस काव्य-संवेदना के मर्म और काव्य-तर्क पर प्रश्नचिह्न लगाने को विवश हो जाता है।

यह सच है कि हर देश और काल की कविता युग के प्रश्नों, शंकाओं, समस्याओं, विभीषिकाओं से जूझती हुई दरअसल केवल अपने से ही जूझती है, खुद को ही अपने निकले पंजों से फाड़ खाती है। फिर कवि के लिए वे ही प्रश्न संगत हैं, जो खुद उसके अपने प्रश्न हैं। वह अपने समय के इतिहास, भूगोल, समाजशास्त्र, अर्थशास्त्र से उपजे प्रश्नों के उत्तर देने की न तो ठेकेदारी कर सकता है, न यह उसका कर्त्तव्य-कर्म ही है। सभी प्रश्न उसके अन्तर्मन या अन्तदर्शन की ही निष्पत्ति होते हैं, जिन्हें वह अपने अनुभव की भट्ठी में ही खौलाता है, पकाता है और चुप हो जाता है। इसलिए किस कवि की कविता प्रामाणिक है, किस कवि की अप्रामाणिक है, कह पाना हमेशा ही कठिन रहा है। राजकमल चौधरी के रचना-कर्म को लेकर भी समस्या कुछ-कुछ ऐसी ही है। कुछ-कुछ क्यों, समस्या पूरी तरह कठिन

और सिरफोड़ू है। हर बार दिमाग के भीतर से उचककर कोई कहता है कि सही सवाल का गलत जवाब हो सकता है, मगर गलत सवाल का सही जवाब का क्या हो? जो लोग राजकमल की कविता की क्रान्तिकारी, साहसी, विद्रोही, लीक से अलग ढंग और नये स्वाद की कविता मानते रहे हैं—उनसे कौन टकराए? और टकराए भी तो क्या कुछ फर्क पड़ सकता है? फिर राजकमल चौधरी का सृजन काल ही ऐसा था कि उसमें सभी मूल्यों की अर्थहीनता का बोध हुआ। हम आत्मनिर्वासन, आत्मनिष्कासन, परायेपन और अमानवीयकरण की दुनिया में ऐसे ही चलते रहे जैसे दबे पाँव चोर। दृश्य सुरागों के सहारे अदृश्य को खोजते हुए हम सब भटक गये। 'स्मृति' में विगत को जाग्रत करते हुए हम सब अतीत और वर्तमान के बीच झूला झूलते रहे। आखिरकार राजकमल चौधरी ने अज्ञेय, मुक्तिबोध से विपरीत दिशा में चलने का फैसला किया—एक ऐसा काव्य फैसला, जो न तो संस्कृति के व्याकरण से परिभाषित हो सकता था और न जो संवेदनात्मक ज्ञान और ज्ञानात्मक संवेदन के मुक्तिबोधीय काव्यशास्त्र की गिरफ्त में आता था। पुराने पुरातात्त्विक काव्यशास्त्र, उफनते सौन्दर्यशास्त्र, चालू मार्क्सवाद और रगड़ते अस्तित्ववाद की सीमा तक जिसे न छू सकती थी, उस सीमान्त पर खड़े होकर राजकमल चौधरी ने कविता को पुकार लगायी। इस पुकार की खुशनसीबी यही रही कि वे आधे रास्ते विपरीत दिशा में चलकर भी धूमिल से मिल गये। आखिरकार अकवितावाद का रंग ही दोनों को छका सका। जिस नरक में *संसद से सड़क तक* का कवि बेचैन था, उसी नरक में *मुक्ति प्रसंग* का काव्य-नायक चक्कर काट रहा था। दोनों ने अनुभव किया कि हम जिसे तर्कबोध का युग मानते आ रहे हैं, वह वास्तव में राजनीति की अन्धी मार और आत्मछलना का सबसे भीषण युग है।

छटपटाहट और हड़बड़ाहट में राजकमल 'उग्रतारा' और 'नीलकन्या' से विलम गये। अपने आत्मालोचन और आत्मसाक्षात्कार तक की प्रक्रिया को निचोड़ते हुए राजकमल चौधरी ने लिखा—'शहर में जंगल, जंगल में औरत और औरत में मृत्यु और मृत्यु में मुक्ति की तलाश करता हुआ यह आदमी और यह लेखक राजकमल चौधरी पशुता और देवता के समस्त वरदानों और अत्याचारों के दौर से गुजर रहा है।' इन वरदानों और अत्याचारों के भीतर से गुजरते हुए उसने पाया कि जिन्दगी का हर प्रचलित अर्थ दूसरे अर्थ को काट रहा है। हमारे हाथ में अन्ततः अर्थहीनता को छोड़कर और कुछ नहीं बच पाता। ईश्वर तक का अर्थ खोखला और नासमझ बनाने के लिए काफी दर्शन जुटा देता है। परम्परा, धर्म, दर्शन, संस्कृति और इतिहास के खंडहरों में मनुष्य की निर्मितियाँ 'स्मृति' बनकर कायम हैं और मनुष्य का ऐतिहासिक दर्शन, प्रगति-विकास और परिवर्तन की पश्चिमी प्रगतिशील अवधारणाएँ खोपड़ी के बल खड़ी हैं, जिनकी संजीवनी शक्ति मारी गयी है और आदमी अकेला टूट रहा है। स्थिति-परिस्थिति का गणित लेकर लगाकर राजकमल स्त्री के पास गये। यह स्त्री

उनकी कविता में 'उग्रतारा', 'कंकावती', 'मंजू हालदार', 'अलकनन्दा', 'पिआरी बाई', 'मत्स्यगंधा' आदि अनेक नामों और रूपों में झाँकती मिलती है। रति-लीला क्रीड़ा ने स्त्रियों के सच्चे-झूठे नाम पकड़े। कई तरह के नारी बिम्ब स्मृति में झटके के साथ उभरते हैं—नंगी बदचलन स्त्रियाँ, कारी-गोरी थिरकती स्त्रियाँ, मांसल-रुग्ण स्त्रियाँ, वेश्याएँ, काम में डूबी स्त्रियाँ। स्त्रियों के स्तनों, जंघाओं, गर्भकुण्डों, सम्भोगों पर उनका पूरा ध्यान रहता है। राजकमल चौधरी की 'कंकावती' काव्यात्मक कामशास्त्र का जीवन्त संसार है। इस काम-संसार के प्रति राजकमल कम सजग नहीं हैं। उनकी इसी सजगता ने कहलवाया है कि 'कंकावती से विवेकहीन घृणा, आसक्ति, हिंसा, सम्भोग, ईर्ष्या, क्षमा, विरति, आक्रमण, पशुत्व, सम्भोग करते हुए मैंने प्रतिक्षण अपने अहम और अपने अस्तित्व को प्रमाणित किया है। मैंने अपनी कंकावती के साथ रति-पीड़ा, वंचना, प्रभुता और पशुता के जटिलतम् प्रयोग किये हैं।' पर इस प्रयोग की फूहड़ता, वैचारिक टुच्चापन और विसंगति पर उनका ध्यान कभी नहीं गया। यह बात कम आश्चर्य में डालने वाली नहीं है। उन्हें पता तक नहीं है कि उनकी पशुता का लोक बीसवीं शताब्दी में सातवें दशक में अँधेरे के दर्शन, इतिहास तथा संस्कृति पर किस तरह तन जाता है। इसलिए राजकमल चौधरी एक ऐसा कवि है, जिसने अपनी आत्मा को शैतान के हाथों गिरवी रख दिया है। इस व्यक्ति को हम 'आधुनिक मनुष्य' इस अर्थ में तो कह ही सकते हैं कि वह स्मृति को मिटाकर नारी को पकड़ता है, नारी जो छद्म मरीचिकाओं का आलोक है, स्वप्न है। नारी, जो फ्रायडवाद की प्रयोगशाला है, नारद की तपस्या का भंग संकेत है, त्रिपुर सुन्दरी का लीला विलास है, लास्य का लीला कमल है, मनुष्य की इच्छा में नृत्यरत उर्वशी है; जो इतिहास के रथ को अदम्य लालसा में धँसा देती है—यही नारी 'कंकावती' है।

राजकमल चौधरी की कविताएँ पढ़ते हुए यह प्रश्न भी बार-बार कौंधता रहता है कि क्या मनुष्य अपने समय के इतिहास के बाहर किसी और समय में रह सकता है? क्या वह ऐसा करने में स्वतन्त्र है? यदि वह ऐसा करने में स्वतन्त्र है तो वह जिस कालवृक्ष की डाल पर बैठकर अपनी नियति चुनता है, उस नियति को मिटा पाना क्या घोर आत्मघाती प्रयास नहीं होगा? क्या यह एक प्रकार से कालमृगया खेलते मनुष्य की छवि और छाया का ही अन्त नहीं होगा। और क्या वह उस मानव अवधारणा का ही त्रासद अन्त नहीं होगा, जिसे वह हर कीमत देने के बावजूद इतिहास के चौखटे में जड़ता आया है। काल के अन्तिम छोर तक पहुँचकर औरत या मृत्यु को पुकारने से क्या कुछ बन सकता है। समय-नदी में डूबने के अतिरिक्त क्या और भी कोई रास्ता है? पर राजकमल की इन कविताओं में अपनी और अपने समय की नग्नता को छिपाने का कहीं कोई प्रयत्न नहीं है। ज्यादातर मानव-बिम्ब शराब में डूबे बड़बड़ाते आदमी को सामने लाते हैं। जिन्दगी औंधी होकर गिर पड़ी है और पूरा जीवन-बिम्ब दरका और व्याकुल व्यक्तित्व का बनता है। मौत और जिन्दगी

के बीच तल्ख अनुभव गिद्धों-सी निगाह फैलाकर उड़ते और देखते हैं। संकटग्रस्त आदमी की हाय-हत्या का एक पूरा दर्शन इस कवि के पास है—

आदमी को तोड़ती नहीं हैं लोकतांत्रिक पद्धतियाँ
केवल पेट के बल
उसे झुका देती हैं धीरे-धीरे अपाहिज
धीरे-धीरे नपुंसक बना लेने के लिए उसे शिष्ट राजभक्त, देशप्रेमी नागरिक बना लेती हैं
आदमी को इस लोकतन्त्री संसार से अलग हो जाना चाहिए
चले जाना चाहिए कस्साबों, गाँजाखोरों, साधुओं
भिखमंगों, अफीमची, मंडियों की काली और अन्धी दुनिया में, मसानों में
अधजली लाशों को नोंचकर
खाते रहना श्रेयस्कर है जीवित पड़ोसियों को खा जाने में
हम लोगों को अब शामिल नहीं रहना है
इस धरती से आदमी को हमेशा खत्म कर देने की
साजिश में।

आदमी को खत्म करने की यह साजिश पूँजीवादी रक्तखोर व्यवस्था ने की है। उसी ने मेहनतकश का श्रम हड़पकर उसे परायेपन का गम दिया है। यह गम आदमी का भीतरी घुन है और आधुनिकता का अभिशाप। राजकमल अपने समय की पूरी त्रासदी को डबडबाई आँखों से देख रहे हैं। एक मरते हुए सही आदमी की हालत ऐसी क्यों है? कब तक आदमी अवमानवीकरण के नीचे कुचला जाता रहेगा? आदमी ने जो मूल्य उसे उठाने के लिए रचे थे, उन्हीं को 'आदर्शवादी' कब तक डकारते रहेंगे? ईश्वर और मुक्ति दोनों में क्या रिश्ता हो सकता है—यह रिश्ता ही राजकमल को परिभाषित करना है—

अपनी देह सीमाओं में ईश्वर के प्रति
एक ही प्रार्थना हो सकती है—आधुनिक मनुष्य की व्यक्तिगत प्रार्थना
अपनी मुक्ति के लिए—
संगठन और संस्थाओं के विरुद्ध हो जाना
अर्थात् शासनतन्त्र और सेनाओं के
विरुद्ध हो जाना अपनी इकाई बचाने के लिए एक ही प्रार्थना
वास्तविक जीवन में और कविता में।

ईश्वर तो उन्हें बचा नहीं पाता, पर एक 'स्मृति-कन्या' उन्हें बचा लेती है। यही मूल जीवन की शक्ति है—

तेरह हजार वर्ष पहले मेरुदंड पर्वत की काली चट्टानों से
तराश ली गयी

तेरह वर्ष की एक लड़की का नाम है उग्रतारा
जबकि वह उग्र नहीं है और वह तारा भी नहीं है
मेरे लिए केवल उग्रतारा है।

यह उग्रतारा ही प्रकृति है—उसका प्रकृत-सौन्दर्य नष्ट नहीं होना चाहिए। यदि आदमी इसी प्रकृति को नष्ट करेगा तो जिएगा कैसे? प्रश्नाकुल मुद्रा में वे कह उठते हैं—

प्रत्येक बार होता है प्रकृति के साथ निद्रामयी अचेतन
समाधिस्थ प्रकृति के साथ
बर्बर पैशाची बलात्कार
जब भी मैं रचना चाहता हूँ कोई स्वप्न कोई कविता

रक्त-नलिका से ब्रह्म-नलिका तक कोई यात्रा पथ मुझे सम्भोग करना होता है—

विपरीत मुख बलत्कृता होकर ही वह मदालसा
सृष्टिध्वजादंड धारण करती है और षट्-चक्ररथ पर रति व्याकुल होकर
उत्तप्त रचना में योगिनी-सहयोगिनी
स्थान-काल-पात्र की शारीरिक स्थितियों का अगर शीलभंग
करती है मेरी कविता
उसे अब और कुछ नहीं करना चाहिए।

श्लील-अश्लील के प्रश्नों से हर कविता बाहर है, कवि के मन में 'साहस' है और 'कहने' में उसे कोई हिचक नहीं है। उसने अन्ततः कविता में जीवित रहने के लिए त्रिशूली गुफा बना ली है—वह त्रिपुर सुन्दरी के साथ खेलता शिशु है। उसे अपने जन्म का मन्त्र याद है। उनका 'निजी' और 'वैयक्तिक' जीवन भी कविताओं में सीधे-सीधे प्रवेश करता है। उदाहरण के लिए—

मेरा जन्म हुआ था त्रिशूली पहाड़ की मन्त्रसिद्धि गुफा में काली मूर्ति के पार्श्व में
सद्यःजात छोड़कर मुझको चली गयी थी मेरी माँ
ग्रहण करने के लिए जल समाधि
अपनी मृत्यु के कुछ क्षण पूर्व उसने स्वीकार किया था अपना अपराध
अथच वह वापस आ गयी थी देखकर नीचे घाटी में एकाग्र प्रतीक्षारत
शिशुभक्षी गिद्ध
त्रिशूली गुफा के उस संकेत पथ पर अतएव बिखरी हुई
चट्टानों में अलग-अलग
बँटा हुआ मेरा जीवन बावन खंडों में कटा हुआ मेरी आँखों का आकाश
जिस पथ से भागती हुई मेरी माँ के घुटने
पाँवों की उंगलियाँ तलुवे पिण्डलियाँ नुकीली चट्टानों से हो गये थे

लहूलुहान...लहू के छींटे
मेरे आकाश के टुकड़ों को सूर्यमुखी करते हुए।

कविता में आत्मकथात्मक संस्मरणात्मक अंश कवि जीवनी की घटनाओं, दुर्घटनाओं, संघर्षों और सन्दर्भों के साथ आते हैं। वक्तव्यों में एक कहानी विस्तार पाती रहती है—

अब जिन्हें फिर से एक सुमेरु बनाने के लिए मैं
एक-एक चट्टान क्रमशः
राजेन्द्र सर्जिकल अस्पताल के नीचे बहती हुई
गंगा नदी में
फेंकता जा रहा हूँ अपनी माँ तीर्थमयी के आरण्यक संस्मरणों में
आकाश के एक-एक टुकड़े अलकनन्दा में
अन्ततः कविता में
वापस चली आने के कारण ही अनिवार्य हो गया था माँ के लिए
वरण कर लेना मृत्यु
अन्ततः कविता में उसे जीवित करने के लिए त्रिशूली गुफा में
मन्त्रसिद्धि मैंने जन्म ग्रहण किया है।

सच तो यह है कि माँ की स्मृति के चित्र उनकी ज्यादातर कविताओं में तैरते मिलते हैं। यह माँ अतीत और वर्तमान दोनों का संगम है। इसी के भीतर से हजारों वर्षों की कैद संस्कृतियाँ निकलती हैं एवं उसी के भीतर मनुष्य का आत्मबिम्ब, उसकी अवधारणाएँ उसकी स्मृति-छायाएँ रूप पाती हैं। इसलिए माँ की स्मृति कम अर्थवान् और मूल्यवान नहीं है। इसी स्मृति में सभी इतिहास बँधते हैं और सभी आइडियॉलाजियों का अन्त होता है। दरअसल, मनुष्य का पूरा इतिहास इस एक प्रतीक 'माँ' के द्वारा ही उद्घाटित हो जाता है। यही एक सम्बल और आलोक-स्तम्भ है, जिसके रहते ईश्वर और प्रकृति की सत्ता सार्थक लगती है। प्रकृति से निर्वासित मनुष्य फिर प्रकृति को ढूँढता है। आज का मनुष्य जिस जगह खड़े होकर यह प्रश्न पूछता है, उसे यह पहचानना आवश्यक है कि माँ या प्रकृति ही कविता की पूरी विषयवस्तु है। इस माँ से छूटने का अहसास मृत्यु का है; पर गहरे स्तर पर मृत्यु-बोध भी मुक्ति का ही बोध है। क्योंकि मृत्यु से परे फिर प्रकृति है। फिर कालखंड एक अखंडित अनुभव में समाहित होता है; क्योंकि जीवन के जिस कालखंड को हम 'विस्मृत' कहते हैं—वह 'मृत' नहीं है। वह यदि है तो केवल 'अनुपस्थित'। इस अनुपस्थित को हम 'स्मृति' से उपस्थित करते हैं तो उसे 'परम्परा' कह दिया जाता है। परम्परा इन्हीं अनुपस्थित अर्थों की शृंखला से बनी है और मनुष्य इसी में अपनी जगह खोज लेता है।

राजकमल चौधरी के इस काव्य-तर्क को समझते हुए अज्ञेय जी 25 मार्च, 1966 के एक पत्र में उन्हें लिखते हैं, 'मृत्यु का स्वीकार, मैं मानता हूँ, आत्मा की या यह शब्द न पसन्द हो तो कहूँ कि चेतना की एक गहरी आवश्यकता है; और

उस स्वीकार से एक तरह की स्वस्थता भी मिलती है। मैं यह मानता हूँ कि भारत की परम्परा में कुछ है, जो हमारे लिए इस स्वास्थ्य को पाना कम कठिन बनाता है; और उसके कारण मैं, परम्परा का बहुत कुछ त्याज्य मानकर भी, जो बच रहता है उसके सामने नतशिर हूँ; और उससे प्रेरणा भी पाता हूँ। इस बात में शायद मैं 'पुराना पड़ गया हूँ'—पर, नये से भी नया है उसमें, मुझे आशा है, यह पहचानने का सामर्थ्य (और खुलापन) होगा कि परम्परा की जो देन हमारे संस्कार में बसी हुई है उसका रचनात्मक उपयोग भी हो सकता है, अगर हम चाहें। परम्परा बन्धन ही है या सम्बन्ध-सूत्र है, इसका निर्णय बहुत कुछ इस पर निर्भर है कि हम उसे क्या बनाना चाहते हैं।'

यह बात आज विचारणीय है कि राजकमल चौधरी अपने 'मुक्ति प्रसंग' को समर्पित करने के लिए अज्ञेय को ही क्यों चुनते हैं? अज्ञेय नये सर्जन का सबसे अधिक विवादास्पद रचनाकार व्यक्तित्व और ऐसा रचनाकार व्यक्तित्व, जिसे एक विशेष विचारधारा वाले पानी पी-पीकर कोसते रहे हैं। यहाँ तक कि अज्ञेय को 'अमेरिकी दलाल' तथा 'लघु मानववाद का संरक्षक' भी खुलकर कहते रहे हैं। उन अज्ञेय को राजकमल चौधरी जैसा अनासक्त दार्शनिक मुद्रा का कवि क्यों आदर देता है? आदर ही नहीं देता, अज्ञेय की सलाह भी गाँठ बाँधता है। अज्ञेय जी अपने पत्र में राजकमल चौधरी को सलाह दे रहे हैं, 'आपको उपदेश नहीं देना चाहता, किसी को भी किसी भी अवस्था में उपदेश नहीं देना चाहता, पर यह अनुभव कर रहा हूँ कि आपकी स्थिति में शायद ऐसा भी कुछ है जो अपने आप में स्वास्थ्य की प्रेरणा दे और वह जो है उसे उभार कर आपके सामने ला सकूँ तो समझूँगा कि उपचार में कुछ योग दे रहा हूँ। स्वीकार के बाद मृत्यु को हटाकर एक ओर रख दिया जा सकता है और जिया जा सकता है, यही मैं आपसे कहना चाहता हूँ, नहीं तो अब तक मैं भी मर चुका होता। मैं नहीं चाहता कि आप अपने मन को टूटने दें; वैसे लाचारी नहीं मानता।' शायद इसी सलाह का परिणाम है कि 'लाचारी' राजकमल चौधरी का काव्य-स्वभाव नहीं रहा।

यह ठीक है कि वे एलेन गिंसवर्ग तथा उसकी कृति *हाउल* से विशेष प्रभावित रहे हैं। एलेन उखड़ते हुए अमेरिकी समाज के दम को शब्दों में ढाल रहे थे। सांस्कृतिक अन्धकार में उनकी ललकार उठी थी कि 'नदी में पवित्र हँसी की ध्वनि'। उन्होंने यह सब कुछ देखा। फैली हुई जंगली आँखें। धार्मिक चीत्कार। उन्होंने विदा ली। वे छत से कूद पड़े। एकान्त के लिए। हाथ हिलाते हुए। गुलदस्ते उठाये हुए। नदी में। गली में...। खूब सोच-समझकर राजकमल चौधरी ने जो फैसला लिया, वह एलेन गिंसवर्ग के जीवन दर्शन से काफी मेल खाता है।

'मुक्ति प्रसंग' शीर्षक लम्बी कविता में राजकमल चौधरी अपने 'क्लू' देते हैं। इस 'क्लू' की बात को उनका यह कथन भी प्रभावित करता है, 'क्योंकि मैं केवल

अपने वर्तमान में जीवित रहता हूँ। इस अस्वस्थ वर्तमान में मेम साहब और चन्द्रमौलि उपाध्याय की अलौकिक निकटता-निजता मुझे उपलब्ध हुई है। अतएव, मुक्ति प्रसंग मेरा वर्तमान है...वात्स्यायन जी के पत्रों ने मृत्यु को और इसलिए जीवन-चक्र को भी, स्वीकार करने की इच्छा एवं आवश्यकता मुझे दी है। मृत्यु की सहज स्वीकृति से देह की सीमाओं, संगतियों और अनिवार्यताओं से मुक्त हुआ जा सकता है। इस वर्ष फरवरी (1966) से जुलाई तक लगभग प्रत्येक शनिवार को ऑपरेशन थियेटर के सफेद टेबल पर संज्ञाहीन होते हुए, मैंने ऐसा अनुभव किया है।'

अपने जीवनानुभवों को या वर्तमान के कटु यथार्थ को निर्वैयक्तिक परम्परा के कन्धे पर डालकर वे रचना प्रक्रिया में सहज भाव से सक्रिय हुए थे। रोग ने उन्हें जीवन के उन सत्यों से साक्षात्कार कराया था, जिन्हें सामान्य स्वस्थ आदमी कभी नहीं कर पाता। इसलिए राजकमल अपनी पीड़ा, अपने संकट, अपने संघर्ष के गहन तजुरबों के भीतर से बने कवि हैं—उनका सृजन उनका अपना जीवन प्रतिबिम्ब भी कहा जा सकता है। अस्वस्थ वर्तमान एक प्रतिभाशाली, विवेक-वयस्क संवेदनशील रचनाकार को कैसे गलाता है—इसका उदाहरण है राजकमल चौधरी का रचना-कर्म। वे कहते भी हैं, "मैंने अनुभव किया है, स्वयं को और अपने अहं को मुक्त किया जा सकता हैं। ...इस अनुभव के साथ ही, दो समानधर्मा शब्द—जिजीविषा और मुमुक्षा—इस कविता के मूल्यगत कारण हैं।...सती-वर्तमान के अग्निजर्जर शव को अपने कन्धों पर मैं इस शिव की तरह धारण करता हूँ। मैं शिव के गर्भ में हूँ और यह शव मेरे कन्धों पर है। इसकी विकृति, वीभत्सता और दुर्गंधियों में मुझे जीवित रहना ही पड़ेगा। जीवित ही नहीं, मुक्त और स्वाधीन भी रहना होगा। यही मनःस्थिति इस कविता (मुक्ति प्रसंग कविता) का प्रसंग है। इसी प्रसंग में अलकनन्दा दासगुप्त को धन्यवाद देना मेरे लिए आवश्यक है। नन्दा ने ही मुक्ति-प्रसंग की मनःस्थिति के लिए मुझे प्रस्तुत किया। कविता में इसी प्रकार के कई व्यक्तिवाचक नाम आये हैं। ये सभी नाम मेरे वर्तमान के स्थान, काल, पात्र से अविच्छिन्न हैं।"

राजकमल की ईमानदारी यह है कि वे गलतबयानी नहीं करते। अपनी काव्यात्मक आत्मकथा को रिपोर्ताज में बदल देते हैं और उस सभ्य समाज का, जिसे अज्ञेय ने 'साँप तुम सभ्य तो हुए नहीं' के काव्य-मुहावरों में बाँधकर अभिव्यक्ति दी थी। उसी सभ्य समाज के ढोंगों, विकृत भोगों को, शरीरवाद, यौनवाद, व्यक्तिवाद को उघाड़कर रख देते हैं। सभ्य समाज की यौन-विकृतियाँ और पशु-भोग के ही वे साक्षी नहीं, उस वर्तमान के दोगले 'चरित्र' के भी साक्षी हैं, जिसकी 'कथनी' का 'करनी' से कोई ताल्लुक नहीं रहा है। टुच्चे स्वार्थ और विकृत राजनीति को समझते हुए उन्होंने लिखा है, "मैं अपने कुछ लेखक दोस्तों को जानता हूँ, जो कहीं से कोई अनुवाद का काम पाने के लिए या कागनक शराब की बोतलों को प्राप्त करने के लिए, इतने बड़े या इतने छोटे शारीरिक स्वार्थों की पूर्ति के लिए, बड़ी आसानी से

अपना झंड़ा, अपना जुलूस, अपने नारे और अपने चेहरे की नकाब बदल लेते हैं (*दे लहर*, राजकमल मूल्यांकन अंक)।"

हमें और आपको ऐसे दोस्तों और लेखकों से मिलने का प्रतिदिन सौभाग्य प्राप्त होता है। शराब की बोतल दिखा तक दीजिए—आप आगे और वे आपके पीछे चलते मिलेंगे। आजकल तो यह खुले तौर पर कहा जा रहा है कि शराब न पिये तो लेखक ही क्या! लेखक और आलोचक दोनों ही शराब की बोतल के भीतर से सृजन-प्रेरणा का उत्साह, सृजन-शक्ति और सृजन का परमानन्दी फल पाते हैं शराब ही आज के युग की कविता है। जब समाज में 'शराबी' की इज्जत को चार चाँद लग रहे हों तो शराब ही 'श्रेय-प्रेय' दोनों हुई। दिलचस्प बात यह है कि जयशंकर 'प्रसाद' का कथन कि 'काव्य आत्मा की संकल्पनात्मक अनुभूति है' और रामचन्द्र शुक्ल का कथन 'जिस प्रकार आत्मा की मुक्तावस्था ज्ञान दशा है, उसी प्रकार हृदय की मुक्तावस्था रस दशा है'—दोनों ही इधर के सृजन के लिए अप्रासंगिक करार दे दिये गये हैं। अब सृजन भाव-योग नहीं है, अनुभव का खमीर उठा शराब-योग है। हमारे वर्तमान का यही जीवनानुभव राजकमल में शब्दमूर्त हो उठता है—

लिखने-पढ़ने, सोने, गाँजा-अफीम-सिगरेट पीने, मरने का अपना एकमात्र कमरा।
अन्दर से बन्द करके दोपहर दिन के पसीने, पेशाब, वीर्यपात
मटमैले अँधेरे में लेटे हुए
जिसने कभी कोई बड़ा काम नहीं किया अपनी देह
अथवा अपनी चेतना में
इस उम्र तक
जटिल हुए किन्तु कोई भी प्रतिभा बनाने के योग्य नहीं हुए उसके
अनुभव
नहीं निद्राएँ और नहीं पैशाची सम्भोग
यातनाएँ भी नहीं...।

वास्तव में, राजकमल चौधरी की कविता 'हृदय की मुक्तावस्था' साधने वाले कवि-स्वभाव के ही एकदम प्रतिकूल है। स्पष्ट ही यह स्वाधीन बुद्धि की खुली हरकत है, जो मानवीय अस्मिता की गहराई के स्रोत पर ही प्रहार करती है। बुद्धि की एकान्त तानाशाही और आदर्शवादी मूल्य-पद्धति से कवि को परहेज है, इसलिए वह कोई भी मूल्यपरक वशीकरण मानने को विवश नहीं है। भीतर-बाहर दोनों तरफ से मनुष्य को उजाड़ने में जिस संस्कृति को आनन्द मिलता है, वह उसी का अंग है। उसे पता है कि चराचर संवेदित सत्य की पकड़ और सौन्दर्य की युद्धखोज उसे कहीं नहीं ले जाएगी। उसने संस्कृति की गाय को 'आधुनिकता' की खाई में गिरकर मरते देखा है। इसलिए अनुभव की आधुनिक जटिलता को बिना झुठलाये वह स्वीकार करता है। उसके कवि-कर्म के तजुरबे कवि धूमिल से बेहद मेल खाते हैं। 'मेल खाते हैं'

कहना ही शायद पर्याप्त न हो—दोनों कवियों की अन्तर्मानसिकता की बनावट में भी काफी भीतरी तालमेल है। दोनों की ही कविता का 'टेम्पर' आमादा हो जाने पर 'सबकुछ' कह देने में ही चैन पाता है। आखिरकार राजकमल की कवि-मुद्रा में धूमिल ने लिखा ही है कि—

ओ भाषा वार हमलों से हकलाते मरे भाई!
क्या तुम्हें अब भी
उसी का भरोसा है?
जिसके अधिकार में
हमारी लिट्टी है
चावल है, इडली है, दोसा है।

(*धूमिल*—भाषा की रात)

यह मात्र संयोग नहीं है कि धूमिल ने 'राजकमल चौधरी के लिए' शीर्षक से कविता लिखी है। धूमिल, जिन्हें दीवारों से चिपके गोली के छर्रों, सड़कों पर बिखरे हुए जूतों की भाषा, दुर्घटना, हवा से फड़फड़ाते हिन्दुस्तान के नक्शे पर गाय का पड़ा गोबर, अपराधियों की भाषा बोलता वकीलों-डॉक्टरों का समूह—सब पता है, वे राजकमल पर कविता लिखते हैं। कविता में योनि और औरत, जीभ और जाँघ का भूगोल-इतिहास रचना को घेरता है—

कहीं कुछ भी नहीं सिर्फ
उसका मरना, इस भ्रम के साथ-साथ
जिसे मैंने अपनी कविता का गवाह
कर लिया है। औरतें
योनि की सफलता के बाद
गंगा का गीत गा रही हैं
देह के अँधेरे में
उड़द और अजवाइन के पौधे का सपना
उग रहा है।

अचानक नहीं, पर ठीक-ठीक याद करने पर धूमिल में सबकुछ राजकमल चौधरीमय हो जाता है। उनके पूरे काव्य-मुहावरे का अकवितावादी संस्कार पूरे जोर से गाने लगता है। श्लील-अश्लील की कोई शर्म या चिन्ता धूमिल को नहीं दबोचती। कविता के आदिम संस्कारों में पुरुष मन पूरी बर्बरता से औरतों को चूसने लगता है। कामतन्त्र की वीणा का स्वर कहता है—

लोलार्क कुंड की बनावट पर गौर करते हुए
उसने कहा था
मासिक धर्म रुकते ही सुहागिन औरतें

सोहर की पंक्तियों का रस
चमड़े की निर्जनता को गीला करने के लिए
नये सिरे से सोखने लगती हैं
जाँघों में बढ़ती हुई लालच से
भविष्य के रंगीन सपनों को
जोखने लगती हैं
मगर अब वह नहीं है
उसका मर जाना पतियों के लिए
अपनी पत्नियों के पतिव्रता होने की
गारंटी हैं।

दरअसल, प्रागैतिहासिक इतिहास की मुट्‌ठी से कविता झरती है। जिस पर आत्मा गाँजे और चिलम के अक्श है। मृत्यु और जीवन के बीच चूहों की लेड़ियाँ पड़ी हैं। बुद्धिमानों का अन्धापन ही अन्धों का विवेक है, जिस पर एक सफेद बिल्ली बैठकर निष्ठा की तुक निष्ठा से मिला रही है। सिरोसिस की सड़ी गाँठ समकालीन कवियों की आँख बन जाती है और नफरत के अन्धे कुहराम में सैकड़ों कविताएँ कत्ल कर दी जाती हैं और—

वर्तमान की बजबजाती हुई सतह पर
हिजड़ों की एक पूरी पीढ़ी लय और अन्धा कूप के मसले पर
बहस कर रही है
आजादी इस दरिद्र परिवार की बीस साला बिटिया
मासिक धर्म में डूबे कुँवारेपन की आग से
अन्धे अतीत और लंगड़े भविष्य की
चिलम भर रही है।

आजादी के सपनों में आग लगाने के बाद 'जनतन्त्र' का जिस ढंग से संहार हुआ है, उसकी स्मृति आते ही धूमिल और राजकमल चौधरी दोनों का दर्द उभर आता है। धूमिल हर साँस में राजकमल को थामकर कहते हैं—

जीभ और जाँघ के चालू भूगोल से
अलग हटकर उसकी कविता
एक ऐसी भाषा है जिसमें कहीं भी
'लेकिन', 'शायद', 'अगर' नहीं है
उसके लिए हम इत्मीनान से कह सकते हैं कि वह
एक ऐसा आदमी था जिसका मरना
कविता से बाहर नहीं है।

यह सच बात है कि कविता की भाषा का पूरा तिलिस्म, छल-फरेब, झूठा आभिजात्य,

अन्धा व्याकरण—सबकुछ को राजकमल चौधरी अपने रचना-कर्म से तोड़ते हैं। उन्हें 'बेलौस शब्दों' की तलाश रही है। शब्द, जो टोपियों की पोल खोलते हों—शब्द, जो वेश्याओं और नेताओं दोनों के चरित्र की असलियत बयान करते हों और शब्द, जो वर्तमान का अनुभवसिद्ध युद्ध-काव्य लिखते हों—राजकमल की पहचान बनते हैं। शब्दों को रोमांटिक भावबोध में राजकमल की भाषा 'आग' लगाती है। बवासीर की गाँठ की तरह शब्द लहू उगलते हैं—शब्द, जो अघोरियों की संगत में बैठने की नेक सलाह देते हैं; क्योंकि पाखंडवाद का नशा उतर चुका है। राजकमल लोकचित्त की गलियों में भाषा का रूप बदलकर घुसते हैं। इसलिए अपने समय की अराजकता से जूझती हुई भाषा पर उनकी पकड़ है। कहानियाँ हों, उपन्यास हों—राजकमल वास्तविक जिन्दगी से 'बेदखल होने वाली' भाषा पर टकटकी नहीं बाँधते। वे लीक तोड़ते हैं—'उसकी हर आदत दुनिया के व्याकरण के खिलाफ थी'। उनकी कविता न अनुकरण योग्य है, न सराहने के योग्य—वह सिर्फ शोचनीय स्थितियों पर सोचने योग्य है।

राजकमल की कविताओं में मृत्यु और नीला रंग बार-बार आता है—नीला रंग अनेक स्थितियों का संकेत बनकर उभरता है। नील कन्या, नीली उग्रतारा, नीले आक्टोपस, नीले पत्ते, नीली नदी, नीली दरारें, नीला चेहरा, चिनगारियाँ आदि। नीला रंग विस्तार और मृत्यु दोनों का प्रतीक है। मृत्यु उनके दिमाग पर भूत की तरह सवार है और यातनाग्रस्त बीमारी असह्य है। लेकिन वे बराबर मौत से हटकर 'मुक्ति' पर टिकते हैं—मुक्ति प्रयास को ही कविता का 'धर्म' घोषित करते हैं। इस मुक्ति को स्पष्ट करते हुए कहते हैं, 'मैंने कविता को कविता भंगिमाओं से नहीं, शरीर सीमाओं से मुक्ति प्रयास मान लिया। हमारे शरीर में संस्कार, समाज, अनुभव और भविष्य—इन सभी वस्तुओं की उपस्थिति है। इन सभी वस्तुओं से हम मुक्ति की प्रार्थना करते हैं। *मुक्ति प्रसंग* अपनी दूसरी कविता पुस्तक में कविता के लिए मैंने यही प्रार्थना उपलब्ध की। कविता मेरे व्यक्ति को अपनी शरीर सीमाओं से मुक्त करती है। अथवा, इस मुक्ति में सहायक होती है।' कविता उन्हें मुक्ति न दे, पर उनका विश्वास कविता पर है; पूरे समाज पर व्यंग्य करनेवाला, विडम्बनाओं-विसंगतियों पर उंगली रखने वाला कवि कविता की ताकत पर भरोसा रखता है—

अपनी देह सीमाओं के विषय में ईश्वर के प्रति
एक ही प्रार्थना हो सकती है—आधुनिक मनुष्य की व्यक्तिगत प्रार्थना
अपनी मुक्ति के लिए—
संगठन और संस्थानों के विरुद्ध हो जाना अर्थात् शासन तन्त्र और सेनाओं के
विरुद्ध हो जाना अपनी इकाई बचाने के लिए एक ही प्रार्थना
वास्तविक जीवन में और कविता में।
कोई साँप, कोई गाँव,

कोई स्त्री, कोई सड़क, कोई संगीत, कोई नशा, कोई प्रेम, कोई घृणा,
कोई घर, कोई आंगन, कोई छाँव,
वापस लौट जाऊँ मैं जहाँ एक बार फिर से अपनी यात्रा
शुरू करने के लिए।

जीवन से कवि बार-बार प्रश्न पूछने की स्थिति में है और इतिहास के मलबे का कूड़ा ढोना उसे स्वीकार नहीं है। 'वह' सभी विचारों सिद्धान्तों के खोखलेपन का साक्षात्कार कर चुका है। उसका अपना आत्मालोचन ही उसे तृप्ति देता है—यदि तृप्ति दे सकता है तो—

पराजय के तीस वर्षों में एकत्र की गयी धर्म सेक्स इतिहास
समाज परिकल्पना ज्योतिष की किताबें डाक टिकट सिक्के सीवेनिर
मैं बड़े डाकघर के बहुत बड़े लेटर बॉक्स में डाल आया
वापस आकर अपनी स्त्री से मैंने कहा पुलिस पत्रकार
कवि-मित्र पार्टी-कामरेड
मिलने भी आएँ सूचित करना है—
सबके लिए सबके हित में अस्पताल चला गया है
राजकमल चौधरी।

राजकममल के 'अनुभव' में कालचक्र की ताकत है। उनके विचारों में सोचने-समझने और जानने-गुननेवाले व्यक्ति का प्रकाश है। यह दुनिया ही इतनी कुरूप बना दी गयी है कि हर सोचनेवाला आदमी पागल-सा हो जाता है; क्योंकि सोचनेवाला आदमी 'खाइए-पीजिए' संस्कृति का हिस्सा बनकर नहीं जी सकता। वह अपने देश की गरीब जनता से भी नहीं हट सकता। यह 'मनुष्य-भाव', यह 'लोक-हृदय' चेतना राजकमल में प्रकृत भावभूमि के साथ मिलती है—

किन्तु भीड़ से विच्छिन्न असम्पृक्त रहकर भी भीड़ से
मुक्त मैं रह नहीं पाता हूँ
मुक्त हो जाना कविता से पहले और मृत्यु से पहले
मुक्त हो जाना असम्भव है।

राजकमल चौधरी के रचना-कर्म का सबसे कमजोर पक्ष यह है कि उनके काव्य में पराजय-बोध, अकर्मण्यता, पलायन का दर्शन है। उनका पूरा-का-पूरा चिन्तन अधकचरा, सिरफिरा और असन्तुलित है। राजनीतिक-सामाजिक चेतना के भीतर भी वे यौनवादी नाटक खेलते रहते हैं। राजकमल चौधरी यदि इस धरती की महिमा और उसके कर्म-सौन्दर्य के दर्शन को कह पाते तो उनका कविता का रचना-स्वभाव ही दूसरा होता। वे हजार बार अपने को 'पराक्रमी' और 'स्वाधीन' कहें, पर सच यही है कि वे न पराक्रमी थे, न स्वाधीन। केवल दिमागी चक्कर में आकर पलायनवाद, नपुंसकतावाद और शरीरवाद के शिकार हो गये थे। उनकी कविता को पढ़कर उन्हीं

पर तरस आता है, उन्हीं के चिन्तन से उबकाई भी आती है। इस बात पर पाठक का ध्यान हर बार जाता है कि यह व्यक्तिवाद किस काम का है? इसमें जीवन की शक्ति कहाँ है?

राजकमल चौधरी की मानसिक विक्षिप्ताएँ कविता में खुलकर चीखती हैं। इस मानसिक विक्षिप्तता का अहसास उन्हें स्वयं गहरे में था, 'वैसे, बहुत मानसिक उलझनों और दार्शनिक विक्षिप्तताओं में पड़ गया हूँ। मानव जीवन का उद्देश्य क्या है? सौन्दर्यबोध की भावना का मूल स्रोत कहाँ है? भौतिकशास्त्र के सूत्रों में अन्तर्निहित महारूप के दर्शन कैसे कर सकूँगा, समझ में नहीं आता। *गीता* का निष्काम कर्मयोग अथवा मार्क्स का डायलेक्टिकल मेटेरियलिज्म कुछ सहायता नहीं कर पाते। योगवासिष्ठ बेकार लगता है। मेरी आत्मा की गार्गी के तर्कों का समीचीन उत्तर मेरे दिमाग का याज्ञवल्क्य नहीं दे पाता और मैं विकल हो जाता हूँ।' यह विकलता इसलिए रही है कि वे परम्परा या परम्पराओं से कोई गहरी समझ विकसित नहीं कर पाते। परम्परा एक 'शव साधना' है; पर यह कार्य राजकमल के कवि के वश की ही बात नहीं। शव से संवाद अर्थात् अतीत से संवाद तभी सम्भव हो पाता है, जब रचनाकार उसके भीतर रमता है। हृदय संवाद करता है। परम्परा की रूढ़ि को छोड़कर उसके जीवन्त अंश को ग्रहण करता है। परम्परा की अस्वीकृति का कारण राजकमल में इसलिए भी रहा कि उनकी पूरी मनःस्थिति व्याकुल, बेचैन व्यक्ति की मनःस्थिति रही है। इस मनःस्थिति ने उनकी पूरी काव्य-संरचना को काव्य-भाषा, मिथकों, बिम्बों, प्रतीकों आदि को असम्बद्ध कर दिया है। जीवन को देखने का उनका पूरा नजरिया ही रोगी मानसिकता और सड़ी-गली दृष्टि से भरा हुआ है। कोकशास्त्र और कामशास्त्र की वास्तविक गहराई में भी वे नहीं उतर पाते। केवल शरीरवाद की घटिया हरकतों को विद्रोही मुद्रा में सामने लाते रहते हैं। उनके मिथकों में एक अन्धी गली बनती है, यौन-प्रतीकों में कुंठाओं के कीड़े बिलबिलाते हैं। 'उग्रतारा' कवि की स्थाई ग्रन्थि है, जिससे वे मुक्त नहीं हो पाते। उनके अस्तित्व की यही ग्रन्थि उग्रतारा 'मुक्ति प्रसंग' जैसी लम्बी कविता के अन्त में उभरती है–

अब तुम मेरी पूजा करो उग्रतारा मैं सोया हुआ वर्तमान हूँ, शिव हूँ
तुम्हारा सम्पूर्ण आत्मनिवेदन
स्वीकारने का एकमात्र मुझको रह गया है अधिकार।

× × ×

कविता से पहले और मृत्यु से पहले तुम मेरी पृथ्वी हो
और मैं तुम्हारा इष्ट देवता हूँ और कवि हूँ, तुम मुझे
जन्म देती हो और रमण करती हो
तुम मुझे मुक्त करती हो

और मैं तुम्हें मुक्त करता हूँ अपने मरण में
अपनी कविता में।

राजकमल में जीवन-भर मुक्ति की, किरण माला की खोज का क्रम जारी रहा—पर वे कहाँ पहुँचे? मृत्यु से साक्षात्कार करने के बाद भी वे 'नचिकेता' नहीं बन सके।

एक खोया हुआ रास्ता
एक खोये हुए स्वप्न का लाल उजला तारतम्य
एक खोया हुआ मुँह किसी का
हम सभी अनिकेत, अपराजित कितने युगों में खोज रहे हैं
जीवन के इस प्राण-पावक महावन में
किरण माला।

वास्तव में, नेहरू-युग की हताशपूर्ण समाप्ति के बाद युवा मानस में जो आत्मनिर्वासन की धारणा पुष्ट हुई, उसे राजकमल चौधरी की कविताएँ एक खास तेवर से सामने लाती हैं। इस दौर से मूल्यान्धता इस हद तक पनपी कि इस परिवेश ने 'ईमानदार व्यक्ति को ही बाहर धकेल दिया'। चूँकि यह कार्य राजनीति ने किया, फलतः साहित्य के सन्दर्भ में राजनीति द्वारा लाये गये व्यक्ति के निर्वासन को राजकमल ने परिभाषित किया। उन्होंने सेक्स और राजनीति का अकवितावादी मिक्स्चर तैयार किया, जिसमें रचनात्मक तनाव ढीला पड़ता गया।

आधुनिक भावबोध में व्यथा-पीड़ा और फूहड़ता की स्थिति का विस्तार जीवन के संहार को लेकर हुआ। सभी आधुनिक समाज व्यवस्थाओं ने 'पराएपन' (एलिएनेशन) को जन्म दिया तथा श्रम के शोषण ने मानव को अवमानवीकृत बनाया। अपने इतिहास से आत्मनिर्वासित व्यक्ति मनोवैज्ञानिक आत्मरति का शिकार हो गया। इसी आत्मरति के कवच में आत्मनिरावरण, आत्मालोचन तथा आत्महत्या का दर्शन पलता रहा। आत्महत्या को मुक्तता का नाम देकर युवकों ने अर्थहीनता, शून्यता, निरर्थकता, संत्रास, कुण्ठा, यौन क्रान्ति, बेचैनी का सम्पूर्ण 'मूड' कहकर सृजन में व्यक्त किया। इस दौर का युवा सर्जक नपुंसक नायक की हत्या को भी अपने प्रतिरूप के बिम्ब में पाता है और फिर उस बिम्ब को तोड़ता है। इसीलिए विदूषक की दयनीयता भी उसे ही भोगनी पड़ती है। यही 'आधुनिक संवेदना' का आधुनिक नक्शा है, जिसके भीतर राजकमल चौधरी के रचना-कर्म को देखना-समझना चाहिए। इस पूरे चिन्तन में रोमांटिक सौन्दर्यशास्त्र की सभी अवधारणाओं का निषेध है। इसलिए सौन्दर्य प्रक्रिया के द्वारा व्यक्तित्व की पुनर्रचना ही असम्भव है। चूँकि मानव के सन्त, मसीहा, नेता, ऋषि, आचार्य, पाठक, सुमनस आदि सभी रूप अपना चेहरा विकृत कर उठे हैं तो मानव 'पशुवाद' में जाने को विवश है। इसी दृष्टि से राजकमल चौधरी के सृजन में विद्यमान फूहड़ता अपना एक सन्दर्भ रखती है। यह फूहड़ आधुनिकतावाद ही आत्मनिर्वासन का दरवाजा खोलता है। यही कारण है कि राजकमल चौधरी के

सृजन के साधारणीकरण का स्थान आतंकपूर्ण अलगाव और अजनबीपन ले लेता है। इसी में उनका सेक्स हिस्टीरिया विश्राम पाता है और इसी में 'उग्रतारा' की ग्रन्थियों से भरी प्रतीकात्मक बिम्बावली खप जाती है।

राजकमल अनुभव-संवेदना की काव्यात्मक पकड़ को फैंटेसी में बदलते हैं, किसी तरह तथ्य को भी गलाते हैं, किन्तु सृजन-प्रक्रिया में सार्थक निर्वैयक्तिक बोध को 'निष्पत्ति' नहीं दे पाते। दरअसल, उनके पास वह विचारधारा नहीं है जो 'दृश्य' को 'दृष्टि' दे सके। उनकी फैंटेसी असम्बद्ध अराजक मानसिकता में लौटकर नितान्त वैयक्तिक गुहार लगाती रह जाती है। सामन्ती समाज की विसंगतियों से उनका सिर गरम रहता है और वे हर कीमत पर इनसे जूझना भी चाहते हैं; पर मध्यवर्गीय जीवन की विडम्बनाएँ उन्हें ही तोड़कर तगड़ी हो जाती हैं। मध्यवर्गीय जिन्दगी उनके भीतर जो रौंद पैदा करती है, वह एक 'ग्रन्थि' के रूप में फूटती है। एक बार तो वे बीट विचारधारा की गिरफ्त में भी रहे, लेकिन धीरे-धीरे बीट विचारधारा की तिलिस्मी दुनिया से मुक्त हुए। वे कहते हैं, 'बुद्धिजीवियों का, खासकर लेखकों और कवियों का, यह सामाजिक कर्त्तव्य है कि वे जनता को सही जानकारी दें, उसकी स्थिति के विषय में और उसकी मुक्ति के विषय में। समाज, जीवन, अर्थचक्र, शिक्षा-व्यवस्था, कृषि और उद्योग, संस्कार और संस्कृति के सारे मोरचों पर क्रान्ति के लिए आमूल-चूल परिवर्तन के लिए जनता को प्रस्तुत करना, केवल हम लोगों का कर्त्तव्य है, इसलिए—'मैं, राजकमल चौधरी, अपनी तरफ से जनता के पास वापस चले जाने का वादा करता हूँ। मेरी सही यात्रा वहीं से शुरू होगी' (*आलोचना,* 1967, अप्रैल-जून अंक)।' किन्तु यह यात्रा वे शुरू न कर सके और इस तमन्ना को लिए हुए 19 जून 1967 को इस संसार से उठ गये। 13 दिसम्बर, 1929 को पैदा हुए इस रचनाकार में 1954-67 तक सृजन का दौर काफी तगड़ा रहा। इस बीच वे अकविता आन्दोलन के कवि जगदीश चतुर्वेदी से काफी निकट भी रहे। जगदीश चतुर्वेदी द्वारा सम्पादित *प्रारम्भ* में उन्होंने अपनी कविताएँ देकर सक्रिय हिस्सेदारी की। उनकी प्रथम पुस्तक *कंकावती* 1964 में अकविता के छौंक का मुहावरा लेकर ही आयी थी। 15 अगस्त, 1966 को *मुक्ति प्रसंग* जैसी प्रसिद्ध कविता छापी। वे 'दास कविता' नामक लम्बी कविता पर भी सक्रिय हुए और बड़ा हिस्सा पूरा भी किया; पर कविता पूरी न कर सके। राजकमल समय-समय पर पत्र-पत्रिकाओं में छपते रहे। उनकी तमाम प्रकाशित-अप्रकाशित कविताओं को डॉ. सुरेश शर्मा ने *इस अकाल वेला* में नामक काव्य-संग्रह से पाठकों के लिए उपलब्ध कराया है। इन कविताओं के भीतर से गुजरकर आज हम राजकमल चौधरी के कवि-कर्म को ठीक-ठीक परिभाषित कर सकते हैं। 'दास कविता' में उनका एक सन्देश आज पाठक को सोचने के लिए नयी ताकत भी दे सकता है—

अगली दुनिया के अन्वेषको
हमारी दुनिया तो यही है
प्रभुता से नियंत्रित, दासता से अभिशप्त
बर्बर अमानवीय ताकतों से अनुशासित
अनियामक जनता की दुनिया, इसे तोड़ो
जो शोषित रहकर भी
शास्त्र और शासक के अटूट सम्बन्ध की
मूलभूत चक्राकार अवस्थिति को
चाहे-अनचाहे जाने-अनजाने
पोसती और पालती है।

कुछ भी कहिए, सच यही है कि राजकमल दासता से अभिशप्त, बर्बर अमानवीय ताकतों से संघर्ष करने वाले कवि हैं।

स्वच्छन्दतावाद और छायावाद

छायावाद और स्वच्छन्दतावाद को लेकर होने वाली वैचारिक बहसों में एक महत्त्वपूर्ण प्रश्न निरन्तर उपस्थित है। यह प्रश्न है, क्या 'छायावाद' को 'स्वच्छन्दतावाद' का पर्याय कहा जा सकता है? यदि कहना भी चाहें, तो क्या ऐसा कहने के पीछे कोई ठोस आधार है? देश और काल में बदलते हुए जिस 'मनुष्य' को छायावाद भारतीय स्वाधीनता-आन्दोलन की विराट् पृष्ठभूमि में जिस शक्ति एवं नवजागरण की आलोक दृष्टि से सामने लाता है, क्या वैसा ही कुछ पश्चिमी स्वच्छन्दतावाद में भी दृष्टिगत होता है? या फिर छायावाद की चर्चा में यूरोप के 'रोमांटिसिज्म' का नाम महज चिपका दिया गया है? इस चिपकाने की प्रवृत्ति से हम मुक्त होंगे या नहीं? यूरोप के 'रोमांटिसिज्म' (हिन्दी में जिसका अनुवाद स्वच्छन्दतावाद पूरी तरह चल पड़ा है) की प्रेरणा-प्रभाव दृष्टि से 'छायावाद' को आक्रान्त मान भी लें तो क्या यह उस 'मनुष्य' की शक्ति एवं अवधारणा का अन्त नहीं होगा, जिसे भारतीय स्वाधीनता-संग्राम के 'सत्याग्रह युग' ने एक इतिहास के परिवेश में जन्म दिया है। दो भिन्न देश और कालों के अन्तराल और दो संस्कृतियों की भिन्न चिन्तन भूमि का क्या होगा?

सच तो यह है कि छायावाद हमारी लम्बी सांस्कृतिक-साहित्यिक परम्परा का प्रबल सर्जनात्मक विस्फोट है। एक ऐसा विस्फोट, जिसमें हमारी पूरी परम्परा ही आधुनिक हो जाती है; जिसमें वेद-उपनिषद्-बौद्ध चिन्तन परम्पराएँ घुल-मिलकर एक नया स्वाद पैदा करती हैं और भास, कालिदास, वाल्मीकि, व्यास अपनी नयी उपस्थिति का अहसास कराते हैं। हिन्दी के 'छायावाद' पर हजारों वर्षों के चिन्तनात्मक बिन्दु अंकित हैं, जिसके भीतर भारत के स्वाधीन (मानसिक रूप से स्वतन्त्र) मनुष्य ने अपने आत्मबिम्ब, अपनी आकांक्षाएँ, अपनी अवधारणाएँ, अपनी मनोभूमिकाएँ निर्मित की हैं। छायावाद के रचनाकार इतिहास-पुराण के भीतर उतरकर, उसे मथकर विस्मृत अर्थों को स्मृति-संकेतों में जीवन्त करते हैं। उसमें ऐसे अनेक स्मृति-खंड हैं, जो अखंड होकर हमारे वर्तमान को उजला करते हैं। यह अकारण नहीं है कि *कामायनी* या *राम की शक्तिपूजा* के सबसे मार्मिक स्थल वे हैं—जब निराशा के अन्धकार को बेधकर स्मृति में सहसा वह स्थिति कौंध जाती है—जो प्रकाश की ओर मुड़ती है।

कामायनी के मनु और *राम की शक्तिपूजा* के राम इतिहास की गलियों में भटकते हुए पश्चिमी त्रासदी के वे नायक नहीं हैं, जो अँधेरे में खो जाते हैं। उनके पास श्रद्धा और तप की अदम्य शक्ति है।

छायावाद हिन्दी की उस स्वच्छन्द काव्यधारा का प्रवाह है जिसमें हमारी संस्कृति, दर्शन, इतिहास, भूगोल और स्वाधीनता-आन्दोलन का जल कोलाहल कर रहा है। विजयदेव नारायण साही ने छायावाद को स्वच्छन्दतावाद का पर्याय न मानते हुए लिखा है, "छायावाद की चर्चा में अक्सर यूरोप के रोमांटिसिज्म का नाम चिपका दिया जाता है। मैंने भरसक हिन्दी के सत्याग्रह-युग के साहित्य पर रोमांटिक विशेषण लगाने से परहेज किया है; क्योंकि यूरोप के अठारहवीं सदी के अन्त और उन्नीसवीं सदी के पूर्वार्द्ध में फ्रेंच क्रान्ति की गोद में जिस मानसिक उद्वेलन को आजादी मिली, उसके स्वप्नों का केन्द्र प्रधानतः प्रभुत्वसम्पन्न, शाक्त या सत्ताभिलाषी हैं" (*छठवाँ दशक*, 'लघुमानव के बहाने हिन्दी कविता पर एक बहस', पृ. 273-74)।

फ्रांस की राज्य क्रान्ति का गहरा असर विश्व-भर पर पड़ा; पर विशेष असर यूरोप के देशों के जागरण पर दिखाई दिया। यूरोप के साहित्य में जो क्रान्तिकारी परिवर्तन हुए, उनका गहरा रिश्ता फ्रांस की राज्य क्रान्ति से है।

'यूरोपीय रोमांटिक कवियों ने मानवीय शक्ति के विस्फोट में नैतिकता के विलयन में स्थूलतम से लेकर सूक्ष्मतम क्षणों को पकड़ने की कोशिश की है। हिन्दी के छायावादी काव्य में सत्याग्रह-युग की भारतीय अनुभूति की पूरी कथा हो, मात्र ऐसा ही नहीं है। लेकिन जो कुछ भी कहा जा सका है, वह नैतिकता में शक्ति के विलयन की ही कथा है। निराला, पन्त, महादेवी मुख्यतः नैतिकता में शक्ति का होम करते हैं, यह तो स्पष्ट ही है। सबसे अधिक शाक्त जयशंकर प्रसाद भी यूरोपीय अर्थ में रोमांटिक नहीं हैं। मेरी कल्पना में इस समय प्रसाद के चरित्र आ रहे हैं—स्कन्दगुप्त, चाणक्य, मनु—ये सब नैतिक प्रत्यंचा पर चढ़े हुए शक्ति बाण ही तो हैं। रोमांटिसिज्म एवं छायावाद का साम्य उस इनर्जी में हैं, जो मॉरल विजन और इमेजिनेटिव विजन के साथ-साथ भभक उठने से पैदा होती है; लेकिन दोनों तत्वों का अनुपात इन दोनों मनोभूमियों में भिन्न है। बल्कि हम कह सकते हैं कि परस्पर विलोम भी है। इसलिए दोनों का प्रकाश भिन्न है (*वही*, पृ. 274)।' कहना न होगा कि दोनों की प्रकाश-भिन्नता के कारणों को समझे बिना छायावाद और स्वच्छन्दतावाद की आन्तरिक भिन्नता को समझा न जा सकेगा।

भारतीय स्वाधीनता-आन्दोलन और उससे जुड़ी छायावादी-सृजन की मुक्ति चेतना तथा फ्रांसीसी राज्य क्रान्ति और उससे जुड़े साहित्य की मुक्ति चेतना ऊपर से एक दिखाई पड़ने पर भी एक-सी नहीं हैं। अठाहरवीं सदी के अन्तिम चरण में फ्रांसीसी राज्य क्रान्ति हुई और उसके बाद ही इंगलैंड में रोमांटिक आन्दोलन चला।

'फ्रांस में बादशाही और उसके समर्थक जमींदारों की सत्ता बलपूर्वक उलट दी

गयी। इस सत्ता का बहुत बड़ा समर्थक वहाँ का पादरी समुदाय था। उसका प्रभुत्व भी समाप्त किया गया। यूरोप में कोई ऐसा देश नहीं था, जिसमें भूस्वामी और उसके साथ चर्च प्रभुसत्ता पर अधिकार न किये रहा हो। यूरोप के अन्य देशों की अपेक्षा इंगलैंड आर्थिक विकास में आगे बढ़ा हुआ था। किन्तु अठारहवीं सदी के उत्तरार्द्ध में, औद्योगिक क्रान्ति के बावजूद, राज्य सत्ता पर अधिकार अभी वहाँ के बड़े जमींदारों का था। इंगलैंड का चर्च भी बहुत शक्तिशाली था। फौज और नौकरशाहों में अभिजात वर्ग का बोलबाला था। इंगलैंड के बुद्धिजीवी और क्रान्तिकारी यह देखते थे कि जब तक इस अभिजात वर्ग को सत्ता से नहीं हटाया जाता, तब तक उनका देश प्रगति नहीं कर सकता (*आस्था और सौन्दर्य,* दूसरा संस्करण, पृ. 197)।' इसी सामाजिक सन्दर्भ में रोमांटिक आन्दोलन और उस पर फ्रांसीसी राज्य क्रान्ति के प्रभाव को समझना होगा।

जहाँ तक भारतवर्ष का सम्बन्ध है, हम ब्रिटिश साम्राज्यवाद और उपनिवेशवाद से स्वाधीनता की लड़ाई लड़ रहे थे। फलतः छायावाद के उद्भव में हमारे सामाजिक-संस्कृतिक आन्दोलनों का गहरा प्रभाव पड़ा। उसमें रामकृष्ण परमहंस, विवेकानन्द का स्वर भी था और गाँधी का जनजागरण भी। इतना ही नहीं, छायावाद आधुनिक हिन्दी कविता का स्वाभाविक विकास था, जिसका प्रवाह भारतेन्दु युग और द्विवेदी युग की लोक-जागरण परम्परा की शक्ति से आगे बढ़ रहा था। इसलिए छायावाद को विदेशी स्वच्छन्दतावाद का अन्धानुकरण या अनुकरण मानना सही नहीं है। हाँ, उस पर स्वच्छन्दतावादी आन्दोलन का प्रभाव प्रत्यक्ष-अप्रत्यक्ष रूप से अवश्य पड़ा। यदि छायावाद मात्र अनुकरण, प्रभाव या प्रतिक्रिया होता तो उसकी सर्जनात्मकता का मौलिक ढंग से शक्ति-स्फोट सम्भव ही न था। यह हमारी परम्परा का ही गौरव-चरण था कि आधुनिक हिन्दी कविता संक्रान्ति और पुनरुत्थान की मंजिलों को पार कर विद्रोह के रास्ते पर आगे बढ़ी। यह विद्रोह एक ओर तो सामन्तवाद-साम्राज्यवाद की शक्तियों के खिलाफ था और दूसरी ओर साहित्यिक रूढ़ियों से मुक्ति पाने की चेष्टा। 'यहाँ हमें यह न भूलना चाहिए कि छायावाद उस राष्ट्रीय जागरण की काव्यात्मक अभिव्यक्ति है, जो एक ओर पुरानी रूढ़ियों से मुक्ति चाहता था और दूसरी ओर विदेशी पराधीनता से। इस जागरण में जिस तरह क्रमशः विकास होता गया, इसकी काव्यात्मक अभिव्यक्ति भी विकसित होती गयी और इसके फलस्वरूप 'छायावाद' संज्ञा का भी अर्थ-विस्तार होता गया (डॉ. नामवर सिंह, *छायावाद,* पृ. 15)।'

हिन्दी के आलोचना क्षेत्र में छायावाद को लेकर आरम्भ में विरोध का भाव अधिक रहा, स्वीकार का कम। आरम्भ में ही छायावाद को महावीरप्रसाद द्विवेदी जैसे समर्थ आचार्य का विरोध झेलना पड़ा। यह कहा गया कि 'छायावाद' नाम न केवल अस्पष्ट है बल्कि अपर्याप्त भी है। यह तथ्य ही भुला दिया गया कि साहित्यिक वादों

के नाम प्रायः अपर्याप्त होते हैं और प्रचलन ही उन्हें अर्थ देता है। यह सच है कि 'छायावाद' नाम आरम्भ में अवहेलना-सूचक अर्थ में ही प्रचलित हुआ। 'छायावाद' का जन्म ऐसे समय में हुआ जब महायुद्धोत्तर अव्यवस्था और नैराश्य ने एक व्याकुलता उत्पन्न कर दी थी। विदेशी शिक्षा और विदेशी विचारधारा पुराने भारतीय मूल्यों को सायास उखाड़कर खोखला सिद्ध कर रही थी। हमारी परम्परा में उन्हें ऐसा कुछ भी दृष्टिगत न होता था, जिस पर हम गर्व कर सकें या जो सहेजकर रखने लायक हो। इसी स्थिति ने जयशंकर प्रसाद को छायावाद की महत्त्व-प्रतिष्ठा के लिए विवश किया। भारतीय शास्त्र और चिन्तन-परम्परा का गहराई से मनोमन्थन करते हुए उन्होंने छायावाद को हमारी अपनी परम्परा का श्रेष्ठ विकास सिद्ध किया। प्रसाद जी का यह कथन महत्त्वपूर्ण है, "इस प्रकार कालचक्र के महान् प्रत्यावर्तनों से पूर्ण भारतीय वाङ्मय की सुरुचि सम्बन्धी विचित्रताओं के निदर्शन बहुत से मिलेंगे। उन्हें बिना देखे ही अत्यन्त शीघ्रता में आजकल अमुक वस्तु अभारतीय है अथवा भारतीय सुरुचि के विरुद्ध है, कह देने की परिपाटी चल पड़ी है। विज्ञ समालोचक भी हिन्दी की आलोचना करते-करते छायावाद, रहस्यवाद आदि वादों की कल्पना करके उन्हें विजातीय, विदेशी तो प्रामाणित करते ही हैं, लोग यहाँ तक कहते सुने जाते हैं कि वर्तमान हिन्दी कविता में अचेतनों में, जड़ों में चेतनता का आरोप करना हिन्दी वालों ने अंग्रेजी से लिया है; क्योंकि अधिकतर आलोचकों के गीत की टेक यही रही है कि हिन्दी में जो कुछ नवीन विकास हो रहा है, वह सब बाह्य वस्तु (Foreign Element) है" (*काव्य और कला तथा अन्य निबन्ध*, पृ. 30)।

विदेशी दृष्टि का यह अन्धापन प्रसादजी को गहरी पीड़ा देता है। फलतः 'यथार्थवाद और छायावाद' निबन्ध में उन्होंने पूरी भारतीय परम्परा का अनुसन्धान ही 'छायावाद' को लेकर किया। 'कविता के क्षेत्र में पौराणिक युग की किसी घटना अथवा देश-विदेश की सुन्दरी के बाह्य वर्णन से भिन्न जब वेदना के आधार पर स्वानुभूतिमयी अभिव्यक्ति होने लगी, तब हिन्दी में उसे 'छायावाद के नाम से अभिहित किया गया। रीतिकालीन प्रचलित परम्परा से—जिसमें बाह्य वर्णन की प्रधानता थी—इस ढंग की कविताओं में भिन्न प्रकार के भावों की नये ढंग से अभिव्यक्ति हुई। ये नवीन भाव आन्तरिक स्पर्श से पुलकित थे (*वही*, पृ. 122)।'

छायावाद के रचनाकार ने शरीरवाद को छोड़कर आभ्यन्तर जगत में प्रवेश किया। यह अन्तर्मुखता चाहे उसे व्यक्तिवाद में ले जाने से महँगी पड़ी हो, पर उसने अपने हृदय की तड़प को सूक्ष्म अर्थध्वनियों से अभिव्यक्त किया। उसने भवभूति, कालिदास की परम्परा से अपने को जोड़कर पाया कि शब्दों के भिन्न प्रयोग से एक स्वतन्त्र अर्थ उत्पन्न किया जा सकता है। इसीलिए अभिव्यक्ति का निराला ढंग अपना स्वतन्त्र लावण्य रखता है। शास्त्र की भूमि बराबर यह भाव देती रही है कि 'मोती के भीतर छाया की जैसी तरलता होती है, वैसी ही क्रान्ति की तरलता अंग

में लावण्य कहीं जाती है।' इस लावण्य को प्राचीनों ने 'छाया' और 'विच्छिति' के द्वारा निरूपित किया है। कुन्तक ने *वक्रोक्ति जीवितम्* में कहा है कि शब्दार्थ की स्वाभाविक वक्रता विच्छिति, छाया और कान्ति का सृजन करती है। इस वैचित्र्य को जन्म देना विदग्ध कवि का ही काम है। फिर 'रम्यच्छायांतरस्पर्शी वक्रता' तो वर्ण से लेकर प्रबन्ध तक में व्याप्त होती है। इसे ही कुन्तक 'उज्ज्वला छायातिशय रमणीयता' कहते हैं।

छायावाद भारतीय सांस्कृतिक परम्परा की चमक और तड़प के भीतर से निष्पन्न हुआ है। आप चाहें तो इसे भारतीय स्वच्छन्दतावाद की रीतिवाद विरोधी परम्परा कह सकते हैं। हिन्दी में छायावाद का बीजभाव हमें पश्चिम से नहीं लाना पड़ा। 'हिन्दी ने आरम्भ के छायावाद में अपनी भारतीय साहित्यिकता का ही अनुसरण किया। कुन्तक के शब्दों में, अतिक्रान्त प्रसिद्ध व्यवहार सरणि के कारण कुछ लोग इस छायावाद में अस्पष्टवाद का भी रंग देख पाते हैं। हो सकता है, जहाँ कवि ने अनुभूति का पूर्ण तादात्म्य नहीं कर पाया हो, वहाँ अभिव्यक्ति विशृंखल हो गयी हो, शब्दों का चुनाव ठीक न हुआ हो, हृदय से उसका स्पर्श न होकर मस्तिष्क से ही मेल हो गया हो; परन्तु सिद्धान्त में ऐसा रूप छायावाद का ठीक नहीं कि जो कुछ अस्पष्ट छाया मात्र हो वास्तविकता का स्पर्श न हो, वही छायावाद है। हाँ, मूल में वह रहस्यवाद भी नहीं है। 'प्रकृति विश्वात्मा की छाया या प्रतिबिम्ब है, इसलिए प्रकृति को काव्यगत व्यवहार में लाकर छायावाद की सृष्टि होती है, यह सिद्धान्त भी भ्रामक है। यद्यपि प्रकृति का आलम्बन स्वानुभूति का प्रकृति से तादात्म्य नवीन काव्यधारा में होने लगा है, किन्तु प्रकृति से सम्बन्ध रखनेवाली कविता को ही छायावाद नहीं कहा जा सकता (*वही*, पृ. 125-26)।' जाहिर है कि छायावाद न तो अस्पष्टवाद, पलायनवाद, रहस्यवाद, प्रकृतिवाद है और न कोरा रूपवाद है। उसका पूरा बल स्वानुभूति पर है। फलतः छायावाद को प्रसाद जी ने इस प्रकार से परिभाषित किया है, 'छायावाद भारतीय दृष्टि से अनुभूति और अभिव्यक्ति की भंगिमा पर अधिक निर्भर करता है। ध्वन्यात्मकता, लाक्षणिकता, सौन्दर्यमय प्रतीक-विधान तथा उपचार की वक्रता के साथ स्वानुभूति की विवृति छायावाद की विशेषताएँ हैं। अपने भीतर से मोती के पानी की तरह आन्तर स्पर्श करके भाव समर्पण करनेवाली अभिव्यक्ति छाया कान्तिमयी होती है (*वही*, पृ. 126)।'

हिन्दी साहित्य में 'छायावाद' का आरम्भ सामान्यतः 1920 ई. के आसपास माना जा सकता है। यह तथ्य भी उल्लेखनीय है कि *श्रीशारदा* (जबलपुर, म.प्र. से निकलनेवाली पत्रिका) में मुकुटधर पांडेय ने 'हिन्दी में छायावाद' शीर्षक लेख के अन्तर्गत चार निबन्धों में 1920 ई. में ही छायावाद पर विचार किया। उन्होंने 'काव्य-स्वातंत्र्य' लेख के अन्तर्गत रीतिवाद का खंडन करते हुए कहा, 'नवीनता स्वाधीनचेता मनीषी मात्र का ध्येय है।' नये एवं मौलिक मार्ग पर चलने का संकल्प

छायावाद में देखकर कहा, 'साहित्य में इस समय जो क्रान्तियाँ हो रही हैं, उनमें छायावाद भी एक है।' (मुकुटधर पांडेय, *हिन्दी में छायावाद*, पृ. 34)।'

दूसरा लेख है—'छायावाद क्या है?' इस लेख में कहा, "हिन्दी में यह बिल्कुल नया शब्द है, अतएव पाठक पूछ सकते हैं कि यह क्या है? अंग्रेजी या किसी पाश्चात्य साहित्य अथवा बंग साहित्य की वर्तमान स्थिति की कुछ भी जानकारी रखनेवाले तो सुनते ही समझ जाएँगे कि यह शब्द 'मिस्टिसिज्म' (Mysticism) के लिए आया है।' फिर छायावाद के कवि वस्तुओं को एक 'असाधारण दृष्टि' से देखते हैं। उनकी रचना की सभी विशेषताएँ उनकी इस 'दृष्टि' पर ही अवलम्बित रहती हैं। अतएव छायावाद को ठीक-ठीक समझने के लिए इस 'दृष्टि' का रहस्य जानना आवश्यक है। क्योंकि 'अन्तरंग दृष्टि' ही छायावाद की विचित्र प्रकाशन रीति का मूल है। छायावाद में 'अस्पष्टता' का संकेत इसलिए रहता है कि 'यथार्थ' में छायावाद भाव-राज्य की वस्तु है।' उसमें 'मोहनमन्त्र वाली निपुणता' ने 'चित्रकारी और संगीत का अपूर्व एकीकरण' तो किया ही है, 'भांवावेश और आनन्दस्पन्दन' को भी स्थान दिया है। 'छायावाद के गुण-दोष' लेख में कहा, 'हमारे प्राचीन कवि 'वागर्थ प्रतिपत्ति' के लिए प्रार्थना किया करते थे। पर 'छायावाद' वालों की गति ठीक इसके विपरीत है।'

'हिन्दी में छायावाद' लेख में कहा, "छायावाद काव्य-कला का एक अपूर्व निदर्शन है। कवि की लेखनी का चातुर्य और सूक्ष्मातिसूक्ष्म चमत्कार देखना हो तो छायावाद पढिए (पृ. 54)।' पर कठिनाई तब होती है, जब पांडेय जी छायावाद को 'आध्यात्मिक साहित्य' के अन्तर्गत रखते हैं; जैसे—'छायावाद अध्यात्म जगत को लेकर खेलने की वस्तु हैं।' प्रसाद जी के काव्य झरना के भाव-प्रवाह, आन्तरिक लय, नयी शैली पर उनका ध्यान जाता है और वे उसे 'अन्तर्मुखी विचार-सरणि, अन्तर्गत भावना और अभिनव शैली का सूत्रपात' कहते हैं। फलतः 'मैं प्रसाद जी को ही छायावाद का प्रवर्तक मानता हूँ।'

छायावाद का प्रवर्तक कौन? यह विवाद का विषय है। सुमित्रानन्दन पन्त मानते थे कि 'छांयावाद' नाम सन् 1915 के आसपास द्विवेदी युग के वयोवृद्ध साहित्यिकों और आलोचकों ने दिया है। पंन्त जी का यह मत प्रमाण-पुष्ट नहीं है। सच यह है कि 'छायावाद' को लेकर अनेक भ्रान्तियों का प्रचार हुआ। कुछ भ्रान्तियाँ इस प्रकार हैं—(क) छायावाद को रहस्यवाद-अध्यात्मवाद का पर्याय मानते हुए पाश्चात्य 'मिस्टिसिज्म' से जोड़ना। (ख) छायावादी कवियों पर अंग्रेजी के रोमांटिक कवियों का प्रभाव पाकर इस काव्य को 'रोमांटिसिज्म' का पर्याय मानना। (ग) छायावाद को काव्य की शैली या अभिव्यंजना की नूतन पद्धति मात्र समझना।

इस भ्रान्ति का विद्वानों ने आज निराकरण कर दिया है कि छायावाद किसी भी कीमत पर 'रहस्यवाद' का पर्याय नहीं है तथा छायावाद को 'स्वच्छन्दतावाद' का प्रतिरूप मानना भी आक्षेप मुक्त नहीं है। हिन्दी साहित्य के आधुनिक काल के

आरम्भ में ही ठाकुर जगमोहन सिंह ने प्राचीन के वर्णनों का संस्कार अपनी कविता में ढालकर प्रस्तुत किया और 'प्रेमचर्या की मधुर स्मृति से समन्वित विंध्य प्रदेश के रमणीय स्थलों को जिस सच्चे अनुराग की दृष्टि से उन्होंने देखा, वह ध्यान देने योग्य है'। प्रकृति-निरीक्षण की सूक्ष्म दृष्टि जो वाल्मीकि, कालिदास एवं भवभूति में मिलती है–उसका नूतन रूप ठाकुर साहब ने प्रस्तुत किया। संस्कृत साहित्य में प्राकृतिक दृश्यों के प्रति रागात्मक वृत्ति का प्रसार अद्भुत ढंग से हुआ। यूरोप के कवियों में विशेषकर अंग्रेजी साहित्य में वर्ड्सवर्थ, शैली और मेरडिथ आदि कवि सूक्ष्म प्रकृति-निरीक्षण की ओर प्रवृत्त हैं। पर भारतीय और यूरोपीय दृश्य-विधान के पीछे जीवन-दृष्टि का गहरा भेद है। भारतीय दृष्टि में प्रकृति और मानव तदाकार हैं; पर यूरोपीय दृष्टि में प्राकृतिक दृश्यों का नूतन कल्पना से प्रत्यक्षीकरण करने पर भी एक दुखती-कसकती दरार है। पं. श्रीधर पाठक के *एकान्तवासी योगी* की मार्मिक कथा में आचार्य शुक्ल ने 'सार्वभौम मार्मिकता' के साथ 'पंडितों की बँधी हुई रूढ़ि से बाहर निकलकर अनुभूति के स्वतन्त्र क्षेत्र में आने की प्रवृत्ति' का आभास पाया है। पंडितों की बँधी, रूढ़, निर्जीव काव्यधारा के साथ-साथ जनता की स्वच्छन्द भावधारा गीतों के रूप में बराबर चलती रहती है। "जब-जब शिष्टों का काव्य पंडितों द्वारा बँधकर निश्चेष्ट और संकुचित होगा, तब-तब उसे सजीव और चेतन-प्रसार देश की सामान्य जनता के बीच स्वच्छन्द बहती हुई प्राकृतिक भावधारा से जीवन तत्त्व ग्रहण करने से ही प्राप्त होगा।" आचार्य रामचन्द्र शुक्ल के काव्य-संग्रह 'मधुस्रोत' में अधिकांश कविताएँ स्वच्छन्दतावादी प्रवृत्तियों के साथ मौजूद हैं। श्रीधर पाठक हमारे चिर-परिचित पशु-पक्षियों, पेड़-पौधों के प्रति अनुराग-भरी दृष्टि लेकर उपस्थित रहते हैं। इस दृष्टि का आचार्य शुक्ल की कविताओं पर गहरा असर है।

देश-विदेश के सृजन को देखकर यह पता चलता है कि रीतिवाद एवं स्वच्छन्दतावाद में निरन्तर टकराव एवं संघर्ष चलता रहता है। लेकिन जनता की स्वाभाविक भाव-वृत्तियों की रूढ़ि-विरोधी शक्ति के कारण जीत स्वच्छन्दतावादी परम्परा की ही होती है। आचार्य शुक्ल का यह कथन स्वच्छन्दतावादी सिद्धान्त दृष्टि को ठीक से सामने लाता है–"जब पंडितों की काव्यधारा इस स्वाभाविक भावधारा से विच्छिन्न पड़कर रूढ़ हो जाती है, तब वह कृत्रिम होने लगती है और उसकी शक्ति भी क्षीण होने लगती है। ऐसी परिस्थिति में इसी भावधारा की ओर दृष्टि ले जाने की आवश्यकता होती है। दृष्टि ले जाने का अभिप्राय है, उस स्वाभाविक भावधारा के ढलाव की नाना अन्तर्भूमियों को परखकर शिष्ट काव्य के स्वरूप का पुनर्विधान करना। यह पुनर्विधान सामंजस्य के रूप में हो, अन्ध प्रतिक्रिया के रूप में नहीं, जो विपरीतता की हद तक जा पहुँचती है। इस प्रकार के परिवर्तन को ही अनुभूति की सच्ची नैसर्गिक स्वच्छन्दता (ट्रू रोमांटिसिज्म) कहना चाहिए; क्योंकि यह मूल प्राकृतिक आधार पर होता है" (*हिन्दी साहित्य का इतिहास,* आधुनिक काल, पृ. 3 काव्य

खंड : नयी धारा : द्वितीय , उत्थान, पृ. 575)। सच्चे स्वच्छन्दतावाद की चर्चा में आचार्य शुक्ल का ध्यान गया कि "इंगलैंड के जिस 'स्वच्छन्दतावाद' (रोमांटिसिज्म) का इधर हिन्दी में भी बराबर नाम लिया जाने लगा है, उसके आरम्भिक उत्थान के भीतर परिवर्तन के मूल प्राकृतिक आधार का स्पष्ट आभास रहा। पीछे कवियों की व्यक्तिगत, विद्यागत और बुद्धिगत प्रवृत्तियों और विशेषताओं के, जैसे–रहस्यात्मकता, दार्शनिकता, स्वतन्त्र-भावना, कलावाद आदि के अधिक प्रदर्शन से वह ढक-सा गया। काव्य को पांडित्य की विदेशी रूढ़ियों से मुक्त और स्वच्छन्द तो काउपर (Cowper) ने किया था; पर स्वच्छन्द होकर जनता के हृदय में संचरण करने की शक्ति वह कहाँ से प्राप्त करे यह स्कॉटलैंड के एक किसानी झोपड़े में रहनेवाले कवि बर्न्स (Burnes) ने ही दिखाया था। उसने अपने देश के परम्परागत प्रचलित गीतों की मार्मिकता को परखकर देश-भाषा में रचनाएँ कीं, जिन्होंने वहाँ के सारे जन समाज के हृदय में अपना घर किया। वाल्टर स्कॉट (Walter Scott) ने भी देश की अन्तर्गामिनी भावधारा से शक्ति लेकर साहित्य को अनुप्राणित किया था" *(वही)*।

हिन्दी और अंग्रेजी साहित्य की उन परिस्थितियों पर भी आचार्य शुक्ल का ध्यान केन्द्रित रहा है, जो दोनों देशों के स्वच्छन्दतावाद को समझने में सहायक रही हैं। 'जिस परिस्थिति में अंग्रेजी साहित्य में स्वच्छन्दतावाद का विकास हुआ, उसे भी देखकर यह समझ लेना चाहिए कि रीतिकाल के अन्त में या भारतेन्दु काल के अन्त में हिन्दी काव्य की जो परिस्थिति थी वह कहाँ तक इंगलैंड की परिस्थिति के अनुरूप थी। सारे यूरोप में बहुत दिनों तक पंडितों और विद्वानों के लिखने-पढ़ने की भाषा लैटिन (प्राचीन रोमियों की भाषा) रही। फ्रांसीसियों के प्रभाव से इंगलैंड की काव्य-रचना भी लैटिन की प्राचीन रूढियों से जकड़ी जाने लगी। उस भाषा के काव्यों की सारी पद्धतियों का अनुसरण होने लगा। बँधी हुई अलंकृत पदावली, वस्तु वर्णन की रूढ़ियाँ, छन्दों की व्यवस्था–सब ज्यों की त्यों रखी जाने लगी। इस प्रकार अंग्रेजी काव्य, विदेशी काव्य और साहित्य की रूढ़ियों से इतना आछन्न हो गया कि वह देश की परम्परागत स्वाभाविक भावधारा से विच्छिन्न-सा हो गया (वही, पृ. 576)।' इस कठिन परिस्थिति में काउपर, बर्न्स ने लोक-हृदय से जुड़कर स्वच्छन्द मार्ग निकाला। 'अंग्रेजी साहित्य के भीतर काव्य का यह स्वच्छन्द रूप पूर्व से बहुत अलग दिखाई पड़ा। बात यह थी कि लैटिन (जिसके साहित्य का निर्माण बहुत कुछ यवनानी ढाँचे पर हुआ था) इंगलैंड के लिए दूर देश की भाषा थी। अतः उसका साहित्य भी वहाँ के निवासियों के अपने चिर संचित संस्कार और भावव्यंजन-पद्धति से दूर पड़ता था। पर हमारे साहित्य में रीतिकाल की जो रूढ़ियाँ हैं, वे किसी और देश की नहीं, उनका विकास इसी देश के साहित्य के भीतर संस्कृत में हुआ है। 'प्राकृत-अपभ्रंश की काव्य-परम्परा भी संस्कृत काव्य का अनुसरण करती रही। हिन्दी में पुराने जकड़वाद को श्रीधर पाठक ने तोड़ा। 'जगत सचाई सार' एक प्रकार से

हिन्दी के नवीन स्वच्छन्दतावाद का प्रथम विस्फोट है। 'इन सब बातों का विचार करने पर पं. श्रीधर पाठक ही सच्चे स्वच्छन्दतावाद (रोमांटिसिज्म) के प्रवर्तक ठहरते हैं।'

यह 'सच्चा स्वच्छन्दतावाद' हिन्दी में ठीक से आगे क्यों नहीं बढ़ पाया? बात यह है कि "उसी समय पिछले संस्कृत काव्य के संस्कारों के साथ पं. महावीरप्रसाद जी द्विवेदी हिन्दी साहित्य क्षेत्र में आये।" कालिदास के काव्य पर आलोचना लिखने के बावजूद कालिदास उन्हें नवीन दृष्टि नहीं दे पाये। इसी बीच रवीन्द्र बाबू की *गीतांजलि* की धूम ने रहस्यात्मक काव्य की ओर शिक्षितों का ध्यान कर दिया और कुछ लोग पाश्चात्य वादों, प्रवृत्तियों के अनुकरण की ओर भाग पड़े। फलतः बहुत कम कवि ही स्वाभाविक स्वच्छन्दता के मार्ग की ओर जा सके। आचार्य महावीरप्रसाद द्विवेदी के मन में वड्र्सवर्थ के काव्य-सिद्धान्त तो जम गये थे, पर उनका व्यवहार में वे पालन न कर सके। श्रीधर पाठक की राह पर पं. रामनरेश त्रिपाठी आगे बढ़े। "काव्य-क्षेत्र में जिस स्वाभाविक स्वच्छन्दता (रोमांटिसिज्म) का आभास पं. श्रीधर पाठक ने दिया था, उसके पथ पर चलने वाले द्वितीय उत्थान में त्रिपाठीजी ही दिखाई पड़े। मिलन, पथिक और स्वप्न नामक इनके तीनों खंडकाव्यों में इनकी कल्पना ऐसे मर्मपथ पर चली है, जिस पर मनुष्य मात्र का हृदय स्वभावतः ढलता आया है। ऐतिहासिक या पौराणिक कथाओं के भीतर न बँधकर अपनी भावना के अनुकूल स्वच्छन्द संचार के लिए कवि ने नूतन कथाओं की उद्‌भावना की है" (*वही,* पृ. 600)।

अपनी स्वच्छन्द कथा-प्रवृत्ति, नूतन कल्पना-शक्ति के कारण त्रिपाठी जी ने प्रकृत स्वच्छन्दतावाद के पथ को आगे बढ़ाया है। क्रान्ति और परिवर्तन के गीत मुकुटधर पांडेय, माखनलाल चतुर्वेदी, बालकृष्ण शर्मा 'नवीन' ने पूरे उत्साह से गाये। हिन्दी प्रदेशों के किसान-मजदूर आन्दोलन इनकी काव्यात्मकता में राजनीतिक टोन के साथ अभिव्यक्त हुए। किन्तु इस मार्ग में एक मोड़ तब आया, जब हिन्दी के छायावादी कवि-जयशंकर प्रसाद, सूर्यकान्त त्रिपाठी 'निराला', सुमित्रानन्दन पन्त, महादेवी वर्मा आदि आये। 'छायावाद' को 'स्वच्छन्दतावाद' से अलगाते हुए आचार्य शुक्ल ने कहा, 'अतः इस तृतीय उत्थान काल में जो परिवर्तन हुआ और पीछे 'छायावाद' कहलाया, वह इसी द्वितीय उत्थान की कविता के विरुद्ध कहा जा सकता है। उसका प्रधान लक्ष्य काव्य-शैली की ओर था, वस्तु-विधान की ओर नहीं। अर्थभूमि या वस्तुभूमि का तो उसके भीतर बहुत संकोच हो गया। समन्वित विशाल भावनाओं को लेकर चलने की ओर ध्यान न रहा।' नवीनता प्रदर्शन के चक्कर में बहुत से नये कवि ऐसे भागे कि अंग्रेजी-बंगला पदावली की नकल से कविता मरने लगी और स्वाभाविक स्वच्छन्द मार्ग छूटता गया।

स्वाभाविक स्वच्छन्द मार्ग क्यों छूट गया? इन कारणों का हवाला आचार्य शुक्ल ने अपने ढंग से दिया है, "गुप्तजी और मुकुटधर पांडेय आदि के द्वारा यह नूतन स्वच्छन्दधारा चली ही थी कि श्री रवीन्द्रनाथ ठाकुर की उन कविताओं की धूम हुई

जो अधिकतर पाश्चात्य ढाँचे का आध्यात्मिक रहस्यवाद लेकर चली थी। पुराने ईसाई सन्तों के छायाभास (फैंटसमाटा) तथा यूरोपीय काव्य-क्षेत्र में प्रवर्तित आध्यात्मिक प्रतीकवाद (सिम्बॉलिज्म) के अनुकरण पर रची जाने के कारण बंगाल में ऐसी कविताएँ छायावाद कही जाने लगी थीं। यह 'वाद' क्या प्रकट हुआ, एक बने-बनाये रास्ते का दरवाजा-सा खुल पड़ा और हिन्दी के कुछ नये कवि उधर एकबारगी झुक पड़े। यह अपना क्रमशः बनाया हुआ रास्ता नहीं था" (*वही,* पृ. 621)। आचार्य शुक्ल की इस धारणा से कि बंगाल में 'छायावाद' चला, आचार्य हजारीप्रसाद द्विवेदी सहमत नहीं हैं। आचार्य द्विवेदी ने भारी खोजबीन के बाद कहा है कि बंगला में इस तरह का कोई 'वाद' चला ही नहीं है।

आचार्य शुक्ल ने 'छायावाद' को और टटोलते हुए कहा है, 'छायावाद नाम चल पड़ने का परिणाम यह हआ कि बहुत से कवि रहस्यात्मकता, अभिव्यंजना के लाक्षणिक वैचित्र्य, वस्तु-विन्यास की विशृंखला शैली की इन विशेषताओं की दूरारूढ़, साधना में ही लीन हो जाने के कारण अर्थभूमि के विस्तार की ओर उनकी दृष्टि न रही। विभाव-पक्ष या तो शून्य अथवा अनिर्दिष्ट रह गया।' असीम, अज्ञात प्रियतम के प्रति चित्रमयी भाषा में प्रेमोद्गारों का ढेर लगने लगा। फलतः छायावाद ने रहस्यवाद और अभिव्यंजना की नूतन-पद्धति के लिए कलावाद, अभिव्यंजनावाद से समझौता किया। 'कला कला के लिए' की ऐसी पुकार उठी कि अभिव्यंजना शैली की विचित्रता का जादू सिर पर चढ़कर बोलने लगा। 'छायावाद और कलावाद के सहसा आ धमकने से वर्तमान काव्य का बहुत-सा अंश एक बँधी हुई लीक के भीतर सिमट गया, नाना अर्थभूमियों पर न जाने पाया।' छायावाद पर कलावाद-अभिव्यंजनावाद, रहस्यवाद के घातक प्रभाव की आचार्य शुक्ल बार-बार चर्चा करते हैं और यह चर्चा आज भी एक विशेष महत्त्व रखती है। आज उन कारणों को झुठलाया नहीं जा सकता जिनकी वजह से आचार्य शुक्ल बार-बार चर्चा करते हैं और यह चर्चा आज भी एक विशेष महत्त्व रखती है। आचार्य शुक्ल 'छायावाद' को दो अर्थों में समझते-समझाते रहे—एक तो रहस्यवाद के अर्थ में और दूसरे चित्र-भाषावाद या अभिव्यंजना की नूतन शैली के अर्थ में। आचार्य शुक्ल के शिष्य नन्ददुलारे वाजपेयी भी छायावाद की चर्चा में आध्यात्मिकता के पास गये और कहा, "मानव अथवा प्रकृति के सूक्ष्म किन्तु व्यक्त सौन्दर्य में आध्यात्मिक सत्ता का भान मेरे विचार से छायावाद की एक सर्वमान्य व्याख्या हो सकती हैं।" प्रश्न उठता है कि वाजपेयी जी की 'आध्यात्मिक छाया' आचार्य शुक्ल के 'छायाभास' (फैंटसमाटा) से कहाँ अलग है? अन्तर केवल यह है कि वह उस साम्प्रदायिक रहस्यवाद से एकदम दूर है जिसे शुक्लजी ईसाई सन्तों की ओर खींच ले गये थे।

डॉ. नगेन्द्र ने छायावाद का स्वरूप-विश्लेषण करते हुए दो तथ्यों पर विशेष प्रकाश डाला है। एक तो वे 'स्थूल के प्रति सूक्ष्म के विद्रोह' को छायावाद की मूल

प्रेरणा मानते हैं। उनके मत से छायावाद, "उपयोगितावाद के प्रति भावुकता का विद्रोह, नैतिक रूढ़ियों के प्रति मानसिक स्वातंत्र्य का विद्रोह और काव्य के बन्धनों के प्रति स्वच्छन्द कल्पना और टेकनीक का विद्रोह है" (*'आधुनिक हिन्दी काव्य की मुख्य प्रवृत्तियाँ'* छायावाद, पृ. 15)। दूसरे छायावाद को उन्होंने 'जीवन के प्रति एक विशेष भावात्मक दृष्टिकोण' कहा है, जिसकी अभिव्यक्ति 'प्रायः प्रकृति के प्रतीकों द्वारा' हुई है। कहना न होगा कि 'छायावाद' और 'स्वच्छन्दतावाद' का जो अन्तर आचार्य शुक्ल ने अभिव्यक्त किया था, वह डॉ. नगेन्द्र की परिभाषा में समाप्त हो गया और 'छायावाद' के भीतर ही स्वच्छन्दतावाद भी अन्तर्भुक्त कर लिया गया।

पश्चिम में स्वच्छन्दतावाद एक अत्यन्त व्यापक प्रवृत्ति रही है। अठारहवीं सदी के उत्तरार्द्ध में रीतिबद्ध काव्य-प्रवृत्ति और रूढ़िबद्ध काव्य-शिल्प के विरुद्ध विद्रोह हो गया। प्राचीनों के अनुकरण की अपेक्षा मौलिक सृजन के प्रति आदर व्यक्त किया जाने लगा और नव्यशास्त्रवाद द्वारा प्रतिपादित रीतिवाद की निन्दा की गयी। स्वच्छन्दतावाद की अनेक परिभाषाएँ दी गयीं, पर कोई भी परिभाषा इस व्यापक प्रवृत्ति को बाँध न सकी। 'क्लासिकल' के प्रति विद्रोही ही 'रोमांटिक' कहलाया। क्लासिकल में एक संयम, एक नियम-नैतिकता, परम्परा के प्रति आदर भाव, अनुभूति, सन्तुलन-सामंजस्य पाया जाता था। रोम और ग्रीक की विषय-वस्तु और साहित्य रूपों की अनुकृति पर क्लासिसिज्म का ध्यान था। पर रोमांटिसिज्म ने अपना पूरा ध्यान दृश्यमान जगत के पीछे क्रियाशील शक्तियों पर लगाया और अद्भुत तथा रहस्यात्मक अदृश्य शक्तियों के प्रति जिज्ञासा एवं विस्मय व्यक्त किया। अंग्रेजी में रोमांटिसिज्म शब्द का प्रयोग पहले पहल सम्भवतः 1654 ई. के आसपास किया गया। रचना विशेष को लेकर इस शब्द का प्रयोग कहानी जैसी काल्पनिक और अवास्तविक वस्तु के लिए हुआ। स्वच्छन्दतावादी चेतना के आवश्यक तत्त्व विस्मय, कुतूहल और सौन्दर्य के प्रति आकर्षण हैं। मध्ययुग स्वच्छन्दतावादी का ध्यान मध्ययुग की ओर अपने आप आकृष्ट हो जाता है। मध्ययुग का रहस्यपूर्ण सौन्दर्य वह कल्पना-शक्ति से ही प्राप्त कर सकता था—इसलिए स्वच्छन्दतावादियों ने कल्पना के पंख खोल दिये। पहले-पहल रोमांटिसिज्म शब्द भी अनादर का वाची दृष्टिगत होता है, लेकिन बाद में उसे (अठारहवीं शताब्दी के आते-आते) आदर प्राप्त हो गया। इस काल में यह शब्द विषाद, अवसाद (Melancholy) से विशेष रूप से जुड़ गया।

फ्रांसीसी भाषा में 1777 ई. में 'रोमांटिक' (Romantique) शब्द चल पड़ा। रूसो ने स्वयं इसका प्रयोग किया है। जर्मनी में भी इस शब्द का व्यवहार अठारहवीं सदी के मध्य में होने लगा। जर्मनी और इंगलैंड में स्वच्छन्दतावादी आन्दोलन सन् 1790 ई. के आसपास आरम्भ हो गया। अनेक छोटे-बड़े परिवर्तनों के साथ यूरोप के अन्य देशों में भी लगभग इसी समय शुरू हुआ। सन् 1800 से सन् 1830 ई. के बीच का काल अंग्रेजी साहित्य के स्वच्छन्दतावादी आन्दोलन का काल है,

जिसमें काव्य सम्बन्धी नाना समस्याओं पर नये सिरे से गम्भीर चिन्तन किया गया। सैद्धान्तिक और सर्जनात्मक दृष्टि से इंगलैंड यूरोप का अग्रणी बना। स्वच्छन्दतावाद रूढ़ प्रवृत्तियों, काव्य-रूपों, परम्पराओं के प्रति विद्रोह का भाव लेकर समस्त यूरोप में फैला। इस चिन्तन से नये परिवर्तन की पुकार लगी। रोमांटिक विषयों में दूर-दूर तक अपरिचित अनजान देशों की विचित्रताओं को सहेज लिया गया और उन विषयों को भी रोमांटिक समझा जाने लगा, जिनका सम्बन्ध मध्ययुगीन इतिहास, रहस्यपूर्ण कथाओं से था। रात्रि, कब्र, खंडहर, स्वप्न, विभीषिकाएँ आदि सभी रोमांटिसिज्म के विषय माने जाने लगे। प्राचीन मध्ययुगीन गाथाओं, गीतों तथा रहस्यपूर्ण कहानियों की ओर पूरे यूरोप का ध्यान केन्द्रित हुआ तथा एक विस्मय-कुतूहल की दृष्टि से इन्हें देखा गया। रहस्य-रोमांच, वीरगाथाएँ, प्रेमगाथाएँ जन-मन को मोहने लगीं। ग्रे, टॉमस हार्डी आदि का सृजन साक्षी है कि कैसे कवि मन रहस्य-रोमांच की कहानियों में डूबने लगा। जर्मनी में लेसिंग, हर्डर, गेटे ने सौन्दर्य की प्रकृति और कलात्मक दृष्टि पर मनोवैज्ञानिक आधारों से सोचना शुरू किया और कांट, श्लेगेल तथा शेलिंग आदि दार्शनिक सूक्ष्मताओं पर विचार करने के लिए विवश हुए। इंगलैंड में एडमण्ड बर्क और फ्रांस में रूसो ने सौन्दर्य तत्व और दार्शनिक चिन्तन दोनों ही आधारों से स्वच्छन्दतावादी आन्दोलन पर सोचा और उसे एक सबल तर्क का सहारा दिया।

यह भी सच है कि बोआलो ने 1674 ई. में लांजाइनस के प्रसिद्ध ग्रन्थ 'ऑन दि सब्लाइम' का फ्रांसीसी भाषा में अनुवाद किया। यह अनुवाद इतना प्रसिद्ध हुआ कि इसने उस समय के साहित्यिकों का ध्यान आकृष्ट किया। विशेष रूप से लांनजाइनस की काव्य-मान्यताएँ भारी अपील के साथ अठारहवीं सदी में सामने आयीं। फ्रांस की क्रान्ति एवं अमेरिका के स्वाधीनता-संग्राम ने बौद्धिकों में वैचारिक कोलाहल को जन्म दिया। राजनीतिक परतन्त्रता से मुक्ति और निरंकुश शासन के अत्याचारों से छुटकारा पाने के लिए जो नये आन्दोलन उठे, उन्होंने नये युग का सूत्रपात किया। अठारहवीं सदी के उत्तरार्द्ध में मानसिक दासता से मुक्ति की आकांक्षा प्रबल हो गयी और स्वतन्त्र मन के चिन्तन से रुद्ध कल्पना के द्वारा खोल दिये। तर्क के चक्कर से छूटकर बुद्धि मानव आवेगों-आवेशों की मुक्त अभिव्यक्ति में आनन्द पाने लगी। कुछ भी कहिए, स्वच्छन्दतावादी कवि का वैशिष्ट्य उनके वैयक्तिकता बोध में है। वह स्वप्नदर्शी और आदर्शवादी होता है। उसकी कल्पना को दिव्य दृष्टि प्राप्त है और उसके संवेगों को फैलने का अबाध अधिकार है। उसकी अभिव्यंजना उसकी 'दृष्टि' से ही खुलती है और वस्तु-रूप के सभी परम्परावादी नियमों को ध्वस्त करते हुए आगे बढ़ती है। गीतात्मकता उसकी आत्मा का संगीत है और स्वप्नों में खो जाने की खुमारी उसकी अपनी चीज। रोमांटिक रचनाओं का नायक या तो विद्रोही है या अवसाद से भरा व्यक्ति। पर है वह रहस्यमय प्राणी।

स्वच्छन्दतावादियों ने मानव एवं प्रकृति के बीच एक गहरे सम्बन्ध-सूत्र को मान्यता

दी। प्रकृति मानव के अस्तित्व का कारण ही नहीं है, वह अनुभूति एवं कल्पना का उद्रेक करने वाली शक्ति भी है, प्रेरणा है, अन्तर्दृष्टि है। फलतः प्रकृति ही मानव के द्वारा अपने को अभिव्यक्त करती है। नदी-झरने, वन-पर्वत, पक्षियों-प्राणियों पर स्वच्छन्दतावादियों का विशेष ध्यान रहता है। पश्चिम के स्वच्छन्दतावादियों से हिन्दी के छायावादी कवियों की यह समानता काफी गहरी है। प्रकृति में आध्यात्मिक शक्ति का दर्शन या आरोप हिन्दी के छायावाद में पन्त, महादेवी, प्रसाद की भाँति वर्ड्सवर्थ, कीट्स, शैली आदि भी कम नहीं करते हैं। प्रकृति के नाना व्यापारों, दृश्यों-घटनाओं में स्वच्छन्दतावादी एक विशेष अर्थ पाते हैं—एक नवीन जीवन-दर्शन। वे जगत् को यंत्रवत् नहीं मानते—सहज भाव और सहज अभिव्यक्ति पर भरोसा करते हैं। वर्ड्सवर्थ ने कविता की परिभाषा में इसी तथ्य का खुलासा किया है कि कविता स्वतःस्फूर्त तीव्र संवेदना का विस्फोट है।

क्लासिकल में जहाँ एक प्रकार का संयम-सन्तुलन, ठण्डापन, परम्परा के प्रति श्रद्धा और मानव की सीमाबद्धता का भाव है, वहाँ रोमांटिक में अति साहसिकता, परम्परा से विद्रोह, मुक्त कल्पना, असीम के प्रति आकर्षण, आत्माभिव्यक्ति के प्रति तड़प, आवेश-आवेग, उत्तेजना, असन्तुलन, रम्याद्भुत के प्रति ललक और स्वतन्त्रता का भाव रहता है। ध्यान दें तो स्वच्छन्दतावाद के ये सभी तत्त्व कम-ज्यादा मात्रा में हिन्दी के छायावाद में मौजूद हैं।

हिन्दी के छायावादी कवियों में महायुद्धोत्तर अव्यवस्था और नैराश्य भाव उस ढंग का नहीं है, जिस ढंग का नैराश्य पश्चिमी स्वच्छन्दतावाद पर छाया हुआ है। एक गहरे अर्थ में पराधीनता और साम्राज्यवादी शक्तियों से जूझते भारत में अपार शक्ति के दर्शन होते हैं। राजनीति में उस शक्ति की अभिव्यक्ति गाँधी और साहित्य में छायावाद है। बीसवीं सदी के आरम्भिक दो दशकों का सृजन हिन्दी साहित्य में साक्षी है कि नये युवक-युवतियों ने मानसिक स्वाधीनता प्राप्त कर ली थी—चाहे राजनीतिक स्वाधीनता हमें बाद में मिली हो। छायावाद की आध्यात्मिक आकुलता का रंग गाँधी में ही मौजूद है। 'वस्तुतः मेटाफिजिकल तत्त्व तो गाँधी जी की शैली में वर्तमान है। सत्याग्रह-युग के साहित्य के दो विशाल आच्छादन हैं—गाँधीजी और रवीन्द्रनाथ। ये दोनों उस मनोभूमि के निर्माता हैं या खुद भी औरों की तरह अभिव्यक्ति मात्र, यह बहुत कुछ जिस दृष्टि से हम उस युग के परस्पर सम्बन्धों का अध्ययन करना चाहें, उस पर निर्भर करती है (साही, *छठवाँ दशक*, पृ. 266)।'

अज्ञेयजी ने रोमांटिक आन्दोलन और छायावाद के अन्तःसूत्रों को एक नये ढंग से खोजने का प्रयास किया है। उनका कहना है कि अंग्रेजी के रोमांटिक काव्य ने इटली और यूनान से फ्रांस और जर्मनी से छनकर आये हुए इन देशों के प्रभावों से प्रेरणा ग्रहण की, पर स्वयं इन देशों में, बल्कि सारे पूर्वी यूरोप और भूमध्य सागर तट प्रदेश के साहित्य में पश्चिम एशिया के प्रभाव क्रियाशील थे और उनमें पूर्व की

देन काफी थी। 'रोमांटिक आन्दोलन का नया बहुदेववाद प्राचीन यूनानी साहित्य का प्रभाव मात्र नहीं था, वह तो उसी से स्पष्ट होना चाहिए कि यूनानी 'क्लासिकल' सदैव यूरोपीय साहित्य की पृष्ठिका में रहा और 'क्लासिकल' के प्रति विद्राही ही तो रोमांटिक हुआ। प्रश्न साहित्य से परिचय का नहीं था, साहित्य के प्रति नयी दृष्टि का था।' दृष्टि के बदलाव से ही हाशिया ऐसा बना कि जर्मनी के महाकवि गेटे ने कालिदास की *शकुन्तला* पर कविता लिखी तथा रूमानिया में ऐमेनेस्कू के सौन्दर्य देवता (कामदेव) पर काव्य लिखा।

'यह बात चौंकाने वाली हो सकती है, पर निराधार नहीं कि यदि छायावादी आन्दोलन की एक प्रेरणा हिन्दी कवि द्वारा शेली और कीट्स का आविष्कार था तो यूरोप के रोमांटिक आन्दोलन की एक प्रेरणा यूरोपीय कवि द्वारा कालिदास का आविष्कार। निस्सन्देह केवल एक प्रेरणा के आधार पर कोई व्यापक स्थापना करना भूल होगी, पर यह बात दोनों दिशाओं के प्रभाव के बारे में कही जा सकती है (वही, पृ. 59)।' भारतीय कवि ने कालिदास को अपनी परम्परा में पाया था और यही कालिदासीय लय जयशंकर प्रसाद और सुमित्रानन्दन पन्त के काव्य-सृजन में निरन्तर सुनाई देती है। छायावाद ने नयी दृष्टि से पुनः कालिदास के स्वच्छन्दतावाद को आत्मसात् किया। कहना न होगा कि प्रसाद के रूप में हमने कालिदास को ही नवीन सांस्कृतिक संवेदना के साथ पाया है। कालिदास के अनुवादों पर ध्यान आचार्य महावीरप्रसाद द्विवेदी का भी गया था और 'कालिदास की निरंकुशता' पर वे बोले भी थे पर कालिदास का असली साक्षात्कार न कर सके थे। छायावाद के कवियों ने कालिदास के प्रेम-सौन्दर्य-प्रकृति को अपने हृदय में ही रचा-बसा लिया तथा उसे युग-जागरण की नवीन दृष्टि देकर पूरा सन्दर्भ ही नया कर दिया।

हिन्दी के छायावाद को फ्रांसीसी राज्य क्रान्ति से अप्रत्यक्ष ही सही, पर एक विशेष प्रकार की प्रेरणा मिली है। यूरोप के देशों में जो नया प्रकाश नव जागरण के रूप में फैला, उसका बहुत गहरा रिश्ता फ्रांस की राज्य क्रान्ति से है। यह क्रान्ति अठारहवीं शताब्दी के अन्तिम चरण को अपनी वैचारिक चमक से नया ऐतिहासिक सन्दर्भ देती है। इंगलैंड में रोमांटिक आन्दोलन पूरे साहित्य क्षेत्र में धूमधाम से उठ खड़ा हुआ। इंगलैंड के बुद्धिजीवी और साहित्यकार सत्ता पर काबिज अभिजात वर्ग को उखाड़ फेंकने की मनोभूमिका में आ गये। यही मनोभूमिका रोमांटिक कवियों की प्रथम पीढ़ी के प्रमुख कवि वड्र्सवर्थ और कॉलरिज में नये विचारों की बिजली का रूप धारण कर कौंध उठी। दोनों ने एक साथ 1798 ई. में एक युगान्तरकारी दस्तावेज प्रस्तुत किया—*लिरिकल बैलेड्स।* सच है कि बैलेड की परम्परा वहाँ पहले से ही थी और ज्यादातर बैलेड साहित्य अपने रूप में लोक-साहित्य जैसा था। इस बैलेड साहित्य की भाषा पर ग्रामीण संवेदना से रची पची भाषा का प्रभाव था। एक प्रकार से यह अभिजात वर्गीय साहित्य से भिन्न तेवर की भाषा थी। वड्र्सवर्थ तथा

कॉलरिज दोनों ने लोक-साहित्य को केन्द्र में लाकर अपना हृदय खोलना उचित समझा। नतीजा यह हुआ कि भाषा ही नहीं, काव्य-विषय एवं छन्द-योजना पर भी लोक-चित्त का जादू सिर पर चढ़कर बोला। यह जादू 'लिरिक' कविताओं में भी साफ नजर आता है, जो मात्र व्यक्तिगत जीवन का भावस्फोट न रहकर परिवेश की राजनीतिक चेतना को वर्णनात्मक नाटकीय ढंग से अभिव्यक्ति देने लगी। स्वयं *लिरिकल बैलेड्स* की कविताएँ लिरिकल चेतना के साथ बैलेड साहित्य से जुड़ी दिखाई देती हैं। अतः यह समझना भूल है कि पूरी-की-पूरी रोमांटिक कविता व्यक्ति-केन्द्रित भावावेग की प्रबल अभिव्यक्ति है। वड्र्सवर्थ ने अभिजात वर्गीय काव्य-भाषा की वकालत नहीं की—उलटे उसकी आलोचना की। निर्भय टोन में जनता की भाषा को ही काव्य-भाषा का प्रतिमान बनाया। वड्र्सवर्थ के इन विचारों का साथ कॉलरिज नहीं दे सके और दोनों मित्र टूटकर अलग हो गये। टूटना ही था—वड्र्सवर्थ विषय-वस्तु, काव्य-भाषा, काव्य-रूप सभी को सामान्य आदमी तक ले जाने पर आमादा थे और यह कार्य अभिजात वर्ग को एक सीधी चुनौती थी। फिर अभिजात वर्ग के दिखावटी-छिछले विचारों से उनकी मनोभूमिका का कोई तालमेल भी न बैठता था।

वड्र्सवर्थ के सामने प्रश्न उपस्थित रहा है—साहित्य किसके लिए? उत्तर दिया—'साधारण और ग्रामीण जीवन को प्रकृत भावों के साथ अभिव्यक्ति देने के लिए, सामान्य जन के लिए। यह सामान्य जन प्रायः किसान है—गाँव का ठेठ आदमी है। फ्रांसीसी राज्य क्रान्ति के विचार—स्वाधीनता, समानता, बन्धुता—विश्व-मानव की भावना को आत्मसात् कर रहे थे। वड्र्सवर्थ ने प्रकृति की उपासना चर्च को अँगूठा दिखाकर की और ईश्वर की उपासना को किनारे कर दिया। हिन्दी के सभी छायावादी कवियों—विशेषकर सुमित्रानन्दन पन्त के आरम्भिक काव्य-सृजन पर वड्र्सवर्थ का गहरा असर मिलता है। जैसे बाद के वड्र्सवर्थ ने ईश्वर और चर्च पर कविताएँ लिखीं वैसे ही बाद के पन्तजी ने मार्क्सवाद-अरविन्द दर्शन की पुकार लगायी। दोनों ही कवियों का उत्तरार्द्ध निराशाजनक और प्रभावहीन है, काव्यात्मकता मरियल, सूखी और उबाऊ है।

बहरहाल, यह सच है कि वड्र्सवर्थ, कॉलरिज, शेली, बायरन, कीट्स—इंगलैंड के इन पाँचों रोमांटिक कवियों को फ्रांसीसी राज्य क्रान्ति ने वैचारिक धरातल पर आन्दोलित किया है, नयी दिशा-दृष्टि दी है। इसी तरह विचार-दर्शन की विशेष धमक है। यह धमक अच्छी है या बुरी इस पर अलग से बात हो सकती है, किन्तु धमक है। इंगलैंड के रोमांटिक कवियों की भाँति ही हिन्दी के छायावादी कवि-कथाकार-नाटककार, आलोचक आदि अपनी सांस्कृतिक जातीय विरासत को वाल्मीकि-भवभूति कालिदास, कबीर-तुलसी-भारतेन्दु-श्रीधर पाठक से जुड़कर पहचानते हैं। एक ओर मिल्टन हैं, दूसरी ओर कालिदास। रोमांटिक कवि प्रायः मिल्टन को याद करते हैं—ऐसे ही हिन्दी के सभी छायावादी वाल्मीकि तथा कालिदास को। इतिहास, पुराण संस्कृति-दर्शन

में जाकर छायावाद के कवियों ने अतीत का पुनराविष्कार किया। परम्परा को नया अर्थ-सन्दर्भ दिया और स्वतन्त्रता को नया व्यवहार।

कॉलरिज ने कविता और आलोचना दोनों को विकास की नवीन दिशा दी। एक सिद्धान्तकार के रूप में उनकी ख्याति कम नहीं है। उन्होंने शेक्सपियर के अध्ययन को विशेष गहराई दी और जर्मन दार्शनिकों के चिन्तन को अपनी सर्जनात्मकता में गलाकर एक नया खमीर उठाया। अभिजात वर्ग से अरस्तू और चर्चवाद दोनों को बाहर धकेलने का काम कॉलरिज ने उत्साह से किया है। अपनी कविताओं—एंशेंट मेरीनर', 'कुबला खाँ' में वे मानव को फैंटेसी के संसार में ले जाते हैं। कॉलरिज न केवल मनुष्य की कल्पना के घेरे तोड़ते हैं, बल्कि शास्त्रीय सीमाएँ तोड़कर नये मनुष्य का स्वाधीन बिम्ब निर्मित करते है। वड्र्सवर्थ, कॉलरिज, शेली आदि सभी रोमांटिक कवि सौन्दर्य-बोध के नये स्वरूप को लेकर मनुष्य की कल्पना को स्वाधीन कर देते हैं। मुक्त कल्पना कोई बन्धन भला क्यों माने। फलतः अभिजात वर्ग की सीमित कल्पना का पूरा शाही ठाठ ही टूटकर ध्वस्त हो जाता है। अब कल्पना अपनी मुक्त गति से लोक-संस्कृति के छन्द लाती है और अठारहवीं सदी का छन्द साँचा निरर्थक दिखाई देने लगता है। इस पूरे-के-पूरे विद्रोही चिन्तन में फ्रांसीसी राज्य क्रान्ति की प्रेरणा का हाथ है। पर यह विद्राही चिन्तन फ्रांस, इंगलैंड के साथ-साथ यूरोप के धनी सामन्त-तन्त्र को फूटी आँख पसन्द न था। आखिरकार, बहाना बनाकर इंगलैंड ने फ्रांस से युद्ध शुरू कर दिया। इस युद्ध में कॉलरिज ने इंगलैंड के सामान्तवाद का साथ नहीं दिया तथा फ्रांस के उपनिवेशवादी तन्त्र पर अपनी कविता 'फ्रांस ऐन ओड' में दुःख व्यक्त किया। इतना ही नहीं, 'पियर्स दि सौलीट्यूड' जैसी कविता लिखकर ब्रिटेन को धिक्कार दिया। जाहिर है कि कॉलरिज जैसे कवि की सहानुभूति पीड़ित जनता के साथ थी, साम्राज्यवादी राक्षसों के साथ कॉलरिज का ईश्वर राक्षसवाद का साथ नहीं दे सका।

रोमांटिक कवियों में कीट्स सघन इन्द्रिय-बोध के ही कवि नहीं हैं, वे अत्यन्त मुक्त कल्पना के कवि हैं। उनकी काव्य-कला में चित्रकला की बहुत-सी विशेषताएँ हैं। पर वे कल्पना के पलायनवाद में ले जाने पर भी अपने समय, समाज और राजनीति से कटे नहीं हैं। उनकी कल्पनाशीलता में रीतिवाद-शास्त्रवाद का निषेध है। फलतः संसार-भर के रोमांटिक आन्दोलन पर कीट्स का व्यापक प्रभाव पड़ा है। हिन्दी का छायावाद भी इस दृष्टि से कीट्स का कम ऋणी नहीं है। कीट्स ने पद्य में सरस कथाओं को वाणी दी—प्रकृति को साथ लेकर। उनकी 'हाइपीरियन' कविता में पुराने देवता 'अपोलो' आते हैं। यह कविता बदलते हुए समाज के सौन्दर्य-बोध का प्रतीक है। कविता पर मिल्टन से ज्यादा दाँते का प्रभाव है—हालाँकि कविता अधूरी है। इस अधूरी कविता ने रोजेटी को बहुत प्रभावित किया। फलतः रोजेटी की चित्रकला ने काव्यकला पर अमिट निशान छोड़े। दाँते और कीट्स का रोजेटी में

एक अनुपम जगत् खिला पड़ा है। कीट्स और रोजेटी के स्वच्छन्दतावाद में जनता के छिनते अधिकारों को लेकर बेचैनी है। यह बेचैनी कीट्स अपने गद्य में पूरे साहस के साथ व्यक्त करते हैं।

रोमांटिसिज्म को एक नया मुहावरा बायरन ने व्यंग्यपूर्ण कविताएँ लिखकर दिया। अठारहवीं सदी में पोप एवं ड्राइडन व्यंग्यकार के रूप में अपनी धाक जमा चुके थे और इनसे ही बहुत कुछ सीखकर बायरन ने व्यंग्य-कविता का सृजन किया। इस व्यंग्य कविता का निशाना शासक वर्ग और अभिजात वर्ग का बुद्धिजीवी था। सच बात तो यह है कि बायरन ने हर तरह के रूढ़िवाद-आभिजात्यवाद पर करारे प्रहार किये। हर तरह के आडम्बर के प्रति उनके मन में आग है। स्वाधीनता के प्रति इतनी गहरी निष्ठा बायरन में है कि वे तुर्कों के विरुद्ध यूनान के स्वाधीनता-संग्राम का शेली की भाँति ही खुलकर समर्थन करते हैं। बायरन ने जोश में राजनीतिक कविताएँ भी यूनान को लेकर लिखीं उनका यूनान-प्रेम इतना बढ़ गया था कि जीवन के अन्तिम दिनों में वे यूनान के स्वाधीनता-संग्राम में कूद पड़े। उनका शरीर भी यूनान की धरती पर ही शान्त हुआ। बायरन का स्वर गूँजता रहा—जनता को बादशाह नहीं, लोकतन्त्र चाहिए। भारत पर भी उनका ध्यान गया था और अंग्रेजों के लूटतन्त्र से क्षुब्ध होकर 'द कर्स ऑफ मिनर्वा' जैसी कविता लिखी है। सन् 1811 में लिखी गयी यह कविता सन् 1857 के स्वाधीनता संग्राम का सफल सपना है। मिनर्वा कहती है, 'पूरब की ओर निहारो तो। ये जो गंगा के किनारे पर बसे काले आदमी हैं—वे तुम्हारे क्रूर साम्राज्य को जड़ों के सहित हिला देंगे। ध्यान से देखो, विद्रोह अपना भयावना सिर उठा रहा है—

Look to the East, where Ganges' Swarthy race
Shall shake Your Tyrant empire to its base;
Lo : there Rebellion Rears her ghastly head.

रोमांटिसिज्म की आन्तरिक लय का संगीत शेली में बजा है—'लिरिक' का शक्तिशाली भावबोध उनमें साकार हो उठता है। काव्य-रूपों की छवियों का यह काव्य-संसार भुलाने योग्य नहीं है। कीट्स बायरन की तरह ही काव्य-नाटक लिखते हैं और वर्णनात्मक रचनाएँ भी और कभी-कभार व्यंग्य रचनाएँ भी। पर उनके 'लिरिक' में समाज और राजनीतिक आन्दोलनों के इन्द्रधनुष अद्भुत रूपों में मौजूद हैं। यहाँ एक साथ प्रेम, प्रकृति और परिवर्तन की त्रिधारा प्रवाहित रहती हैं। यूनान के स्वाधीनता संग्राम से कवि को लगाव है और वह *हलास* नामक नाटक लिखते हैं। नाटक की भूमिका में वे अत्याचारी संगठित शासकों के खिलाफ अन्य देशों को संगठित मोरचे बनाकर लड़ने का सन्देश देते हैं। चर्च और बादशाहत को धूल चढ़ाकर लोकतन्त्र का सपना उनका अपना है। यूरोप की निरंकुश बादशाही को लेकर उनमें बेचैनी है और आयरलैंड की गुलामी का गहरा दर्द 'ऐन ऐड्रेस टु दि आइरिश पीपुल' निबन्ध बनकर फूटता है।

वे आयरलैंड के साथ ही नहीं हैं, भारत के साथ भी हैं और ब्रिटिश साम्राज्यवाद के लूटतन्त्र की निन्दा करते हैं। न उन्हें ईश्वर में विश्वास है, न ईसाई धर्मतन्त्र में। उन्हें जो सिखाया गया था–उस आधारा पर वे भारत में ब्राह्मणवाद का बोलबाला समझते थे और भारतीय नवजागरण के प्रति आश्वस्त थे। उन्होंने लिखा है, 'भारत के बहुत से लोग यूरोप की कलाओं और दर्शन से अब अनभिज्ञ नहीं हैं। यहाँ की तरह वहाँ (भारत में) भी लॉक, ह्यूम और रूसो की बातें लोग करने लगे हैं।' पर उनका विश्वास है कि यूरोप के दर्शन का भारत को लाभ तभी पहुँचेगा, जब भारत अपनी संस्कृति और कलाओं का स्वाधीन होकर विकास करेगा–यूरोप का नकलची बनकर नहीं। यूरोप की साम्राज्यवादी बर्बरता से तंग आकर वे 'मास्क ऑफ अनार्की' जैसी कविता लिखते हैं। मजदूरों पर जो सत्ता ने हमला किया था, उसके लिए भी कहते हैं, 'तुम ज्यादा संख्या में हो, वे अत्याचारी थोड़े हैं–उन पर जागकर शेरों की तरह टूट पड़ो।' इतिहास में उतरकर वे पाते हैं कि अमेरिका के स्वाधीनता-संग्राम का प्रभाव फ्रांसीसी राज्य क्रान्ति पर पड़ा। सच है कि फ्रांस के सैनिकों ने अमेरिका के मैदानों में स्वाधीनता के लिए लड़ना सीखा था।

शेली ने उन लोगों को मुँहतोड़ उत्तर दिया जो कहते फिरते थे कि कविता के दिन अब लद गये। 'ए डिफेन्स ऑफ पोयट्री' जैसे शक्तिशाली विचारों के निबन्ध में वे अनेक कवियों को खोज-खोजकर याद करते हैं; पर दाँते पर फिदा हैं। कारण, "दाँते की कविता एक पुल की तरह है, जो समय की नदी के ऊपर बना दिया गया है। यह पुल प्राचीन संसार को आधुनिक संसार से जोड़ता है।" कहना न होगा कि यूरोप की मध्यकालीन निद्रा को तोड़कर उसे वे आधुनिक काल में लाते हैं। वे यूरोप के आधुनिक युग के प्रथम कवि हैं जिनमें इंग्लैंड के नवजागरण और इटली के पुनर्जागरण एक-दूसरे से सम्बद्ध हैं। मूल बात यह है कि अपनी विश्व-दृष्टि से शेली आयरलैंड, यूनान और भारत की स्वाधीनता का जोरदार समर्थन करते हैं। यूरोप के मजदूर आन्दोलन, जिसे 'चार्टिस्ट मूवमेंट' (1835 ई.) कहा जाता है–उस पर शेली के विचारों का असर पड़ा है। कुछ समय बाद यह मजदूर आन्दोलन भारत से भी जुड़ा। अर्नेस्ट जोंस ने 'दि रिवोल्ट ऑफ हिन्दस्तान आर द न्यू वर्ल्ड' जैसी कविता लिखी और सन् 1857 की लड़ाई को भारत का प्रथम स्वाधीनता संग्राम कहा। इस संग्राम में राजाओं के साथ मिलकर भारतीय जनता ने अंग्रेजों से युद्ध किया। कहना न होगा कि यूरोप के रोमांटिक आन्दोलन की पूरी चेतना साम्राज्यवाद-उपनिवेशवाद विकृत पूँजीवाद के विरोध में विकसित होती है और मानवमात्र की मुक्ति-आकांक्षा इसके चिन्तन का आधार है। ऐसी स्थिति के कारण यह मात्र भावावेग, कल्पना, प्रकृति सौन्दर्य के पलायन से भरी कविता का आन्दोलन ही नहीं है, बल्कि नवजागरण, लोक-संस्कृति और लोक-मंगल की एक व्यापक दृष्टि भी इस आन्दोलन के भीतर मौजूद है। यूरोप के रोमांटिक आन्दोलन के ये ऐसे गुण हैं, जो हमारे 'छायावाद'

से बहुत मिलते-जुलते हैं। हिन्दी के छायावाद का एक पक्ष व्यक्तिवाद है, पर अन्य पक्षों में आत्मप्रसार, मुक्ति की आकांक्षा, लोक-मंगल का प्रबल पक्ष भी मौजूद है। एशिया के जागरण, अमेरिका के स्वाधीनता-संग्राम, फ्रांसीसी राज्य क्रान्ति आदि का व्यापक असर भारत पर पड़ा और यह असर 'छायावाद' की कविता में पूरे रूप-रंग के साथ चमकता मिलता है और हिन्दी का छायावाद अपनी व्यापक भावभूमि में 'रोमांटिसिज्म' का पर्याय दिखाई देने लगता है।

हिन्दी के पाठक के साथ छायावाद का संवाद आत्मीयता से छलकता मिलता है। कवि शास्त्रीयतावाद-रीतिवाद की पुरानी लकीर को छोड़कर एक नया काव्य-संसार निर्मित करता है। हृदय के उन्मुक्त भाव अब किसी ऐतिहासिक-पौराणिक कहानी का सहारा लेने का मुहताज नहीं दिखाई देते। कवि की 'मैं शैली' में उसका पूरा व्यक्तित्व और अस्तित्व समाहित हो उठता है। इस सर्जनात्मकता में भारत के नये युवक की वह पूरी मानसिकता ढलकर आती है, जो सामाजिक स्वाधीनता की तड़प लिए हुए है। फलतः इस वैयक्तिक आत्माभिव्यक्ति में सामाजिकता का स्वर प्रबल है। इसमें पुराणवाद के प्रति विद्रोह है और मुक्ति की नवीन दिशाओं की तलाश। जहाँ कहीं आत्मनिवेदन का स्वर है वह स्वर भी भक्तों के धर्म के आवरण में लिपटे आत्मनिवेदन से एकदम अलग है। ऐसे ही उसे प्रणय-निवेदन में किसी ओट की जरूरत नहीं है—उस 'राधा-कान्ह सुमिरन' की ओट की भी नहीं, जिसे रीतिकाल में भरपूर इस्तेमाल किया गया था। देखते-देखते नये परिवेश के दबाव से कवि सामन्तवादी नैतिकता के धनुष को खंड-खंड करके फेंक देता है। रीतिवाद के प्रबल विरोधी कवि सुमित्रानन्दन पन्त ने 'उच्छ्वास' और 'आँसू' की बालिका के प्रति निर्भय-निश्चिन्त भाव से प्रणय-निवेदन किया। न कोई कुंठा, न कोई पहेली। मानव का प्रेम हृदय के सहज उद्‌गारों से फूट-फूट पड़ा है। कवि ने अपनी सामाजिक स्वाधीनता का सभी क्षेत्रों में आत्मविस्तार किया। निरालाजी ने 'सरोज स्मृति' जैसे शोकगीत में सामाजिक रूढ़ियों पर प्रहार किये और 'आत्मकथा' से समाज-व्यथा कह डाली। प्रसादजी ने अपनी 'आत्मकथा' कविता में आत्माभिव्यक्ति 'थके पथिक की पंथा सी' बात उठाकर पूरी की। यही नहीं, पुरुष-प्रधान समाज में महादेवी वर्मा ने आत्माभिव्यक्ति के लिए रहस्यवाद का आवरण डाला; पर आवरण ही है, इससे आगे नहीं। डॉ. नामवर सिंह ने छायावाद युग की प्रबल आत्माभिव्यक्ति की भावना को लेकर एक बड़ी सार्थक टिप्पणी की है, 'यह आत्माभिव्यक्ति की भावना इस युग में कितनी व्याप्त रही है, इसका पता इसी से चलता है कि 'आत्मकथा' लिखने की परम्परा-सी चल पड़ी। गाँधी, नेहरू, रवीन्द्रनाथ, श्रद्धानन्द, श्यामसुन्दर दास, वियोगी हरि, राहुल सांकृत्यायन आदि ने जाने कितने राजनीतिज्ञों, धर्म-सुधारकों और साहित्यकारों ने अपनी आत्मकथा अथवा जीवनी-स्मृति लिखी है। इतने बड़े पैमाने पर इस देश में आत्मकथाएँ पहले शायद ही कभी लिखी गयीं (*छायावाद*, पृ. 20)।' आत्माभिव्यक्ति

की अदम्य आकांक्षा ने छायावादी कवियों को मुक्त मन से विचारों-भावों को सामने लाने का अवसर प्रदान किया। यह आकांक्षा 'रोमांटिसिज्म' की आन्तरिक लय का रूप है। इसी में व्यक्तिवाद का वह बीजभाव भी रहा है, जिसे छायावाद ने पनपने का मौका दिया है।

वास्तव में, छायावाद का कवि पुराने रीतिवाद को तोड़कर आत्मविस्तार के क्षेत्र में बेधड़क चला जाता है। बदले हुए परिवेश ने ज्ञान-विज्ञान का तो प्रसार किया था, वह मानव और प्रकृति के नये दर्शन को नये सन्दर्भों से उद्घाटित कर रहा था। प्रेम को अब घर के भीतर चौकड़ी भरने की जरूरत न थी—व्यापक जन-जीवन के बीच पनपता था। देश और जाति, धर्म और दर्शन की संकीर्ण कारा को लाँघकर वह धरती-आकाश को अपनी बाँहों में बाँध लेना चाहता था। यही कारण है कि छायावाद ने निर्झर-प्रपात-नदी को अपनी स्वच्छन्दता का प्रतीक बनाया। ब्रजभाषा की जर्जरित रूढ़ियों को त्याग कर खड़ीबोली में नवजागरण का शंखनाद किया। *पल्लव* की भूमिका नये विचारों का इसी दृष्टि से ऐतिहासिक दस्तावेज है, जिसका हिन्दी के छायावाद में वही स्थान है, जो 'रोमांटिसिज्म' में वर्ड्सवर्थ की *लिरिकल बैलेड्स* की भूमिका को प्राप्त है। निराला और प्रसाद में रूढ़ियों से खुला विद्रोह है और महादेवी में नारी बन्धन के पाशों को काट देने की संकल्प भावना। गाँधी-विचार-दर्शन का नारी-जागरण, युवतियों की नयी शिक्षा से उत्पन्न बौद्धिकता का महादेवी में 'तोड़ दो क्षितिज मैं भी देख लूँ उस पार क्या है' का समाज-विद्रोही स्वर है। यहाँ रहस्यवादी आध्यात्मिकता मात्र दिखावा है—सच है—संकल्पों के साथ समाज में जीने का साहस। छायावाद में नारी ने यह साहसा पहली बार जुटाया है। निराला ने 'राम की शक्तिपूजा', 'तुलसीदास', 'पंचवटी-प्रसंग' में राम को माध्यम बनाकर नये युग के संघर्ष का इतिहास लिखा। प्रसाद ने 'उठ री उठ री लघु लोल लहर' से नवजागरण को स्पन्दन दिया और पन्त ने 'प्रथम रश्मि का आना रंगिणि' कहकर जीवन-जगत् को नयी आँखों से देखा। 'कामायनी' में प्रसादजी ने नये विज्ञान की दृष्टि का समर्थन ही नहीं किया, बल्कि मानव के लिए उस दर्शन की महत्त्व-प्रतिष्ठा की जो उसे जीने की दृष्टि दे सके। मनोविश्लेषणशास्त्र और मार्क्सवाद ने जो वैज्ञानिक टेम्पर युग-परिवेश को दिया था, उससे बाहर बच्चन, दिनकर, अंचल, भगवतीचरण वर्मा, नवीन, माखनलाल चतुर्वेदी आदि कोई नहीं हैं। छायावाद और उत्तर छायावाद की हर कविता में संकल्पनात्मक अनुभूति का अपराजेय स्वर है। सभी कविताएँ नैतिक संवेदना के साथ राजनीति के तन्त्र की झनकार भी छोड़ती हैं।

छायावादी रचनाकार का प्रकृति-प्रेम उसकी मुक्त मानसिकता का हँसता-खेलता जगत् है, जिसमें प्रकृति से वे प्रेरणा पाते हैं और उसकी शक्ति से चकित भी रह जाते हैं। दरअसल, इस प्रकृति-प्रेम में देशप्रेम एकाकार है। आचार्य रामचन्द्र शुक्ल ने ठीक कहा है, 'देशप्रेम है क्या? प्रेम ही तो है। इस प्रेम का आलम्बन क्या है?

सारा देश अर्थात् मनुष्य, पशु-पक्षी, नदी-नाले, वन-पर्वत सहित सारी भूमि। प्रेम किस प्रकार का है? यह साहचर्यगत प्रेम है, जिनके बीच हम रहते हैं, जिन्हें बराबर आँखों से देखते हैं। यदि किसी को अपने देश से सचमुच प्रेम है तो उसे अपने देश के मनुष्य, पशु-पक्षी, लता-गुल्म, पेड़-पत्ते, वन-पर्वत, नदी-निर्झर आदि सबसे प्रेम होगा और वह सबको चाह-भरी दृष्टि से देखेगा, वह सबकी सुधि करके विदेश में भी आँसू बहाएगा।' ('काव्य में प्राकृतिक दृश्य', *चिन्तामणि*, भाग-2, पृ. 33)। प्रकृति-प्रेम से भरा यही मन हिन्दी के सभी छायावादी कवियों को प्राप्त है। यही मन रामनरेश त्रिपाठी के *पथिक* को प्राप्त है, जो 'नदी और नालों का वेश धरूँगा' की भावना से युक्त है। प्रसादजी ने 'अरुण यह मधुमय देश हमारा' गीत में प्रकृति-प्रेम को देशप्रेम में एकाकार कर दिया है। पंतजी ने प्रकृति-प्रेम को काव्य-प्रेरणा के रूप में पाया और हिमालय का सम्पूर्ण सौन्दर्य उनके काव्य में कालिदासीय लय के साथ रिल-मिलकर आया है। 'प्रथम रश्मि', 'सान्ध्य तारा', 'नौका विहार' आदि कविताएँ स्वतन्त्रता-स्वच्छन्दता की युगभूमि का स्पष्ट संकेत हैं। निराला-पन्त-प्रसाद-महादेवी ने प्रकृति-दर्शन से पूरी जीवन-दृष्टि ही बदल डाली और प्रकृति की स्वतन्त्र सत्ता के बोध से स्वच्छन्द कल्पना की शक्ति को निष्पन्न किया। वाल्मीकि और कालिदास की प्रकृति दृष्टि का यह नवजागरण है। प्रकृति को लेकर रीतिवादी उद्दीपन दृष्टि का भोगविलासी संसार ही गायब हो गया और *कामायनी* में प्रकृति-शक्ति की कथा ही कही गयी। निराला की 'सन्ध्या-सुन्दरी' और पन्त की 'नौका विहार' ने प्रकृति-सौन्दर्य के विविध रूपों—चातक, पपीहा, झींगुर की झीनी झनकार, अनेक तरह के रंग-भरे फूलों से यह संसार भर दिया। आह, कितना रमणीय बन गया! प्रकृति ने मानव को नया सौन्दर्य-बोध दिया। काव्य की समस्त अप्रस्तुत योजना का बदलाव आखिर यही तो प्रमाण देता है।

छायावाद ने अपनी रूढ़ि-विरोधी प्रकृति से प्रकृति के प्रति दृष्टिकोण ही नहीं बदला, नारी के प्रति भी सर्वथा नवीन दृष्टिकोण को जन्म दिया। नारी के प्रति द्विवेदी-युगीन नैतिकतावादी दृष्टिकोण अब नहीं रहा। नारी का नैसर्गिक सौन्दर्य इस काव्य के केन्द्र में आया। पन्तजी ने 'उच्छ्वास', 'आँसू', और 'ग्रन्थि' की बालिका को 'बालिका मेरी मनोरम मित्र थी' के सहज भाव में स्मरण किया। प्रकृति की अपूर्णता को नारी ने जीवन में रंग भरकर पूरा किया। निराला के तुलसीदास ने सम्पूर्ण प्रकृति को रत्नावली की छवि में झिलमिलाते हुए पाया। *कामायनी* के मनु ने 'कौन हो तुम वसन्त के दूत', 'प्रथम कवि का ज्यों सुन्दर छन्द' के रूप में श्रद्धा को देखा और 'पीयूष स्रोत-सी बहा करो' की कामना की। छायावाद के नारी-सम्बन्धी दृष्टिकोण पर नवीन शिक्षा का प्रभाव पड़ा। हर क्षेत्र में पढ़-लिखकर स्त्रियाँ आयीं और स्वाधीनता-आन्दोलन में पुरुषों से कन्धा मिलाकर आगे बढ़ीं। पुरुष ने नारी के नूतन सौन्दर्य का साक्षात्कार किया और प्रेरणात्मक शक्ति में 'शक्तिशाली हो विजयी

बनो' जैसा उद्घोष भी सुना! मुक्त परिचय से नारी-पुरुष के बीच वैयक्तिक प्रेम की मधुर लता बढ़ चली और 'सजनी', 'सखि', 'प्रेयसी' जैसे सम्बोधन नये भावबोध के साथ फूट पड़े। पर न तो छायावाद सजनीवाद है, न मध्ययुगीन सखि-सम्प्रदाय। न यह रीतिकाल की 'बौरी-सी दौरी फिरति' प्रेमिका है। नारी के 'पावन गंगा' स्पर्श में 'असीम-सौन्दर्य-सिन्धु' की आभा है। प्रसाद के मनु को जो काम की पुकार सुनाई दी थी, वह जैसे 'कुछ दूर बजे वंशी' की सहज ध्वनि का राग है। यह 'काम मंगल से मंडित श्रेय' की आलोक छवि का उदात्त सौन्दर्य है। नारी अब पुरुष के लिए प्रेम की 'वस्तु' न रहकर स्वतन्त्र व्यक्तित्व के साथ 'देवि, माँ, सहचरी, प्राण' की मनोभूमिका में अपनी महत्त्व-प्रतिष्ठा लेकर आयी। शिक्षा से परिचय के नये क्षेत्र खुले—नर-नारी का तनाव कम हुआ और युवक-युवतियों ने एक-दूसरे को निकटता से समझा और साहचर्य भाव में बँध गये। प्रसाद की मधुचर्या, निराला का उद्दाम आवेग, पन्त का सहज प्रणय राग, महादेवी के प्राणों का 'प्रिय'-'प्रियतम' सभी में भावावेग का सौन्दर्य नूतन भाव-बिम्बों, प्रतीकों, मिथकों, रूपकों में व्यक्त हुआ। 'हृदय ही तुम्हें दान कर दिया' का गर्व छायावाद में शरीरवाद से हटकर हृदयवाद की अन्तर्यात्रा है। 'सन्ध्या सुन्दरी' का सौन्दर्य पन्तजी की 'अप्सरा' का सौन्दर्य, प्रसाद की *कामायनी* का सौन्दर्य ऐसा है कि भक्तिकाल-रीतिकाल की नारी का सौन्दर्य वहाँ टिक नहीं पाता है। छायावाद की नारी यथार्थ कम, कल्पना ज्यादा है—इस प्रकार से वह पवन प्रेरित सौरभ-साकार प्रकृति है। नारी सौन्दर्य की स्थूल शारीरिकता को किनारे कर छायावाद का कवि अभिनव-सौन्दर्य शक्ति के रूप में उसका सूक्ष्म भावमय चित्रण कर उठा—'तुम्हारे छूने में था प्राण, संग में पावन गंगा स्नान।' रीतिकालीन नारी का 'सलोनी साँवरी नागिन-सी डसि जाए' का जहरवाद ही यहाँ गायब हो गया। स्वच्छन्द प्रेम ने रूढ़ियों की चट्टानों को चकनाचूर कर दिया—'हेर प्यारे को सेज पास नम्र मुखी हंसी-खिली खेल रंग प्यारे संग'। नारी का 'प्रेयसी रूप' छायावाद के कवि को इतना भाया कि माँ-बहन-कन्या के रूप-सौन्दर्य किनारे पर पड़ गये। केवल निराला की 'सरोज-स्मृति' एक अपवाद है।

छायावाद की साम्राज्यवाद-सामन्तवाद-उपनिवेशवाद विरोधी प्रवृत्तियों ने स्वाधीनता-आन्दोलन की चेतना को अपनी हर साँस से मुखरित किया। प्रेम और सौन्दर्य का लोक देशप्रेम में रंग लाया और सामाजिक-सांस्कृतिक-राजनीतिक आन्दोलनों ने देश के प्राणों में नवीन उमंग-उत्साह की शक्ति का संचार किया। एक आलोचक ने छायावाद को 'शक्ति-काव्य' की संज्ञा दी है। छायावाद को शक्ति-काव्य का पर्याय कहना—युग की पूरी मनोभूमिका को भीतर से समझ लेना है—बाहर से समझ लेना है। काव्य आत्मा की संकल्पनात्मक अनुभूति हो—या मानव-हृदय की मुक्तावस्था हो—वह हमारी सम्पूर्ण चेतना की सर्जनात्मक शक्ति का मंगलमय विस्फोट है। सृजन में परिवेश ही बोलता है और यह परिवेश ही मानव की मनोभूमिका का निर्माण

करता है। विजयदेव नारायण साही ने 'लघु मानव के बहाने हिन्दी कविता पर एक बहस' में छायावाद के परिवेश का सन्दर्भ उभारते हुए लिखा है 'सत्याग्रह युग विराट् नाटकीयता का युग है। उस युग के बारे में पढ़कर ही हम रोमांचित होने लगते हैं, फिर उस समय जिन्दा होना और उसकी लय को महसूस करना स्वर्ग में रहने के बराबर ही रहा होगा।' गाँधीजी इसी लय की सम्पूर्ण अभिव्यक्ति थे। इस लय ने स्वाधीनता आन्दोलन में प्राण फूँक दिये। राजनीति के क्षेत्र में जो कार्य गाँधी-चिन्तन ने किया साहित्यिक क्षेत्र में वही कार्य छायावाद ने अपने ढंग से किया है। भारतीय जनता के मध्यवर्ग ने और उसके साथ जनता ने अंग्रेजी साम्राज्यवाद से मुक्ति के लिए संघर्ष किया। अपनी ऐतिहासिक-सांस्कृतिक परम्पराओं की जड़ों में जाकर देश ने आत्मगौरव के स्वप्न देखे और अंग्रेजी छल-कपट का पर्दाफाश किया। हमारे अतीत के गौरव ने वर्तमान में जीने का आत्मविश्वास, आत्मबल पैदा किया। जयशंकर प्रसाद ने जातीय जागरण के गीत लिखे और *स्कन्दगुप्त, चन्द्रगुप्त* जैसे नाटकों से आवाज उठी, 'स्वयं प्रभा समुज्ज्वला स्वतन्त्रता पुकारती।' संस्कृति की रक्षा के गर्व ने शक्ति से दुहराया, 'निछावर कर दें हम सर्वस्व हमारा प्यारा भारतवर्ष'। प्रसाद ने 'पेशोला की प्रतिध्वनि', 'शेरसिंह का शस्त्र समर्पण' तथा निराला ने 'छत्रपति शिवाजी का पत्र' जैसी कविताएँ लिखकर पराधीन वर्तमान को विजय की राह दिखाई। यही नहीं, निरालाजी ने सांस्कृतिक परम्परा की स्मृति जगाकर 'गीता' की वाणी का स्मरण किया—"शेरों की माँद में आया है आज स्यार/ जागो फिर एक बार।" जागरण के स्वर से छायावाद भरा पड़ा है। 'तुलसीदास' में निराला ने स्वाधीनता के बोध को सन्देश बनाकर प्रस्तुत किया। 'विप्लव के बादल' इस युग में उठे और मातृभूमि के प्रति भक्ति का नया अर्थ उजागर हुआ। लोक चेतना के भीतर पैठकर छायावाद के कवियों ने बड़े पैमाने पर सामाजिक-राजनैतिक कविताओं का सृजन किया। महादेवी ने 'पन्थ होने दो अपरिचित प्राण रहने दो अकेला' के स्वर में हर प्रलय पर जीत के चिह्न छोड़ने का भाव दुहराया।

स्वाधीनता-आन्दोलन के भीतर से इतनी विराट् जन-शक्ति का प्रवाह उमड़ पड़ा कि निराशा बह गयी। आन्दोलनों से युवकों ने मानसिक स्वाधीनता का साक्षात्कार कर लिया—चाहे राजनीतिक स्वाधीनता अभी दूर रही हो। मानसिक स्वाधीनता के भाव ने पुरानी परिपाटी से नमस्कार कर लिया, 'अब गीत मुक्त और युगवाणी बहती अयास'। हृदय के खुल जाने से कल्पना मुक्त हो गयी और धरती से आसमान तक उसने उड़ान भरना शुरू कर दिया। भावावेग, जिज्ञासा, कुतुहल, विस्मय से उसने प्रकृति एवं नारी को देखा। फलतः छायावाद की कल्पना सामान्य कल्पना नहीं रही, उसके भीतर जीवन की अन्तर्दृष्टि का लीला-कमल खिल उटा। तीव्र भावावेग ने अप्रस्तुत विधान का कायाकल्प कर दिया। निराला ने 'राम की शक्तिपूजा' में 'शक्ति की करो मौलिक कल्पना' के उद्घोष के साथ युग की संघर्षरत भावभूमि के

विराट बिम्ब प्रस्तुत किये। हताश राम को पाकर मारुति नन्दन में 'जलराशि जल पर चढ़ता खाता पछाड़' का शक्ति-सागर उमड़ पड़ा। छायावाद ने कल्पना के प्रति इतना अधिक अनुराग दिखाया कि पन्तजी बादल को 'त्रिभुवन की कल्पना महान्' कहने से न रुक सके। रीतिकाल का कवि थोड़ी-सी उपमाओं, थोड़े से रूपकों में बँधा था—छायावाद का कवि इस क्षेत्र का अपार स्वामी हो गया। छायावाद की स्वच्छन्द कल्पना के चित्र-विस्मय एवं आह्लाद के रूपागार बन गये। वर्तमान की व्यथा-अभाव-अतृप्ति को भूलकर छायावाद ने स्वप्न-लोक का निर्माण किया और तृप्ति पायी। व्यथा अभिशाप और वरदान दोनों ही रूपों में कवि-कल्पना को झेलनी पड़ी—पर व्यथा से वह टूटा नहीं, उसने भीतर से शक्ति को ही निचोड़कर दम लिया। सन् 1930 के बाद छायावाद शक्ति-बाण पर बैठकर आगे बढ़ा और उसी शक्ति से प्रगतिवाद का जन्म हुआ। अतः यह कहना गलत है कि छायावाद की भस्म से प्रगतिवाद का जन्म हुआ है।

स्वच्छन्द रूप-विधायिनी कल्पना की शक्ति ने छायावादी काव्य के रूप-विन्यास में क्रान्ति कर दी। यह रूप-विन्यास की क्रान्ति इतनी अद्‌भुत थी कि बहुत से आलोचक छायावाद को अभिव्यंजना की नूतन शैली ही मान बैठे एवं छायावाद को 'चित्रभाषावाद' तक कह दिया गया। बहुत देर में ध्यान आया कि छायावाद के रूप-विन्यास के पीछे कार्य करने वाली शक्ति को समझना चाहिए। तथ्यों को परिवेश से जोड़कर विश्लेषित करने के बाद पाया गया कि छायावाद की सौन्दर्यभिरुचियों पर सामाजिक-राजनीतिक प्रेरणाओं की गहरी छाप है। द्विवेदी युग की इतिवृत्तात्मकता को पीछे धकेलकर छायावाद ने काव्य-शिल्प की नूतन भंगिमाओं का विकास किया है। अलंकारों-छन्दों के संकीर्ण साँचे को छोड़कर पन्त ने कहा, "अलंकार केवल वाणी की सजावट के लिए ही नहीं, वे भाव की अभिव्यक्ति के विशेष द्वार हैं। भाषा की पुष्टि के लिए, राग की परिपूर्णता के लिए वे आवश्यक उपादान हैं; वे वाणी के आचार, व्यवहार, रीति, नीति हैं; पृथक् स्थितियों के पृथक् स्वरूप, भिन्न अवस्थाओं के भिन्न चित्र हैं" *(पल्लव-प्रवेश)*।

छायावाद के अलंकार-विधान की नवीनता उसकी नवीन उपमान योजना में है। फलतः रूढ़ उपमानों के त्याग से भाव-भाषा में नवीन अर्थ-क्रान्ति उत्पन्न हुई। आचार्य शुक्ल ने पाया कि छायावाद ने आकार-साम्य से अपना ध्यान हटाकर प्रभाव-साम्य पर केन्द्रित किया है। कवियों ने सुख, आनन्द, प्रफुल्लता, यौवनकाल इत्यादि के स्थान पर उनके द्योतक उषा, प्रभात, मधुकाल, प्रिया के स्थान पर मुकुल, प्रेमी के स्थान पर मधुप; श्वेत या शुभ्र के स्थान पर कुन्द, रजत; माधुर्य के स्थान पर मधु; दीप्तिमान या कान्तिमान के स्थान पर स्वर्ण; विषाद या अवसाद के स्थान पर अन्धकार, अन्धेरी रात या सन्ध्या की छाया, पतझड़; मानसिक आकुलता या क्षोभ के स्थान पर झंझा, तूफान; भाव-तरंग के लिए झनकार; भाव प्रवाह के लिए संगीत

या मुरली के स्वर इत्यादि को रखा गया। कहना न होगा कि छायावाद के आन्तरिक प्रभाव-साम्य में अन्तर्दृष्टिदायिनी कल्पना का हाथ है। छायावाद की उपमाओं के संसार को इसी कल्पना ने भाव की नूतन दीपावली में बदल दिया है। चित्रात्मकता की सूक्ष्मता से कविता पट गयी और पहाड़ पर फरका कर उड़ने लगा—'उड़ गया अचानक लो भूधर—फरका अपार वारिद के पर, रव शेष रह गये हैं निर्झर।'

पन्त और महादेवी में चित्रात्मकता का जादू यह हे कि 'मैं नीर-भरी दुःख की बदली' में नवजागरण का प्रकाश है। बिम्बों में नया बोध जागा—'नौका विहार' हो या 'राम की शक्तिपूजा' या *लहर* अथवा *कामायनी*—छायावाद ने रूप-रंग, वर्ण, गन्ध, ध्वनि के सूक्ष्मातिसूक्ष्म चित्र आँके हैं; जैसे *लहरों पर स्वर्ण-रेख सुन्दर/पड़ गयी नील ज्यों अधरों पर/अरुणाई प्रखर शिशिर से डर।*

कल्पना के पंख क्या खुले, काव्य-भाषा में सामान्य लक्षणागर्भी प्रतीक और विशिष्ट व्यंजनागर्भी प्रतीकों की भारी चहल-पहल हो गयी। शब्दों ने नया रूप पाया—'खुले पलक फैली सुवर्ण छबि'। द्विवेदी युग की काव्य भाषा में सादगी थी, पर आकृष्ट करने वाली रूपआभा न थी। छोटे-छोटे शब्दों से यह आभा पन्तजी ने काव्य को दी। और तो और, संस्कृत के क्लिष्ट प्रयोग कामायनी में कम, *साकेत* में ज्यादा हैं। जाहिर है कि काव्य-भाषा को कठिन शब्दों से नहीं, नवीन भावों से छायावाद ने समृद्ध किया। यहाँ तक कि काव्य-भाषा की कोमलता ने ब्रजभाषा को मात दी। इसलिए लोकमन इस खड़ीबोली पर रीझ गया। दूर से लगता है कि छायावाद के रूप-विन्यास पर आभिजात्य की छाया है पर भीतर प्रवेश करने पर सच्चाई यह मिलती है कि यह काव्य लोकजीवन के नजदीक गया है। हालाँकि छायावाद के कवियों ने कभी-कभार अंग्रेजी पदों के मनोरम अनुवाद भी किये हैं। यह कार्य पन्तजी ने अधिक किया, निराला ने कम और प्रसाद ने सबसे कम। अर्थ-विवेक की दृष्टि से शब्दों के अर्थ-भेद किये, जैसे लहर, तरंग, हिल्लोल की भिन्न अर्थच्छायाओं पर ध्यान दिया। शब्द को संगीत से तराशा और ध्वनिमय संसार की सृष्टि कर डाली। श्रुति-माधुर्य का सिद्धान्त छायावाद के शब्द-चयन का प्रधान आधार ही रहा। शब्द-साधना के योग ने छन्द-साधना पर गहरा प्रभाव डाला। निराला की 'राम की शक्तिपूजा' का शक्ति-छन्द प्राणों के उद्गम आवेग और सन्तुलन में ढलता गया। हृदय की मुक्तावस्था का विस्फोट प्रगीतों में हुआ और प्रगीत भावना ने रोमांटिक कवियों की भाँति ही भावानुकूल छन्द-योजना की। शास्त्रीय छन्दों की रूढ़ि को तोड़कर श्रीधर पाठक तथा रामनरेश त्रिपाठी की छन्द राह पर चलकर लोक-प्रचलित छन्दों को अपनाया एवं माँजकर उनकी सूरत निकाल दी। पन्त, प्रसाद, निराला, महादेवी के ज्यादातर तीस-इकतीस मात्राओं वाले छन्द लावनी के नजदीक हैं या फिर आल्हा के। प्रसादजी ने *कामायनी* का 'चिन्ता' सर्ग आल्हा छन्द में ढालकर लिखा। पन्तजी ने 'बादल', 'छाया', 'अप्सरा', 'प्रथम रश्मि'

जैसी कविताओं में लावनी छन्द का प्रयोग किया। निरालाजी ने 'यमुना के प्रति' में लावणी को अपनाया। तरह-तरह के लोकगीत और छन्द-प्रयोग में निराला आगे रहे। महादेवी के छोटे-छोटे सोलह मात्राओं वाले गीत नया छन्द-राग लेकर आये। पन्त ने 'उच्छवास्' और 'परिवर्तन' में रोला, 'ग्रन्थि' में राधिका जैसे छन्द अपनाये। अनगिनत जाने-अनजाने लोकछन्द छायावाद में पिंगलशास्त्र से मुक्त होकर आये। इसी स्वच्छन्द भावावेग ने मुक्त छन्द की भूमि तैयार की, जिसे 'जुही की कली' ने आदर दिया। इसमें लय धनाक्षरी की है, पर तुक नहीं है। भावावेग के अनुसार चरण का विस्तार है। तुकों से छन्द की मुक्ति का कार्य द्विवेदी युग में शुरू हो जाता है; किन्तु सच्चे अर्थ में मुक्ति का कार्य छायावाद में ही सम्पन्न हुआ। निराला की बात ही गूँज उठी कि मनुष्यों की मुक्ति की तरह कविता की भी मुक्ति होती है। कविता की मुक्ति है—छन्द के रूढ़ बन्धनों से छुटकारा पा जाना। फलतः छन्दों के आन्तरकि मुक्त वेग ने *'तुलसीदास', कामायनी,* 'राम की शक्तिपूजा', 'परिवर्तन' जैसी रचनाओं का रूप ही बदल दिया। पुराने काव्य-रूपों के साँचे तोड़कर नये साँचे निर्मित किये। स्वतन्त्रता की मनोभूमिका ने छायावाद के छन्दों में अपनी पूरी उन्मुक्तता प्रदर्शित की। स्वच्छन्दतावादी और छायावादी कवियों की काव्य-शिल्प दृष्टि में गहरी समानता के दर्शन होते हैं, इसमें सन्देह नहीं।

जैसे-जैसे भारतीय स्वाधीनता-आन्दोलन जवान होता गया वैसे-वैसे उसके रूप में परिवर्तन आता गया। 1917-20 का किशोर छायावाद 1930 के बाद प्रौढ़ होकर चुक गया। उसके काव्य-मुहावरे का जादू 1936 तक समाप्त हो गया। पर दूसरा छायावाद जिसके कवि बच्चन, भगवतीचरण वर्मा, माखनलाल चतुर्वेदी, बालकृष्ण शर्मा नवीन, अंचल, दिनकर, नरेन्द्र शर्मा आदि हैं—मस्ती में झूमते हुए आये। दार्शनिक मुद्रा, कल्पना का स्वप्नलोक छोड़कर दूसरे छायावाद या उत्तर छायावाद के ये सभी कवि युग की नयी मनोभूमि का विकास करते हैं—वह मनोभूमि, जो देश पर 'मुझे तोड़ लेना बनमाली' के गीत गाती है। इस उत्तर छायावाद को विजयदेव नारायण साही, 'छायावाद का शेषांश' या 'छायावाद का दूसरा दौर' कहते हैं।

छायावाद के प्रथम दौर का लघु-महत्, यथार्थ और आदर्श जिस 'अपराजेय संकल्प' और 'अपराजेय विवशता' से निर्मित हुआ था उसमें 'सन्तुलन का नाटक' मोहक था। यह सन्तुलन का नाटक कथाकार प्रेमचन्द, कवि प्रसाद और आलोचक रामचन्द्र शुक्ल को एक समान मनोभूमि पर स्थित किये था। पर तीसरे दशक के बाद पन्त और निराला छायावाद की मनोभूमि में नयी अनुभूति को 'फिट' करने की ओर मुड़े; जिसमें निराला जी को तो सफलता मिली पर पन्त जी काव्य से छूट गये। पन्त का यह अवसान वड्र्सवर्थ की उत्तर गाथा का स्मरण दिलाता है। छायावादी मनोभूमि की एकाग्र तन्मयता 1935 के आसपास टूट गयी और गति की टक्कर से काव्यात्मक तनाव की ऊर्जा भी ढीली पड़ गयी। टक्कर से आध्यात्मिक- दार्शनिक-नैतिक-काल्पनिक

मुद्रा हवा हो गयी; पर राजनीति मुद्रा में नया उबाल आया। माखनलाल, नवीन, दिनकर, भगवतीचरण वर्मा ने खुलकर राजनीतिक कविताएँ लिखीं—चाहे वह 'कैदी और कोकिल' हो या 'राजा साहब का वायुयान'। राजनीति का इतना जोर पड़ा कि आध्यात्मिकता गायब हो गयी। बच्चन जी राजनीतिक मुद्राओं से दामन बचाते हैं। प्रगतिवाद की लहर सभी को बहा ले जाती है लेकिन बच्चन भी पलायनवादी नहीं हैं युग-समुद्र की लहरों का निमन्त्रण सुनते हैं। हाँ, नवीन जी में राजनीति एवं कल्पना का खेल चलता है और उनमें वह खेल वह रूप नहीं ले पाता जो पन्त या निराला में मिलता है। दिनकर में राजनीति परिवेश का चौकन्नापन है वे इतिहास से संवाद करते हैं। मिथकों से आधुनिक अर्थ निचोड़ते हैं। उनमें राजनीति का दूध ज्यादा है, कल्पना का पानी कम। प्रायः वे पानी नहीं मिलाते। फिर भी उनमें वह 'विजन' नहीं है, न वह काव्यात्मक ताजगी, जो निराला-प्रसाद में है। तीसरे दशक के इस सृजन का प्रमुख आकर्षण वह जवानी की खुमारी है जिसे *मधुकलश, मधुशाला, निशा निमन्त्रण तथा एकान्त संगीत* की कविताएँ मुक्त मन से काव्यानुभूति में निष्पत्ति देती हैं। 'नैतिकता और शक्ति के इस सम्बन्ध की दृष्टि से छायावाद का यह दूसरा दौर अंग्रेजी 'रोमांटिसिज्म' के समान है लेकिन इसके कुछ ही लक्षण 'रोमांटिसिज्म' से मिलते हैं '(*छठवां दशक*, पृ. 286)।

इस दौर में छायावाद के प्रथम दौर का वह एकाग्र स्वप्नशील मन खंडित हो जाता है जो 'संन्ध्या सुन्दरी' की रचना करता था। अब हृदय और बुद्धि का समझौता नहीं रहा—प्रणय-काल की स्थिति आ गयी। हृदय को दबाकर बुद्धि ने अपना करतब दिखाना शुरू किया। क्यों न यह करतब होता—"यह महान् दृश्य है चल रहा है मनुष्य है/अश्रु-स्वेद-रक्त से लथपथ, लथपथ, लथपथ/अग्निपथ, अग्निपथ, अग्निपथ।" यही अग्निपथ बच्चन, दिनकर नवीन और माखनलाल चतुर्वेदी को अंग्रेजी कवि बायरन की राह दिखाता है। पर माखनलाल और बायरन के 'रोमांटिसिज्म' में वही फर्क है जो भारत और यूरोप में है। माखनलाल आजादी के आन्दोलन में पूरी तरह जुझारू तेवर अपनाते हैं—उनका काव्य-स्वभाव न थकने वाले योद्धा का है—*गीता* के कर्म-दर्शन की शक्ति का प्रवाह इस योद्धा में है। और यह योद्धा भी भी मार्क्सवादी बनने को तैयार नहीं है जबकि मार्क्सवाद के प्रति इसके मन में सहानुभूति है। माखनलाल, नवीन, दिनकर का पूरा काव्य-स्वभाव नयी समस्याओं-चुनौतियों से टकराने का काव्य है—छोड़कर भागने का नहीं। प्रथम छायावाद में जो स्त्रैणता थी, इस दौर में उसे धकेलकर उसकी जगह राष्ट्रीय-सांस्कृतिक काव्य-धारा की मर्दानगी ले लेती है। छायावाद की शिशु आस्था का लोप होकर अब साहसी मानव उमड़ पड़ता है। सच है, इस मानव में दूसरे विश्वयुद्ध की ललकार का पानी खौल रहा है। माखनलाल की *'जवानी'* शीर्षक कविता इसी युग-टेम्पर का सहज रूप है। यह वह समय है जब बच्चन 'लहरों में निमन्त्रण' सुन रहे हैं। सागर के तट पर खड़ा

मानव कह रहा है, 'तीर पर कैसे रुकूँ मैं, आज लहरों में निमन्त्रण'। हालत यह है कि प्रकृति को हटाकर यह मानव चेतना से विज्ञान की ओर बढ़ रहा है। इस युग की मनोभूमिका का विश्लेषण करते हुए विजयदेव नारायण साही ने कहा है, "इस दौर का यथार्थ कोड़े मारता हुआ आता है; लेकिन इस मार में चोट नहीं है—एक तरह का नशीलापन है, कसैलापन है, मिर्च का मजा है। इसका स्वरूप ऐसा है कि आदर्शवादी प्रवाह में नारी अनावृत्त हो जाती है। पूजन-आराधन प्राप्त करता हुआ पाषाण अट्टहास कर उठता है। जलती चिता पर बैठकर मुर्दा गाने लगता है, भरे बाजार में शैतानी के साथ भैंसा गाड़ी चलती लगती है। यह यथार्थ अपनी यथार्थता की घोषणा बहुत जोर से करता है" (*छठवाँ दशक*, पृ. 307)।

पर इस कविता की मस्त जवानी में हँसते-हँसते शूली पर चढ़ जाने का साहस है "विचारों के क्षेत्र में छायावाद के पहले और दूसरे दशक का वैपरीत्य सरल चिन्तन और द्वन्द्वात्मक चिन्तन का है। लेकिन हिन्दुसतान का मानव मूलतः इन दो विरोधी तत्त्वों को घुलाकर एक करने का स्वप्न देखता है" (*वही*, पृ. 307)। कविता पर गाँधीवाद, संस्कृति और परम्परा का दूसरे दौर में जो प्रभाव-दबाव पड़ता है, वह हमारे राष्ट्रीय आन्दोलन की यूरोप से अलग ही रोमांटिक लय है जिसमें कहीं संशय नहीं है; शक्ति-ही-शक्ति है, अन्धकार को भेदता हुआ असीम आलोक है। फलतः अन्त तक जाते-जाते हिन्दी का छायावाद बहुत व्यापक हो गया। वह व्यक्ति के पलायन में नहीं, शक्ति के दर्शन में बदल गया। इसी शक्ति से प्रगतिवाद और नयी कविता को जन्म लेने का अवसर मिला है।

हिन्दी के छायावाद को पश्चिम के स्वच्छन्दतावाद की नकल मानना भारी भूल है। हाँ, पश्चिमी स्वच्छन्दतावाद के रूढ़ि विरोधी, साम्राज्यवाद विरोधी, उपनिवेशवादी चरित्र का प्रभाव हिन्दी के छायावादी कवियों ने निस्संकोच ग्रहण किया है। फ्रांसीसी राज्य-क्रान्ति का व्यापक प्रभाव सीधे और अप्रत्यक्ष स्वच्छन्तावादी आन्दोलन से छन-छनकर हिन्दी में आया है। यह होने पर भी छायावाद हिन्दी साहित्य परम्परा की एक महत्त्वपूर्ण सदानीरा धारा है, जिसका जन्म हमारे देश और काल की सांस्कृतिक-सामाजिक, आर्थिक-राजनीतिक स्थितियों-परिस्थितियों से जुड़ा हुआ है। स्वच्छन्दतावाद का जो प्रथम विस्फोट श्रीधर पाठक, मुकुटधर पांडेय, रामनरेश त्रिपाठी में हुआ था उसी का अगला विकास पन्त-प्रसाद, निराला-महादेवी के सृजन में हुआ है। इस सृजन ने हमारे स्वाधीनता-आन्दोलन की देशभक्तिपरक, रूढ़ि विरोधी, शक्ति-संघर्ष सम्पन्न मानसिकता को अर्थ देकर एक अविस्मरणीय महत्त्व का कार्य किया है। कविता, कहानी, उपन्यास, नाटक, आलोचना सभी क्षेत्रों में इसी मानसिकता का सर्जनात्मक विस्तार मिलता है। प्रसाद-निराला-प्रेमचन्द के उपन्यासों में—चाहे प्रसाद के *कंकाल, तितली* हों; निराला के *अलका, अप्सरा, निरुपमा* हों; प्रेमचन्द के *सेवासदन, प्रेमाश्रम, गबन, कर्मभूमि, रंगभूमि* जैसे उपन्यास हों या कहानियाँ—छायावाद की जीवन-दृष्टि

का चटक रंग है। प्रसाद के *अजातशत्रु, स्कन्दगुप्त, चन्द्रगुप्त, ध्रुवस्वामिनी* जैसे नाटकों में छायावादी भावभूमि की शक्ति का विस्तार है। महादेवी का पद्य और गद्य स्वच्छन्दतावाद की रूढ़ि विरोधी दृष्टि का प्रबल रूप है। निराला के *प्रबन्ध-प्रतिमा, प्रबन्ध-पद्म, चाबुक,* प्रसाद के *काव्य और कला तथा अन्य निबन्ध,* महादेवी के *साहित्यकार की आस्था तथा अन्य निबन्ध* तथा पन्तजी के आलोचनात्मक निबन्धों की विचार-प्रणाली में छायावाद की भरपूर रंगत है। माखनलाल चतुर्वेदी के *'साहित्य देवता'* तथा नवीन के गद्य की भावुकता में छायावादी उठान का नया तेवर है। आचार्य रामचन्द्र शुक्ल के निबन्ध, भूमिकाएँ, हिन्दी साहित्य का इतिहास तथा रस-मीमांसा आदि का पूरा चिन्तन स्वच्छन्दतावाद का अद्भुत नमूना है। उनके काव्य-संग्रह मधुस्रोत की कविताएँ तो मानो वर्ड्सवर्थ-लय का ही भारतीय रूप हैं। आचार्य शुक्ल के केन्द्रीय चिन्तन के निर्माण पथ में 'प्रकृति' की महत्त्वपूर्ण भूमिका है। 'कविता क्या है' तथा 'काव्य में प्राकृतिक दृश्य' जैसे निबन्ध इसी धारणा को पुष्ट करते हैं। शुक्ल जी की रस-मीमांसा-दृष्टि तो मानो छायावाद की सर्जनात्मकता को विश्लेषित करने के लिए ही सामने आयी है। छायावाद के आलोचक आचार्य हजारीप्रसाद द्विवेदी, नन्ददुलारे वाजपेयी, शान्तिप्रिय द्विवेदी और नगेन्द्र की आलोचना-पद्धति पर छायावादी मनोभूमिका का गहरा असर है।

छायावादी युग के गद्य और पद्य के स्वस्थ, सशक्त सृजन-संसार को देखने से पता चलता है कि युग की स्वच्छन्द प्रवृत्तियों ने हिन्दी साहित्य में कितनी बड़ी ऐतिहासिक भूमिका अदा की है। छायावाद का महत्त्व आत्मप्रसार, मुक्ति की आकांक्षा, नवीन सौन्दर्यबोध, स्वाधीन कल्पना की उड़ान, शिल्प के रूढ़ियों को त्याग कर नये प्रयोगों की चाह में निहित है। साहित्य, कला, दर्शन, संस्कृति आदि की परम्पराओं का उत्तमांश इस सर्जनात्मकता में पूरे परिष्करण के साथ मौजूद है। पश्चिमी स्वच्छन्दतावादी आन्दोलन के प्रभाव ने इसमें चमक पैदा की है; पर इसकी 'आन्तरिकता' में विद्यमान हिन्दुस्तानी लय हमारी परम्पराओं की अपनी शक्ति से फूटी है। हमारा पूरा स्वाधीनता-आन्दोलन इस साहित्यिक आन्दोलन की पृष्ठभूमि में है और यह आन्दोलन ही 'जागो फिर एक बार' का नवजागरण गान है।

□□